回想

「経済大国」時代の日本外交

アメリカ・中国・インドネシア

國廣道彦

解題＝服部龍二・白鳥潤一郎

吉田書店

はじめに

一九九五年初め、私はネフローゼ症候群のために予定より一年早く外務省を退職せざるをえなかった。二〇〇九年に、体力のあるうちにと思って、『わが生涯の記』（私家版）をまとめたが、誤字脱字が多く、記録として不十分と思ったところがいろいろあったので、気力のあるうちにもう一度書き直さなければなならないと思っていた。本書はその試みである。

その後国際情勢は大きく変わっている。しかし、本書は主として二〇〇九年を時点としていることをまずご理解いただきたい。

私は大分県の国東半島で生まれ、高校を卒業するまでそこで育った。文字通り国東の土着で、田舎者である。大学卒業後、外務省に入った。田舎者にしては、自分の才能いっぱいの仕事をさせてもらったことを感謝している。日韓基本条約締結や沖縄返還、日中国交正常化のような日本の外交史に残る大事業に参画する機会には恵まれなかったが、日米経済関係が破綻かと懸念されていたときにワシントンと東京でその第一線に立たせていただき、日中国交正常化後最初の外務省アジア局中国課長、さらには天皇皇后両陛下訪中直後「日中関係に新しい歴史の一頁が開かれた」ともてはやされた時期の駐中国大使を拝命した。また二回にわたるインドネシア勤務は、私とアジアとの距離をうんと縮めてくれた。

四〇年間、充実した外交官生活を送り、他所では経験できないこともいろいろ体験することができた。今にして思えば、日本経済が発展、充実する過程で外交にかかわらせていただいた。例えば私がインドネシアに在勤した間、インドネシアはわが国ＯＤＡの最大の受け取り国だった。続いて中国に在勤したら中国が最大の受け取り国になった。いわば、私は日本の経済力を最大に外交に活用させていただいたことになる。

今後の日本外交に何がしかの参考になることを願いつつ、私のつたない経験を綴っていきたいと思う。

なお本書の出版が実現したのは、前述の『わが生涯の記』を中央大学の服部龍二先生が吉田書店の吉田真也社長に紹介してくださったからである。それ以後、服部先生、白鳥潤一郎先生からは原稿の校正段階より慎重かつ有益なアドバイスを賜った。また吉田社長は、私の健康状態に配慮くださりながら、普通の編集者には期待できないほどの念入りなチェックを重ね、多々貴重なご意見をくださった。関係各位のご協力に心から感謝申し上げたい。

目次

はじめに　iii

序　章　揺籃期……1
一　銃後の少年時代　1
二　終戦後の変化　6
三　大学時代　9

第1章　駆け出し外交官──一九五五～六〇年……15
一　米国留学　15
二　在ロサンゼルス総領事館　23
三　在フィリピン大使館　31

第2章　経済外交の世界へ──一九六〇～七〇年……39
一　通産省繊維局出向　39
二　経済局事務官　44
㈠　経済局総務参事官室　㈡　スターリング地域課首席事務官

三　在英国大使館書記官　52
四　経済協力局首席事務官　63

第3章　国交正常化後の日中関係——一九七〇～七四年 ……69
一　外務省機能の強化　69
二　中国大使館の開設をめぐる苦労　76
三　日中貿易協定交渉　81
四　日中航空協定交渉　83
㈠交渉の模索　㈡対中極秘折衝　㈢大平外務大臣の訪中
㈣国内の根回し　㈤対中協定交渉
五　そのほかの実務協定　118

第4章　スハルトのインドネシア——一九七四～七八年 ……121
一　国際戦略研究所でのサバティカル　121
二　在インドネシア大使館への赴任　124
三　福田総理のインドネシア訪問　126
四　石油利権協定改定交渉　130
五　ラグラグ会の創立　132
六　日本文化センターの開設　134

七　合成繊維の関税引き上げ　135
八　群島理論問題　136
九　インドネシア債権国会議　137
一〇　日本外交とインドネシア　139
㈠　政情不安とスカルノの三選　㈡　日本との関係

第5章　エネルギー外交――一九七八～八二年　145
一　対米輸入促進ミッション　145
二　ボン・サミット　147
三　東京サミット　153
四　ベネチア・サミット　161
五　イラン原油問題　164
六　中東訪問　166
七　国際捕鯨問題　171
八　政治家との関係の難しさ　172

第6章　日米経済摩擦――一九八二～八六年　179
一　在米大使館経済担当公使　179
二　外務省経済局長　199

㈠「市場分野別の個別協議」という米の提案　㈡ＭＯＳＳ協議開始
㈢貿易黒字の国際問題化　㈣経済構造の検討

第7章　初代内閣外政審議室長――一九八六～八八年……235
一　内閣機能強化のための組織　235
二　中曽根内閣　241
三　竹下内閣　258
㈠農産品一二品目問題　㈡建設市場開放問題　㈢トロント・サミット
四　任期終了　270

第8章　時代の転換期　外務審議官――一九八八～八九年……273
一　昭和の最後の年　273
二　平成の始まり　279
㈠国際環境の変化　㈡アルシュ・サミット　㈢日米構造協議
三　日米経済摩擦の教訓　309

第9章　駐インドネシア大使――一九九〇～九二年……315
一　一二年ぶりのインドネシア　315
二　日本とのビジネス関係　322

三　対インドネシア経済協力　329
四　天皇・皇后両陛下のインドネシアご訪問　338
五　EAEG構想　345
六　東ティモール問題　349
七　元日本人残留兵の名誉回復　357
八　文化交流　359
九　現地社会還元計画　364
一〇　離　任　367

第10章　駐中国大使——一九九二〜九五年……377

一　北京の二年一カ月　377
二　着　任　380
三　日中関係「最良」のとき　388
四　日中関係の不安定化　422
五　離　任　442

おわりに　451

解　題（服部龍二・白鳥潤一郎）　457
國廣道彦略年譜　469
主要人名索引　481

＊本文中における部署名、役職、肩書などは原則として当時のものである。
＊本書掲載の写真は、すべて筆者所蔵のものを使用している。

序章　揺籃期

一　銃後の少年時代

私は一九三二年（昭和七）六月一六日、大分県東国東郡国東町鶴川《ひがしくにさきぐんくにさきまちつるがわ》（現在の国東市《くにさきし》）で生まれた。国東町は国東半島の南東部に位置し、西に両子山を擁して、東は瀬戸内海を望む風光明媚な港町だった。六郷満山の仏の里としても知られている。北の沖に遠く見える姫島は、古事記にも出てくるほど古くから由緒ある島である。国東半島は両子山の噴火でできたのだろう。その溶岩がヒトデのように海になだれ込んでできた谷間の一つが国東町だ。西のほう、両子山を望めば、青々とした田畑の両側に小高い丘が続く。春の野は黄色い菜の花が彩り、また赤い蓮華草《れんげ》の筵《むしろ》になる。壮大さはないが、やさしい自然の美に恵まれた故郷である。子どものころは水平線に見える小さな島々の先に竜宮城があるような気がして、紺碧の海原を見るたびに胸が膨らんだ。

わが家の裏には、豊後の三賢人の一人と言われた三浦梅園（一七二三〜八九、安岐町生まれ）の記念館があった。政治家の先輩には元田肇と重光葵《まもる》がいた。今思えば、私が外交官を志したのは郷里の先輩に重光葵がいたからではなかったか。

父は國廣豊隆《とよたか》（明治三六年生まれ）、母は次子《つぎこ》（明治三九年生まれ。旧姓・荻）で、私には七歳上の姉、菊枝と六歳上の兄、和人がいた。父は近くの来浦《くのうら》村で郵便局長と酒の小売業をしていた祖父、國廣新《あらた》の長男として生まれ、歯科医になった。母は国東町の「西の坊」という天台宗のお寺の住職、荻豪尊の一人娘だった。東京で父が日本歯科専門学校、母が渡辺裁縫女学校に在学中に、当時としては珍しく、恋愛結婚をしたということである。私が生まれたときは鶴川の中心部で借家住まいをしていたが、幼稚園にあがる少し前ごろ、両親は近くに敷地三〇〇余坪、建坪八八坪の「豪邸」を建てた。

私が通った山下幼稚園は、裏が鉄道の国東駅につながっており、私たち子どもらは沿線に積み上げられた坑木の上にのぼって汽車を見送りながら、その行く先に思いを馳せたものである。この国東駅は私にとっては別府や大分など外界に向けての起点であり、また一八歳になって初めて関門トンネルを通って東京に出たときの出発点でもある。

一九三九年（昭和一四）の春、国東小学校に入学した。鶴川と安国寺の間に位置する田原城跡の丘の上に校舎があり、校舎から北側に向かって、田深《たぶか》、北江と見晴らし、さらに遠くの丘には中学校も見えた。当時は護岸工事がよくできていなかったのだろう、何度も洪水に襲われて、材木や家の破片などが田深川の濁流のなかを押し流されるのを見た。

小学校の六年間は戦争の時代だったので、軍国主義教育をもろに受けた。入学したころは中国大陸での日本軍勝利のニュースが連日報じられていた。私は、日本は日清・日露戦争にも勝ったのだし敗れるはずはないと信じていた。真珠湾攻撃のニュースは三年生のとき運動場の砂場で聴いたが、その後の相次ぐ戦果のニュースはラジオにかじりついて聴いていた。教室で皆と、マレー半島からシンガポール、フィリピンからインドネシアまで日本軍が激進するありさまを、地図に旗を立てて確かめ、喜んだのを思い出す。しかし、ある晩、中学生だった兄から「日本が今中国でやっている戦争は今までに経験したことのない大変な戦争なのだ」と聞かされた。「鬼畜米英」、「撃ちてし止まむ」、「一億玉砕」、「欲しがりません勝つまでは」などで世の中は毎日明け暮れていたが、心のどこかで、こんなに世界中を相手に戦争して勝てるのだろうか、という疑念が、子どもながらに湧いていた。

父の二度目の応召の朝，左端が私．

一九四一年（昭和一六）一二月八日に大東亜戦争に突入したが、新聞もラジオも戦争遂行のお先棒を担いで、それがいかに無謀な戦争かはまったく報じられなかった。そもそも考えるだけでも非国民とされた。学校でも皆が、真珠湾攻撃以降の南方戦線での相次ぐ勝利に酔っていたが、実は真珠湾の半年後のミッドウェー海戦の大敗により、すでに日本は敗北への道をたどっていたのである。

五年生の終わりごろから北九州、関西を空襲した米軍機が国東半島上空を通るようになった。父も二度目の召集があり軍隊へ駆り出され、兄は熊本の第五高等学校に行っていたから、祖母と母と姉の四人暮らしで男は私一人だった。食糧不足が深刻で、米のご飯はあまり食べられなくなり、芋や小麦、トウモロコシの代用食でしのいだが、いつもお腹がすいていた。それでも、廃品回収やどんぐり拾い、イナゴ取り、松根油掘り、田植え・稲刈りの勤労奉仕など、お国のためと思って働いた。

一九四四年（昭和一九）七月には東條英機内閣が倒れ、一一月の東京空襲以来日本の本土爆撃が続いた。小学校卒業も近いころだったと思うが、私は裏庭に一人で防空壕を掘った。一キロほど離れたところから木材を買ってきて角材を打ち込み、その上に板を張って土を盛り一畳分くらいの地下壕を造ったのだが、よくもあれだけの木材を大八車に乗せ坂道を登って一人で運べたものだと思う。地下壕といっても上に土を五〇センチくらいかぶせただけだったから、直撃弾を受ければ吹っ飛んだだろうが、夜中に空襲警報が鳴ると祖母、母、姉、私の四人でそこに避難した。

一九四五年（昭和二〇）四月、私は国東中学校に進学した。学校はわが家から北方に約二キロの通称「伊予野ヶ丘」にあった。小学校とは違って四〇〇メートルの陸上競技トラックがあり、運動会にはこの広い運動場で紅白双方が早稲田と慶応の応援歌を歌って競いあった。その歌の響きがいまだに耳に残る。

中学一年生のとき、警戒警報が出たのでこの運動場に待避していたら、上空に戦闘機が飛来した。味方の飛行機だと思って皆木陰から飛び出して手を振った。すると引き返してきて機銃掃射を始めた。敵機だった。私は運動場の端の溝にもぐりこんだが、まるで陸橋の上を機関車が走っているような轟音で、すぐそばに銃弾が当たったのか頭の上に土がずるずると落ちてきて肝を冷やした。町の北端にある中学校と南端にある女学校の間を何度か往復しながら射撃を続け、ようやく去っていったのだが、ほんの数分間がひどく長く感じられた。講堂の壁には蜂の巣のように穴があいていた。曳光弾《えいこうだん》のせいで近くの農家の屋根が燃えていた。帰宅してみると両隣の家は相当射撃を受けていたが、わが家は幸いにも無事だった。

別の日には女学校に爆弾が落とされ、女学生一人が死亡した。そのころになると、敵機が毎晩上空を通るようになった。夜中に豊後《ぶんご》水道から入ってきて北九州や関西方面に向かい、一、二時間後に引き返してくるのだが、そのとき残った爆弾を海中に投棄する。これがいつ頭上に落とされるかわからないので、毎晩空襲警報が鳴ると祖母、母、姉を防空壕に入れて、敵機が過ぎ去るのを待つということの繰り返しだった。朝目がさめて、ああ今日も無事でよかった、と思う日が続いた。

八月六日の朝、兄が学徒志願兵で出征するので、その祈願祭が八幡神社で行なわれた。そのとき、ずしーんと地鳴りがするような音がして、母があわてて避難しようとするのを私が引きとめたのを覚えている。後で考えるとそれが、広島に原爆が投下されたときの爆音だった。

当時、上級生はどこかの工場に勤労奉仕に行っていたのだが、私たちは海岸の崖に上陸用舟艇《しゅうてい》をかくまうために洞穴を掘る「暁部隊」の手伝いをしていた。どうも上陸用舟艇に爆薬を積んで敵の軍艦に体当たりをする計画だったらしい。私は土運びではなく、崖の上で敵機の襲来を監視する役目だった。八月一五日の朝、正午に重要なラジオ放送があるから近くの散髪屋でそれを聞くようにと命じられた。それが玉音放送だった。甲高い声で雑音が多く、よく聞き取れなかったが、どうも戦争が終わったらしいということはわかった。私は内心ほっとしたが、一緒に聞いていた大人の一人が、「ああ、これで日本は二〇〇〇年間はだめになった」と慨嘆した。皆すっかり力が抜けてしまったようだった。

二　終戦後の変化

終戦からしばらくすると国東の町にも一時期一〇人ほど進駐軍が来た。わが家にも何度か、若い隊長が部下を連れて遊びにきた。私はチョコレートをもらうのが楽しみで、聞き覚えていた英語の歌を歌ってみせたりした。米軍が占領したらどんなひどいことになるかと恐れられていたのだが、進駐軍の兵隊たちはみな陽気で、気前がよく、すぐに町の人気者になった。

新しい教科書ができたのがいつだったかよく覚えていないが、剣道も柔道もご法度になり、私は相撲部に入った。民主主義教育が始まって、天皇が神格化されなくなったのは自然に受け入れることができたが、ソ連も民主主義国だというのはどうも合点がいかなかった。新憲法が発布され、旧杵築《きつき》藩主家の貴族院議員、松平親義子爵が中学校に来て憲法に関する講演を行なった。「日本の平和は国際社会の信義に依存しているから、第九条により戦争を放棄する」というくだりには、子ども心にも、そんなことで日本の安全はどうなるのだろうかという疑問を感じた。

国東のような田舎でも、レコード鑑賞会や読書会などの文化活動が始まった。教会に通う人も出てきた。ミス・タウソンという老婦人の牧師さんが杵築町から週に一度やってきて英語でお説教をした。私もときどき教会に行き、一度杵築まで訪ねていったこともある。ネイティブ・イングリッシュを聞くために、一時間も汽車で行かなければならなかったというわけである。

占領期に世の中はすっかり変わったが、変わらなかったのは食糧不足で、むしろ戦後のほうがひどかった。これは疎開、復員や引揚者が多かったせいかもしれないが、当時は芋づるまで食べて飢えをしのいだ。予科練等から戻ってきた上級生たちは、チェーンや千枚通しを喧嘩用に持ち歩いて、田舎も物騒になったが、一方で、都会から疎開してきたり外地から引き揚げてきた人たちのなかには優秀な子どもが多く、国東の教育水準をうんと引き上げてくれた。教師陣も、東京ですら簡単には揃わないだろうと思われるような立派な顔ぶれの先生たちが集まってきた。これは食糧難がもたらした幸いだった。国東中学校という辺鄙《へんぴ》な学校に、このように多くの外地と都会の先生と生徒が一気にやってきたのは、今の言葉で言えば、まさにカルチャー・ショックだった。

特に英語の吉田道雄先生は、中学二年生のときから二年足らずしか国東にいなかったのだが、英語の授業だけでなく、勉強のしかたについて私たちに強い影響を与えた。英語は勘でキャッチしなければならないとか、英英辞典を使えとか、単語の丸暗記とは違う勉強法を教えてくれた。先生の専門は宗教学で、ご自身はラテン語でアウグスティヌスの勉強をしておられた。私たちは課外授業でエドガー・アラン・ポーの小説やワーズワースの詩を読み、休み時間にはサッカーをした。吉田先生は小柄ながら、私たちと一緒になって校庭を走り回っていた。先生は私にとって一生の恩人である。また、国語の前田精一郎先生は中国に出征中に中国語を覚えたそうで、漢文を中国語で読んでくれた。

中学三年生になったときに六・三・三制の学制改革が行なわれ、旧制高校がなくなった。その前の年に東大に入学した兄は旧制第五高等学校から受験したのだが、私は、もう旧制高校がないので、国東高校に進学してそこから東大を受験しなければならなくなった。したがって私の高校生活は東大受験に全力を注がなければならなかった。それでも、高校時代の前半をバレーボール部で過ごし、後半をバスケットボール部で過ごして、受験の年の一月まで対外試合に出かけたが、放課後夕方まで練習し、帰宅後夜一二時まで、朝は五時から七時まで勉強する毎日だった。毎日の日程表を作り、いつまでにどの参考書を読み終えるという計画を立て、ただひたすらに努力を続けた。

こうして一八歳の春、東大受験のために、生まれて初めて関門海峡を越えた。試験当日の本郷の試験場では田舎者の私はかなり気後れがしたが、相撲の試合のとき裸で土俵に立つと相手が同じくらいの体格でもやたら大きく見えるのを思い出して、負けてなるものかと気を取りなおして試験に臨んだ。国東に帰り結果を待っていると、やがて合格の電報が届いた。母は本当は私に歯科医になってほしかったのだが、それでも泣いて喜んでくれた。しかし、東大合格という念願を果たしたものの、後で振り返ってみると受験勉強ばかりで、感受性の高い青年期に基礎的な教養を身につけることができなかったのは、残念なことだった。これは旧制高校と新制高校の教育の違いでもある。後藤秀雄という町長を務めていた京大出身の医師が近所にいて、その家には蔵書も多く親子ともに哲学や文学を論じていたので、私も多少は感化されたのだが、やはり受験勉強以上のことには手が回らなかった。

このころの世相を振り返ると、一九四五年一二月と四六年一〇月の二回にわたって農地改革が行なわれ、小作地の約八〇%が開放された。これは革命に匹敵する荒療治で、これがなかったら戦後の日本の経済復興は不可能だったろう。

一方で、一九四六年（昭和二一）五月に極東国際軍事裁判が開廷された。ラジオ放送で罪状認定を聞いていたとき、東條英機が無罪を主張したのはけしからぬと言ったら、父にそんなことを言うものではない、と叱られた。四八年一一月に出された重光葵元外務大臣への禁錮七年の有罪という判決には納得がいかなかった。

一九四六年四月に衆議院選挙が行なわれ、一一月三日には新憲法が公布された。当時から、これは英語から翻訳されたものではないかと言われ、子ども心にもあちこちに文章のぎこちなさが感じられた。翌年四月には初の参議院選挙が行なわれ、父が選挙に熱心だったので、私も立会演説に何度も行ったが、当時の選挙戦は政策論争をし、熱気が高かったように思う。この年五月に短命ではあったが片山哲社会党委員長を首班とする民主党、国民協同党との連立内閣が成立し、私たちの頭には社会主義も民主主義の一部という考えが定着した。

しかし、戦後の自由化に伴う左翼の行き過ぎに対しては、早くもGHQが一九四七年（昭和二二）に二・一ストの禁止を行なった。その背景には四六年三月五日にチャーチルが行なった「鉄のカーテン」演説に象徴される東西冷戦の始まりがあった。四七年の三月に「トルーマン・ドクトリン」が発表されたが、高校の弁論大会で引揚者の先輩がこれを引用して自由、民主、独立の熱弁を振るったことに、世界情勢にまったくうとかった私は、強い印象を受けた。

三　大学時代

一九五一年（昭和二六）四月、東大の入学式が時計台がそびえる本郷の安田講堂で行なわれ、南原繁総長の講演を聞いた。教養課程を過ごしたのは駒場の旧制第一高等学校の跡で、教養学部長は矢内原忠雄教授だった。私は第二外国語にドイツ語を選択し、北通文《きたみちふみ》先生の一〇B組に編入された。北先生はかなりのご高齢で、進歩的な考えを持っているようだったが、個人的に薫陶をいただく機会はなかった。他の先生たちにもこちらから近づいていくべきだったのだが、田舎者の私にはそんな甲斐性はなかった。

入学したときは、とにかくこれから青春時代を楽しまなければという意欲で一杯で、まじめに勉強する気になれなかった。おかげでドイツ語の試験で不可をくらって、追試験を受けることになってしまった。せっせとアテネ・フランセや日仏学院などに通っていた者もいたのだから、せめてドイツ語だけでももう少しまじめに勉強しておくべきだったといまだに悔やまれる。もう一つ、あのころはマルキシズムが全盛で、古典的西洋哲学は軽視されていたが、だからといって私は『資本論』を読むでもなく、ヘーゲルの弁証法を勉強するでもなく、哲学史すら読まなかった。いちばんものを考えるべき時期に時間を無駄遣いしてしまったことを、今でも後悔している。

東京での住まい探しには苦労した。親が自由業だという理由で東大の寮には入れず目黒の大分県人寮に入寮したが、四人部屋の同室の連中は全然勉強をしない。耐えられなくなって、同じクラスの友人に世話してもらい、駒場寮の北寮一一番にもぐりこんだ。ところがここでは誰も私とまともに口をきかない。不思議に思っていたら、そこは共産党のアジトだということが判明した。そこでマネージャーとして所属していたバスケット部の部屋に、拝み倒して入れてもらった。そこは結構楽しかったが、六人部屋に七人目としていつまでもいるのは気が引けて、さらに別の友人の世話で、明寮の英語部の部屋に入れてもらった。この部屋では同室の五人ととても仲良くなり、その後全員が生涯の友となった。

当時はマルキシズムをめぐる論争が熾烈だった。経済原論もマルクス経済学、江口朴郎の世界史もマルクス史観。しかし私は、共産主義世界になればその後は永遠に平和で、皆生活が豊かになるという議論はどうしてもおかしいと思った。クラスのなかの議論でも、私は学生の間は勉強第一だと言ったが、彼らは「抑圧された平和は真の平和ではない、平和は勝ち取らなければならない」と、平和のための闘争を唱える（北先生もそういう議論に同情的だった）。私はそういう世界に本当に平和が来るのかと疑っていた。もちろん運動部を中心に右翼もいて、法学部の尾高朝雄教授などが果敢に論陣を張ったが、大変なヤジにさらされるのが常だった。

圧巻は二年生のときのメーデー事件だった。多くの寮生が傷を受けて戻ってきて気勢を上げていた。寮委員をしていた遠藤実君（後のジュネーブ国際機関代表部大使）も頭に包帯をして帰ってきた一人だった。彼らがどこまで本当に戦争にまき込まれると考えていたかは別として、デモに行くか酒を飲んで寮の廊下でストームするかで若いエネルギーを発散していたのだろう。私もずいぶん酒は飲んだが、デモにもストームにも参加しなかった。

一九五一年九月八日のサンフランシスコでの平和条約・日米安全保障条約の調印から、いわゆる「五五年体制」が生まれるまでの四年間は、ちょうど私の大学在学中の四年間で、「日米安保体制」、「再軍備」の「逆コース」といわれた動きをめぐって保守と革新の激突が最高潮に達した、まことに目まぐるしい激動の時期だった。

一九五〇年（昭和二五）八月にマッカーサー指令に基づいて警察予備隊が設立された。マッカーサー司令部は七月から報道機関、労働組合、公務員から共産主義関係者を追放し（レッド・パージ）、一方で一〇月から、かつて国家主義者、軍国主義者として追放した人々の追放を次々と解除した。五二年七月には破壊活動防止法が施行され、一〇月には保安隊が発足した（五四年七月には自衛隊に改組）。このような「逆コース」に対して学生は激しい反対運動を展開した。当時の学生にはこの「逆コース」は本当に危険に見えた。特に、日本に平和憲法を押しつけたアメリカが急に日本に再軍備を促すのは、アメリカの世界戦略上のご都合主義ではないかという憤りと、日本はアメリカのための戦争に巻き込まれるのではないかという危険を感じたのである。「単独講和反対」、「日米安保反対」、「破防法粉砕」、「再軍備

東大法学部卒業．上段左から３人目が私．

反対」と、学生は連日デモを繰り返していた。

一方で、そのころの学生の生活は相当貧しかった。何より食糧難で、入学当初は米だけでなく、小麦（うどん、そば粉）も配給券が必要だった。私も昼食はジャムパンに牛乳が普通で、コロッケパンやメンチカツパンは贅沢だった。いつも腹が減っていて、ふらふらしていた。血を売って食べ物を買う者すらいた。私はほとんど毎月、あちこち父の友人のお宅にお邪魔してはご馳走してもらった。重光葵外務大臣の留守宅にお邪魔して、重光夫人お手ずからのお料理をご馳走になったこともある。

最初の夏休みの前に、肺浸潤《はいしんじゅん》の疑いありと診断されたので、早々に帰省して、自分で勝手にストレプトマイシンを打ってしまった。このせいで後日耳鳴りを生じて一生苦労するはめになる。特にヒアリングが重要な私の仕事では耳鳴りは致命的な痛手となったが、このときはそんなことは思いもしなかった。一日でも長く田舎で過ごして食いつなぎ、食券をためて東京に戻ることしか考えていなかった。その鉄道での往復がまた大変で、急行で片道二六時間かかった。その大部分をぎゅうぎゅう詰めのなかで立ちっぱなしだったのである。

法学部に進んでからは司法試験を受けるか、外交官試験を受けるか迷っていたが、運命は意外に単純なことで決まった。大学三年になって間もなく、兄が外交官領事官採用試験の新聞広告を持ってきて、試しに受けてみろと言う。とにかく願書を出し、一カ月くらい勉強して一次試験を受けてみた。夏休みに帰郷していたら、一次試験合格の通知が届いたので、私は驚いた。

しかし、二次（最終）の口述試験では失敗ばかりだった。不合格になって当然だったが、それでも事情を知る知人から聞いた話では、一五人が合格して私の成績は一七番目、しかも一六番目は体格検査ではねられたのだから、落ちたうちでは一番だったという。それからの一年間は、周囲の者から次は合格すると決めつけられているようで、むしろつらかった。今度はまじめに勉強した。西山健彦君がよい勉強相手だった。彼の若くして亡くなった父親も海軍大学校の優等生だったとかで、西山君は見るからに秀才だった。彼はフランス語を勉強していたが、アメリカ人ともつきあっていて、英語は本格的なものだった。当時一緒に読んだ本で最も印象深かったのは、E・H・カーの *International Relations Between The Two World Wars, 1919–1939* [1955]（『両大戦間における国際関係史』）だった。全文英語で読んだ最初の本だったかもしれない（西山君はEC日本代表部大使時代に病死した。私は貴重な友人を失った）。

二度目の試験は特によくできたとは思わなかったが、とにかく合格できてほっとした。だが、私の大学生活の後半はまたも受験勉強に明け暮れてしまい、特にこれといって突っ込んで勉強した科目はないまま終わってしまった。授業でおもしろかったのは、脇村義太郎の経済政策と岡義武の日本政治史だった。

こうして一九五五年（昭和三〇）三月に東大を卒業し、私はいよいよ外務省に入ることになる。

第1章　駆け出し外交官――一九五五～六〇年

一　米国留学

一九五五年（昭和三〇）四月一日、私は外務省に入省した。経済局第三課（課長は吉良《きら》秀通氏、後に駐インドネシア大使として再び私の上司となった）に配属になったが、まずは大塚の外務研修所に通うことになった。小島《こじま》太作研修所長が随員の一人としてバンドン会議に出席した直後で、高碕達之助が周恩来と会談したときの感動をわれわれにも話してくれた。晴れて月給がもらえるようになったからもう家からの仕送りはいらないと思っていたら、月給が手取り八八〇〇円で学生時代より貧しくなるとわかり、母に手紙を書いて、在外勤務になるまで五〇〇〇円の仕送りを続けて送ってくれるように頼んだ。

入省後に知ったことだが、国東高校同級生の小串《おぐし》敏郎君が税務講習所を卒業して神田税務署勤務中に外務省の中級試験に合格し、私より半年前に入省していた。彼はエジプトに赴任してアラビア語を勉強し、後年アラビストの第一人者になり、最後にはＵＡＥ（アラブ首長国連邦）とスーダンの大使に任命された。家庭の経済的事情のために大学受験を断念したのだろうが、彼は実力で、大学に進学した者に劣らぬキャリアを築いた。

私は希望通り米国で研修することになった。最初に「どこの大学に行きたいか」と聞かれたので、東大法学部の大教室で無味乾燥な学生生活を送ったから、米国ではできるだけ小さな学校に行きたい、という希望を出したら、オハイオ州のアンティオーク・カレッジに手配された。出発前に重光葵元大臣のご自宅に挨拶に行った。書斎に迎えてくださり、「まず英語の勉強をしっかりやるように。特に難しいのはよく聞き取ることだ」と忠告してくださった。辞去するとき、足が不自由なのにもかかわらず玄関までお見送りくださった。それが最後のお別れになった（重光元大臣は私がロサンゼルスで勤務していた一九五七年〈昭和三二〉に、不帰の人となった）。

出発前夜は当時勧業銀行専務の中須忠雄氏宅（夫人が重光大臣の姪でたびたびご馳走になっていた）で歓送会をしてもらい、泊めてもらった。八月三〇日、羽田空港からパンアメリカン航空のＤＣ－６で飛び立ち、ウェーキ島で給油して夜ホノルルに到着した。東京でバニー・スティール氏という西山君の友人から、「ホノルルに着いたら、乗り換えまでの待ち合わせ時間中にタクシーでロイヤルハワイアンホテルを見に行くといい」と勧められていたので、早速実行した。大きな黒いリムジンタクシーが無音ですべるように走るのに感激した。ホテルは豪華で、ロビーを抜けて海岸に出ると、椰子《やし》の木の上に輝く月がきれいで、上のほうのテラスから流れてくるたえなき音楽の調べに、まさに地上の楽園としばし陶然となった。

ロサンゼルスに到着し総領事館を訪ねると、中村茂総領事がビルトモアホテルでランチをご馳走してくれた。夜は岩間龍夫領事がご馳走してくれ、遅くまでハリウッドなどあちこちを車でまわって、深夜にハワードジョンソンでアイスクリームをふるまってくれた。アメリカの豊かさに圧倒された。

翌日は、東京でスティール夫人から紹介してもらっていたアンドルー・スピンクス氏のMGに乗せてもらって市内見物をした。アメリカといえば超高層ビルが林立していると想像していたが、当時のロスの街は地震対策で建物の高さを制限していて、高層ビルが全然見られず、少々がっかりしたが、街路に並ぶ椰子の木の緑が青空に映えて、鮮やかだった。

九月二日、ロサンゼルスから広い広い大陸を横断してワシントンに到着した。前年アンティオークで研修していた関栄次官補が出迎えにきてくれた。途中マウントバーノン見物のために車を降りたとき鍵をかけないので「大丈夫ですか」と聞いたら、「ここはアメリカだよ」と笑われた。当時のワシントンは安全な町だった。大使館に着くと、関守三郎参事官がビフテキレストランでランチをご馳走してくれた。「ワシントンの街はヨーロッパのようですね」と言ったら、「ヨーロッパに行ったこともないくせに生意気言うな」とたしなめられた。その夜指導官の中島敏次郎書記官の自宅に招待されたのだが、ロスで飲み過ぎたせいかほとんど食事が喉を通らなかった。いかにも豪傑然とした橋本恕《ひろし》書記官にも初めて会った（その後中国課長の引き継ぎ以来、私は彼の後任を三度務めることになる）。翌日は東京で西山君を通じて知りあいだったロバート・リフトン夫妻が迎えにきてくれて、フレンチレストランで食事をご馳走になった。初めて食べたオニオンスープはとてもおいしかった。本当にどこでも米国人は親切だと痛感した。

アンティオーク・カレッジ

アンティオーク・カレッジのあるオハイオ州イエロースプリングスには寝台車で行った。翌朝、西部劇に出てくるようなプラットフォームもない駅に降りたら、大学から迎えが来てくれていてほっとした。イエロースプリングスは人口三〇〇〇人くらいの大学町だった。アンティオークは学生総数が一五〇〇人くらいの全寮制の小さなカレッジで、しかも「コーオプ・プログラム」（将来の経験のために在学中に働いてみる制度）のために、半分くらいの学生が働きに出ているので、皆が家族のように親しかった。まず驚いたのは、女子学生がすれ違うたびににっこりして「ハーイ!」と言うことだった。しかし、それは私だけに対してではないことがすぐわかった。アンティオーク・カレッジはクエーカーが創設した学校だが、四割がユダヤ人でその大部分がニューヨークから来ていると聞いた。黒人の学生もたくさんいたが、何の差別も見られずまったく自由な大学だった。後日、名門のオーバリン大学を訪ねたとき、ストライキ中だったがプラカードに「アンティオークに行こう」と書いてあった。「オーナーシステム」という慣行があって、宿題の一部は参考書も辞書も開かないで解答を書くように要求された。学生たちは当然のようにそれに従っていた。

私の留学期間は一年だったから、勉強よりも英語を覚えることに重点をおいた。ダラスという演劇の先生が発音の特訓をしてくれ、二カ月くらいかかって、ようやくRとLの発音を使い分けることができるようになった。ジェローム・スミスという若い先生には英作文の添削をしてもらった。英語が聞き取れないのには本当に苦労した。先生の講義が半分もわからない。宿題として参考書を一〇〇ページくらい読まなければならないこともたびたびだったが、それを読みこなしていないから、ますますわからない。特に苦労したのは夕食後、寮のホールで友達とわいわい議論するときだ。よくわからないから意見を聞かれると、とりあえず「イエス」とうなずく。そのうち、「お前はいつもイエスと言っているではないか」と皮肉を言われた。

太平洋横断中に機内で搭乗者リストが回覧されたが、たまたまイエロースプリングスのゴム研究所の所長夫妻が同乗していて、到着後にディナーに招いてくれた。子豚の丸焼きを出してくれるほどの歓迎振りだった。感謝祭のときには大学の先生の家に、イースターのときにはスプリングフィールドの父兄の家に、招待してもらった。普通の米国人の家庭がこうも親切なのには本当に感激した。このような体験が米国に対する私の信頼感のルーツになっている。

第二学期を前に、コーオプ・プログラムをどうするかという話になった。カウンセラーから「どこに働きに行きたいか」と質問され、「英語の勉強をしたいから働きに行きたくない」と答えたら、「怖いのか」と言われ、つい「行く」と言ってしまった。アメリカといえば自動車産業だと思って、クライスラーに行くことに決めた。

クリスマスをニュージャージーでホームステイして過ごし、年明けからデトロイトで間借りを始めた。クライスラーではサービススクールに編入された。アジアの販売店からの研修生に自動車の修理を教えるクラスである。ブレーキの修繕やエンジンのオーバーホールなどを教わったのだが、ほかの生徒の英語もわけがわからず当惑していたら、ハワイから来た若者が「英語で話せ」と叫んだ。これでは時間の無駄使いと思って、配置換えを願い出たら、組立てラインのフォアマンの助手にされた。そこでの私の仕事は翌日レイオフになる労働者のリストをミミオグラフで作成して張り出すだけだった。これくらいしか私にできることがなかったのだろうが、米国の労働組合は自分たちの利益追求が徹底していて、単独講和反対のデモばかりやっていた日本の労働組合とずいぶん違うことがわかった。別のフォアマンが工場見学に連れていってくれ、組立てラインのすごさに驚嘆した。

しばらくして、訓練学校の事務局に配置換えになった。そこでの仕事は綴じ違えの入学説明書のステープルをはずして綴じなおすことだけで、いつ昼休みになるか、いつ終業になるかを、何度も何度も時計を見る毎日で、こんな退屈な勤めをしたのは後にも先にもこのときだけだ。この学校を卒業した生徒はクライスラー以外の会社に勤めてもよく、それはGMでもフォードでも同じということだった。私はこのことを後年ジャカルタで日本の自動車企業に話して聞かせ、同じような技術者教育をするように勧めた。

四月にアンティオーク・カレッジに戻ったが、あっという間に第三学期が終わってしまった。デトロイトではオペラに行くなど確かに楽しかったが、勉強の面ではあまり収穫はなかった。英語の時間に、フルシチョフのスターリン批判について新聞のマイクロフィルムを読んで論評を書く課題が割り当てられ、こんな世界の重要事件を知らずに遊んでいたことに気がついた。

大西部横断

夏休みは大西部を見ようとコロラド大学のサマースクールに入ることに決めた。その前に、サンアントニオ在住の父の伯父、國廣智を訪ねることにし、ワシントンからグレイハウンド（長距離バス）で出発した。夜中に南部の町で停車したのでトイレに入ろうとしたら、入り口が二つあって、「ホワイト」と「ブラック」と書いてある。私はたまたまブラックの前に立っていた。ホワイトのほうに行くべきかなと一瞬迷ったが、中から黒人がじろっとこちらを見ていたのに気がつき、そのままブラックのほうに入ってしまった。

翌朝、アトランタに到着し、ＹＭＣＡに宿を取って、早速マーガレット・ミッチェルの記念館を訪ねた。南北戦争の戦場をそのど真ん中から見るように再現した展示もあり、南部に来たなと強く感じた。そこで、黒人の大学に行ってみようと思い立った。ダウンタウンに行ってバスを乗り換えたら車内全員が黒人で、一瞬緊張してパンフレットを床に落としてしまった。すると前に座っていた黒人の婦人がすぐに拾ってくれて、それで気分が和らいだ。バスを降りると、どの店も黒人だけで白人は一人もいない。地図を頼りに大学に向かう坂道をのぼっていたら、前方から黒人の男子学生の一団が道路一杯に横に並んでやってくる。どうなるかと思いながら近づいていったら、ごく普通に道を譲ってくれた。キャンパスに入って、玄関らしきところで大学を見学に来たと言ったら、女子学生が学内を案内してくれて、キャンティーン（学食）で昼食までご馳走になった。自分が緊張していただけで、皆大変親切だとわかり、すっかりリラックスした。あのころは黒人差別問題がまだ先鋭化していなかった。

そこから夜行バスでニューオリンズに着くと、大野義章さんという副領事が歓迎してくれた。翌日、『欲望という名の電車』という映画で知られる路面電車に乗って市内見物をした。電車の客席が半分に仕切られていて、「Reserved for colored patrons」と書いたプレートが置いてあった。私がなかほどの黒人の側に座ったら、黒人の車掌が来てプレートを私の後ろに移した。これで私は白人扱いなのだなとわかった。住宅はどれも豪邸ばかりで、樹木から苔のようなものが長く垂れ下がっているのがいかにも歴史を感じさせた。ニューオリンズはフランスとスペインとアメリカの三つの文化が混在していて、どこに行ってもコカコーラとハンバーガーのアメリカのなかでは、ユニークな都市だった。

ニューオリンズからバスのなかで一緒になった小学生たちに珍しがられながら、ルイジアナを横断して、私の父の伯父、國廣智が住んでいるサンアントニオに着いた。バス停には娘のユキが車で迎えに来てくれていたが、いきなり「運転してみるか」と言う。アンティオーク・カレッジで少しは習っていたのだが、テキサスの道路は車がいなくて助かった。二週間の滞在中に免許を取りに行ったら、筆記、実技ともにすれすれで合格した。サンアントニオでポンティアックの中古車を五五〇ドルで買って、それを運転してコロラドに向かったが、ユキが心配して母親と一緒についてきてくれた。サンアントニオでは二五歳以下の独身者には保険を売らないと言われ（特別に売るときは一日一ドルだという）、しかたなく保険なしでコロラドまで行ったが、本当に危ない運転をしたものだ。そこでユキたちと別れ、一人でコロラドスプリングズへ向かい、サマースクールに登録した後、コロラド大学の学生だと言って車の保険を買うことができた。コロラド大学では高地のため睡眠不足に苦労したが、学校の先生をしていた人たちがロデオや金鉱跡に連れて行ってくれて西部らしさを味わった。

夏休みも終わるころ、ワシントンから電話があって、私はロサンゼルスに転勤だという。大使館勤務を希望していて荷物も大使館に預けてきたので、すっかり見当が狂った。車で大陸を往復するのは困難だと思ったので、ロサンゼルスに直行することにした。一日あたり五〇〇マイル運転し、ソルトレイクシティを過ぎた後、夕方になってエンジンベルトが切れて立ち往生したりしたが、三泊してようやくロスに着いた。途中ブライスキャニオンやグランドキャニオンの絶景を見て驚愕した。自然の雄大さに圧倒された。ラスベガスは砂漠のなかの不夜城で、カジノのショーが楽しかったことを今でも思い出す。ポケットの中には五ドルしか残っていなかった。

二 在ロサンゼルス総領事館

ロサンゼルスに到着して、早速住居を探し始めたのだが、前任者のようにアパートを借りることは「妻加俸」のない私には不可能だった。貸部屋（Rooms for Rent）の新聞広告のなかから探し、秘書に事前に電話で確認してもらってから訪ねたのだが、実際にはこちらの顔を見たとたんに、「もう決まったよ」とはねつけられることが何度かあった。最終的には幸いにも、ハリウッドの南、サウスオレンジ・ストリートのジム・チェイスさんという大変親切な老夫婦がこざっぱりした家の一室を貸してくれたが、あの当時はまだ日本人差別が残っていた。

在ロサンゼルス総領事館では総領事が中村茂、領事が安井芳郎、その下に庶務と電信担当の持原重憲副領事の各氏がいた。中村氏は外交官試験のとき官房会計課長で口述試験の試験委員だった。彼はシベリア抑留の経験があり、人生を達観しているようで、ゴルフは「何とかの横好き」の観があったが、昇進にこだわる風は一切なかった。安井氏はまじめ一本で記憶力抜群だったが面白味がなかった。持原氏には夫人によく料理をふるまってもらい大変お世話になった。私は領事官補で、本省から派遣された四人の最下位だった。受付の現地職員日系二世の女性よりも私の給料が安く、本当に生活に苦労した。

最初に受けた外交官試験の国際法の口述試験で、田岡良一教授から「大使館と領事館はどう違うか」と質問されて困ったが、領事事務というのは外交官のイメージとは相当かけ離れたものだった。要するに在留邦人の保護が基本的な任務で、そのほか貿易の推進（今では進出企業の支援も含む）、広報宣伝などが主な仕事だ。しかし、後から考えればユニークな経験をしたと思う。ロサンゼルスには一九五六〜五八年まで勤務した。

ツナ缶をめぐる日米摩擦

私が担当したなかで最も外交官の仕事に近かったのは、日本からのマグロの輸入制限対策だった。といっても、連邦政府と交渉するというのではなく、現地日本企業と米側マグロ業界の情報を集めて本省に報告するのが、主な仕事だった。

米側マグロ業者は、自分たちが開拓した国内のマグロ缶詰（ツナ缶）市場を、日本があまり宣伝費もかけずにただ食いしていると不満を抱いていた（米企業はマグロ缶詰を「海の鶏肉（チキン・オブ・ザ・シー）」と名づけ、サンドウィッチ用の食材として宣伝していた）。われわれ日本側は、米国の缶詰は油漬けだが日本製は塩水漬けだから市場が異なると主張した。さらに、缶詰でなく未加工のマグロを輸出すれば、米国のパッカー（缶詰業者）も歓迎するだろうと考えた。しかし、大手パッカーは自分でマグロ船も持っていたので利害が一致せず、日本側が知恵を絞って丸切りの切り身（ディスク）や背肉（ロイン）を輸出するようになると、米業界ではロインを使う中小パッカーしか日本の味方がいなくなったのである。

われわれはロインの輸出を自主規制しようと、本省に輸出貿易管理令を発動してもらった。すると、日本からのロインの船荷がカナダのバンクーバーに陸揚げされアメリカに陸送されてきているとの情報が入ってきた。このときは大騒ぎだった。まるで西部劇のような大追跡劇だったが、結局この荷は捕捉して、事なきを得た。自分のような若い領事官補一人でも大変なことができるものだと思ったものである。

広報活動

広報文化活動はどの在外公館でもやることだが、ロスでも大きな仕事だった。スピーチにもよく行った。当時の日本は低賃金で製造した繊維製品の輸出をしていると批判されていたので、私の論点は、日本は重化学工業化を進めていて、繊維雑貨の輸出から脱皮しているということだった。あるとき近郊のリバーサイド市から日本祭りの協力を依頼された。本省から大きな凧を送ってもらい、JETROから布きれを借りて飾りつけに行ったのだが、外交官になってやっている仕事が飾りつけ師のまねなのか、と思った。後日、作家の曾野綾子さんに会ったとき、「この話を主人（三浦朱門氏）から聞いて、ぜひ國廣さんに会いたいと思っていたの」と言われた。

広報では毎年ロングビーチで行なわれるミスユニバース・コンテストのディナーで、ミス・ジャパンのエスコートをするという余録もあった。マーロン・ブランド主演の『八月十五夜の茶屋』という映画が公開されハリウッドが日本ブームに沸いたおかげで、たびたびスタジオ見学に行き、ジェーン・マンスフィールドやメル・ファーラーなどにも会った。日本人女性役を演じたシャーリー・マクレーンに、どうやったら日本の女のような歩き方ができるのかと質問したら、着物の下で両膝を縛って歩いたのだと教えてくれた。山中毅選手や古橋廣之進選手を迎えて日米水泳競技会が行なわれ、そこに「水着の女王」エスター・ウィリアムズやターザン役で有名なジョニー・ワイズミュラーが来たりした。

私にとってのハイライトは、岸信介総理がドワイト・D・アイゼンハワー大統領との会談の帰路、ロスに立ち寄ったときだった。このチャンスを利用して、『ロサンゼルス・デイリー・ミラー』紙の二面ぶんをタダで広報に使うことに成功した。その経緯はこうである。以前、同紙の経営者ヴァージル・ピンクレーが訪日した際、岸総理に単独インタビューをしたいという申し出をしたが、本省からは断わられた。その後、岸総理の令息が川部美智雄秘書と一緒に総理訪米の露払いにロスにやってきたとき、私は総理をぜひともピンクレーに会わせてほしいと頼んだ。川部氏が引き受けてくれたので、ピンクレーのところに二人を連れていったら、紙面二ページを自由に使ってよいと言ってくれたのだ。その二ページに日本の写真をたくさん載せて大いに日本の宣伝をした。ところが、東京から送られてきた総理の日程にはピンクレーとの会見が入っていない。大慌てで本省とかけあったが時間がないと言うだけだった。困ったあげく、総理のヒルトンホテルでの講演の後、ロビーで会う手配をした。総理はピンクレーに会うなり「息子からお話を聞いています」と如才なく言って握手をした。翌朝の同紙一面中央に「日本総理からの招待」というキャプションつきの写真が出たが、二人の間には心配そうな表情の私の顔も写っていた。岸総理がバーニングツリーでアイゼンハワーと一緒にゴルフをし、シャワールームで「裸のつきあい」をしたことはすでに大きく報道されていた。しかし、首脳会談で岸総理が模索していたのが日米安保条約の改定だったとは、当時の私には知る由もなかった。

談笑するヴァージル・ピンクレー（左）と岸信介総理（右）．中央が私．

いやな経験もあった。一九五七年（昭和三二）一月三〇日、群馬県の演習場で薬莢拾いをしていた農婦を米兵のウィリアム・S・ジラードが射殺するという事件が発生して、日米関係を大いに揺るがせた（七月に日本で裁判にかけることが決定し、ジラードには一一月に懲役三年、執行猶予四年の判決が下った）。ある日、このことに抗議する米人男性から電話がかかってきた。日本側の立場を説明していたら、「戦争に勝ったのはどっちだ（Who won the War?）」と怒鳴って電話を切られた。しかし、これは例外的なことだった。

邦人保護

当時、日本から中南米向けの移民船がロスに寄港するとき、健康状態（特にトラホームという伝染性の結膜炎）等の点検に行き、キリスト教団体からの援助物資を引き渡すのも、私の恒例の仕事だった。ある日、本省から「そちらに向かっている移民船に『変態性狂暴者』が乗っているので、場合によっては送還せよ」という電報が来た。事前に移住局と打ち合わせた上で、夜中に総領事のお供をして船を訪ねると、船長は「この男は女性の浴室を覗こうとして抑止したら乱暴を働いて手に負えない。ただちに日本に送還してほしい」と要求してきた。何とか目的地まで連れていけないかと相談したが、船長は、「領事は船長を助ける法律上の義務がある」とすごんだ。しかたなく翌朝帰国する船を探し、その船の代理人に、この男性を乗船させ日本に連れ帰ってほしいと頼んだ。船の代理人から「船長が了承しない」と言ってきたので、私は「その船長に会わせてほしい。その上で領事の命令を拒否するのであれば、帰国後船長を船員法により処罰する手続きをとる」と言ったら、ようやく承諾した。このとき移住していった人たちの多くは移住先でずいぶん苦労したと聞く。戦後の貧しい時代の苦しみの一つだった。

「戦争花嫁」の世話も、仕事の一つだった。ロサンゼルスの日本人町でいちばん立派な料亭は「川福」

だった。私と福岡芳郎君はなけなしの金を払ってそこのバーに、時事通信や産経新聞の記者とよく飲みに行ったものだ。そこにはなかなか美人のウエートレスたちがいたが、彼女らは日本に駐留していた米兵と結婚して戦争花嫁として米国に来た後、結婚生活に失敗して自活している人たちだった。当時ロスにはこうした境遇の女性が仕事を求めて集まっていて、三五〇〇人ほどいると言われていた。

ある日、講演からの帰途、「大坂屋」というレストランに寄ってビールを一杯飲んでいたら、離婚訴訟中の日本人ウエートレスが、夫側が雇った弁護士に脅されて、日本に帰国させられそうになっている現場に出くわした。彼女の夫にはアメリカに妻がいるので、日本に帰れと言われているらしい。レストランのママに頼まれ、私はその弁護士に移民法を説くことになった。弁護士は「彼女がこのレストランで働いているのは入管法違反であり、私が告発すれば彼女は排除（exclude）されるところだが、彼女の夫が帰国旅費を払うと言っているのだから、おとなしく帰国するのが彼女のためだ」と言う。私は、「貴殿は今《exclude》という言葉を使ったが、それは入国拒否をするときの言葉であり、彼女のようにすでに入国している者を強制退去させるのは《deport（国外退去）》だ。Deport するためには連邦入管法にその要件が規定されているが、彼女がそのどれに該当するというのかね。いずれにせよ、それを審査する委員会があるのだから、入管当局が一方的に決められることではない」と反論した。弁護士は言い返せず、「君は議論好きだね」と苦笑いした。

そのとき外で待っていたアメリカ人の夫人が入ってきたので、私は「奥さん、ちょうどよいところに来られた。人間は皆生まれたところ、親兄弟のいるところに住みたいでしょう。彼女がこんな遠くの国まで一人でやってきたのは、夫が愛してくれると思ったからでしょう。ところが彼女の期待は裏切られ、今離婚の訴訟をしている。しかし、あなたのご主人は彼女が法廷で争う機会を与えずに、旅費を払うから帰国するようにと言っている。あなたはこれを公平な話だと思いますか？」と聞いた。彼女は返答に窮して、「もう帰りましょう」と弁護士を連れて帰った。この弁護士は、実はウエートレスの雇った弁護士とつるんでいて、共謀して彼女を日本に追い返そうとしていたのである。その後に総領事と相談して、本省から月二五〇ドルの謝金を送ってもらい、伊藤健一さんという日系二世の有名弁護士に総領事館の顧問弁護士をお願いし、戦争花嫁たちの相談に応じてもらう手配をした。

日本人社会とのつきあいもなかなか大変だった。彼らは戦争の被害者である。米国人でありながら、強制収容所に入れられた人が多い。そのような苦労をした自分たちを日本政府はしかるべく取り扱っていないと、彼らは不満を抱いていた。彼らは出身地ごとの県人会を作っていて、毎年ピクニックに招待してくる。それも必ず週末だから総領事がすべての県人会に出席するのは大変だ。順番で私も参加することになる。私のような若造が行っても大事にしてはくれたが、挨拶のスピーチをしても誰もまともに聞いてはくれず、しょせん飾り物のようなものだと諦めてつきあった。しかし、彼らは子どもの教育に熱心で、あのころから弁護士などの自由業に進出する人たちが現れ始めていた。

国会議員の接待

最も神経が疲れたのは国会議員に対する便宜供与だった。ひどいときは同じ日に四組の議員団が来ていたこともある。総領事館には官用車は一台しかない。私は自分の車を使って空港まで迎えに行くのが常だった。政府全体が貧乏な時代ではあったが、古いポンティアックで送り迎えとはよくもあんな危険なことをしたものだと思う。議員連中は大部分が実際は観光が目的で、私はディズニーランドに二回行ったのまでは数えたが、それ以上は数えるのをやめた。ジェームズ・ディーンの映画『理由なき反抗』で有名な天文台に連れていったとき、広大なロスの景色を見下ろしながら小便を始めた議員もいた。しかし、総領事は、「五万人の有権者に選ばれた議員はわれわれ役人にはない魅力を持っている」と言っていた。私も政治家というものをじかに理解することができ、この経験は後に本省の総括審議官として国会担当になったときにも役立った。後に官房長官になった保利茂さんと仲良くなれたのも、有益だった。

ハリウッドにはディナーショーをやるレストランがあちこちにあった。もちろん私は一、二度しか入ったことがなかった。いちばん懐かしく思い出すのはウイルシャー通りのピアノバーだ。ブロンドの美人が弾くグランドピアノの周りのスツールに客が腰掛け、ダニーボーイとかムーンリバーなど次々に曲を注文して、ピアノの伴奏で歌う。私は自信がなかったのでブロンドのピアニストを見つめていただけだったが、楽しかった。

ロスでの勤務は二年で終わった。私の月給は在外俸給二三五ドルと本俸二七ドル。そのうち部屋代が五五ドルで、車のガソリン代と駐車料で一日七ドル弱かかった。昼食は、最も安くすませるにはコーヒーショップでコーヒーとサンドウィッチだけ、カフェテリアに行くと一ドルを超える。夜はフライドチキンを食べると三ドル五〇セント、牛肉ステーキを食べると少なくとも一〇ドルかかった。よくも生活できたものだと思う。会計担当の持原さんにしょっちゅうＩＯＵ（借用証書）を書いて、ほとんど毎月のように一カ月分くらいを前借りしていた。しかし、領事の実務を専業にした者は上級試験組のなかでは私が最後だったので、貴重な経験をしたと思う。中村総領事という鷹揚《おうよう》な館長のもとで自由に仕事をさせていただいたことを感謝している。

三　在フィリピン大使館

一九五八年七月一六日、在フィリピン大使館へ配置換えの辞令を受けた。正直なところ、ロスという辺境の公館からまたフィリピンという小国に移されたことに落胆した。

ちょうどそのとき、父が脳腫瘍で九州大学病院に入院したという知らせを受けた。見舞いのために日本への立ち寄りを認めてもらい、八月一六日にロスを出発した。病院を訪ねると、父はすでに目が見えなくなっていた。私の両手を取って、「お前はこれから大きく伸びるのだから私のことは心配するな」と言った。こういうときに一緒にいてあげられないのが残念だったが、外交官の宿命だと観念した。

沖縄経由ノースウェスト機でマニラに着いたのは八月一八日だった。空港に降り立った途端に、風呂場に入ったような熱気がズボンのなかを這い上がってきた。空港内はニンニクの臭いでむんむんしていた。深田宏書記官（後に経済局長、駐豪大使）が出迎えてくれた。大使館に向けて走ったデューイ・ブルバード（現在は「ロハス大通り」と呼ばれている）からのマニラ湾の夕焼けは絶景だった。

大使館での私の担当はプロトコール（主に大使の秘書を務めるポスト）と文化関係だった。大使は後に駐ベルギー大使、駐英国大使、式部官長を務められた湯川盛夫氏で、外務省では牛場信彦、中川融と並ぶ俊秀といわれていた。剣道の達人で、温厚かつ気骨のある人物だった。大使は私の心境を見抜いておられ、「フィリピンに転勤になってがっかりしているかもしれないが、その場その場でしっかり働いていれば必ず報われるときが来る」と励ましてくださった。

建設省から三野定《みのさだむ》氏（後に建設技監、住友建設会長）、通産省から岸田静夫氏と今井裕氏、法務省から末永節雄氏らが出向してきていたが、湯川大使のもと、皆よくまとまって働いていた。深田宏氏はすでに異動が決まっていて、後任の岡崎久彦氏は大変な秀才だとすぐわかった。ヨーロッパのことをいろいろ教わったが、彼が退官後に有名な文筆家になろうとは予想できなかった。

当時フィリピンの対日感情はずいぶんよくなっていた。「バターン死の行進」の記念日には日本兵の残虐行為が大きく報道されたが、平素はフィリピンの人たちは友好的だった。マレーシアなどに勤務していたらもっとつらい思いをしただろう。フィリピンの人々は貧しくても明るくて、歌や踊りを楽しむのが好きだった。いつかルソン島の農村を訪ねたとき、空き缶に挿した竿に紐を張った手製の楽器を持った若者三人が、サトウキビ畑のなかで合奏してくれた。当時のフィリピンは豊かな太陽の恵みのおかげで、毎年米国に七〇〇〇万ドルものサトウキビを輸出していた。ショートパンツにシャツ一枚でも凍えることはないし、腹が減ったらバナナとココナッツを食べて生きていけるので、楽観的になるのかもしれないと思った。日本が東南アジアとの関係を修復するにはフィリピンがよい足場になるという気がして、そのために私の立場でできることをしっかりやろうと決意した。

湯川大使から学んだこと

マニラ在勤中に私が最も心がけたのは、湯川大使という大先輩からできるだけ多くのことを学ぶということだった。湯川大使はいつも落ち着いていて、実に手堅かった。夕食後館員と酒を飲みながら談論するなかで熱弁を振るうことはたびたびあったが、部下に対する感情的な怒りを見せたことは一度もなかった。大使は盛岡の出身で、盛岡は原敬や出淵勝次駐米大使を輩出した土地である。忍耐強く勤勉な気風のなかで勉学したのであろう。湯川大使は記憶力も優れていて、セブ市に講演に行ったとき、原稿をすべて暗記して話したのには驚いた。私も後年大使になって何度も講演に行ったが、同じことはついに一度もできなかった。

大使は敬虔なクリスチャンだったが、私たちには決して固いことを言わなかった。あるとき大使が「バチェラーズクラブ」（独身者のクラブ）のパーティに招待された後、クラブの入会金と月会費がどのくらいかかるか、調べてみるようにと私に言われた。入会金は大使が払うから、私にこのクラブに入会しなさい、と言うのである。「君は独身だから若い女性とつきあうのなら良家の娘のほうがよい」というお考えからだった。私は当時二六歳でクラブの基準では若すぎたが、女性の顧問委員会からの承認もどうにかパスして、特別に入会が認められた。マニラのハイソサエティの仲間入りができ、連日ダンスパーティでずいぶん楽しい思いをした。今でも、あのころ毎晩聞いた「ボラーレ」のメロディーが耳に残っている。

あるときマニラのロータリークラブから、年次晩餐会に日本から文化プログラムを提供してほしいと、大使に依頼が来た。文化担当の私は、日本人社会有志で合唱をしたらどうかと提案した。南洋物産の支店長が伴奏してくれることにもなった。しかし館内会議で、「食事の席でそんなことをするのは、外交官の気品にかかわる」という反対意見が出た。議論の最後に湯川大使が、気品にかかわるという批判が出たら自分が責任を取る、と発言したので、やることに決まった。

大使は夜、公邸のテラスで酒を飲みながら館員と話すのが好きで、館員も皆大使の話を楽しんだ。終戦直後、マッカーサー来日直前の打ち合わせにマニラに来たときの民衆の興奮状態とか、貿易省設置問題のとき辞表を懐に反対したことなど、情熱的に話された。ホセ・ラウレル元大統領とゴルフの約束を

湯川大使夫妻．右端が私．

した朝、大雨だったがゴルフ場に行ってみると、先方はちゃんと来て待っていたという話も聞いた。

大使ご夫妻のプロトコール（国際儀礼上のマナー）は英仏仕込みだから、安心して学んだ。大使は赴任前は経済局長をしておられたので、経済関係についての考えもしっかりしておられた。当時私たちは輸出拡大、外貨獲得ばかり考えていたが、日比貿易は日本の入超だった。しかし、大使は「輸入するものがあるということは大変重要なことである」と言っておられた。

思い出深い人々

当時は、サンフランシスコ平和条約に基づく沈船引き揚げ事業の費用負担や、マリキナ・ダム建設反対などが、フィリピンとの経済問題だった。一方で、フィリピンには日本と通商条約を結びたいという希望もあり、島重信外務審議官を迎えて、ラウレル・ジュニア（下院議長。ラウレル元大統領の子息）との間で交渉開始の儀式が行なわれた。その夜ラウレル氏が、われわれ随員のためにノーチラスというナイトクラブで招宴を催してくれたが、ここで彼が発砲するという事件が起きた。それもいかにもフィリピンらしかった。

文化活動で懐かしい思い出は、フーコーさんという日本軍の爆撃で片手をなくした女性教師が女子小学校に「クニヒロ・フレンドシップクラブ」という集まりを作ってくれたことである。またドミンゴ・シアゾン氏を文部省留学生に選考したことも、喜ばしい思い出だ。彼は名門アテネオ・デ・マニラの秀才で、文部省留学生として東京工業大学で原子物理学を専攻した。その後、大使館勤務中にオリンピック・コンパニオンだった市川和子さんと結婚した。のちにＩＡＥＡ大使になり、駐日大使を経てジョセフ・エストラーダ大統領のとき外務大臣になり、アロヨ大統領時代には再び東京に大使として戻ってきた。これだけ日比関係に重要な役割を果たすことになる人物を、この当時留学生として選んでいたのは、私の外交官生活でも最大の成功だった。

大使館での私のアシスタントはアリス・ディゾンさんという、よく日本人に間違えられる女性だった。英雄エミリオ・アギナルド将軍の孫娘で、大使館開設のとき、日本大使館で働く女性秘書が得られなかったのでアギナルド将軍が世話してくれたのだという。彼女の縁で一度将軍を訪ねたことがある。独立抗争のとき日本から武器を入手しようとしたが、途中で船が沈んでしまったという逸話を聞いた。また、セルヒオ・オスメニャ元大統領を訪ねたこともあるが、彼はまったく中国人の風貌をしていた。

最後の日本兵

某日、湯川大使がルバング島の日本人残留兵問題の現場に視察に行くことになり、私も随行した。島まで一晩船のデッキの上で過ごした。海岸から見ると大した密林ではなさそうだったが、一歩なかに入るとなかなか前に進めない。ひょっとしたら向こうから狙撃されるかもしれないと思うと、大使を先に歩かせるわけにはいかない。覚悟を決めて案内人の後をついて奥へ進んでいった。小高いところまで登って周囲を見晴らしたが、人気は全然ない。別に見つけ出せると思っていたわけではないが、自分で現場を確かめて捜索に一つのけじめをつけようというのが大使の考えだったと思う。実は、それからはるか後の一九七四年（昭和四九）になってこの密林のなかから小野田寛郎少尉が帰還してきたのだが、そのような気配はまったくなかった。この島には同郷のペトロ岐部がローマから日本に密入国する前に待機していたという奇縁があったのだが、このことも当時はまったく知らなかった。

ガルシア大統領訪日

マニラ勤務中の最大の外交行事はカルロス・ガルシア大統領の訪日だった。湯川大使が事前に帰国して天皇陛下にご進講したときの印象として、「この世知がらい日本で唯一人日本という国のことしか考えない人がおられるということは本当にありがたいことだ」と言われたのが記憶に残っている。マニラの映画館でガルシア訪日のニュース映像が上映されたとき、観衆が「Negro, negro（黒い）」と笑ったのも覚えている。しかし当時のフィリピンは、選挙によって大統領を選べる東南アジア唯一の国だった。貧富の差は大きく、汚職もあったのだろうが、後のマルコス時代に比べればずっとよく民主主義が行なわれていた時代だと思う。

イスラム地域訪問

そろそろ帰国かと思われたころ、ミンダナオ島とその南のホロ島に行ってみようと思いついた。当時も南のほうはモロ（イスラム教徒がモロッコからアンダルシアに来たとき、スペインでは「モロ」と呼んだらしい）の抵抗が強く、たびたびゲリラ事件が起きていたので、河野七郎領事などが「危険だから行かないほうがいい」と言う。パーティのときアレヨ・サントス国防大臣にその話をしたら「軍艦を出してやる」と言われたがご辞退し、私は一策を講じた。イスラム教徒のアフマド・ドモカオ・アロント上院議員を訪ねて、「私はそろそろ帰国するが、この国の文化を半分しか知らずに去るのは残念です。しかし、大使館の同僚はミンダナオ島南部に行くのは危険だという。何かよい方法はありませんか」と質問した。彼は即座に、自分が世話をするから日程を持ってきなさい、と言った。結局、土屋直敏書記官夫妻も一緒に来ることになった（彼はフィリピン従軍の生き残りで「どんな奥地でもいいから戦友がいたところに行きたい」と言っていた）。

最初にミンダナオ北部（のイリガンだったと記憶している）に着陸したが、銃を持った若者たちが出迎えに来ていたのには驚いた。ダバオでは古河拓殖の跡を訪ねたほか、密林の奥まで行って何十メートルもある南洋木材を切り倒すのを見た。その木の半分から上はまだふたまわりほどもあるのに捨ててしまうのだ。合板工場に運んだ木は直径一メートルくらいまでくりとってから、これもまた棄ててしまう（一部は塀に使っていた）。この工場はアメリカの企業のものではなかったと思うが、当時ですら何という資源の乱用かと思った。

われわれのダグラスＤＣ－３機はホロ島のラミー畑のなかの滑走路に砂煙を立てて着陸した。副知事が、日本人の血を受けているという若い女性を連れて出迎えに来てくれた。戦前ここには日本人のダイバーが来ていたという。われわれの車は二台の武装した車に護衛されて知事庁舎へ向かった。知事とは、開けっぱなしの体育館のような家で会談したが、そこでも銃を持った兵隊が四方を警護していた。飛行場からの道の脇には日本人墓地があったが、草ぼうぼうで墓石が倒れていた。「これから毎年一〇〇ドル送金したら、正月と夏に二回掃除をして、花を供えてもらえるだろうか」と質問したら、知事は快く引き受けてくれた（マニラに戻ってから本省に毎年一〇〇ドル送金してくれるよう稟請した。もし了承されなかったら自腹を切らなければならないとひやひやしていたら、送金してきてほっとした）。港に案内してくれたとき、副知事は「われわれはここからコプラを輸出する『特権』を享受している」と言ったが、要するに密輸しているということで、彼らの船のほうが国家警察（ＰＣ）の船より速いから捕まるおそれはない、と言っていた。その後卜部敏男大使がミンダナオで人質になった事件（一九七一年一〇月二一日にミンダナオ大学を訪問した際に大学から出られなくなり、翌二二日に政府軍に救出される）があったが、今ではホロ一帯にはアルカイダ系のアブサヤフが跳梁跋扈している。おそらく私の後この島に行った大使館員はいないのではあるまいか。

私は湯川大使のご忠告に従い、できるだけフィリピンの歴史の勉強をした。ホセ・リサールという、ミケランジェロを思わせるような万能の天才にして革命家がいたことを知った。「フィリピンの政党の歴史」と題する調書を書いたら、河野領事が本省に口添えしてガリ版印刷にしてくれた。私の外務省における調書第一号である。

帰国にあたっては、カステレンセというフィリピン外務省の女性の文化部長が『マニラ・ブレティン』紙に親切な送別の辞を書いてくれた。若いエネルギーをぶつけて、夢中で過ごした二年だった。一九六〇年八月一二日、私はこもごもの思いを残しながら、マニラを出発した。

第2章　経済外交の世界へ——一九六〇～七〇年

一　通産省繊維局出向

一九六〇年（昭和三五）八月一二日、私はマニラを出発し、台北に一泊して一四日に帰国した。台北では現地の広長敬太郎参事官と田島高志外交官補に大歓迎してもらった。台湾には戦前の日本の醇風美俗が残っていると思った。

外務省に出頭すると、通産省繊維局繊維輸出課に出向の内命を受けた。脳腫瘍の父の見舞いに国東町に帰ってそのことを告げると、母から心配そうな顔つきで「何か悪いことでもしたの」と聞かれた。父は、癌が頭部の動脈に密着しているので手術で腫瘍を完全に除去できず、脳の圧迫を避けるために頭骸骨の一部をとったままにしてあった。そのため、頭に大きなこぶが張り出していて、痛々しかった。この約一年後、一九六一年九月二五日に父は亡くなる。五九歳だった。

繊維輸出課に出頭したのは八月二二日だった。菅良《すがたかし》さんという、ドイツ語の専門家で古武士然とした外務省の先輩が課長で、前任は三宅和助さんという、私より一年早く英国で研修をした、見るからに意気旺盛な人だった。課長補佐は荒川英夫さんで、鷹揚な感じの風格があり一年中夏服を着ていた。綿製品班長に「広川天皇」と言われた広川幸夫さんがいた。徹底的に統計を整備し、日々資料を丹念に読んで情報を集める能力は大変なもので、業界の重鎮だった彼にはずいぶん多くのことを個人指導してもらった。私は総括係長という肩書だったが、係員はいない。庶務係長に郷田忠夫さんという年配の苦労人がいて、さまざまなことを教えてくれた。後日、通産省と外務省は仲が悪いと言われるようになったが、繊維輸出課に関する限り、私を分け隔てのない仲間として扱って多くのことを教えてくれた。局長は今井善衛氏で、大物という感じを受けた。途中で、課長はフランス語が上手な亀井義次さんに代わった。彼は菅氏ほど仕事に厳しくなく、人生を達観している様子だった。課長補佐も飯島三郎さんに代わった。局長も交代して英国大使館から帰国した松村敬一さんがやってきた。彼はふるまいがスマートで、外交官勤務時代の意識が強く、私には厳しかった。

三宅氏からの事務引き継ぎは、通産省設置法、輸出入取引法、貿易管理令関連統計の説明から、実務の内容、人的関係まで至れり尽くせりで、これほど入念な事務引き継ぎは、前にも後にも受けたこともなければしたこともないほど完璧なものだった。三宅氏からは後に経済局スターリング地域課の首席事務官の事務引き継ぎも受けたが、彼の職務の把握には心底敬服した。彼は後年シンガポール大使を最後に外務省を辞めたが、そのときの彼の仕事の荒っぽさは若いころの彼を知る者としては惜しまれてならない。

当時はすでに原綿リンク制度（綿製品輸出の多い企業に原綿の輸入許可を割り当てる）は廃止されていた

が、通産省は輸出規制の強力な権限を持っていた。一ドル三六〇円の為替レートだったから、当時の賃金をもってすれば、繊維の競争力は強く、輸入制限のない市場にはどんどん売れるという状況だった。それは当然輸入国の繊維業界の輸入制限の要求を高める。輸入制限を回避するためには特定品目に集中せずに、徐々に幅広く輸出を伸ばしていったほうが得なのだが、商社間の競争が激しくてそれができない。そこで、相手国との利害調整に政府が乗り出す。相手国側は自由貿易の原則を維持しつつも国内産業を保護したい。日本側としては繊維の特定品目の輸出急増のために輸出市場全体を失いたくない、また日本の業界内部での殺し合いを避けたい。これが輸出「自主」規制の原点である。私はそういう政策を取り始めたばかりの通産省に入ったことになる。

すでに、米国との間では、綿糸、綿布、特定の綿製品については日本の関係業界が政府の斡旋で一方的に自主規制を行なってそれを米行政府に通報し、米側はその結果を見守りながら輸入制限圧力を抑えるという方式がとられていた。その文字通りの「自主」規制が徐々に政府の直接規制方式になり、さらに規制対象品目も綿製品を超えて拡大し、日本側の一方的な規制から政府間の合意（交換書簡）に基づく規制に変わり、さらには多国間取り決めへと変わっていく。これは自由貿易の例外が拡大することを意味するものだったが、輸出の重点が重化学工業品に移行していたわが国の輸出利益からいえば、全体的には繊維以外の分野で自由貿易を守るほうが得策という考え方だった。しかし、現実にはその後自主規制方式は鉄鋼、テレビ、自動車などにも適用され、わが国の貿易政策は原則よりも実益を守る方向を選んだ。もちろん、その実益とは、過当競争防止という当該業界の利益とともに、国と国との関係全体の利益である。

私の最初の仕事はカナダに対する自主規制だったが、その後対米自主規制が最も大きな仕事となった。私の仕事は外務省の交渉に協力して、すでに規制されている品目の枠をできるだけ大きくすること、また規制品目の追加要求をできるだけ防止することだったが、課全体としては企業ごとの枠の割当ての調整、規制の実施の監督、品質の管理というような対内的な仕事が多かった。規制は業界ごとの組合を通して実行していたから、班長のお供をして、紡績協会、綿糸布輸出組合、繊維製品輸出組合、毛麻輸出組合などで業界のベテランたちと定期的に会合し、企業の担当者とも常に情報交換していた。

業界の実情を学ぶために、関西の紡績工場、浜松の別珍《べっちん》工場、加古川のギンガム織物工場、大阪の既製服製造工場などの見学にも行った。別珍工場（別珍とは綿ビロードの通称）では、一〇メートル以上にわたってぴんと張られた織り上がりの反物の横を歩きながら、縦糸に沿って刻みを入れていく女工の技術に、感心した。ギンガムの工場（といってもほとんど家庭内に機織り機を数台持ちこんだような規模）では、実はアメリカの業者が直接布のデザインを持ちこんで発注していると知った。紡績工場では、原綿をコームして、糸に紡ぎ、それを織物にしていく機械の精巧さに感心した。これほど苦労して製造したものをどうして安売りしなければならないのか、良質の製品を安く提供しているのにどうして米国などから悪者扱いされなければならないのか、私は義憤を感じたし、こういう人たちの利益を守ることが自分の責任だとまじめに感じたものだ。当時の月給は二万円足らずだったが、大きな国家的責任を肌に感じてよく働いた。これがその後の私の対米交渉の原点となった。

翌年の夏、米国との交渉が正念場を迎えた。米政府はジョン・F・ケネディの民主党政権になって繊維業界と労働組合の要求を前面に出してくるようになった。日本側も自分たちが規制しているうちに香港や台湾の対米輸出が増えてきて、規制を多国的に行なわなければ韓国や台湾との関係で不利だと感じるようになってきた。それに備えて、私たちは今のうちに対米輸出の枠をできるだけ大きくしておかなければならないと考えた。私は広川さんに、「夏休みを全部返上して交渉の準備をするが、暑さのなかで食事から洗濯まで一人でやるのはかなわない。組合でホテルの一室を借りて、助手を一人つけてくれませんか」と頼んだ。今なら規律違反になるかもしれないが、当時は組合と一緒になって闘っていたから別に気のとがめもなかった。広川さんはホテルニュージャパンの一室を使う手配をしてくれた。私はそこに一カ月近く閉じこもって、あらゆる必要な統計と資料を整備し、日本側の要求の根拠、米側の要求に対する反論を用意した。それを一冊のファイルにまとめ、項目ごとにミミをつけ、通産省と外務省の交渉出席者が共通の資料を持てるようにした。これは交渉の現場ではずいぶん威力を発揮した。日本側は予想以上の増枠に成功し、関係業界も皆喜んだ。

一九六二（昭和三七）年一月、私は松村局長のお供をしてガット（GATT：関税及び貿易に関する一般協定）の会議出席のためにジュネーブに出張した。当時通産省では外務省からの出向者はすでに外国を知っているので外国出張を認めないという内規があったそうだが、松村局長が頑張って例外を認めてくれた。通産省きっての国際通だった同局長には二度ほど大目玉を食らったが、役に立つとは認めてくれていたのだろう。

会議は繊維貿易問題の特殊性を考えて、日本の自主規制をガットの手配でグローバルに拡大するというものだった。繊維輸入により市場攪乱が生じた国は輸出国に輸出規制を要請することができる。「市場攪乱」というコンセプトを採用して、ガットの通常の輸入制限に必要な輸入の急増による被害の立証をしないでもよいことになった。他方、輸出国が自主規制に応じないときには輸入国は輸入制限措置を取ることができるが、その後、毎年制限枠を五％拡大しなければならなくなった。これは日本（私）の発案で、「成長方式（growth formula）」と名づけられた。その際問題になったのは、どの期間の実績を枠の大きさを決めるベースとするかで、欧米の国々は市場攪乱が生じた一年前の年間輸入実績を枠とすることを主張した。しかし輸出の急増を問題にしているのにそれでは輸出国に大変不利になる。私は一晩考えて、起点をずらすといかに大きな差が生じるかを示すグラフを作成した。これを松村局長に使っていただいて、規制開始三カ月前の一年間の実績をベースにするということで話がまとまった。こうして「綿製品長期取決め」が合意されたのだが、当時のガットの事務局長だったエリック・ウィンダム・ホワイトの老練な取りまとめの手腕に感服した（この「市場攪乱」のコンセプトは後の中国のＷＴＯ加入に際して一〇年間援用された）。

繊維輸出課の人たちは夜もよく一緒に飲みに連れていってくれたし、二年間があっという間に経ってしまった。そのほか、黒田眞、木下博生、野々内隆、沢田仁、児玉幸治など、その後一緒に働いた通産省のキャリアとも仲良くなった。私も通産省の人間になりきって仕事をしたつもりである。ここで私は、ビジネスの実態を踏まえた仕事をすることの大切さを実地に学んだ。通産省と関係業界との協力の仕方についても学んだ。もし、繊維局ではなく通商局に配置されていたら、このような勉強はできなかっただろう。後で振り返ると通産省勤務の二年間は大変良い経験になった。貴重な経験をさせてもらって、通産省に感謝している。当時の和田敏信通商局市場第一課長（後に通産次官）には亡くなられる直前まで大変親しくしていただいた。

二　経済局事務官

㈠　経済局総務参事官室

一九六二年（昭和三七）六月一日、外務省経済局総務参事官室勤務の発令を受け、入省以来七年ぶりに外務本省に戻った。関守三郎経済局長がワシントン以来私に注目してくれていて、自分のもとに呼び寄せてくれたようだった。総務参事官室には、ロシア語からフランス語に転じた平原毅さん（後に駐英大使）、その下で実務をとりしきっていた英仏語ともに堪能な本野盛幸書記官（後に駐仏大使）、その下に茂木良三さん（後に駐ハンガリー大使）、私、坂本重太郎君（後に駐スペイン大使）の三人の上級試験組がいた。今から振り返ると、このときに関経済局長が目をかけてくれて、本野書記官の下で働いたことが、その後の私のキャリアを決めたと思う。

通称「経総参」は実質経済局の総務課で、経済界との関係、経済広報、経済官庁との権限調整、省内他局との仕事の調整、経済局の予算、定員交渉などが主な任務だった。その後転任したスターリング地域課を含めて私は四年間経済局事務官を務めたのだが、経済成長が始まった時期で、経済外交花盛りの時代であり、実に働きがいのある仕事をさせてもらった。月給は少ないのに（スターリング地域課勤務中にようやく一〇〇ドル＝三万六〇〇〇円を超えた）、よく飲みに行き、ゴルフ、ブリッジ、麻雀と遊びもした。青春をぶつけた時代だった。

経総参で平原参事官は仕事の大部分を部下に任せていたが、夜はよく飲みに連れていってくれた。実務は本野さんがとりしきっていた。ここで彼の知己を得たことは、外務省生活を通じての幸運だった。

当時の経総参で差し迫った問題は、第一次臨時行政調査会（佐藤臨調）対策だった。経済外交の権限を外務省から奪おうとする通産省の動きを牽制することが大きな役目だった。ようやく外務省に戻ったのに、外国との関係の少ないところで、少し期待はずれではあったが、局長の旗本だという張り合いはあった。

某日、関局長に呼び出されて、経団連に講演に行くから原稿を書けと命じられた。当時頭にあったことを書き並べて提出すると、ポンと放り出され、結局局長の口述を書き写すことになった。外務省の経済局長というのはずいぶん内外情勢をしっかり把握していなければならないのだと、思い知らされた。

対米貿易摩擦の前線

米国との貿易摩擦が相次いでいたために、米国カナダ課の応援を命じられた時期があった。そこには渡邊幸治、藤井宏昭という一期下の俊秀がいた。首席事務官はマニラで一時一緒だった深田宏さんで、彼の指揮のもとで初めて対外関係を担当する外務省らしい仕事に加えてもらった。一九六三年（昭和三八）三月末から三カ月間くらい、この件でワシントンに出張した。「綿製品輸出規制対象品目に関する日米の統計があまりにも大きく違っている。日本は合意を守っていない」という疑いを米国からかけられ、いくら話し合ってもらちがあかないので磯野太郎通産省繊維局長が訪米することになった。そこに通産省の随員、繊維業界の関係者とともに私も同行することになったのだ。局長以下は一週間くらいで帰国してしまい、平林勉繊維輸出課総括班長と私が居残ったが、最後には私だけになってしまった。

会計規則では出張期間が長くなると旅費が減る仕組みになっていて、最後には一日一〇ドル五〇セント（約三七八〇円）となり、安ホテルの宿泊代を差し引くと食事もままならないというありさまだった。途中で赤谷源一参事官が同情して、自宅に一週間くらい泊めてくれたのはありがたかった。結局、キャンバスシューズを日本の税関ではゴム製品と分類し、米側の税関では綿製品に計上していたことが原因とわかったのだが、サンプルとして持っていったブラジャーなどがいかにも安物で、日本はこんなものを輸出して生きているのかと思うと、情けなくなった。

当時はフィリップ・トレザイス氏（その直前まで在京米大使館の公使だった）が国務省の東アジア担当次官補をしていた。彼が私から途中経過を聞きたいと西山昭公使に要請しているというので米国務省に出かけてみると、「繊維業界の手先」として有名な商務省のスタンレー・ニーマーも同席していた。私がしばらく話すと例によってニーマーが反対論をぶち始めた。私はトレザイス氏に向かって、「私がここに呼ばれたのは、あなたに説明するためなのか、それともニーマー氏と議論するためなのか」と質問すると、トレザイス氏は「どうぞ説明を続けてください」と答えた。あのいやらしいニーマーの鼻をあかしてやったと思うと、胸がすっとした。

この年七月にケネディ大統領がドル防衛政策を発表し、そのなかで「利子平衡税」が提案された。米国からのドル流失を抑制しようというものだったが、ドルを借りて商売している日本企業にとっては大きな痛手だった。急遽大平正芳外務大臣が訪米し、二億ドル余の免除をしてもらった。これに渡邊幸治君が随行したが、「大蔵省からの随行者がやたらと英語がうまかった」と感服していた。よく聞いてみると、東大入試の体格検査のときに隣りあわせだった行天豊雄君（後に財務官）だった。

そのころ、ケネディ大統領がガットの関税を一括して五〇％引き下げるという画期的な提案をしていた。私はこの交渉に直接にはかかわらなかったが、日本経済調査会からケネディ提案の解説書の翻訳を頼まれ、皆で手分けして翻訳料を稼いだ。これで当時芝大門の「菊屋」に残っていたツケの支払いができ、ケネディ・ラウンドは私にとっては債務引き下げの役に立った。

当時の経済局の大きな仕事はガット三五条援用の撤回だった。三五条とは、特定国に協定を適用しなくてよいという差別待遇であり、自由貿易の原則に反していた。主としてヨーロッパ諸国が相手で、一つ一つつぶしていったのだが、突破口は一九六二年一一月の日英通商航海条約の調印で、担当のスターリング地域課では、こわい鈴木千夫課長のもと、武藤利昭、加藤吉弥、三宅和助などの先輩が大活躍だった。これに続いてほかの欧州諸国との三五条援用撤回交渉が欧州課と国際機関課で進められた。私はそのいずれの交渉にも参画する機会を得なかったが、結果の達成感は分かち合っていた。

日本がＯＥＣＤ（経済協力開発機構）に加盟したのは一九六四年（昭和三九）一一月だが経済局では早くからその準備を進めていて、担当は「経総参」の分室の調査室だった。室長は千葉一夫さんで、資本自由化コードなど山のような資料を読みこなして関係省庁との連絡に快刀乱麻の働きをしていた。

訪欧経済使節団

「経総参」時代の私の最大の仕事は、堀田庄三住友銀行頭取を団長とする訪欧経済ミッションに随行したことだった。一九六三年一〇月二一日から一一月二六日までデンマーク、ノルウェー、スウェーデン、フィンランド、オーストリア、スイス、スペイン、ポルトガル、英国を歴訪した。副団長は日清製粉の正田英三郎社長で、そのほかの団員も当時の住友銀行の威勢を示すような、すごい顔ぶれだった。随員一一人のなかからもその後社長になった人が二人いる。

要するに大平外相の財界対策の一環で、前年に岩佐凱実富士銀行頭取に米国に行ってもらい（渡邊幸治君が随行）、この年は堀田さんにＥＦＴＡ（欧州自由貿易連合）諸国を訪問してもらったということだった（ＥＥＣ〔欧州経済共同体〕にはすでにミッションを出していた）。われわれの主なテーマはＥＥＣが構築されていくのに対してEFTA諸国はどう対処しようとしているのか、そこから日本は何を学ぶか、日本とEFTAとの貿易をいかにして増進すべきかということだったといえる。報告書は住友銀行の今井調査部長がまとめたのだと思うが、いま読み返してみても簡潔で要を得ている。

私の記憶に残っているのは、北欧で日本の造船補助と安売りに対する苦情が続いたこと、英国以外では日本経済使節団の訪問は初めてだったこともあって、各地で大変歓迎されたことである。

これだけの顔ぶれの使節団に入省後一〇年もたたない私一人だけをつけて送り出したとは、当時は財界に対する政府の立場がそれだけ強かったのか、外務省も度胸のいいことをしたものだ。英国の大野勝巳大使、フランスの萩原徹大使などは少し頭が高すぎるのではないかと思うくらい堂々としていた。

(二) スターリング地域課首席事務官

一九六四年(昭和三九)七月一六日、首席事務官としてスターリング地域課に転任した。前任者は再び三宅和助氏である。課長は最初は橘正忠氏、途中で大川美雄氏に替わった。所管地域はいわゆる英ポンド圏だから、英国からアフリカの英領圏、インド、パキスタン、香港、豪州、ニュージーランドと多種多彩だった。仕事ぶりで比較すれば橘さんは部下任せ、大川さんは陣頭指揮のタイプだった。日英交渉が終わった後であまり難しい問題はなかったが、ローデシア制裁問題(一九六五年一一月に一方的に独立を宣言したローデシアに対し英政府が経済制裁に踏み切り、日本も制裁への協力を求められた)では通産省との交渉に苦労した。通産省から出向してきていた奈須洋君が来電を通産省に渡し忘れていたために同省の市場一課が怒り出し、一課長が麻雀をしているところに私が謝りに行かねばならなかったのは屈辱的だった。

正式な転任前だったがスターリング地域課の仕事として、同年の五月末からケニア、ウガンダ、タンザニア、ナイジェリアに出張した。出張の目的は主として視察だったが、いちばん長くいたのはケニアで、到着直後に慌ててゴルフに行った間にドルを盗まれて、卜部敏男大使の公邸に居候させてもらった。居候が全然いやな思いをしなかったのは卜部夫人が立派だったからだと思う。

タンザニアのモンバサでは綿毛布の工場を見学に行った。藤原さんという若い人が一人で頑張っていた。ウガンダは赤道直下で、移動中に一日に二度赤道を越えた。エンテベは一五〇〇メートルくらいの高地でナイロビよりとても快適だった。外務省を訪問したとき、ソ連のアドバイザーが同席したのには驚いた。技術協力のために常任していたようである。

ナイジェリアに行くのにアフリカ大陸を横断しようとすると、便数が少なく、スーダン経由になった。夕方到着して夜中に出発ということだったので三菱商事に便宜供与を頼んだら、駐在員の長坂さんが迎えに来てくれて、夜中まで町を案内してくれた（彼とはその後ラゴスに駐在の際にも会ったし、ワシントンでは同時期に勤務した）。一二時前に飛行場に連れ戻してもらって別れたのだが、レバノン行きの飛行機が着いたのが朝の七時ごろ、しかもエンジントラブルのために出発できない。代替の航空便は翌々日までないということになって、ホテルに連れていかれた。そのホテルには冷房がなくて暑さに到底耐えられなくなり、中村茂大使（私のロス時代の総領事）公邸に電話して避難させてもらった。ちょうど大使が私と入れ替わりにナイロビに出張中と知っていたので遠慮していたのだが、我慢できなくなって助けを求めた。中村大使夫人が迎えに来てくれて公邸に行ったが、公邸の玄関に置いてあった蠟燭《ろうそく》が熱で曲がっていた。客間でフルに冷房を入れて昼寝をさせてもらったが、目が覚めて寒暖計を見たら三四度だったのには驚いた。この暑さではあの華奢な中村夫人はずいぶん苦労しておられるだろうなと同情した。夕食は彼女が中華料理店でご馳走してくれ、長坂さんも招いてもらった。

ハルツームにいた間にチャールズ・ゴールドン将軍の記念館と紡績工場を見学に行った。見学の後、「この工場の規模は八〇〇〇錘《すい》ぐらいですか」と聞いたら、まさにその通りで、繊維局勤務の底力を示すことができた。

ラゴスの空港には誰も迎えに来ていなかった。後で聞くと、本省では私は行方不明扱いになっていたそうだ。タクシーはどこかと聞いたら、航空会社の勤務員が自分が乗せてあげるという。感謝していたら結局白タク行為だと判明。ラゴスは危険なところで、大使館員は官舎のコンパウンドのなかに閉じこもっているような状態だった。それでも大使のお供をして市長の祝賀会に出席したが、アトラクションで披露された女性が腰をくねらせる踊りはすごい迫力だった。彼女らは高価なビロードの代わりに染色したネルのスカートをはいていた。町を行く男性はずいぶん長い布の白衣を身につけていて、道路を自転車で走ると帆船のようだった。現地に来て、ナイジェリアに繊維が多く輸出されている理由がわかった。ナイジェリアは人が多くて東南アジアのように活気があった。

訓令が来て帰路ジュネーブに寄りガットの開発関係の会議に出席して、帰国した。こんな長い出張は、今では考えられない。

このころの世情をふり返ると、一九六三年一一月二二日、堀田さんのお供でパリ訪問中にケネディ大統領暗殺をニュースで知り、衝撃を受けた。翌年一〇月には日本が東京オリンピックで浮かれている間に、中国が初の核実験に成功した。そのニュースが入った日に中国課の藤田公郎《きみお》君と昼食会合だったので、彼にどう思うかと質問したが、藤田君は平然としていた。隣の共産主義国が核兵器を持ったというのに国内の世論も比較的静かだった。米国の核の傘に頼りきっていたからだろうか。その後、中国では六五年一一月に文化大革命が始まり、翌六六年八月には紅衛兵の一〇〇万人集会が行なわれた。当時マスコミは共産党革命の発露のように報じていたが、これが権力闘争だと読んでいたのは外務省のなかでも、法眼晋作氏ほか少数だった。

三　在英国大使館書記官

一九六五年（昭和四〇）九月三〇日、私は芦苅睦子と結婚した。仲人は綾部健太郎衆議院議長夫妻と津田正夫元アルゼンチン大使夫妻である。披露宴には堀田庄三夫妻、正田英三郎氏、一松定吉元厚生大臣夫妻、岩田宙造弁護士等が顔をそろえてくれた。睦子の親友の夫である中村八大氏がピアノを演奏してくれたおかげで、ずいぶん豪華な感じの披露宴になった。

一九六六年一月四日、在英国大使館二等書記官を命じられ、二八日に羽田空港から出発することになった。搭乗するまで見送りの人たちに笑顔を見せていた睦子が、機内でシートベルトをつけたら急に泣き出した。よほど心細いのだろうと同情した。しかし彼女が弱気を見せたのは、今日にいたるまでこの一度だけだった。父は弁護士、母は大阪の企業主の娘で、何不自由なく暮らしていた睦子は、外交官夫人という未知の生活に連れ込まれて、ずいぶん苦労したと思う。しかし、愚痴ひとつ言わずに、接客から育児までよく頑張ってくれた。彼女はいつも積極思考で、やがて「バッキンガム宮殿から屋台までどこでも平気よ」と冗談を言うようになった。

　ロンドンに到着していちばん苦労したのは住居探しだった。大使館は近くのベイズウォーターに半地下の部屋をとりあえず予約してくれてあった。私の在勤俸からすればやむをえないところだったが、花嫁にとって新婚の住まいがこれでは、幻滅だったろう。宇山厚公使からは、ロンドンでは住居のアドレスで交際範囲が決まるから、少々無理をしてでもＷ３あるいはＳＷ７のような地域に住むべきだというアドバイスを受けていた。しかし、現実には週二五ポンド（在外手当の四分の一）以上の家賃は払えない。一カ月くらい探し回って、ロンドンの西の郊外、セントラルラインの最終駅から歩いて約一〇分の丘の上にあるザ・シーダーズというコンパウンドの二〇階のフラットを探し出した。見晴らしがよく、構内に池がありそこに浮かぶ島にシーダーの古木が立っていて快適だった。交通が不便ではあったが、英国の友人や大使館の友達などがよく食事に来てくれた。

結婚式（1965年9月30日）.

　到着したときのロンドンの印象は、「暗いなぁ……」だった。ロンドンは東京よりはるか北に位置しているので冬は日が短い。昼食をとって外に出ると早くも街灯がついている。その上、部屋のなかでは暖房のせいでスモッグがこもってしまい目が痛くなるほどだった。政治面では、一九六七年にマレーシア等にいた英国軍が撤退を決めたことで、「スエズ以東（East of Suez）」問題が盛んに議論されていた。大英帝国の衰亡がそのまま風景に映し出されているような雰囲気だった。経済面でも同年一一月にはポンド危機のために緊縮政策がとられていて、明るい感じがなかった。しかし、人々の生活様式にも、街のショーウィンドウにも、あか抜けた英国の伝統と文化が見られ、世界の一流国としての面影が依然として残っていると感じた。

当時の大使は外務次官を務めた島重信氏で、大変頭がよく合理的な人物だった。記者懇談で何を聞かれても、過去の出来事が時系列順に頭のなかに整理されているようで、その応答ぶりに敬服した。また、彼は先約重視の考えが一貫していて、いったん約束したらほかのえらい人から声がかかっても前の約束を決して変更しないのには、感心した。

私は政務班に配属され、そこには班長の伊藤義文氏のほか、ペルシャ語が専門の野草茂基さん（後にアラビア語が専門の小高正直さん）や杉野明書記官などがいた。大使館は昔の邸宅で、政務班の事務室は二階のすすけた部屋だった。伊藤氏のパイプの臭いがひどく、ジュディというオックスフォード大学出身の女性アシスタントはよく我慢したものだと思う。

別館のインフォメーションセンターの所長に六年先輩の柳谷謙介氏（後に外務次官）がいた。同期入省の本野盛幸さんが紹介してくれたのだが、その後も、柳谷氏が会計課長のとき私は官房書記官、柳谷氏が在中国大使館公使のとき私は中国課長、後に官房長と総務課長、さらには彼が外務次官のとき私は経済局長という関係が続いた。外務省を辞めるまで最もお世話になった方の一人で、公私ともにずいぶんご指導いただいた。平時は慎重に考える人だが、ときどき部下に思いきったことをやらせる度胸があった。

情報収集と人脈づくり

政務班では毎朝、まず新聞に目を通し、これと思う記事や論説を手分けして本省への報告電報にする。重要な問題については外務省や英連邦省に情報を取りにいく。私は中国に関することやインドネシアとの領土問題をめぐるマレーシアの対決政策などについて質問にいくことが多かった。大使は先に述べたローデシア制裁問題で呼び出されることが多く、「日本政府はローデシア制裁の見張りを英国に頼んだ覚えはない」という苦しい反論を述べた報告電報を大使が打ったことを覚えている。また、英国のＥＥＣ加入がどうなるかも大きな関心事だった。ジャーナリスト、学者、研究者などから情報を取ってくるのも仕事だった。

ヴィクター・ゾルザという『ガーディアン』紙の共産圏専門のコラムニストがいた。彼は前任の北村汎氏が情報収集の関係でコネをつけたのだが、謝礼を受け取らない。こちらから与えうる情報とエスカルゴが取引材料だと聞いていた。彼は毎日ＢＢＣ放送のほか数カ国語の外電、新聞を丹念にチェックして共産圏分析をしているので人に会う時間がないという。ようやくランチを一緒にしたとき、夫人が焼き物に凝っていると聞いた。早速日本から焼き物の本を取り寄せて持っていったら、土曜日の午後は自宅の庭で家族と一緒に過ごしているので、私も妻と一緒に来たらどうかということになった。彼の家は、わが家から一時間以上西に行ったところだったが、訪ねてみると広い庭には池の向こうに牛が放牧されていて、本当にのどかな郊外だった。夫人のローズマリーはケーキ作りがうまくて、紅茶もおいしかった。睦子が彼女と二人の子どもと話している間に、私はゾルザから情報分析の手ほどきを受けた。

彼は、共産圏からの公開情報は管理されているので、時系列と周辺状況をたどりながらどういう報道がされているかを丹念に比較していけば、何か変化が起きているときには必ずキャッチできると言う。

ただし、過去の事例と比較するとき事件だけを単純に比較するのではなく、そのときの周囲の情勢も比較しないと間違えるとも言った。そのためには膨大なクロスファイリングが必要で、彼のファイルは国別と事項別の二重になっていた。ファイルが多すぎて部屋中にぎっしり置かれた棚が傾いているほどだった。この方法で彼は中ソ対立を報道し、私が着任してからは文革での彭真《ほうしん》の失脚を真っ先に予測した。また、ソ連のチェコ侵入のときはその前の週末に、もうすぐ侵入が開始すると説明してくれたので、私は即日大使館に引き返して電報を打ったのを思い出す。後日、全在外公館からいちばん早く来た報告だったとほめられた。

彼はポーランドのユダヤ人で、ソ連によってシベリアに抑留されたが脱走し歩いて戻ってきて、英国空軍に志願したという経歴の持ち主で、私の帰国後一時『ワシントン・ポスト』紙に勤めていたが、インドに行って姿を消した。私が北京にいたときモスクワに勤務していた大島恵一君の夫人がローズマリーに会ったと聞いた。その後、ローズマリーからのクリスマスカードに二人は離婚したと書かれてあったが、間もなくゾルザは死んだという知らせがあった。私にとっては英国勤務中に個人的にも最も親しくしてもらった親友だった。

当時、フォーリン・サービス（外務）の本流は英国とフランスと考えられていた。私はこの機会に外交官としての素養を身につけようと心に決めた。英国外務省の同年輩の人たちと親しくなって、彼らの考え方、行動のしかたを学ぼうとした。その一人が中国専門家で当時モンゴルを担当していたデイヴィッド・ウィルソンで、後に香港総督になった。ナターシャ夫人はハンガリー出身の児童教育者で豪快な人柄で親しみやすかった。もっとエリートの英国人としては保守党の事務所にマーク・シュライバーがいた。彼はアーネスト・マープルズ技術大臣の秘書として来日したときに知り合いになったのだが、生粋の保守党員で今ではマーレスフォード男爵となり、アサフォルに堂々たる城を持っている。

マスメディアでは『フィナンシャル・タイムズ』紙のフレディ・フィッシャーのほか、有馬龍夫君（後に駐ドイツ大使）の紹介で『エコノミスト』誌のエミリー・マックファーカーとも知り合いになった。彼女は、後年、ボストンで脳腫瘍のため惜しくも亡くなったが、その直前に手術後の彼女に会えたのは、せめてもの慰めだった。夫のロデリックは中国研究家で後に下院議員になり現在ハーバード大学の教授をしている。二人とも生涯の友人だ。『エコノミスト』誌の特集号「昇る太陽、日本」に「再び日が昇る日本」という記事を書いたノーマン・マックレーともエミリーを通じて親しくなった。そのほか、中国専門家のディック・ウィルソンや経済に詳しいジョージ・ブルにも長年の友人になってもらった。日本社会の研究では世界的権威のロナルド・ドーアは、当時はロンドン大学教授で、その後イタリアに移住しているが、日本に来るたびに会う生涯の友だ。

大使館の出張で一九六八年の一月にローマで共産圏情報担当官会議があったので、その機会に、まずナポリを訪ね、ローマの後、ユーゴスラヴィア、ルーマニア、チェコスロヴァキア、ハンガリー、ポーランドを旅行させてもらった。今でも印象に残っているのは、プラハでデヴィッド・フロイドという『デイリー・テレグラフ』紙の記者が紹介してくれたインテリの夫人がホテルまで来てくれて、緊迫したチェコの政治情勢を説明してくれたことだった。川を挟んだブダペストの街と樹氷がきれいだったこと、戦渦で完全に破壊されたワルシャワの町が復元されている様子なども、心に残った。ソ連に抑圧された東欧諸国の陰鬱な空気が肌で感じられた。一方でブダペストなどで東独人が豪勢な狩猟休暇を過ごしているのは、意外だった。

日本理解のための活動

政務班で一年くらい過ごしたところで、インフォメーションセンターの次席を命じられた。高齢の林田重美さんを所長にするにあたって、私を補佐につけるという構想だったが、新たに赴任してきた有馬龍夫君を政務班に取り込みたかったからでもあろう。私も政務を続けたかったので、情報取りは一部続けてよいという了解で妥協した。インフォメーションセンターでは林田さんが文化を、私が広報を担当するということに仕分けしてもらった。私の主な仕事はマスメディア対策、講演、教科書是正対策などだった。当時日本政府は主要紙の紙面を買い上げて日本特集をしてもらっていたが、私は買い上げスペースを、ただ大使の挨拶文を載せるという従来のやり方でなく、もっと読者の興味をそそるものに改める工夫をした。一つは日本の産業が世界の各分野でどのような地位を占めているか一目でわかるようなグラフを作った。最近の中国がやりそうな宣伝だ。もう一つはセンターで発行していた日本についてのファクトシートを扇型に並べて、いつでも注文してくださいと宣伝した。もう一つは、生まれてから老人になるまでの日本人の生活をフィルムのこまのように並べて紹介した。それまで慣例になっていた大使の挨拶文などと比べて視覚的効果が大きかったと思う。

英国の教科書はアジア・アフリカ諸国の学校でも使われていた。だから、英国の教科書で日本について間違った記載がされるとその影響は大きい。私の前から大使館では英国の学者の委員会を作って教科書を点検してもらい、間違った記述についてはそれぞれの学者が手分けして出版社に手紙を書くという工夫がなされていた。私も委員会を開いて意見交換に参加した。

林田さんが担当した能のロンドン公演は予想以上に好評で、日本の伝統芸術の力とロンドンの観劇水準の高さを認識した。私は、講演を頼まれることはロス時代ほど多くはなかったが、準備は周到にするよう努めた。講演の導入部は「日本と英国はいろいろ共通点を持っている。両方とも島国で、天皇陛下と国王を持っているし、長い歴史と伝統を持っている。両方とも道路の正しい（ライト）側を運転する、それはもちろん左側（レフト）である」というものだった。大使の講演の原稿書きもあったが、これはディック・ウィルソンに手伝ってもらった。

チェルシー・フラワーショーのことが報じられた『タイムズ』.

広報関係では家内も大きな役割を果たした。一九六六年五月のチェルシー・フラワーショーで北アイルランドの会社が「プリンセス・ミチコ」という新種のバラを出品するので、着物姿の女性に来てほしいと言ってきた。当時のインフォメーションセンターの柳谷謙介所長の求めにより、家内が出向いたのだが、その翌日の『タイムズ』紙の裏面の真ん中に睦子の写真が大きく出ていて、驚いた（そのころの『タイムズ』の最初の何頁かは広告だったのでトップ記事は裏面に出る）。睦子は私よりも人気が高く、帰国前に『イヴニング・ニュース』紙が睦子の顔写真を掲載して、「ロンドンはこの週末最も美しい（本当にこう書かれていた）外交官夫人を失う」と報道した。また、『サンデー・テレグラフ』紙も、バーリントン・アーケイドで長女の明子のためにスコットランドの民族衣装を買っている睦子の写真を掲載した。

イギリスから学んだこと

着任後まもない一九六六年三月に総選挙が行なわれ労働党が圧勝した。このとき英国の選挙制度についていていろいろ勉強できた。ほとんどの候補者がその土地の出身者でない輸入候補だということ、日本で禁じられている戸別訪問は当然のこととされていること、候補者個人が負担する選挙資金が非常に少ないこと（一〇〇〇ポンド＝当時の為替レートで約一〇〇万円もかからないと聞いた）、小選挙区だと政権の交代が起こりやすいこと、結局数パーセントのスイングボート（浮動票）が勝敗を決めることなどを学んだ。労働党の勝利が予想されていたので、選挙熱はあまり高くなかったが、『ガーディアン』紙が「英国の民主主義は一八六七年のリフォーム・アクト以来一〇〇年の歴史しかないのだから、投票者は選挙の質を改善するよう努めなければならない」という論説を掲げていたのは、印象的だった。

労働党党首のハロルド・ウィルソン首相と保守党党首エドワード・ヒースとのディベートが興味深かったが、保守党のエリートであるヒースが狡猾なウィルソンに手玉に取られるのが通常だった。議会運営の方法も興味深かった。役人は出席できず、政治家が自ら体当たりして議論しているのは羨ましかった。選挙の結果労働党の議席が増えたのだが、議席差が大きくなると党内のまとまりが悪くなるという政治の現実も観察した。

英国人とつきあっていて学んだことは、ただ知識が多くても尊敬されない、自分で考えた意見がなければ相手にされないということだった。また、英国の知識人は一人になっても自分の意見を貫くために頑張る。日本人のような大衆迎合的なところがない。それと関係することかもしれないが、英国人は発明の才能を持っている。ノーベル賞学者の数も多い。そういう英国人の衿持ともいうべきものが英国のEEC加盟交渉のときの臆しない態度に表れていた。英国人と本当に親しくなるためには、自宅に招いて一緒に食事をすることが大切だ。その点家内は料理がうまかったし、労をいとわず料理してくれたので大変助かった。毎週一度は英国人を、もう一度は日本人を招待するというペースだったが、彼女はこの負担を引き受けてくれた。

当時の英国はまだ「ゆりかごから墓場まで」の思想が残っていて、医療は原則無料だったし、ホームドクターの制度が立派に機能していた。そのおかげで、わが家の二人の子どもの出産も大変助けられた。そのような社会福祉の負担もあって、一九六七年一一月にポンドの切り下げに至ったといえる。物価の高さに閉口していたのだが、一ポンド一〇五〇円が七五〇円になると、当時の在外給与は円建てだったので、急に金持ちになった感じでなんとも不思議な経験だった。

長女明子が近くの病院で生まれたときは、三〇時間以上の陣痛の結果だけに喜びも安心も大きかった。産後の入院中に私は仕事の関係で、毎日は病院に行けなかったのだが、家内は同室の女性から「あなたの夫は夜警をしているのか」と聞かれたそうで、いまだに申し訳なく思っている。次の年、長男の元が生まれたが、その前に私たちはロンドン北側のハムステッド・ガーデン・サバーブに引っ越していた。英国では普通は二人目は自宅出産ということだったが、初産が難産だったという理由で病院で出産させてくれた。分娩室に運び込まれたところで、先生から出産に立ち会いたいかと聞かれた。家内にどうだろうかと聞いてみると、一緒にいてほしいというので側についていた。さいわい安産だったが彼女の苦しむ様子を見ているうちに、「こんなに痛い目にあわせて、本当に一生頭が上がらないな」と思った。二度とも英国の医療制度のおかげで出産費は無料だったが、私は日本政府から出産手当をもらったので、一部を病院に寄付した。それでも、出産後何週間もミルクとジャガイモを無料で届けてくれるし、当時の英国の社会保障制度は実に充実していた。

在英生活三年の間に最も楽しんだのは劇場通いと旅行だった。コヴェント・ガーデンのオペラやバレーにはシーズンチケットを買って通った。夫婦でメール・パークというバレリーナのファンになった。オールドヴィック劇場にもよく通ったが、セリフがなかなかわからなくて苦労した。特に喜劇が聞き取れない。ナショナルシアターでかかっているシェイクスピアをもじった喜劇を見に行ったときのことだが、皆が大笑いするのに私には何がおかしいのか少しもわからない。ようやく二幕終わって、やれやれ帰ろうかと立ち上がると、睦子が「まだあるよ」と言う。まさに第三幕が始まり、私は面目失墜した。

英語は家庭教師に来てもらって教わった。そのときの作文の添削が残っているが、今見るとずいぶん幼稚な英語だったと恥ずかしくなる。例えばエキゾティックという言葉を外国風という意味で使っていたら、これは西洋から見た場合の外国のことであって、西洋のものをエキゾティックとは言わないと教わった。洋服も安月給をはたいて、ブラックタイとホワイトタイをセヴィル・ロウで仕立てた。その後ほとんど着なかったが、私の英国研修の遺産である。

生活のなかで痛感したことは、ポンド下落にもかかわらず英国の富の蓄積はいかにも大きいということだった。ロンドンのみならず、英国全土に歴史の遺産がある。地方の家屋敷も田園風景もいかにも豊かである。大学教育も充実していてそこで将来の指導者を育てている。今は植民地を持たないのでその国土の広さと人口からいって、英国が世界大国になることはもはや不可能であろうが、英国人の個性と英知から判断して、英国は今後とも世界で力を持つ国であり続けるだろうし、そうあってほしい。そんな願いを抱きつつ、私は一九六九年初めにロンドンを去った。

英国はその後も何とか国際的地位を保っているが、ユーロ圏に入ることは拒否して独自の金融政策を継続している。最近のユーロ危機とヨーロッパ経済の停滞（ドイツのひとり勝ち）を見ると、ユーロ圏に参加しなかった英国の選択は正しかったのかもしれないと思う。

四　経済協力局首席事務官

一九六九年（昭和四四）一月二二日、二人の赤ん坊を連れて私たち夫婦はロンドンから帰国した。翌日、私は経済協力局経済協力第一課の首席事務官に任命された。

課長の小村康一氏は民間業界人との「情報交換」が好きで、午後六時になると姿を消してしまうことが多かった。おかげで日常業務は私に全部任された形となり、大いに働いた。局長は上田常光というドイツ語を研修した紳士で、局内の実力者はワシントンから帰国してきた沢木正男参事官だった。隣の政策課には若手の事務官として、後に事務次官になった川島裕君がいた。

経済協力第一課の仕事は有償資金協力だった。海外経済協力基金（ＯＥＣＦ）の円借款に関する事案が中心で、日本輸出入銀行（輸銀）の融資も政府が関与するものについては担当した。当時円借款を与えるためには、外務省が方針を決めて、経済企画庁（ＯＥＣＦの主管官庁）、大蔵省と通産省の四省庁の間で案件ごとに協議しなければならなかった。この四省庁間の調整が面倒な仕事だった。円借款は最初はインド、パキスタンに対して始まったものだが、このころの大口融資先はインドネシアになっていた。

インドネシアはスカルノ時代の莫大な債務を抱えていて、これを繰り延べするためにドイツ銀行のヘルマン・ヨーゼフ・アプス元総裁を議長とする委員会が設置されていた。アプス提案（一九六六年九月にアプスが打ち出した「無利子、三〇年償還および債権国に対する無差別」を条件とする返済案）を実行するためには、わが国は日本輸出入銀行法を改正しなければならず、またOECFの資金が枯渇してしまうので大幅に政府出資を増やさなければならなかった。この交渉のためにインドネシアから、インドネシア政府国家開発計画庁（BAPPENAS）のウィジョヨ・ニティサストロ長官、エミール・サリム次長、後に中央銀行総裁となるラハマット・サレー氏の三人が何度も来日し、オランダでの会議には私も日本代表団の一員として出席した。これが私のインドネシアとの縁の始まりとなった。当時も日本はインドネシアに対する最大の債権国だったが、このときの日本の貢献は後々までインドネシアに高く評価された。

新規借款では、ダム建設、送配電網の建設、鉄道・道路建設といったものが中心で、いわゆるプロジェクト援助の全盛期が始まっていた。日本の民間企業がプロジェクトを考えて、それを日本・インドネシア双方の政府に持ちかけてくる。外務省は政府の調査団を出し、その後OECFの調査団がさらにそれを詰めて、毎年日・イ間で交換公文を結ぶという作業である。当時の円借款供与は年間数億ドルで、これがいずれ一〇億ドルになるだろうがそうしたらどういうふうに事務処理できるだろうか、などと考えたことがあるが、最近の円借款の規模を見るとまさに隔世の感がある。

一九七〇年（昭和四五）の交渉のとき、インドネシアの資源開発を援助すれば外貨収入が増えるという知恵（返済資金の確保の心証）を大蔵省が思いつき「天然資源開発借款」という提案をした。ウィジョヨはそれを持ち帰ったが、インドネシアの資源を収奪しようとする植民地主義の復活だという反発を招いてしまった。大蔵省の近視眼的考えが国益を損じてしまった例である。同年三月には、インドネシア援助国会議のため、森治樹外務審議官のお供をして、オランダに出張した。

インドも引き続き大口の円借対象国だった。インド人は交換書簡の英語の文言にうるさく意見を言うので厄介な交渉相手だった。他方、パキスタンへの肥料の援助については、国際入札により通常貿易で輸入するときと援助資金で購入するときの価格があまりにも違いすぎるという苦情を受けたこともあった。どうも援助の場合は日本企業間だけの入札だったので、価格が吊り上げられていたらしい。それ以後、私はコモディティ援助のアンタイド化論者（物資サービスの購入先を指定せずに資金援助する方式を支持する立場）になった。

曾文水庫プロジェクトの視察．左から４人目が私．

また、台湾に第二次円借款を与えるかどうかも問題になった。私たちは中国との関係で台湾に援助できなくなるおそれはあると感じていたものの、それだけに今のうちに台湾のためにできることはすべきであるという考えだった。そこで、一九七〇年三月に、元通産省貿易振興局長で経済企画庁次官の高島節男さんに団長になっていただいて、台湾に調査団を出した。私が幹事役を務めたのだが、基隆《キールン》の造船所を見学したり、曾文水庫というダム建設の現場を視察したりした。調査団は第二次円借款の供与をすべしという報告を出した。

韓国については、浦項《ポハン》製鉄所の建設に対する協力が大きな懸案だった。通産省の赤澤璋一重工業局長と沢木参事官が推進者だったが、小村課長は韓国経済の大きさからいってペイしないという意見で全然関心を示さなかった。私は、隣の国が製鉄所を持ちたいというのだからそれぐらいの援助はすべきだと考えて、新日鉄に協力を依頼した。ところが世銀報告が五〇万トンの工場を想定していたのに、韓国側が二〇〇万トンの設備にしたいと言い出して苦労したが、とにかく協力する合意ができた。その後浦項製鉄所は拡張を繰り返し、今や新日鉄よりも大きな会社になっている。

一九六九年六月に、インド、エチオピア、ケニア、ウガンダ、ナイジェリア、ガーナへと出張した。エチオピアの首都アディスアベバで開かれた経済担当官会議に、通産省の小松勇五郎国際経済部長、大蔵省の和田謙三短期資金課長などと出席したのである。到着早々、番徹夫大使のブリーフィングを受けて、休む間のないままに夜は農業大臣を公邸に招待しての夕食会に参加し、ウイスキーを二杯飲んだら、低酸素症に陥った。アディスアベバは標高約二四〇〇メートルだった。その後数日間下痢が止まらずに苦労した。ところが会議が終わった後、高度一五〇〇メートルの湖まで慰労に連れていってもらったら、ウソのように気分が回復した。この経験により、私は後日、在外公館に勤務する者のための高地対策の制度づくりに奔走した。

一〇月には「コロンボ・プラン」（アジア太平洋地域の開発途上国支援のための技術協力の国際組織）の会議で、柳谷謙介政策課長のお供をして、カナダのバンクーバー島の都市ビクトリアに出張した。フィリピンの代表が、私がマニラ在勤中に文化部長だったカステレンセ女史で、再会を喜んだ。ビクトリアは霧が多かったが、定年退職後に移り住む人が多い町で、カナダにしては温暖ということだった。

このころの日本は、日米安保条約の延長が大きな懸案で、国会周辺では大きなデモが連日繰り広げられた。ある晩外務省の屋上に出てみたらデモの叫びとともに硝煙が立ち込めていたのを思い出す。

沖縄返還交渉も大きな課題だったが、一九七一年(昭和四六)六月に返還協定の署名にこぎつけた。七二年一月に対米繊維自主規制の政府間協定が結ばれたことは、繊維業が沖縄返還との交換条件にされたとの非難を浴びた。首脳会談のときに佐藤栄作総理が「善処する」と答えたのをどう通訳したのかということも、問題になった。しかし、当時の日米経済関係だけから見ても、沖縄を返してもらった一方で、ニクソン政権が政治的窮地に立たされていた繊維問題で何もしないで済ますことは、不可能だったろう。いわゆる「密約問題」も発覚したが、沖縄返還がわが国戦後外交史の金字塔になったことは間違いない。

一九七一年七月一五日、リチャード・ニクソン米大統領は自らの訪中計画をテレビで電撃発表した。大きなショックであった。数日前には、ヘンリー・キッシンジャー大統領補佐官を中国に極秘に派遣していたともいう。日本は事前に何の相談も受けておらず、同盟国とはいえ米国はいざとなったら何をやるかわからない、ということを肝に銘ずるべきだと思い知らされた。

第3章　国交正常化後の日中関係――一九七〇～七四年

一　外務省機能の強化

一九七〇年（昭和四五）八月一日、大臣官房書記官に任命された。大臣官房では五〇年代末に行政整理のために総務課長を廃止して、その職務を官房総務参事官が担当し、その下で官房書記官が旧総務課の事務を取り仕切っていた。当時の官房総務参事官は多くの時間とエネルギーを国会との関係に使っていた。この時点で私の修業時代は終わり、管理職時代が始まる。

主な仕事は省内の調整、国会関係、官房レベルの各省との調整である。省令の作成、省内の組織づくり、在外公館の新設も職務に入る。省内の連絡調整のためには毎週、幹部会、主任課長会議、首席事務官会議があり、それぞれ官房長、官房総務参事官、官房書記官が主宰した。首席事務官会議が最も中味のある議論をしているという評価を得ていた。

官房長は佐藤正二氏（後に外務次官）、総務参事官は御巫清尚《みかなぎきよひさ》氏（後に橘正忠氏）、首席事務官は兵藤長雄君（後に近藤豊君）だった。大臣官房内には松永信雄人事課長と柳谷謙介会計課長がいて、私は両課長の強いサポートを得て存分に活躍することができた。私がこのポジションで自分に課した課題は、外務省の機能を強化するためにできるだけのことをするということだった。

当時厄介な仕事はいわゆる「政経合体」の最終整理だった。前任の斎藤鎮男官房長と北村汎書記官のコンビで推進し、外務省の経済局が取り扱っていた二国間経済関係をそれぞれの地域局に移管するという改革だった。各国に対する外交政策は経済関係抜きでは考えられないのであるから、当然の改革ではあったが、経済局の持っていた力を分散すれば、地域局は経済の知識が乏しいために個々の交渉において通産省などの力が強くなるという懸念があった。

特に問題なのは対米経済関係だった。結局、北米局の第二課を実務上は経済局長の指揮下に置くという方式に決まり、それが今日まで続いている。ほかの地域局の経済関係の機能が相対的に低下するのは不可避だったが、新興国の経済力が強くなるに伴い、各地域局における経済問題への力の入れ方も増していくと思う。さらにアジア局のなかにはＡＳＥＡＮ（東南アジア諸国連合）をまとめて担当する課もできている。しかし、官邸機能の強化もあり、最近は経済外交全体における外務省の存在感が比較的感じられなくなってきたのは、事実だ。

機構問題での一つの大きな仕事は、国際交流基金を作ったことである。福田赳夫外務大臣の「外交の基本は人と文化の交流である」という信念に基づく指示があってのことだが、「特殊法人を整理せよ」という潮流のなかで新たな特殊法人を設立することができたのは、やはり福田大臣の力だった。交渉の過程で、大蔵省から「海外移住事業団を整理せよ」と要求されたが、それもこの年は回避することができた。行政管理庁と大蔵省が国際交流基金設立に反対したのに対し、福田大臣は「『認可法人』ではどうか」と新聞に話した。私は行政管理庁との折衝を担当していたのだが、そのことで梅沢邦臣管理官（後の科学技術事務次官）から、「事前に相談もせず勝手な案を出すとはなにごとか」と、こっぴどく叱られた。しかしこれは福田大臣の案で、私はそんな方法があることすら知らなかった。文部省（文化庁）との折衝は文化第一課が担当していたのだが、和智一夫課長が文化庁と喧嘩別れして折衝できなくなり、私は六年先輩の柳川覚治文部大臣官房総務課長（後に参議院議員）のところに出向いて交渉した。彼は腹のすわった人物で、まともに相手をしてくれたことを感謝している。国際交流基金は当時予定していた民間からの出資が十分に集まらず、財政的には苦労しているが、その後国際文化交流のために有益な事業をしており、このときにこの特殊法人ができたことは大変有意義だった。

もう一つ、公益法人国際交流サービス協会を作った。これは空港出迎え、外国からの来客の世話、省員の出張の手続きなどの業務を代行する機関を作ろうという北村前書記官の構想によるものだった。観光業の免許を取って、切符手数料の一部を資金源にしようとするアイデアだったが、ＪＴＢの意向を受けた運輸省の同意を得るのにずいぶん苦労した。この組織がその後うまくいっているのは、阪急から移籍してもらった横山総三さんの力によるところ大であった。その後、在外公館の現地派遣員や公邸料理人のリクルートなども引き受けるようになって、大成功した。

また、在外公館の経理を強化するために、会計課を分割して在外公館課を新設した。これは柳谷会計課長の英断だったが、主計局と行政管理局との折衝は私が担当した。これで在外公館の面倒をみる専門の課ができたわけで、柳谷課長が会計の専門家が躊躇するのを押し切って大幅に権限を委譲したのには敬服した。

官房総務参事官室の所管だった極秘電報について、私は電信課長を手伝って、電報をごく限られた関係者だけに配布する「限定配布」という制度と、外務省の特定の人だけにしか配布しない私信のような「部内連絡」という制度を作った。機密保持対策として極秘以上の書類は封筒に入れて、シールを貼ることにした。また来電の配布が適切に行なわれるよう、配布先を電信課長でなく主管課があらかじめパターンで指定する制度も作った。

電信配布に関しては、一九七〇年一月、中曽根康弘防衛庁長官が就任早々、島田豊官房長を通じて在外公館の防衛駐在官に直接手紙をよこすよう指示したという問題が発生した。中曽根長官は防衛駐在官を励ますことに関心があったのだろうが、私たちは戦時中の駐在武官と参謀本部との直接連絡の復活につながるのではないかと憂慮した、私は、またも六年先輩の半田博調査課長（警察庁出身）と何度も交渉してこの官房長指示を撤回させた。後で夕食をともにしたとき彼は「外務省はさすがに立派だ」と言った。防衛庁が「大臣の指示だから」と言ったとき、私はどうも「大臣は一、二年で替わる。外務省は永久に続く」などと言ったらしい。「防衛庁の人間にはそんなことは言えない」と言われた。

沖縄返還交渉に絡んで、外務省ではこの間に「西山事件」が起きていた。毎日新聞の西山太吉記者が、安川壮《たけし》外務審議官の女性秘書から極秘電報を入手し、それを社会党議員が国会で取り上げたという事件である。事件調査中に、次官秘書官をしていた西山健彦君が、彼女は次官秘書官室にいたときから様子がおかしかった、と言ってきた。山田勇外審室長に問い合わせたところ、彼は「私は欧亜局でスパイ事件を見つけた。機密保持には自信がある」という答えだった。しかしやはり犯人は彼女だった。男女関係が絡んだ話だけに西山記者に対する非難が強かったが、外務省の機密保持に関する信用が落ちてしまった。

スクープしたのは、防衛庁から急遽送り込まれた朝日新聞社会部の田岡俊次記者（京都大学の国際法の教授、田岡良一氏の息子）だった。彼は私のところに取材に来て、この部屋のコピア（コピー）はどこが使っているか、と質問した。私が、そんな質問になぜ答える必要があるのか、と言ったら、「答えないことに意味がある」と言って去っていった。そのとき私は知らなかったのだが、女性秘書は私たちの部屋のコピアを使っており、私は事件後に警察からコピアの使用者について三時間半もかけて調書を取られた。後日、田岡記者にどうして彼女に見当をつけたのかと質問したら、安川外審秘書室の彼女の席が空いていたので、山田室長にどうしてかと聞いたところ、返事するときにちょっといやな表情を見せたので、怪しいと思ったという。まさに社会部記者の鋭い勘だった。社会党議員が国会質問時に振り回していた証拠書類である電報の決裁欄に、外務審議官までのサインしかなかったことを加藤良三君（後に駐米大使）が見ていたことも、われわれの内部調査の参考になった。

制度改革の仕事では、給与の銀行払いという制度を各省に先駆けて実現した。これも会計課の主管だったが、省内の説得は事務機能強化の観点から私が担当した。国家公務員法上給与は現金で支払わねばならず、それを銀行払いにするためには本人の同意が必要とされていたからである。室のなかでも富樫正雄国会班長が猛反対、驚いたことに佐藤官房長も反対だった。要するに、月に一度妻に亭主の甲斐性を示す機会がなくなる、ということだった。説得に苦労したが、これは各課の庶務の事務合理化に役立った。

在外公館新設のための機構要求もわれわれの仕事だった。新設公館ごとに、予算を取って外務省設置法の改正をしなければならない。アトランタへの総領事館開設を決定したり、対中国関係を考えてモンゴルに大使館を新設したり、日中国交正常化直後に北京の大使館を新設したりしたのは、時流に添った仕事だった。しかし、アフリカに新設したいくつかの大使館のなかには中央アフリカのように本当に開設すべきだったかどうか、後日疑問を感じたものもある。必要度が高くないのにハードシップ・ポストを増やすのは、問題だからである。

在外公館の「高地手当」という制度も作った。前章で述べたようにエチオピアに出張したとき高山病でひどい目にあったので、その後研究したところ、専門家の意見によれば、一年に一度でも低いところで休養すれば高地生活の健康問題も緩和されるという。高度二〇〇〇メートル以上の高地にある在外公館員には、最寄りの低地まで休暇旅行をするための航空賃とホテル代補助を支給する、という予算を獲得したのである。大蔵省は例によって「民間企業がやっていないことはできない」と反対したが、「それを言うなら民間企業だって、外務省がやっていないことはできないと言うだろう」と反論し、二年間頑張って実現できた。

一九七一年（昭和四六）の四月一日から余った旅費を使って三週間、メキシコ、コロンビア、ペルー、ブラジル（ブラジリア、サンパウロ、リオデジャネイロ、ベレン）、アルゼンチンに出張した。高地手当の趣旨説明と、廃止が要求されていた海外移住事業団の現地視察という名目だった。高地に勤務する人の苦労も移住者の苦労もよくわかった。南米大陸の広大さとイグアスの滝の壮大さが深く印象に残った。

外務省には「外」という漢字を丸くしたロゴがある。これをデザインしたのは私だ。この著作権は事実上私にあり、これだけは外務省の歴史に残る仕事をしたと思っている。

国会対策は総務参事官直轄の仕事ということになっていたのだが、参事官は夕方には事務所からいなくなる。結局国会答弁案の調整など、国会班のサポートは夜遅くまで私がしなければならなかった。当時、国内では沖縄返還協定の批准が最大の政治課題で、その国会答弁作業は大変だった。一九七一年一一月二四日に衆議院で返還協定承認案が可決された。その夜外務大臣室でお祝いの乾杯をしたが、疲労のため貧血を起こし、それを機に私はタバコを止める決意をした。以後「またタバコをすったらアメリカに沖縄を取り返される」と冗談を言って禁煙を守り通している。米国では一九七二年六月にウォーターゲート事件が発覚した。その前に沖縄返還が実現していたことは幸いだった。

一九七二年（昭和四七）末になって、人事課の首席事務官の遠藤実君と深夜タクシーで帰る途中、「橋本（恕）中国課長の後任は誰にするのだろうか」と質問したら、いきなり「君だ」と言われた。翌日、松永人事課長のところに行って、「私には荷が重すぎる」と辞退したが、彼は「自分も中国課の首席を務めた経験があるが、君ならできる」と断言されてしまい、辞退は受けつけられなかった。結局、大臣官房書記官は一二月末に遠藤君に引き継ぐことになった。官房で長く総務を担当している間に、私の性格もあってつい先輩にさえ生意気なことを言うことになり、反省するところが多かった。あまり深手を負わずに交代できたことは、感謝しなければならない。

大臣官房書記官の二年間は国内的な仕事ばかりしていたのだが、国際的には重要な展開があった。まず一九七一年六月に沖縄返還協定が調印された。七月には前章で述べたように、ヘンリー・キッシンジャー米大統領補佐官の電撃訪中や、リチャード・ニクソン大統領による翌年二月の訪中発表があった。他方、中国は一〇月に国連加盟を果たした。それに先立ち日米は、台湾を排除して中国の加盟を認めるのは「重要事項」であるから総会の三分の二の議決を要するという、いわゆる「逆重要事項指定案」を出して闘ったが敗れた。これは台湾の中華民国政府に対して最後の義理を果たしたものだった。

一九七二年二月にニクソン米大統領が訪中し、米中共同声明が発表された。日本国内でも日中国交回復の圧力が高まり、佐藤栄作首相も国会答弁で初めて「中華人民共和国」と呼ぶなど、いろいろな試みをしたが北京側が相手にしなかった。六月に佐藤総理が引退を表明し、田中角栄氏が自民党総裁選で勝った。私たちはどんな政治が行なわれるのかと一時心配したが、田中総理は役人の言うことをよく理解するということがわかって、安心した。いわゆる「三角大福戦争」のなかで三木武夫氏が日中国交回復を約束させていたこともあり、田中氏と大平正芳氏は橋本中国課長に秘かにその検討を命じた。中国側も田中内閣の出現を好機と捉えて、さまざまなシグナルを送ってきた。最後は公明党委員長の竹入義勝氏を通じて周恩来提案が伝わってきて、田中総理は訪中を決意し、訪中前の八月末にニクソンとハワイで会談して了解を取った。米国は日本に先行されることを快くは思わなかったに違いないが、自分が独断専行した後だけに反対できなかったのだろう。そこを一気についた田中総理の手腕は見事だった。

九月二九日に北京で日中共同声明を発表し、大平外相が記者会見で台湾との外交関係の終焉を発表した。私はこの過程で国会答弁の手伝いくらいしかしなかったが、時代の流れの大きさを痛感した。

二　中国大使館の開設をめぐる苦労

一九七三年（昭和四八）二月二日、発令により情報文化局書記官となり、アジア局兼任を命じられた。橋本恕課長の後任として中国課長になるための準備期間ということで、三月三日に彼の横に机をもらった。中国語もできないし、それまで中国関係の仕事は一切経験していなかったのに、なにゆえに私にお鉢が回ってきたのか、実ははっきりしない。当時国内では日中国交正常化に伴っていろいろな面で相当大きな変更が必要になると見られていたので、これまで中国と関係がなかった者に課長をやらせたほうが国会を含め国内諸方面との折衝に都合がよいということだったのかもしれない。いずれにせよ大胆な人事を行なったものだ。

アジア局長は中国語の吉田健三さん（後に駐中国大使）、次長はフランス語の中江要介さん（後に駐中国大使）、参事官は英語の大森誠一さん（後に駐ニュージーランド大使）だった。前任の橋本さんは私の二期先輩の米国研修だったが、一二、三年間も続けて中国を担当している大ベテランで、政治的根回しのうまさと豪快さは省内で知られていた。念願の日中国交正常化を成し遂げて、自信満々だった。それに比べて、私は中国にはまったくの素人で文字通り面食らっていたが、橋本さんは「君は絶対に後悔してはいけない。日本外交でまったく前例のないことをやっていくのだから、君が後悔したら皆が迷惑する」と忠告してくれた。私を選んだ松永人事課長も、中国課の実務を執るなかで自分の判断に自信がなくなった私が相談に行くと必ず、「君は間違っていない。なぜなら……」と言って励ましてくれた。私は当たって砕けるしかない、と覚悟した。

首席事務官は小倉和夫君（後に駐フランス大使）、その下に中国語研修の上級試験組の斎藤正樹、阿南惟茂（後に駐中国大使）、槇田邦彦（後に駐エジプト大使）の諸君がいた。後に宮本雄二君（後に駐中国大使）が加わって通訳をしてくれた。中国語の専門官のなかでは柳瀬友彦君がたびたび通訳をしてくれた。皆、橋本「猛烈」課長に鍛えられており、新しい日中関係構築の意欲に燃えて、実によく働いてくれた。特に小倉君には政策面のみならず、関係省庁との関係でも課員に対する心配りでも、ずいぶん助けてもらった。

実は、フィリピン在勤中に当時のアジア局の遠藤又男中国課長から中国課に来ないかという私信をもらったことがある。私は中国に大いに関心があったが、せっかく米国で研修したのだからできればまず対米関係、それも経済関係の仕事をしたいと思っていた。そこで、大使館の次席で、中国の専門家だった吉川重蔵参事官に相談したら、「中国関係はいずれ外務省の総力を挙げて取り組まなければならないときが来る。今君が米国関係、経済関係をやりたいのなら、そうすればよい。そこで学んだことを将来中国関係で生かすときが必ず来る」と言ってくださった。今そのときが来たのかと思った。

中国課長になって最初の仕事は「中華民国」（台湾）の大使館を明け渡してもらい、「中華人民共和国」（中国）の大使館の開設を手伝うことだった。外交関係が中華民国政府から中華人民共和国政府に切り替わった結果、具体的にはまず、台北にあるわが国の大使館を閉鎖し、東京にある中華民国大使館を引き揚げてもらわなくてはならない。いろいろ問題があったが、基本的には外交官の退去については国際慣行に基づくウィーン条約の定めがあり、台湾側も潔く対処してくれた。

大蔵省から、「中華民国」の土地を右から左に中国側に引き渡すと、台湾派の国会議員が騒いで予算審議の妨げになるから配慮してほしいという内々の要請があった。省内で検討の結果、旧中華民国大使館の引き渡しを三月二〇日、衆議院予算委員会の予算案採決の後に行なうと決めた。当日、夕刊発行の前にと思って、午前中に主な関係議員に説明に回ったのだが、正午のテレビで報道され、親台湾派議員の怒りが爆発した。その日の夕方、吉田アジア局長以下関係局員が日華議員懇談会に呼び出されて罵詈雑言を浴びせられた。特に椎名悦三郎自民党副総裁や灘尾弘吉日華議員懇談会会長に事前説明をしていなかったことを厳しく非難された。その日のうちに中華民国支持の自民党員によって「青嵐会」が結成された。

私たちは次官室で何度か議員対策を含め打ち合わせをしており、局内幹部に手分けして事前説明をしてもらうことになっていたのだが、最も大切なところに手抜かりがあった。とりわけ椎名副総裁には田中角栄総理訪中と同時に台湾に説明のために訪中していただいたのだから、事前説明をしそこなったのは釈明できない失態だった。いろいろ事情はあっても、こういうときの責任は結局主管課長に来るということを身にしみて思い知らされた。また、当日の朝、吉田局長が、自分はどこに説明に行くことになっているのかと電話で問い合わせてきたので、私が名前を言ったら、「ほかの用ができたから君が回ってくれ」と言われた。それが私の事前説明が手間どった理由の一つだった。課長は逃げどころがないことを思い知らされた。

すでに中国側はホテルニューオータニに仮の大使館を開いていて、「中華民国」大使館施設の引き渡しを要求してきていた。しかし政界の熱を冷ますためには時間が必要なので、私たちはどこかに仮の場所を提供できないかと、ずいぶんあちこち探した。だが中国側が納得するようなところが見つからず、結局彼らは南麻布のマンションを買い取ってそこに移った。さらに、元麻布の「中華民国」大使館跡地の引き渡しのときも、われわれの苦労にもかかわらず、中国側は警備上の問題が心配だったらしく、それに関していろいろな注文をつけてきたので、正式な引き渡しを終えるまではずいぶん手を焼いた。中国人は私がそれまでに交渉してきた相手とはずいぶん違う考え方の持ち主だということを思い知らされた。それまでの交渉相手は、「こちらがこういう提案をすれば、それに対してAとかBの答えをするだろう。場合によってはCかもしれない」と大体の見当がつくものだったが、中国人はXとかYとかとんでもないことを言い出す傾向があり、ときには何の説明もなしに「それは日本側で考えるべきだ」と言う。これに関しては朝日新聞社のベテラン記者も、同じようなことを言っていた。

引き渡しの前に旧大使館を大掃除したほうがいいだろうということでなかに入ってみたら、あわてていたのか、蔣介石の肖像画を放り出してあったりと、大変ぶざまな撤収のありさまだった。大掃除は小倉君の発案だったので、台湾は彼に感謝すべきであった。

外交関係が変わったということは、わが国の法令、制度の面で実に多くの改正を必要とするということだった。何よりも難しかったのは国内の頭の切り替えである。例えば、地図である。中国大使館員がどこかに出向いた場合、そこに地図が掲げてあれば、真っ先に目を向けるのは、地図の台湾のところになんと記載されているか、「中華民国」とされていたり、青天白日旗が掲げられていないかということに注意を払う。そして、どこかで「間違い」を見つけるたびに抗議してくる。また、中国側は日本電信電話公社が電話帳にホテルニューオータニの大使館を「中華民国大使館」と印刷してあることを発見し、電話帳を刷り直せと要求してきた。そんなことは到底できない。私は各加入者に訂正状を出したらどうかと提案したのだが、電電公社は六〇〇万通の訂正状を出すコストが大変だという。そこで、四大紙に謝罪と訂正の広告を出す案を大使館、電電公社双方に合意させたのだが、次は謝罪の文章についてもめた。電電公社が国内の政治的反応をおもんぱかって何が問題かをはっきり書かないのに対し、大使館側が不満をぶつけてきた。結局私が文章を書いて中国側に見せ、「これで同意できなくても反対でなければよい。私が決めたことだと、北京政府に報告するように」と言ったら、それで収まった。これで私は中国との交渉について一つ学んだ。中国は大変な官僚組織だから、場合によっては結果責任をこちらでとり、中国側の交渉当事者に責任を負わせなければ片づくこともある、ということだ。

もう一つ苦労したのは警備だった。右翼が中国大使館の前に宣伝カーで押しかけてマイクで叫びまくる。中国側は最初のうちは警察が右翼の宣伝カーを先導していると抗議に来た。事情を知らなければ実際、そのように見える。また、右翼は中国側要人の行き先について回って、がなり続ける。ある日、中国の要人との会議中に宣伝カーが「毛沢東を殺せ」と叫びながら外務省の横を通った。私は先手を取って会議室から席をはずして、警察に電話して追い払うように頼んだ。それがいつの間にか、私が外に出て宣伝カーの拡声器に上着を突っ込んだという武勇伝になって伝わったことがある。警察のほうもあまり露骨に取り締まると逆に訴えられるおそれもあるので、やりづらい。現に、渋谷警察署長が訴えられたこともあった。

三　日中貿易協定交渉

中国課長としての本格的な仕事は、日中首脳会談で約束した実務協定の締結だった。とりあえず貿易、航空、海運、漁業の四協定の交渉を予定していたが、まず交渉が進んだのは貿易協定だった。時期的には航空協定交渉と重なるが、まず貿易協定交渉についてまとめて説明する。

一九七三年（昭和四八）八月一七日から二〇日まで奚業勝《けいぎょうしょう》対外貿易部副司長を団長とする中国代表団が来日して交渉した。日本側は高島益郎《ますお》アジア局長が代表だったが、実質的には、大森参事官をヘッドに私と内田禎夫《よしお》通産省北アジア課長、宮本一三大蔵省関税課長など課長レベルで折衝した。実質合意といえるところまでこぎつけたのだが、中国側は結論を出さないまま帰国し、翌年一月五日、大平外相訪中のときに署名した。

問題となった第一の点は、最恵国待遇を与える対象についてだった。中国側が当事者国籍主義を取っていることが、わが国の原産地主義と対立したのである。原産地主義が国際基準だったが、中国側の方針は反植民地主義の排斥という政治上の主張によるもので、これを急に変えることを求めても無理だった。結局、それぞれの国の産品をそれぞれの国の業者が取り扱うことを基本として、そのほかの場合の食い違いはそれぞれの国内法に従うようにするほかないということになった。

第二の問題点は、関税の最恵国待遇に基づいて中国が特恵関税を要求してくるのではないかということだった。交渉の最終段階になって、大蔵省の宮本関税課長から、省内で中国が将来特恵関税を要求してくると日本の産業が大きな打撃を受けるという議論が生じ、大蔵省では問題を愛知揆一大蔵大臣にまで上げたら、「高島アジア局長の意見に従え」という指示が出たという連絡を受けた。さっそく、高島局長が奚代表との間で、中国は特恵関税を要求する意向はないことを確認して、この問題は解決した（このような経緯があったにもかかわらず、現実には一九七八年になって中国側から特恵関税供与の要求があり、わが国は八〇年にこれを認めた）。

第三に、このやり取りの過程で、わが国が台湾に与えていた特恵税率が問題になった。日本が「中華民国」に与えていた特恵は七二年の九月二六日をもって廃止され、今は「台湾」という地域に与えているものだと説明したが、中国側は、特恵は希望する国に与えられるものなのだから「国際承諾」があったはずで、これを正式に取り消せと要求してきた。われわれは、日本の国内法の政令によって台湾地域に一方的に与えた特恵なので、国際合意はないという立場を貫いたが、中国側は了解しないまま帰国した。

第四に、この協定に品目表をつけるというわが国の提案に、中国側が頑強に反対したことである。これは、日本としては通産省と農水省の国内事情に関係するのでぜひともそうしたいが、中国側の意図は

貿易協定署名式．姫鵬飛外交部長（手前右）と大平正芳外相（同左）．左端が私．

公司（中国企業）が日本企業を相手に取引するのに日本政府が口出しするのを防ごうというところにあったようだ。結局、結論を得ないままに別れた。
第五に、ココム（ＣＯＣＯＭ：対共産圏輸出統制委員会）の問題があったのだが、これは先方が第二次案で輸入制限の最恵国待遇条項を削除してきたので自然消滅した。
以上のような問題があったにもかかわらず、翌年一月の大平外相の訪中の際に署名できたのは、貿易協定には台湾が直接絡むことがなかったからだった。その点、最も苦労したのが航空協定だった。

四　日中航空協定交渉

まず台湾についての当時のわが国の立場について説明しておく。一九七二年九月二九日に日中国交正常化のために発表された「日中共同声明」の第九項には、「貿易、海運、航空、漁業等の事項に関する協定の締結を目的として、交渉を行うことに同意した」と明記されている。と同時に、台湾に関係することとしては、次のような部分がある。
第二項――「日本国政府は、中華人民共和国政府が中国の唯一の合法政府であることを承認する」。

第三項――「中華人民共和国政府は、台湾が中華人民共和国の領土の不可分の一部であることを重ねて表明する。日本国政府は、この中華人民共和国政府の立場を十分理解し、尊重し、ポツダム宣言第八項に基づく立場を堅持する」。

回りくどい表現をしているが、要約すれば「日本は台湾が中国の一部であるという中国の立場を理解し、尊重するが、同意はしていない」ということである。日本側は台湾＝米国との関係を考えて、「理解し、尊重する」ということで済ませたかったのだが、中国側はそれでは満足せず、「ポツダム宣言の条項を確認する」と書くことで妥協したのである。ポツダム宣言第八項には「『カイロ』宣言ノ条項ハ履行セラルヘク」と書いてあり、わが国は一九四五年の降伏文書で「ポツダム宣言ノ条項ヲ誠実ニ履行スルコト」を約束している。問題のカイロ宣言には「台湾及澎湖諸島ノ如キ日本国カ清国人ヨリ盗取シタル一切ノ地域ヲ中華民国ニ返還スルコト」と書いてある。これをもって中国は、日本は台湾を中国に返さなければならないと主張するわけである。

しかし、カイロ宣言に言う「中華民国」がその後にできた中華人民共和国なのか、台湾に存在する中華民国なのかは、曖昧《あいまい》である。大部分の戦勝国は中華人民共和国だと認めているが、米国は当時も現在も認めていない。正常化交渉のとき、日本側は、日本はサンフランシスコ平和条約（一九五二年）により台湾に対する領有権を放棄したが、「それがどちらに帰属するかは戦勝国が決める問題だ」と説明して中国の主張に同意せず、結局上記共同声明第三項の末文を書くことで双方が妥協したのである。

同時に、大平外務大臣は、日中共同声明署名後の記者会見で、「日中国交正常化の結果として日華平和条約は存続の意義を失ったというのが日本政府の見解でございます」と言明したが、日本政府としては台湾との間で、人の往来や経済文化をはじめ各種の民間レベルの交流を今後もできる限り継続していくことにつき、中国側の合意をとっていた。

台湾に関する以上のような複雑な関係を日本側が現実面でいかに処理するか、それを具体的に示さなければならなかったのが航空協定交渉だった。いわば、日本が台湾との関係を日中共同声明に従って処理するかどうかの踏み絵となったわけである。

(一) 交渉の模索

日中共同声明の発表後、ようやく正常化した日中関係を安定的に発展させるためには、早期に実務協定を結ばなければならないという意識は日中双方に共通していた。その実務協定交渉をどう進めるかについて中国側と話し合うために、一九七二年一一月に東郷文彦外務審議官を団長とする政府代表団が訪中した。そのとき、航空協定に関しては、姫鵬飛《きほうひ》外交部長から「仮に日中間で航空協定ができても、中国の航空機が日本に飛来し、そこに台湾の航空機が台湾の標識をつけて飛来して、双方が同じ飛行場に並ぶという事態が起こった場合にどうなるか。これは事実上、日中共同声明の精神と合致しなくなるのではないか」という発言があった。これで、航空協定を結ぶにあたって台湾との航空関係の問題を避けては通れないことがわかったのだが、前述した台湾大使館の引き渡し問題の直後だったので、日本国内ではこの問題について議論できる状況にはなかった。

台湾大使館引き渡しに激しく反対した自民党の親台湾派議員らは、主に福田派、中曽根派の議員で、もともと田中派、大平派、三木派が党内の反対を押し切って日中国交正常化を断行したことに対して大きな怒りを持っていた。彼らの考え方は次のようなものだったと思われる。国交正常化は政府の外交権の行使として行なわれた。その結果中華民国の大使館が閉鎖されるのもやむをえない。しかし、その土地建物をそのまま中華人民共和国に引き渡すのはいかにも非人情ではないか。しかるべき代替物件を探すべきだ。大使館の問題は政府の行政権で処置できるが、これから北京と結ぶ実務協定は国会の批准を必要とする。国会審議にかける前には自民党内の了承が必要になるから、今後は政府に勝手なことをさせない。特に台湾とのかかわりが深い航空協定には徹底的に介入すると、彼らは主張していた。

まず日中間で協定の案文について合意をして、その後で日台航空関係のほうも適宜処理することができないかと考えた。翌一九七三年二月一七日に中国側から協定交渉の提案があり、二四日には協定案文が届いたが、そのなかには台湾に関する事項は含まれていなかった。そこで日本側は予備交渉という形で協定文についての話を先に進めようと持ちかけた。吉田局長が駐日臨時代理大使の米国鈞《べいこくきん》に予備交渉の申し入れをしたとき、「協定本文についての相互説明を行うため」とはっきり言っておいたのだが、それが北京によく伝わっていなかったらしい。中江要介アジア局参事官を団長とする交渉団が三月七日に訪中して、一〇日から交渉を始めると、冒頭から日台路線をどうするのかと詰め寄られた。日本側交渉団は今回は日台路線の話に来たのではないと頑張ったが、交渉は一歩も前進しなかったので、結局、日本大使館から、日台間のすべての国際的約束は効力を失っていることを確認する口上書（三月一五日付）を出して一応のケリをつけた。その上で、双方の協定案文についての説明をひとわたり済ませたのだが、最終日（一六日）に中国側（陳抗《ちんこう》日本課長）から日台路線について次のような要求があった。

①日中関係は国家と国家の関係であり、日台関係は（台湾が中国の一省であるから）地域的関係であることに基づいて措置すること。

②東京および大阪に中国民航が乗り入れ、台湾の航空機は福岡、名古屋等を使うようにしてほしい

（羽田を時間調整や曜日調整により、双方が使用するのは反対）。

③日台路線に就航している航空企業に対し日中路線に就航することは認めたくない。台湾側の航空会社の営業事務所が首都圏内にあることも困る（「亜東関係協会」にでもやらせればよい）。

予備交渉団は日台路線について話し合う準備はなかったので、陳抗課長の要求を聞くだけで帰国したのであるが、この時点では青天白日旗を機体から消せとも、中華航空の社名を変えよとも、要求してはいなかった。

四月一四日に、中国側から北京で同月下旬に本交渉を行ないたいという申し入れがあった。しかし、われわれには日台路線の取り扱いについて、中国と台湾の飛行機の乗り入れ時間帯を調整する方法以外に現実的に考えうる案がなかった。先の東郷外務審議官との会談の際、姫外交部長は「これは原則上の問題ではなく事実問題であり、ただちに日本側の回答をくれと言うのではないが、ともかく何らかの方法で処理すべきだと思う」と述べたのに対して、東郷外務審議官は、「日本政府としても事実問題として解決に努力したい。ただ、日中共同声明前にも中華人民共和国の船が台湾の船と同じ港に入港していた事実を指摘したい」と答えたという経緯があった。東郷外務審議官としては、予備交渉団に対する中国側の主張は姫外交部長の考えより厳しいという印象なので、自分がもう一度北京に行って説得を試みてもよいと言った。

東郷外務審議官は四月二八日に北京に到着したが、前記の事情もあってか姫外交部長は現れず、馬仁《ばじん》輝《き》民航総局副局長が応対した。会談はまったくの平行線で、当時の橋本参事官の表現を借りれば、交渉は「決裂寸前」という状態だったという。東郷外務審議官は帰国後、「中国側は同一の空港を使わないということも『原則問題』だと言って譲らないからどうにもしようがない」と報告した。

その直後に久野忠治郵政大臣と会った周恩来は、「台湾の飛行機と中国の飛行機を同一の場所に着陸させようという日本の考え方には同意できない。東郷氏は時間帯で調整する以外方法がないと述べたが納得できない。東郷氏は最初から妥結する意思を持ってこなかったのではないか。東郷氏は中国側から案を出せと言ったが、私は馬副総局長に中国側から案を出してはいけないと指示した。中国側から案を出して妥結すれば、東郷氏は帰国してから中国側に押し切られて妥結したと非難されるであろう。やはり日本側から案を出すべきである」と語っている。

時間帯調整に替わる案として考えられるのは、台湾側に中国側が要求しているような措置を自主的に取ってもらうことだった。そのころ法眼晋作外務次官は「交流協会」の堀越禎三会長に対し、台湾側が「中華航空」という社名を自発的に変更する気はないだろうかと非公式に打診してもらいたいと依頼していた。堀越氏は辜振甫《こしんぽ》氏（実業家。亜東関係協会監事、国民党中央委員）に会ってこのことを話したようだが、彼からはこの案に個人的には興味を持つが、台湾政府が許さないという回答が返ってきたという。

六月にマニラでアジア地域政務担当官会議が開かれた機会に、私は台北の伊藤博教交流協会事務所長と北京の橋本参事官にマニラに来てもらって、この件を相談した。その結果、外務省だけで一案を作り、中国側に内々の打診をすることにした。その骨子は、①日中を主とし、日台を従とする、②東京では当面羽田を共用して時間帯調整をするが、成田国際空港完成後には中国民航がこれを使用する。その際中華航空はローカル空港としての羽田を使用する（ただし、中華航空の以遠便《いえんびん》は成田を使用する）、③大阪空港も当面共用して時間帯調整を行なうが、関西新空港完成の後には中国民航がこれを使用する、というものだった。

この案の背景として、五月一〇日に大平外相が訪日中の寥承志《りょうしょうし》（国交正常化前に日中間での貿易を維持するため周恩来の指示で中国側窓口を務めた人物）に対して、「成田開港後の羽田はローカル空港となる。そこを台湾の航空機が便宜上使うことに中国は目をつぶってもよいのではないか」と打診したのに対し、寥が「その点は理解できる」と答えたという経緯があった。しかし、この「ローカル空港」を中国側では「国内空港」と訳していたらしく、そのために交渉の最後まで羽田空港の性格が最大の問題の一つになった。

以上を外務省限りの案として小川平四郎大使から韓念龍《かんねんりゅう》中国外務外交部副部長に提示したのに対して、七月二三日に韓副部長から回答があった。中国側の意見は、この案は「日中間は国家間の関係であり、日台間は地域的な関係であるという原則に合致しない」というものだった。すなわち、①台湾が羽田と成田を両方使えることになり、従来よりもかえって優遇される、②日航が台湾に飛ぶことは原則に合致すると考えられるが、「中華航空」という名前は承服できない、③台湾の旗の問題もある、というのである。

これで交渉は再び頓挫した。

一九七三年八月二日、中国訪問中の河野謙三参議院議長が周恩来と会談したとき、「大平大臣から頼まれているので周総理のハラを聞かせてほしい」と述べた。その場では具体的な回答がなかったが、翌三日、南京訪問中に寥承志から周恩来のメモを手渡された。河野議長は五日に同メモを大平大臣に示したが、その内容は次の通りだった。

①中日間は国家間の航空協定で、日台間は民間の、地域的な航空往来を行なう。

②日本側で日台間にもとあった「航空業務に関する交換公文」は失効した旨公に声明し、台湾とは別

途民間取り決めを結ぶ。
③日台航空路線に就航する双方の航空会社は、「国家」を代表する航空会社であってはならない。
④蔣集団が日本において航空代理店を設置し、また飛行場の地上勤務要員を派遣、駐在することは許さない。
⑤日本に飛来する台湾の航空機は、「国旗」の標識を取りはずさなければならない。

「もし日本側で以上の五点を実施するならば、われわれの航空機と台湾の航空機とが同一空港に翼を並べなければならないという問題は存在しなくなる」ということだった。

これで中国側の考えははっきりしたものの、それを台湾に押しつけることは日本の国内政治の状況から不可能だったし、またこれは台湾側の面子をまったく無視した案でもある。しかし、さいわいこの提案はそれまで一切新聞に出ていなかったので、台湾に自主的決定として旗と社名の変更を実行してもらい、その後の問題は日本側が北京と片づけるという方式がとれないかという働きかけを、もう一度してみることにした。そこで、八月七日、板垣修交流協会理事長から「亜東関係協会」の馬樹礼《まじゅれい》東京弁事処代表に対し前記構想を提案してもらった。これに対し八月一一日、馬代表は「中華航空路線維持についての中華民国政府の明確かつ断固たる立場はすでに意思表示したとおりであり決して変更しない」と回答してきた。これで、台湾と内々の取引をするめどは立たなくなった。

(二) 対中極秘折衝

台湾側の自主的変更という望みがなくなった以上、日本側で一定の措置をとる覚悟をしない限り交渉を進めることはできなくなった。運輸省と大臣同士で話し合ってもらいたいのだが、延長国会の会期中でもあり、新聞の目が光っていて、大平外務大臣と新谷《しんたに》寅三郎運輸大臣が会うことすら困難な状況にあった。

ともあれ、アジア太平洋公館長会議が計画されていたので、小川大使に早めに帰国してもらって打ち合わせをしようということになった。小川大使に、一時帰国を理由に中国側要人に会ってもらうこと、国内でも総理や運輸大臣に直接報告してもらうことの効果を期待したのである。

小川大使は姫外交部長、寥承志、周恩来総理と会見したが、中国側の譲歩らしきものは得られなかった。帰国してからは、大平大臣はもちろん、田中総理、新谷運輸大臣らに現状説明をしていただいたが、運輸省側は何の知恵も貸してくれなかった。私たちは何とか中国側の妥協を引き出しうるような回答案を作成したいと努力したが成案を得られず、つなぎの回答を持ち帰ってもらうほかなかった。

小川大使帰任の際には私も同行して初めて中国を訪問し、国交正常化一周年記念行事と国慶節の行事に参加した。九月二九日の公邸での祝賀会の席で、陳抗課長に小川大使が具体的訓令を持っていないと話すと、彼は失望の色を隠さなかった（ちなみに、この祝賀会が復活後の鄧小平が初めて姿を見せた公の場だった。小柄な田舎のおじさんという風情の人で、あれほどの権力を有するとは感じられなかった）。

小川大使は一〇月五日に韓念龍副部長を、六日に寥承志を訪ねて、周恩来メモの①と②には異議はない、③と④は台湾側を説得するよう努力するが、それができない場合には台湾にそれを強制することは不可能なので、ほかの構想によらざるをえない、⑤については検討中であると説明し、大平大臣は訪中の希望を持っているがその前にこの問題を解決しておきたいと希望していると述べた。

この時点で最大の問題は、「中華航空」に大阪から出て行ってもらうという決心をするかどうかだった。この点、新谷運輸大臣が決断できなかったために小川大使に持ち帰ってもらえるような具体案ができなかったわけだが、一〇月二三日に大平大臣が総理の意向を求め、二六日に総理から新谷大臣に指示した結果、ようやく同大臣も決断し、二七日に訓令を出すことができた。

その骨子は次の通りで、これを小川大使を通して韓副部長に伝えた。

①日台間の交換公文は失効していること、「中華航空」は国家を代表するものではないこと、青天白日旗は日本政府が国旗と認めるものではないことを、公に声明する。

②日台間の航空関係のために民間の取り決めが結ばれることは望ましいので、その方向で努力する。

③東京では成田空港と羽田空港を使い分ける（成田空港ができるまでは時間調整）。大阪空港には「中国民航」が乗り入れ、「中華航空」はほかに移転してもらう。

④地上業務代行は民間会社の業務協定のなかで決めることであり、政府として事前に約束することにはなじまない。

これに対し中国側がなかなか回答をよこさなかったので、大平外相の口から陳楚《ちんそ》大使を通じて政府を説得してもらうべく、一一月一二日に同大使を帝国ホテルに招いたところ、大使は本国政府の回答として次の三点を伝えてきた。

①双方の案にいまだ距離があるが、日本案を基礎としてさらに一歩進んで話し合うことに合意する。

②交渉は北京で大使館を通じてただちに開始したい。

③大平外相の訪中前に合意に達しうるよう双方で努力したい。

これを受けて、北京で橋本・王暁雲外務省アジア局副局長の間で会談を行ない、一一月一四日、中国側から次のような提案があった。

①「日中間の運航は国家間の航空協定に基づくもので、日台間は民間の地域的な航空往来を行なうにとどまる」との原則は、日本政府の公開の声明のなかで明確に言明されること。
②日台間の「交換公文」の失効を声明し、民間取り決めを締結させる点、異議なし。
③「旗」については、日本政府の声明のなかに「当面日本側には困難があるが、この旗の標識を消すことに引き続き努力する」旨の表現が含まれること。
④台湾側の航空会社は「中華航空」であってはならない。日本側の航空会社については社名を変え、あるいはほかの会社を就航させる等の日本案に留意する。
⑤地上整備員、事務所が日本から撤去される点、日本側から改めて確認してほしい。
⑥台湾側に暫定的に大阪空港を譲るが、台湾機は東京に乗り入れてはならない。
以後、北京で年内解決を目指して精一杯の努力をしたが、中国側は一向に態度を変えなかった。

㈢ 大平外務大臣の訪中

「交渉を促進するために大平外務大臣は年内に訪中したい意向であるが、その前に航空協定を片づけておきたい」と、われわれは中国側に伝えた。田中総理訪ソ後だけに中国側には大平大臣にぜひ訪中してもらいたいという希望があったと推測されたので、大平訪中を実現するために譲歩するのではないかという期待を抱いたのだが、逆に中国側が大平大臣を北京に抱え込んで最終的決着をつけるという戦術に出る危険性もあった。結果としては、中国側がほとんど歩み寄りを見せないままに、年末を迎えるに至った。

航空協定交渉がまとまらないのに大平大臣が訪中することについては、アジア局内にも疑念があったが、私は「航空協定は進まぬ、外務大臣の往来もできないというのでは、日中関係はギクシャクしてくる。このままいけば国会再開までに貿易協定の署名すらできるかどうかわからない。航空協定交渉が低迷していても日中関係は良好であるというあかしを立てることが必要だと思います」と説明して、局長の了承を得た。

一二月二二日、法眼次官から「国会再開前に大臣に訪中していただくべきだと考えるが、航空交渉をまとめることはできないであろうか」という質問を受けた。次官の頭には対ソ関係があったと思う。私は「大臣の訪中によっても航空交渉をまとめることは期待しがたいと思いますが、この問題が解決できていなくても日中関係全体のためには大臣の訪中は必要と思います。一月を逃せば四月末のゴールデンウイークまでは訪中できないでしょうし、おそらくは国会終了まで、悪くすれば参院選挙の後まで訪中できないおそれがあるので、やはり無理をしてでも一月に訪中していただくべきだと思います。中国側には『国際情勢および日中関係全般を協議に行く、航空協定の交渉をするのではない』と事前に言っておけばよいでしょう。一月六日には佐々木更三元社会党委員長訪中の全日空チャーター機の帰国便を利用できるはずですし、予定されていた英国のエドワード・ヒース前首相の訪中がキャンセルされたから、中国の首脳の日程はあいているはずです」という意見を述べた。

早速そのラインで手配を進めることになったのだが、年末になって大平大臣が風邪を引いてしまった。急遽同行する医師を探したが正月休みに入っていて見つからない。私は藤井宏昭秘書官の義弟の永沢滋医師が行ってくれるのではないかと思いついて依頼してみたところ、同行をお願いできた。大臣は大変なご無理を押しての訪中だった。同じ時期に総理のASEAN訪問が計画されていて、高島アジア局長は総理に同行しなければならなかったので、大臣の訪中の首席随員には松永信雄条約局長になっていただいた。

一九七四年（昭和四九）一月二日、私たちは羽田空港から中国へ向かった。羽田空港に一四〇〇人もの警官を動員した厳重な警戒のもとでの出発だった。当時は第一次石油危機の最中だったので大平大臣はチャーター便を使うことを自粛し、香港から鉄道で深圳を経由して広州に向かったのである。産油国である中国はこちらが辞退していたにもかかわらず、広州まで特別機を差し回し、陳抗日本課長と唐家璇課長代理（後に外交部長、国務委員）が出迎えに来てくれた。

北京空港には姫鵬飛外交部長が出迎えに来ていた。宿舎までの車中で真っ先に聞いてきたことは、航空協定の話をするか、ということだった。大平大臣が「日中間の最大の案件であるから当然話すつもりだ」と答えたら、安心したとのことだった。

一月四日午前中の会議で、大平大臣は二国間問題のすべてについて意見を述べ、航空協定問題については、日台航空関係について従来言ってきたことと同じではあるが、大臣の口からまとめて説明した。姫外交部長の発言のうち注目されたのは、一つは、日本のベトナム援助について大臣が言及した際、途中でさえぎって、石油の共同開発について北越と話し合いをしているかと質問したことである。もう一つは、中ソ対立について、「ソ連は東を撃つと見せて西を撃とうとしている。東を撃つなら第一に米国、特に第七艦隊である。第二は日本で、ソ連は柔らかいものから食っていく。中国がいかに硬いかをソ連はよく知っているので、わが国が第三の目標だ」と、言ったことである。

午後は三時半から周恩来総理と会談した。周総理は相当露骨にソ連を非難し、日中共同戦線を呼びかけるようなトーンだった。批林批孔《ひりんひこう》運動の解説を自分でやったが、彼自身に攻撃の矢が来ることを恐れ

握手を交わす毛沢東主席（右）と大平外相（左）.

ている様子は看取されなかった。日本の軍国主義再興の可能性や、日本の対朝鮮半島政策について意見を述べたり、航空協定と関連して自民党内の台湾に対する姿勢を批判したり、相当差し出がましいことを言った。これに対して大平大臣は特に反論せず、航空協定についても「私の答案が合格しなかったようですから、もう少し検討してみましょう」と低姿勢で返事をした。

翌日五日の朝八時前に、畠中篤書記官が私の部屋の扉をドンドン叩き、今から大臣が毛沢東主席に会いに行くと言う。七時半に中国側から使いが来て大臣一人で来てほしいと告げ、大臣はこれを了承したそうだ。小川大使がこれを聞いて、大使の同行を申し入れたが、中国側は大臣が了承しているからと言って断ってきたという。

この会談の記録は残っていない。後で私が大臣から聞いたところでは、毛主席は、以下のようなことを語ったという。「日本からトルコに至るまで、みんなでソ連を包囲してやらなければいけない」、「台湾解放は必ずやるが、十二、三年かかるかもしれないし、ひょっとすると百年かかるかもしれない」と大平に述べ、さらに同席していた周に向かい、「航空協定では中国側で譲れないのかね」と妥協を促したというのである。私たちはこの最後の言葉に期待を抱いた。事実、後日札幌の総領事になった陳抗が当時を振り返って語ったところでは、毛主席が会うと決まったときに中国側は話をまとめることに決めていたのだという。

その後午前一一時ごろから姫外交部長との会談が行なわれた。大平大臣は「わが方としても航空協定について種々検討したが、昨日の提案以上のことは約束できない。自分は国交正常化に政治生命をかけてきた。その基本原則に反することは、中国に言われなくても自分自身やれない。しかし、旗や社名の問題が原則問題だということは、自分には理解できない」と相当頑張った。これに対して、姫部長は「旗と社名が原則問題でないというのは詭弁である」と言い、今日の回答は自分では周総理に報告できないから、大平大臣が自分の口で周総理に話してほしいと反駁した。ただ、貿易協定の署名を夕食後にするということだけは決まった。

これまでの会談で日本側からは、小川大使、松永条約局長、橋本参事官、通訳、私が出席していた。松永局長から、夕方に予定されていた周総理との会談では、「大平大臣が腹を割って話せるよう、二人きりの会談にすべきだ。日本側からは君だけが記録係として随行するように」という指示が私にあった。ずいぶん待たされて、周総理との会談が行なわれたのは午後一一時半だった。中国側からは姫外交部長が陪席していた（ほかに双方から通訳一名が同席した）。

大平大臣は、「社名と旗の問題が日中関係の基本にかかわる原則問題であれば、いかなる犠牲を払っても変更を実施するが、これが原則問題であるという主張を理解することはできない」と繰り返したが、先方はまったく取り合わなかった。それでもさらに大臣は、「日本政府が自分で日台航空関係を切るようなことをすれば、正常化のときの国内の了解を破ることになる」とも言って頑張ったが、先方は「台湾が航空関係を切るはずがない」と言うのみだった。また、今朝「毛主席が中国側で譲歩できないかと言ったが、中国側はすでに旗について大きな譲歩をしている」とすら言った。大平大臣が、「日本側は社名を変えないという前提で空港の使い分けを提案しているのだから、何もかもというわけにはいかない」と言うと、先方は「旗を変えよ、という主張で譲歩している」と言う（一一月一五日に王暁雲が橋本参事官に、「旗についてはとりあえず消せとは言わないが、今後引き続き努力する旨日本側声明のなかで述べよ」という回答をしたことを指すものと解された)。こうなると大所高所の議論ではなくなった。私から大臣に「政治的に困難なことを約束すれば(日本国内の)不信の元になります」というメモを入れたが、大臣は「もう一度問題点を整理して、明朝、姫外交部長と話し合うことにしましょう」と言って会談を終えた。

周総理の大平大臣に対する冷厳な態度に私たちは失望した。実は、今でこそ衆知の事実になっているが、当時の周総理はすでに癌に侵され、実質的には入院状態で執務していたのである。政治的にも「四人組」の圧力を受けていたに違いない。また米中関係では、米国の台湾に関するコミットメントが「逆戻りしている」(アメリカは米中国交正常化に向けて中国の主張する「一つの中国」の考えを認識する姿勢を示したものの、台湾への武器輸出は続けていた)という疑いを中国側が抱き始めていたときでもあり、日本に安易な妥協的姿勢を示すわけにはいかない情勢でもあったのだろうが、当時の私たちはそのような中国側の内情を把握していなかった。

周総理の予想以上に強硬な発言を受けて、宿舎に戻ってから私たちは、翌日の姫部長に対する回答をどうするか、相談した。午前三時過ぎまで話し合ったが、いくら相談しても新たな知恵は出てこない。最後に私から、「こうなったら、普通の日本人がこの問題をどう考えるかで決めるしかないと思います。大臣はどう判断されますか」と質問すると、「台湾に強制的に旗と社名を変えろと言うのは無理だということだろうな」という答えだった。私から「それでは合意なしで帰国することにしましょう」と申しあげて、そういう結論になった。このとき、「中国は最後になって折れることがある」と言った人が、一人だけいた。それは中国通の林祐一公使だった。

一月六日の朝、大平大臣は食欲がなく、朝食も食べなかった。後で永沢医師から聞いたところでは大臣は尿道結石で血尿が出ていたとのことだった。私は大臣のテーブルに行って、「このまま帰るにしても何か将来に話をつなぐことを言われたほうがよいと思います」と言って、会議の案内が来るのを待っている間に一文を起草することになった。「航空協定問題について、自分がやって来れば何か打開の目途が得られないかと期待していたが、それもできずに去るのは残念である。しかしながら、航空協定問題がただちに解決しなくても、日中友好関係は、長江の流れのごとく滔滔と続く。今後に期待して引き続き微力を尽くしたい」という趣旨の文章を書いて、大臣に提出した。

外相会談の冒頭、中国側は、本当に今日帰国するのか、と探るような調子だったが、大臣は「もう一度検討したが、航空協定についての回答は同じです」と述べ、そのままお別れのあいさつ文をポケットから取り出して読み上げてしまった。そのとき、私の前にいた韓念龍外交部副部長が席を立ったが、後で思うに、周恩来に報告したのであろう。次いで姫部長から四日の大平大臣の航空協定以外の発言に対する中国側の回答があった。概して積極的なことが印象的だった。それから、先方は休憩を提案して、自分たちだけで会合した。

しばらくして、先方から前夜のような少人数の会合をしたいと提案してきた。大平大臣が小川大使の立場を考慮して、大使を招き入れた。そこでまず姫部長が、松永条約局長と陸維釗《りくいしょう》アジア局長との間で平和友好条約について今同時に話し合っているという話があった。次いで「大平大臣の訪中は世界中が見ている。われわれはこれを失敗に終わらせるわけにはいかないから、新しい提案をする」と言って、メモを読み上げた。意外なことに、それは四日にわれわれが説明したこととほとんど同じ内容だった。ただ、私としては、①中華航空を大阪空港から退去させる時期が中国民航乗り入れのときではなく、日中航空路開設のときとなっていること、②中華航空の営業所と地上要員を代理制にすることについて事前に約束しなければならないこと、③羽田空港が将来国内空港になることを前提としていること、の三点に疑問を持った。

これを受けて、日本側内部の打ち合わせを行なった。私は大平大臣に、右の三つの疑問点を説明するとともに、「中国側対案に同意したことが今明らかになれば、大臣は帰国後おひとりで矢面に立たされるし、運輸省からも、今回は仮に合意ができても『打開の目途がついた』くらいにして帰国してほしいと言われていたので、その点考慮していただきたい」と、お願いした。小川大使は「これだけ中国側が折れてきたのに、発表しないでくれと言うのはひどい。現地で交渉してきた者の身にもなってくれ」と異論を唱えたが、私は「中国側に今発表する気がないかもしれないではないですか」と反論した。結局、私から若干の技術的質問をし、若干のリザベーション（留保）をすることについて大臣の了承を得た。

続いての会合で私が質問したことと、中国側の回答は次の通りだった。

①この提案とわが方の回答は当面不公表にしたいが如何？

〈中国側回答〉差し支えない。今日の中国の提案は中国側の大きな譲歩である。この譲歩を大平大臣が国内でいかに利用するかはお任せする。

②日台間に就航する日本側企業については、「日本航空」がそのままの形で飛ばないというのが日本側の考えだが、「日本航空」のダミー会社の場合もありうるが、その点誤解ないか。

〈中国側回答〉その通り。

③旗と社名についての日本政府の認識を表明するについては、さらに具体案を検討したい。
〈中国側回答〉表現だけのことであれば結構である。
④中国側が東京と大阪に乗り入れる希望であることは承知したが、日中間でどのように乗り入れ地点を認め合うかは、日中航空協定そのものの交渉事項である。
〈中国側回答〉了解した。
（注――これは大阪空港乗り入れに応じえない場合の伏線として発言しておいたもの）
⑤中国側は「羽田ローカル空港」という言葉を使ったが、ローカル空港ということは国内空港と同じことではない。成田空港完成後には羽田空港はいわゆるローカル空港になるが、外国の航空機が一切来ないわけではない。入管も税関も残る。いかなる外国航空会社が羽田を使用するかについてはまだ決まっていないが、大部分の外国会社は成田空港を使うことになる。
〈中国側回答〉従来日本側は、羽田空港は将来、国内空港になるという説明をしてきたではないか。緊急の場合でなければ外国の航空機は羽田を使用しないという理解だった。台湾の航空機が来る以上、入管、税関は当然必要であろう。しかし、台湾以外の外国航空機は羽田空港を使用しないということであってほしい。

〈日本側発言〉空港行政のことについてはわれわれで決められないので、帰国後検討する。
⑥「中華航空」の企業体と地上要員を日本から引き揚げる場合、代理店に営業等を代行させることを妨げないと解するが、そうか。
〈中国側発言〉代理店とは「中華航空」以外の企業体か。
〈日本側回答〉然り。

〈中国側回答〉そうであれば異議ない。

〈日本側発言〉「二、三名の連絡要員」と言ったが、何人必要かについてわれわれにはわからない。これは日本側航空企業のほうが何名必要とするかに関係してくるから、航空当局の意見を聞かなければ判断できない。

〈中国側応答〉できるだけ少数にしてほしい。

最後に大平大臣から、大臣自身は大筋この線で解決したいと思うが、技術的な問題もあり航空当局とも打ち合わせた上でさらに連絡する旨述べて、中国側の決断に謝意を表明した。

前夜の大平・周会談の後、私は同行記者団に交渉がまとまる見込みはないとブリーフィングしていた。それが、出発直前に「実質合意」と説明したのだから、記者団をミスリードした結果になったが、みな大平大臣の真剣さはわかっていたので、非難されずに済んだ。

特別機に乗った大平大臣は本当に疲れきっておられ、床に寝そべって苦しさに耐えておられた。私も三日間の北京滞在中、睡眠時間が合計一〇時間足らずで疲れていたが、これから自民党の了解を取り、台湾を説得しなければならないと自らを励ました。

大平大臣が健康を害しながら苦闘されたことはこの通りであるが、周恩来がそれ以上に苦闘していたことは、当時のわれわれにはわからなかった。周総理の主治医だった張佐良《ちょうさりょう》の『周恩来・最後の十年』（早坂義征訳、日本経済新聞社、一九九九年）によれば、一九七二年五月の定例の尿検査のときに、赤血球が見つかり、精密検査の結果「膀胱移行上皮細胞癌」と診断された。七三年三月に、ようやく仕事から離れることができるようになって、膀胱鏡検査と電気焼灼《しょうしゃく》治療を受けたが、年末には膀胱癌が再発し、冠状動脈性心臓病が重くなっていた。しかし、周恩来が第二回の電気焼灼治療を受けることができたのは三月一二日になってからだった。その後七四年六月に最初の膀胱癌切除の手術を受けたが、周総理の苦境はそれのみではなかった。当時、批林批孔運動が周恩来に向けられているという観測はあったが、張佐良によれば、七三年七月に毛沢東が周恩来の外交の処理などについて大いに不満を示し、政治局や軍事委員会についても批判したそうだ。毛の意向を受けて、中央政治局は一一月末から一二月初めにかけて周の「誤り」を批判する会議を持った。江青《こうせい》一味は好機至れりとばかり、一〇日間以上も周恩来をひどくつるし上げたという。彼らは七四年一月二五日には首都体育館で一万人規模の「批林批孔大会」を召集し、周恩来はそこで反省の言葉を述べた。四人組からこのような攻撃を受けている最中に、癌と闘っていた周恩来と、われわれは会談し内部の取りまとめを彼に期待していたわけである。それにしても、当時彼の健康状態に関する情報が日本に（他の国々にも）まったく入っていなかったのは、不思議な話である。

㈣　国内の根回し

運輸省との関係

東京に戻って第一の問題は、いかにしてこの合意の内容を運輸省にのんでもらうかということだった。しかも運輸大臣が徳永正利氏に替わった直後であり、どういう態度に出るかは実は楽観できなかった。しかし、帰国当初は大平大臣が中国側から譲歩を勝ち取ったというムードが盛り上がっていたからか、運輸省側は比較的素直に合意内容を受け取った。そして一九七四年一月一七日に、以下のような両省作成の「六項目」の対処方針をまとめて自民党に提示した。

日中航空協定交渉に関連し、政府は、日台航空路線の取り扱いについて、次の方針で処理することとする。

日台路線の取り扱いについて（外務・運輸両省案）

①日中共同声明を基礎として、速やかに日中航空協定を締結するが、同時に日台路線（双方の以遠便を含む）については民間取り決めを結んでこれを維持する。

②日本側企業については、「日本航空」が日台路線に就航しないようにする。

③日本政府は「中華航空」がその意思に反して社名と旗を変更することは求めないが、社名と旗の性格に関する日本政府の認識を別途明らかにする。また、日本側当局が「中華航空」に言及する際には、「中華航空（台湾）」とする。

④「中国民航」は成田国際空港を使用し、「中華航空」は羽田空港を使用することとする。なお、成田空港開港までは暫定的に羽田空港を双方が共用するようにするが、所用の時間帯調整を行なう。

⑤大阪空港を使用している「中華航空」の便は、日台間で合意するほかの空港に移転するようにする。

⑥「中華航空」の日本における営業所、事務所、そのほかの地上サービスは、代理店そのほか別の事業主体に委託するようにする。ただし、運行の安全および従業員の生活の安定については所要の配慮をする。

実は、運輸省に対する説明の過程で、私は一つ大きな見落としをしていて、後に厄介な問題を残した。運輸省に渡したメモのなかで、台湾に大阪空港から移転してもらうことははっきり書いたのだが、あわせて中国側が大阪空港を使うことになる旨を明記しそこなっていたのである。したがって、両省で作成した「六項目」の対処方針の第五項目にも、その点の記載がもれている。これは単純な記録作成上の私の過ちだったが、運輸省航空局監理部の中村徹国際課長はこの点を運輸省内部で中国側の譲歩として説明していたらしく、後日中国側が乗り入れるということがわかったときに、平素温厚な彼にしては珍しく強い苦情を申し入れてきた。

三月になって本格交渉を行なう時点になっても、運輸省側は「中国民航」の大阪空港乗り入れについては省としては責任が持てないという態度で、私は深刻な窮地に陥った。後で詳しく述べるが、協定文の合意を得るため北京へ向けて出発する前に、高島アジア局長に辞表を預け、このせいで交渉が進まないときには私を罷免して解決するようにお願いした。出発の朝、高島局長はお一人で羽田に見送りに来てくださり、私の辞表のことにはまったく触れなかったが、「心配するな」と無言の激励をしてくださったのだと感激した。また寺井久美運輸省航空局長は、最後までこれを大平大臣のたくらみによるものと誤解し非難していたようで、大平大臣には誠に申し訳ないことをした。

自民党対策

第二の問題はいかにして自民党の支持を得るかということだった。台湾をどう説得するかという問題もあったが、台湾側に話をすればただちに自民党タカ派に跳ね返ってくるし、自民党のなかに反対がある限り台湾が黙っているはずがないので、この二つの問題は同時並行的に取り組まざるをえなかった。国会再開前に決着をつけるという方針を立て、党にはかるのを一月一七日と予定したのである。

しかし、党内説得はうまくいかなかった。大平大臣は帰国後も健康が優れず、その上、一月一二日には大平邸が全焼するという不運が重なった。したがって、大臣に代わって法眼次官以下事務当局の幹部が党内説得に駆け回ったが、党内の空気はぐんぐん硬化してきた。そしてついには「大平打倒」の運動にまで結びついてしまった。

最初の失敗は、大平大臣が帰国後の一月九日、福田篤泰《とくやす》外交調査会長に中国側との合意の内容を打ち明けて党内の取りまとめを依頼したことだった。組織としては正しいことかもしれなかったが、福田氏にはそういう器量がなかった。彼は大平大臣から話を聞くと、「そういう内容ならきっと党内をまとめられる」と言って、その日のうちに藤井勝志《かつし》外交部会長、佐藤孝行交通部会長、福永一臣航空対策特別委員長を集めて話をした。話の内容は当然、翌日の新聞に出てしまった。大平大臣は、福田氏は外務省から政界に転じた方だから協力してくれると思った、と漏らしていた。

大平邸が焼失したためにホテル住まいをしておられた某夜、法眼次官と松永局長のお供をして参上し、党内の情勢報告がいかに困難な情勢になっているかを報告した。大臣はだまって聞いておられたが、やおら口を開いて「日中関係の将来のために、この協定は是が非でも国会を通さねばならない。外務省は必要とあれば私を殺したらよい」と言われた。一瞬驚き、戸惑った。「大臣の首を差し出すから、この条約を通してほしいと申し出よ」と、私たちに言われたのである。大臣の悲壮な決意に、私も本当に心をうたれた。この協定はまさに死力を尽くして批准、締結しなければならないと、心に誓った。

台湾に対する説得の難航

この交渉の当初から、私たちにとってのもう一つの大きな苦労は、台湾側に対する説明と説得だった。政府間の関係はなくなっていたから主として日本側の「交流協会」と台湾側の「亜東関係協会」の間の折衝に依存したのだが、法眼次官をはじめ私たちは内密に「亜東関係協会」の馬樹礼東京弁事処代表や林金茎《りんきんけい》副代表と接触して説得に努めた。「交流協会」の板垣修理事長は何度か台湾を訪問してくださったし、大平大臣の政治的配慮により藤尾正行衆議院議員、玉置和郎参議院議員に訪台してもらったこともあった。しかし、二人とも台湾側に反発されると即座に日中交渉反対を声高に唱えるようになった。大臣はもう少しこの二人が助けてくれると思っていたらしく、「俺は人を知らないな。田中は見抜いていた」と漏らしていた。

詳細は長くなるので省略するが、要するに日本としては台湾に「名を捨てて実を取ってほしい」と思っていたのだが、同じ中国人である国民党政府がそれを受け入れると期待するのは、本来無理があった。私たちとしては、日中国交正常化の際に台湾には甚大な屈辱と困難を課したのであるから、民間の航空関係は何とか維持したいと考えていた。しかし「六項目」の説明に台湾側が耳を貸さないことがわかって以後、中国との間でできるだけ台湾にダメージの少ない手配をすることに努力を集中して、台湾との関係は結果を待つ、という覚悟をした。

別途、自民党の福田外交調査会長は林金茎らに会っていたが、外務・運輸両省案では台湾は日台路線を切るだろうという判断をしていた。そして一月二三日に四部会長会議を開いて、その場に呼び出された法眼次官に対して、「六項目」を骨抜きにする「福田試案」なるものを示して、大平大臣の回答を求めた。「六項目」の方針は中国側との話し合いを勘案してひとまとめにしたものであり、これに部分修正を加え始めると収拾不可能になる。当然のことながら大平大臣は「福田試案」を受けつけなかった。これを機に福田氏は両省案反対派に回り、口を極めて外務省を非難し始めた。

それ以後の党内の動きについては記憶がつまびらかでないが、二月一日の政審の冒頭、藤尾議員が板垣・張研田《ちょうけんでん》会談の台湾側記録を逐語的に読み上げ、台湾側との内密な話が本当に不可能なことを見せつけた。翌二日に『人民日報』が強烈な青嵐会批判を行った。中国側は大平大臣の援護射撃をしたつもりだろうが、こういうことが逆効果になると思わないのが、中国の日本に対する理解の限界である。

二月九日に行なわれた自民党総務会の決定は、両省案が否決されるよりはましだったが、結局両省案を骨抜きにし、政府に対する党の介入体制を確認したもので、われわれ事務当局にとっては、はなはだつらいものだった。

運輸省は交通部会が反対派で固まるのに伴い、自民党の了承が得られない限り中国側と協定交渉をすることはできないという態度になってきた。しかし、この国会会期中に協定の批准を得るためには協定文の交渉を一日も早く行なう必要があった。そこで、台湾との民間取り決め交渉を先に行なうこととし、仮に台湾側がこれに応じなくても、少なくとも台湾側との交渉を先に始めたという既成事実を作る方針を決めた。板垣理事長には訪台していただき、三月二日、日本側の取り決め案を説明していただいた。台湾側の反応は「協定そのものは専門家にやらせればよい。問題は政治的な面である」と、北京と同様の反応だった。板垣理事長には九日まで待機していただいたが、「台湾側の空気が日増しに悪くなっている」という報告が届いた。

(五) 対中協定交渉

日台路線の取り扱い

他方、航空協定の国会批准をこの会期中に得るためには、一日も早く北京との間で協定文の合意に達する必要があった。運輸省に対しては、三月一日に交渉の案文を渡し、いつ交渉を開始するかについて大臣レベルでも話し合いを行なったが、九日に至って運輸省から、「外務省が党四役の了承を取るまで対中交渉を行ないたくない」という返事があった。それをなんとか説得して、一三日にようやく中国側に交渉開始の申し入れを行ない、同時に日台路線の取り扱いについての日本側の具体的方針を提示したところ、懸念していた通り、中国側は「その内容は一月六日の大平・姫了解を覆すものである」として、この問題が決着しないうちは協定文の交渉を行なう意味がない、という反応を示した。

日本側からは、「日台路線についてはさらに話し合えばよいが、協定文のほうも早急に詰めないと今国会に間に合わなくなるから同時並行交渉をしよう」と説得を試みたが、中国側はそのあたりの呼吸をまったく理解しなかった。他方、運輸省のほうも「政治問題」が片づくまでは自分たちの出る幕ではない（つまり、北京には行かない）という態度だった。

そのうち新聞に、対中交渉は三月二〇日ごろから始まるという記事が出た。日中間で日台路線の問題でもめていることが発覚すると、台湾と党内反対派を元気づけるだけなので、交渉参加者はなんとかして北京へ向かわざるをえないという状況になった。しかし私は、同時並行交渉の了解ができるまでは訪中すべきではないという意見で、省内もそれで一致しており、二〇日にその線で訓令も発電された。同日夕方五時半ごろ、橋本参事官と電話で話したときも、私は中国側の態度が変わらないのなら交渉が延期になっても致し方ないという返事をした。

ところが六時ごろになって東郷文彦次官（二月に法眼氏から代わって就任）から、「日台路線の議論先行でよいから北京に出発せよ」という指示が下りてきた。国内情勢が持たないという政治判断だったと思う。やむなくこれを橋本参事官に伝えようとしたが、すでに外交部に行っていて間に合わず、橋本・

王暁雲会談では訓令の通りに発言し、もの別れに終わっていた。夜になってホテルオークラの大平大臣の部屋から私が北京に電話し、橋本参事官にようやく連絡がついたが、当然のことながら彼は烈火のごとく怒った。自分が懸命に頑張ったことを三〇分後にくつがえされるのでは、自分の立場は滅茶苦茶だ、これでは中国側に足元を見透かされる、と言う。まったくその通りで弁明のしようもなかったが、大臣が直接電話に出て、橋本参事官に交渉継続のとりなしを頼んだ。そこで誰が北京に行くかという話になった。大平大臣の「ご苦労だが君に行ってほしい」という一言で、私が行くことに決まった。私には荷が重すぎると思ったが、主管課長は逃げ場がない。

他方、運輸省ではそのころ、前述した「中国民航」の大阪空港乗り入れに関する私の手違いを発見し、「こういう問題があるようでは交渉できない」と、態度を硬化させていたが、交渉を始めるという大平大臣の意志が固いことを見て、その晩のうちに増岡博之運輸政務次官（大平派）から、中村徹国際課長を同行させるという返事が、大臣のところにあった。

以上のような経緯の下で三月二三日、高島アジア局長の無言の励ましを受け、私は中村課長と二人で北京に向けて出発した。しかし、日台路線の取り扱いについては、旗と社名についての日本政府声明の案文以外に何の具体的方針もなかった。大臣は「君に任せるから早くまとめてほしい」と言うだけだった。そこで機中で中村課長と打ち合わせながら、香港に一泊後、暗い気持ちで北京に向かった。

北京に着いて第一にするべきことは、橋本参事官の怒りを収めることだった。こういう姿勢で交渉を始めるのが不利なことは十分わかっていたが、大平大臣の在任中にこの問題を解決しなければ、後になるとどうにもならなくなる、というのが私の考えだった。一晩中話し合った結果、橋本参事官が意欲を回復した。

二四日、日曜日にもかかわらず中国側は交渉に応じた。第一回会合では、日本が六項目についてて一項目ごとにこちらの立場を説明した。中国側は冷静に聞いていたが、初歩的印象として、こうコメントした。「これでは大臣間の合意の一部が実行されず、実質的な修正を求めるものである」。また、「日本側は両大臣間で行なわれた合意を破ろうとするのか。もう一度考え直して提案してほしい」と言った。「日本側は『技術的修正』と言うが、その実は本質的変更である。『事実は雄弁に勝る』」。

これに対して、こちらは「どれが技術的修正であって、どれが原則上の変更であるというのか」と執拗に質問したが、先方は、自分で考えればわかるではないか、と言わんばかりの返答だった。彼らが特に大きな不満を示した点は、台湾機の旗と社名についての日本政府の認識の表現が曖昧《あいまい》だということ、「中華航空（台湾）」という呼称が空港における表示には適用されないということ、羽田空港がかなりの程度国際空港として残るということ、「中国民航」が大阪に乗り入れる時期を明示していないこと、の四点だった。

二八日、第三回の会談を開いて訓令に沿った説明をした。中国側のとりあえずの回答は、「日本側の説明は、表現は変わったが実質は同じ」で、大阪空港についても実際にはそこを使用できないのであれば、協定の文面に書き込んでも意味がない、というものだった。

協定文の並行交渉

一週間押し問答を繰り返したすえ進展がなかったので、三月二九日に小川大使が本省の訓令により姫外交部長と会った。また東京でも大平大臣が陳楚大使と会って、時間的問題をわきまえて協定文の交渉も進めるよう働きかけた。そしてようやく四月一日から協定文についての交渉も始まることになった。

東京から堤功一条約局国際協定課長や大蔵省関税局の宮本一三国際課長らが来て参加した。航空協定には国際的パターンがあるので交渉は多くが技術的なことだったが、劉遠雄《りゅうえんゆう》民航国際業務副局長を代表とする中国側メンバーが交渉に慣れていなかったために、中村課長をはじめ日本側関係者は苦労が多かった。いわゆる協定の「ワーキンググループ」の会合は断続的に二二回も行なわれた。

協定文の交渉で最後まで問題となったのは、以遠便の地点の数をいくつにするかということと、パキスタン航空が飛んでいるカラコルム越えのルートをわが国にも認めさせることだった。これは四月一五日から寺井航空局長がやって来て、一七日まで沈図《しんと》民航副局長との間で交渉したものの、その後寺井局長が急に帰国した。中村課長が空港に着いた寺井局長と電話で連絡して日本側が折れることとの了解を取ったとのことだったが、合意された協定は内容的に見て日本に有利であっても不利な合意ではなかった。

以遠地点の交換も、当時の中国にとっては当面カナダとの関係だけが意味があったので、カナダまで飛びさえすればそれから先は画餅にすぎなかった。中国案の「北米内の一地点、中南米内の一地点」というのは、わが方の要求とつじつまを合わせるためのものにほかならなかった。カラコルム越えのルートかインドの上空を飛ぶかの違いは、寺井局長が参議院答弁で述べたように、一五分間の飛行時間の違いでしかなく、日本側の要求も多分に建て前上のものであり、以遠便をめぐる交渉の駆け引きだったと思われる。

「六項目」問題——日台路線の取り扱い

「六項目」の詰めの交渉も橋本・王暁雲間で並行して行なわれたが、困難を極めた。台湾問題についての中国側の不信感がきわめて深かった。また、中国側は日本と台湾との間に裏で強い結びつきがあると思い込んでいたようである（後に私が大使として北京に赴任した際に中国側から聞いた話では、中国側は国民政府軍とともに台湾に移動した元日本陸軍の将軍何人かが国民政府内で影響力を持っていると誤解していたようだ。実のところ、私たちは彼らと何の連絡も持っていなかった）。あるいは日本が強硬措置をとって台湾が航空関係を絶っても、中国は痛痒《つうよう》ないと決め込んでいたのであろう。とにかく中国側の要求は執拗で、外務省内でも「怒りの橋本」で有名だった橋本恕参事官は、実に辛抱強く頑張り通した。

最も大きな問題となったのは次の点だった。

①旗と社名の性格、および日台路線は民間の地域的関係ということに関する日本政府の声明文について、中国側がきわめて細かな口出しをしてきた。しかし、中国側も、これは日本と台湾との関係について述べることであって、台湾と第三国との関係について日本政府が見解を述べるものではないということは認めた。

②「中華航空（台湾）」の呼称について、空港内の表示は多くが民間業者の手によるものであるから、政府が強制することはできないという日本側の説明をどうしても納得しなかった。最終的には「指導する」という言葉を入れてほしいという中国側の要求を、日本側が「必要に応じ」という修飾をつけて受諾した。

③羽田空港が部分的に国際空港として残るということについて、中国側は当初の話と違うとして納得しなかった。しかし、これはこちらとしてもどうにもならないことだったので、最後まで頑張り通した。

④大阪空港に「中国民航」がただちに乗り入れるようにするという点は、運輸省が最後まで難色を示したが、結局総理決断により、乗り入れを週一～二便程度にするということで、同意した。

⑤代理店制度について、連絡要員の数を何人にするかということを中国側は執拗に追求してきた。中国側は一〇人でどうかと言ってきたが、日本側は最後までコミットしなかった。

⑥日中路線開始の時期を国交正常化二周年記念の日とすることを強く要求してきた。日本側としては、これは代理店制度について台湾を説得すること、および中国民航の大阪空港乗り入れについて地元との話をつけることに関して、タイムリミットを設けられることであって、そのまま同意することはできなかった。結局「努力目標」ということで妥協した。

最後にもめたのは、この日台路線の取り扱い方針をどういう形で確認するかということだった。結局、橋本参事官が説明したことを中国側が確認のためもう一度繰り返し、日本側から「その通りである」と再確認するということでいったん話がついたのだが、最後になって中国側は、この件についてカバリングノートにした文書を手交することを要求してきた。外交文書として確認しようという意図であったが、そうなると協定の一部として国会の承認を得なければならなくなるので、口頭了解だけですませたかった。「わが方としては、この問題は日本が自主的に行なうものであるという基本的立場がある」と主張して、この要求には応じなかった。

以上のような苦労を経て、四月一九日に全体会議を開いて協定文と日台路線の取り扱い方針の双方についての確認を行ない、翌二〇日に署名式を行なうことを決めた。

協定の署名と日台航空関係断絶

四月二〇日、署名式の朝になって中国側から問題を持ちかけられた。それは署名後に発する大平大臣の談話の案として日本の新聞で報道されている文章のなかに、「日台関係を将来も維持発展せしめる」

と書いてあるが、「発展」という言葉を使うのはおかしいということだった。大臣談話のなかには中国側に事前説明しないことにしていた部分が半分くらいあったので、そこに口出ししてくるのではこの日に署名することは到底できなくなると思ったが、実際の談話の案には「発展」という言葉は入っていないことを確認できたので、署名式が一五分ほど遅れるだけで済んだ。

署名式の後、北京飯店で日本側だけで昼食を取ったが、その間も私の心には、これから台湾との関係をどうするかが重くのしかかっていた。私が「今日これで、台湾が日台航空関係を切る可能性がないわけではない」と言ったとき、同席者は、まさかそこまではやるまい、という反応だった。しかし、夕方広州に着いたとき、台湾が日台路線を絶ったというニュースを知らされた。

私たちは何とかして台湾との航空関係を維持しようとして苦労をしたのだ。台湾に旗を外すことも、社名を変えることも強制しないですむようにした。大平談話は台湾にとって不愉快に違いないが、客観的に見た事実を述べているにすぎない。しかも、一度発表すればそれで終わりのものである。羽田空港を使えることは台湾にとってビジネス上は大変有利である。しかし、台湾としては面子が何よりも重要だったということだろう。ここで軟弱な態度を取れなかったのかもしれない。日台路線を切れば田中内閣をつぶせないまでも、大平大臣を傷つけることくらいはできると思ったのかもしれない。また日本がこれ以上北京の言いなりにならないよう、また米国がこれ以上北京に近づかないよう、先手を打とうとしたのかもしれない。それならそれでしかたない。しかし、日台航空路線を修復する際の枠組みはできたのであり、台湾にとって日台路線はきわめて重要であるから、おそらく一年くらいのうちには復活するであろう。これまでの交渉で中国との間で確認した方針はそのときに役に立つはずである。このようなことを機中で考えながら、私は帰国した。

協定の批准

さいわい、外務省内にも政府内にも、日台路線が切れる結果になったことを非難する声はあまりなかった。他方、自民党内、学者、評論家の間には今回の交渉を批判する声がかなり多かった。もっと時間をかけて台湾も納得するような合意をはかるべきだったという議論である。

しかし、この四月に日中間の協定の署名をしなかったら、はたしていかなる結果になっていただろうか。事実、七月の参議院選挙で議席を減らしてからは、自民党は難しい決定を何もできなくなってしまった。野党は、航空協定すら結べなくてわが国の対中政策はどうなるのかと政府を攻撃したであろうし、中国も対日批判を強めただろう。その結果、あれだけ苦労して日中国交正常化を行なったのに、対中関係、対台湾関係ともに不安定にしてしまうことになったであろう。

協定案を自民党政審、四部会合同審査を経て総務会に持ち込むまでには、かなりいやなことが多かったが、田中政権の威勢はまだ大きかった。自民党の佐藤孝行交通部会長が結論としては賛成しながらも、内容的にはこの協定が日本に不平等だと激しい批判演説をしたのには、あきれてしまった。四月二六日の総務会では反対議員は例によって適宜退席し、玉置和郎議員だけが反対、反対と言ったが、総務会長が「全員一致」として採択した。国会審議は順調に進み、五月七日に衆議院本会議で、五月一五日に参議院本会議で、全員一致で承認された。国会審議の過程で一つ注目されたのは、民社党が台湾にずいぶん同情的な発言をしたことだった。

一九七四年九月二九日、予定通り、日中国交正常化二周年記念日に、双方から定期便一番機を乗り入れた。私は八月一五日に在英大使館参事官に発令されており、このニュースをロンドンで受け取った。

航空協定交渉の意味

日中航空協定交渉は日台路線が復活するまで終わったとはいえない。それは後任の藤田公郎中国課長に託された。一九七五年七月九日、交流協会と亜東関係協会との間で「日台民間航空協定」が結ばれた。復活に先立ち、七月一日、宮澤喜一外務大臣が参議院外務委員会における答弁で、「台湾を国家と認めている国が青天白日旗を国旗と認めている事実は、わが国を含めてなんぴとも否定しえないことである」と述べた。中国はこれに反発したというが、台湾が面子を維持するための方策として必要なことだったのだろう。

これだけ苦労した日中航空協定交渉の意味は何だったか。

①日中国交正常化後の政府間の実務関係を進める枠組みを作ったこと。日中共同声明におけるわが国の台湾に関する方針を具体的に実施面で示すことができたこと。

とりあえず取り結ぶことを合意した貿易・航空・海運・漁業協定のうち、政治的に最も困難を伴ったのは航空協定だった。この難関を乗り越えたことにより、すでに署名されていた貿易協定に加えて、海運協定と漁業協定を結ぶ見通しがついた。もしこれらの協定を結ぶのにさらに何年もかかっていたら、中国との関係のみならず、国際的にも、例えばソ連との関係でも大きな政治的マイナスになっていたであろう。

②日中両国間の往来の基礎を作ったこと。

国交正常化したとはいえ、香港―広州経由で二日がかりでないと北京に行けない異常な状態が二年近くも続いたわけである。直行便ができたことにより、人の交流が大幅に容易になり、それが経済交流の拡大にも役立った。

③日中政治関係を維持するための国内問題を乗り越えたこと。

国交正常化に反対していた政治勢力が政府の対中政策を妨害する格好の機会が、日中航空協定交渉だったのだが、その国内政治上のせめぎ合いに決着がついた。もしこれがもう半年遅れていたら、その後の田中内閣の命運から見て、対中関係は大幅に後退していたであろう。現に日中平和友好条約の締結という次の課題は、福田内閣になるまで果たせなかった。しかし、平和友好条約がなくても経済関係などで障害が生じたわけではなかったので、四つの実務協定を結ぶことができたのは、とりあえず日中関係を安定させるものだった。

この交渉は本当に大変だった。橋本参事官の頑張りにも敬服したが、国内のことも考えると、大平外務大臣の不動の決意と忍耐力、田中総理の決断力なくしては決してまとめられなかったと思う。真の政治主導の交渉だった。

五　そのほかの実務協定

貿易協定の署名が一九七四年（昭和四九）一月の大平訪中のときに行なわれたことは既述した。その間に残っていたいくつかの問題がどう処理されたかは記憶がさだかではない。中国側としてはさほど大きな問題と考えていなかったのかもしれない。

漁業協定は一九七四年五月二二日から、六月二〇日まで水産庁の安福数夫水産庁次長以下が訪中して交渉したが、これも途中で打ち切られ、合意に達したのは七五年の八月一五日で、一年以上かかったことになる。漁業権益上のさまざまな問題があったからだが、その背景には従来からの民間の漁業協定があった。もともと最低限の保障はあったのである。

最後になって日本側内部で、対象となる海域の呼称の問題が生じた。民間協定を受けて対象海域を「東海・黄海」と呼んでいたのだが、条約局が「そんな日本語はない。協定の日本文では『東シナ海』とすべきである。日本語でないものを国会に提出できない」と言い出した。「シナ」という言葉を正式に使うことを中国側が認めるはずがないので困ってしまった。ところが、小倉和夫首席事務官が国土地理院の地図に「東海・黄海」と出ているのを見つけ出してくれて、無事解決した。

海運協定は一九七四年七月八日に、中国交通省国際海運関係局の董華民《とうかみん》という局長が来日して交渉を始めたが、そのまま中断されていた。中国側は最終段階でまた「台湾の船が青天白日旗をつけて中国の船と一緒に港に入ってくるのはおかしい」という議論を始めたが、日本側は、「海運では航空と違って外国に開いている港には政府間の協定なしにどこの船でも入港できるし、『旗』の問題は航空協定のときの大平声明で解決されている」と反論した。中国側はもう一度同じ声明を出すことを要求したが、これは拒み通した。このような政治的問題を処理するために国廣・陳抗グループとの会合を一三回も開いた。中国側代表団は八月一三日に帰国し、その後の交渉は私の離任の後に行なわれたので、詳細は知らないが、この協定も七四年一一月一三日に署名された。

八月半ばに私は、浅尾新一郎人事課長からロンドンのＩＩＳＳ（国際戦略研究所）に出向する内示を受けた。中国課長の時期は中国関係以外のことに注意を払う余裕はあまりなかったが、日本をめぐる国際環境はずいぶん変動していた。一九七三年二月に欧州通貨危機が再燃し、ＥＣ諸国は変動為替相場制移行を決定、日本もこれに従った。スミソニアン体制の崩壊だった。一〇月には第四次中東戦争が起こり、アラブ諸国から日本向けの石油輸出の削減を通報され、物価の狂乱的上昇が生じた。狼狽した日本はアラブ寄りの声明を出してアラブ産油国との関係をしのいだ。七四年初めには、田中総理がASEAN諸国訪問時にバンコクで反日デモに遭い、それがジャカルタに飛び火した。いずれも国内の対立が田中総理訪問を契機に爆発したのが実態だったが、日本企業の商売の仕方が地域の反感を招いていたことも事実だった。一〇月に『文藝春秋』が田中総理の金脈を暴露、総理は一一月に辞任にした。一九七四年、石油ショックのために日本のGNPは戦後初めてマイナスになった。

第4章　スハルトのインドネシア——一九七四〜七八年

一　国際戦略研究所でのサバティカル

一九七四年（昭和四九）九月五日に、羽田発モスクワ経由でロンドンに到着した。在英大使館参事官としての赴任だったが、内実は国際戦略研究所（The International Institute for Strategic Studies 略称ＩＩＳＳ）への一年間の出向である。ＩＩＳＳは安全保障や防衛に関する民間シンクタンクで、私たちはリサーチ・アソシエイト（研究員）としてそれぞれのテーマについて研究するということがわかり、少々面食らった。米国、西ドイツ、イタリア、フィンランド、インドなどから五〜六人来ていたが、それぞれの国の研究所の研究員か、新聞記者が大部分で、外交官は私一人だけだった。米国から来ていた記者のリック・バート（一九七七年からは『ニューヨーク・タイムズ』の記者）は、この後国務省の欧州担当次官補になり、駐独大使になった。韓国から来ていた朴建相《パクケンソウ》は金大中派で『東亜日報』から避難してきていたのだが、後に「韓国放送」の会長になった。

ＩＩＳＳは有名な割には小規模な世帯で、若いドイツ人の所長クリストフ・バートラムの下にケン・ハントという退役准将がいて、そのほかの専属スタッフは数名しかいなかった。いわゆるシンクタンクの運営方法はいろいろあるのだろうが、ＩＩＳＳのやり方はまったく私の予想外だった。所長はさまざまな機会に国際問題について発言しているが、その実、大部分の時間は寄付集めに費やしていた。予算も少ないらしく、私たち研究員には個室をくれたが、数名の研究員に対して秘書はたった一人しかいなかった。金曜日の午後から暖房を切るので、冬は月曜日に事務所に行っても寒くて仕事にならなかったので、結局その間大使館で過ごすことが多かった。

大使の加藤匡夫氏は偉丈夫で英語もうまく申し分ない外交官だった。氏が経済局次長のときにもお仕えしたが、私は大使にオックスフォード大学のアリスター・バッケン教授などＩＩＳＳに来る英国人を紹介したり、ノエル・フィッシャーというブリティッシュ・アマチュアゴルフでチャンピオンになったことのある若者を紹介したりした。

ＩＩＳＳは毎年『ミリタリー・バランス（Military Balance）』と『サヴァイヴァル（Survival）』という雑誌を発行しているのだが、誰がそれを書いているのか不思議なくらいだった。私の想像では、英国と米国の国防省の協力を得て、政府としては発表しにくいことをＩＩＳＳの責任で発表しているのではないか。そのほか、リサーチ・アソシエイトたちが書く『アデルフィ・ペーパー（Adelphi Paper）』が主な出版物だ。私も任期中にそれを一本書くことが期待されていた。

ＩＩＳＳが講師を招いて定期的に開く講演会は、内外の有識者が参加して意見交換をするので、安全保障問題についてのロンドンの知的交流の場となっていた。また、世界各地で年次総会を開き、そのときどきの主要問題について討論をするが、これには世界中の識者が参加する。

　私の研究課題は「日本の戦略的政策における中国のウエイト」に決まり、ゆっくりいろいろな文献を読んで構想を立てようと思っていたら、バートラム所長から、まず「スケルトン（骨子）を書いてくるように。その上で必要なことを調べなければ、ただ文献を読んでいたのではいつまでたっても論文はできない」と言われた。しかたがないから数ページだけ要点を書いて提出したら、それについて皆で意見交換をするという。まだ十分考えてもいないのに、皆からわいわい批判されたのでかえって混乱してしまったが、皆の意見を参考にして半年くらいのうちに第一稿を提出せよ、と言われた。誰か相談相手が欲しいと言ったらキングス・カレッジのウルフ・メンデル博士という学者を世話してくれた。彼は大変親切な人だったが、特に中国に詳しいわけではなかったので、あまり助けにはならなかった。

　週に一度の全体会議のほかは研究員間で時折意見交換があるくらいで、それ以外はいつ何をしようと、どこへ行こうとまったく自由だったので、どうやって研究をしたらよいか、かえって悶々とする毎日だった。しかし、同僚と議論をしているうちに少しずつ、一応意味のある発言を英語でできるようになっていった。しまいには、研究所に意見を求めてくる来訪者の相手をさせられたり、研究所が依頼された書評を引き受けたりした。そういうことの指導は次長のケン・ハント准将がしてくれた。とにかく一人前の研究者として扱われるのは、大変な負担だった。

　外交官仲間ではこのような研究機関に対する出向をサバティカルという。心に論文の負担を抱えながらも、この期間を自分と家族の休養に当てることにした。劇場通いもせっせとした。一年間にしてはずいぶんあちこち旅行もした。アンダルシアを旅したときには、アラブ人が書く世界の歴史は、私たちが習った西欧中心の世界史とは相当違うものだろうと考えたりした。そうこうしているうちに論文の提出時期が来て、とにかくでっちあげたものをハントのところに提出した。ハントがそれに手を入れてくれたのだが、それを公表するのは対中関係上好ましくないという本省の決定が下ったので、IISSの希望には添えず『アデルフィ・ペーパー』にはしなかった。最終稿は私のファイルに寝たままで、つたない論文が研究所に残らずに、私は助かった。一年間ゆっくりさせてもらって、次はどこに任命されるかと思っていたら、ジャカルタの大使館へという内命が来た。

私がロンドンでのんきに過ごしていた一年間に、日本では田中内閣が倒れ、三木内閣が成立していた。

二 在インドネシア大使館への赴任

一九七五年（昭和五〇）一〇月一九日、私たち家族は香港経由でジャカルタに到着した。その日から一九七八年（昭和五三）一月二八日に帰国するまでの二年三カ月、在インドネシア日本国大使館の次席公使（大使に次ぐナンバー2のポストであり、大使不在のときは臨時代理大使となる）として勤務した。前半期の大使が須之部量三氏、後半は吉良秀通氏だった。インドネシアはスハルト政権の強力な国内統制の下、一九七四年のマラリ事件（前述した「田中暴動」）後の安定を築き始めた時代だった。また、マレーシアとの関係でも自己抑制して、インドネシアがASEANによる地域安定を図った時代だといえる。

須之部大使は着任早々の私に、「インドネシアとの関係を将来にわたって安定的に維持するためには現政権との関係だけを考えているのでは不十分である。スハルト政権に対する学生、宗教界などの世論には常に注意していなければならない。しかし、大使自身が目立った行動はできないから、あなたが館員を使ってその方面の注意を払ってほしい」と指示した。私は一見温厚な須之部大使の深慮と勇気に感激した。大使自身も宗教指導者のナッシール師を時折訪ねており、私も一度連れていってもらったことがある（後日ナッシール師を日本に招待して、イスラム教ベースの交流に寄与した）。大使は六〇歳近かったと思うがインドネシア語を勉強して、テレビニュースもほぼわかるようになっていた。

館内の政務班は、柳井俊二書記官（後に外務次官、駐米大使）を筆頭に、インドネシア語専門の小嶋敏宏君、山下勝男君、橋広治君、城田実君などが強力にサポートしていた。柳井君は途中で沼田貞昭君（後に駐カナダ大使）と交代したが、二人ともすぐに仕事でもインドネシア語を使えるようになっていた。特に柳井君の能力には感心した。彼はCSIS（シンクタンク）のユスフ・ワナンディからASEANの内部資料をごっそりもらってくる。どうしてそういうことができるのかと聞いたら、日本の新聞に出ている政治経済情勢を毎週まとめて彼に渡しているから、こういうときはこちらがもらえるのだ、と答えた。

1977年転任前の叙勲式の際の須之部量三氏．右奥が私．

経済班は河合正男君が調整役だったが、通産省から水野哲君（後にダイキン副社長）と神田淳君（後に政策研究大学院大学教授）、大蔵省から田中誠二君が来ていた。水野君の後に来た大村昌弘君はドリアンが好きで、私の離任前に彼の家でドリアン・パーティを開いてくれた。運輸省から来ていた羽生次郎君（後に運輸審議官）は若いのにニンプノ運輸省総局長などを相手によく働いていた。警察からは黒瀬義孝君が来ていてBAKIN（インドネシア諜報局）との関係などでよく働いてくれた。

若手のなかでは新婚の藤崎一郎君（後に駐米大使）が来ていたが、若くてきれいな奥さん（柏木雄介財務官の息女）がジャカルタで出産した度胸には驚いた。

須之部夫人はご母堂の看護のためにジャカルタにまったく姿を見せず、吉良夫人も日本との間を行ったり来たりだったので、私の妻が三四歳の若さで事実上の館長夫人を務めなければならなかった。二人の子どもを日本人学校に通わせ、スイミング教室やピアノのレッスンの送り迎えをし、その上、毎週一度は自宅で接宴するための料理をしてくれた。水道水が汚いので濾《こ》して沸騰させた水を一升瓶に入れて冷蔵庫にためておかなければならなかったし、汚いマーケットにも自分で買い出しに行った。ずいぶん頑張ってくれたものだ。

在勤中の最も大きな仕事は福田赳夫総理のインドネシア訪問だった。そのほか、石油利権協定改定交渉、合繊綿の関税引き上げ交渉、ラグラグ会の創立、ジャカルタ日本文化センターの設立、などがある。仕事抜きで仲良くなったインドネシア人にはマニラで一緒に勤務したマレンテック儀典長、モハメッド・ゴーベル社長がいたが二人ともその後まもなく亡くなられた。ヨノ・ハトモジョＢＡＫＩＮ次長は夫婦ともにすばらしいお人柄で一五年後に私が大使としてインドネシアに戻ってきたときも大変親しくしてもらった。

三　福田総理のインドネシア訪問

一九七七年（昭和五二）八月一四日から一七日まで福田総理一行がインドネシアを公式訪問した。福田総理には、鳩山威一郎外相、園田直官房長官が同行していた。私は前日にラングーンにお出迎えに行って、機中でブリーフィングをした。日・イ関係は良好で特に問題はなかったのだが、七四年の田中角栄総理訪問後初めての総理訪問だったから、何か予期しないことが起きるのではないかという緊張はあった。大使はすでに吉良大使に交代していた。

福田総理はASCOJA（ASEAN元日本留学生協会）などを通じて、インドネシアの友人だという印象が広く行き渡っていたので、歓迎されることは疑問の余地のないところだった。私たちはこの機会に、日本がインドネシアをはじめとするASEAN諸国と仲良くしたいと欲するのは経済的利益だけからではない、隣人と一緒に平和な地域を作りたいからである、ということをインドネシア人にわからせたいと思った。そこで「心から心へ（Dari Hati ke Hati）」を訪問のキャッチフレーズにした。

スハルト大統領との会談はきわめて友好的だった。スハルトが国の基本原則「パンチャシラ」（インドネシア建国の五原則。①民族主義、②人道主義、③民主主義、④社会主義、⑤唯一神への信仰）から始めて、インドネシアの政治構造について詳しく説明したのは、意外だった。憲法の規定によりDPR（国民協議会）によって大統領に選任された自分は五年間政権を担当するし、その間MPR（国会）を解散することもない、というのである。おそらく憲法に従った安定した政治をしていることを印象づけたかったのであろう。

大統領の歓迎晩餐会には食後「カルチュラル・プログラム」（現地の文化を紹介するための演し物）が演じられるのが恒例だったが、私はこれに日本人女性コーラスを加えることを提案した。最初は前例がないと断られたが、イスタナ（迎賓館）の館長をしていたユープ・アヴェ氏が動いてくれて実現した。恒例のインドネシアの踊りの次に幕が開いたら、ずらり並んでいるのは白のブラウスにブルーのバティックのスカートの日本女性で、それがインドネシアの歌を歌いだしたのだから、大統領にも総理にも強烈な印象を与えた。「クロノチヨン・クマヨラン（Keroncon Kemayoran）」、「インドネシア・プサカ（Indonesia Pusaka）」、「リソイ（Lisoi）」の三曲を歌うために日本のご婦人たちは夕方五時から一二時半のフィナーレまで待機してくれたそうで大変なご苦労だったが、皆成功を喜んでくれた。これは「日本人は商売ばかりに熱心でインドネシアの文化を理解しようとしない」という当時よく聞かされた批判に対する、私たちの回答となった。

私もイスタナに泊まり込んでいたのだが、昼食前に急に福田総理から呼び出しがあり、インドネシア料理でいちばんおいしいのは何か、というご下問だった。私は即座に、「ミー・クワ（つけ麵）とナシ・ゴーレン（焼き飯）です。この国の料理は手を加えるほどおいしくなくなります」と答えたら、早速昼食にそれを食べたい、という思し召し。ミー・クワはすぐに手配できなかったが、調理場から届けられたナシ・ゴーレンは海老だけのごく簡単なものだったにもかかわらず、総理の家族はそれまでの公式メニューに閉口していたのだろう、皆でむさぼるように召し上がっていた。

「夫人プログラム」で、福田夫人が出かけようとしたのに、ティエン夫人（スハルト大統領の妻シティ・ハルナ。ティエンは通称）が遅れているということで、福田夫人は待たされた後、いったん部屋に引き返した。しばらくしてインドネシア側から「ティエン夫人がご出発です」と言ってきたが、今度は福田夫人がなかなか出てこない。あいだに立っていた家内は気をもんだが、それでいて、「福田夫人は度胸がある。総理夫人はそれくらいの威厳を保たなければ」などと、感心していた。

夜、谷野作太郎南東アジア第二課長とスダルモノ官房長官が別室で二人だけで話しこんでいるのを見て、課長はあの若さにもかかわらずよくやるものだと感心した。この記憶があったので、後日谷野君

インドネシア訪問の際の福田赳夫総理．右が私．さらに右が妻の睦子．

に、あれは何が問題だったのかと尋ねてみた。谷野君によると、あのときの歴訪ではどこの国とも共同コミュニケは出さないというのが日本政府の立場だった。ところが空港からの車のなかでスダルモノが園田直官房長官に共同コミュニケを出せないと国内が持たないと言ってきた。園田氏が簡単にそれを受けてしまったので、谷野君は他国との関係もあるし、何も用意していないので困ってしまい、できるだけ簡単なものにするよう、スダルモノに直接かけあったのだという。

この歴訪の最後にマニラで演説したのが「福田ドクトリン」として伝えられているものである。スピーチの中心テーマ、「心と心」はわれわれの発案だったが、ＡＳＥＡＮ諸国の大きな共感を呼んだ。

四　石油利権協定改定交渉

当時は石油危機の後で産油国の立場が強くなり、それまでの利権協定の改定を余儀なくされた。インドネシアも既存のプロダクション・シェアリングの協定の改定を各国企業に求めてきて、わが国のインドネシア石油株式会社（現、国際石油開発帝石株式会社）も利権改定交渉を迫られた。インドネシア側の態度は強硬で、最後には「イエスかノーか（take it or leave it）」と言って交渉を中断してしまった。そのとき須之部大使は休暇帰国中で、本省からも特に訓令が来ていたわけではなかったが、私はこれは放置できないと思った。

たまたま公邸での夕食会に招いていた客のなかにプルタミナ（PT Pertamina 国有石油公社）委員会のメンバーがいたのでその人に相談の上、プルタミナ委員会全員に手紙を出し、「こういう交渉の仕方は日本とインドネシアの友好的関係にそぐわない」と言って、話し合いによる解決を要求した。するとスマルリン行政管理担当国務大臣から「土曜日にモハマド・サドリ石油大臣が会うから、プルタミナに来るように」という電話がかかってきた。あいにく私はチフスで熱が出ていたのだが、自分で行くほかないと思って、一人でプルタミナの総裁室に出向いた。そこにはサドリ以下プルタミナの幹部がずらりと並んでいて、サドリから「これは大統領が決定したことであり、いま大統領は地方を旅行中だから自分たちではどうしようもない」という回答があった。私は少し考えてから、「今日で交渉期限が過ぎてしまうが、これからどうするつもりか」と質問すると、「月曜日になったら利権協定が失効したという文書に署名することになる」と言う。そこで私から「明日大統領が戻ってこられたら、日本政府から申し入れがあったことを報告してほしい。それを約束してくれなければ、このまま帰るわけにはいかない」と言ったら、サドリはあっさりと、了解した、と答えた。

月曜日の朝、大村書記官から電話がありプルタミナ総裁が私に会いたいと言ってきたという。そこで私は、「『代理大使は高熱で動けない』と言って、君が行って返事を聞いてきてほしい。話し合いを続けるというのならそれでよいが、もしダメだという返事であれば、その後の対策は先方の説明の仕方を聞いて考えるから、『代理大使に報告する』とだけ言って帰ってくるように」と頼んだ。さいわい回答は「交渉を継続する」ということだったので、交渉団に日本からすぐに戻ってきてもらった。交渉が妥結した後に、インドネシア側の最終提案と比較していくら節約できたかと、インドネシア石油の人に聞いたら、「八〇〇〇万ドル助かりました」という返事だった。インドネシア側は石油危機のとき日本を助けたという意識があったのだが、日本は一貫してインドネシアに援助を与えてきている。それにもかかわらず、プルタミナがこのような高飛車な態度をとることを看過すべきではないと思って独断で乗り出したのだが、旧知のサドリ大臣がウィジョヨ一派で、理屈のわかる人だったので、助かった。

五　ラグラグ会の創立

一九七七年（昭和五二）半ばの某日、日立の松田実さん、伊藤忠の大谷巌さん、帝人の鈴木重昭さん夫妻を自宅に招いて夕食をともにしたとき、文化交流をどうやって進めたらよいかということが話題になった。松田さんが「日本はインドネシアの文化に対してフェロノーサのような役割を果たすべきだ」と言いだした。インドネシアの文化に国際的な価値を見出して、それを奨励し世界に紹介すべきだというのである。私は「それもよいが、もっと身近なことから始めたらどうか。例えばインドネシアに三年も勤務していて帰国してからインドネシアの歌を二つ、三つでも歌えないというのは恥ずかしい。しかし、私のように習いたいけれど歌の才能がなくてどうしたらよいかわからないと思っている人たちが、かなりいるのではないか。皆でどこかに集まって一緒に練習したらどうだろうか」と提案した。歌が上手な人たちに先生になってもらえばよい。しかし、恥ずかしいから女性は入れない。名前は「ラグラグ会」（「ラグ」はインドネシア語で歌を意味する）にしよう、などと提案した。三人はただちに同意して、毎週水曜日の夕方に日本人倶楽部に集まって練習し、その後でビールを飲むことに決めた。

始めてみると参加者が意外に多くて、上手な人が初心者と一緒に歌ってくれた。特に日本人学校の先生たちが熱心で、楽譜を集め、歌詞の翻訳もしてくれた。スマトラからスラウェシまでさまざまな土地の歌があるので、バハサ・インドネシア（インドネシア共通語）に訳されていない歌も数々あることがわかった。楽譜のない歌を楽譜に起こしてくれたりした。カラオケなどない時代で、ピアノの伴奏（ヤマハの森下充二さん）で歌えるのが大いに気晴らしになった。またその後のビールがことさらにうまかった。松田さんの勧誘で入会した富士銀行の西山安彦さんが自発的にずっと世話役をしてくれた。

そのうちガリ版印刷の歌集ができた。この歌集の編集にはすでに活躍していた日本人倶楽部夫人部のコーラスグループの女性たちも協力してくれた。今も私の手元にあるメンバー一二五名のときのガリ版「Lagu-lagu dari Indonesia」が初版ではあるまいか。さまざまな切り貼りがしてあって当時の苦労がしのばれる。この歌集は今日まで徐々に充実されてきて今や装丁も立派になり、インドネシアで隠れたベストセラーになっている。

帰国してしばらくしたら、ラグラグ会東京支部ができて、年に一度集まって旧交を温める場になった。数年前には会員が六〇〇人を超え、大阪支部もできたと聞いている。一九八九年（平成元）末に大使としてジャカルタに戻ったときにも、ラグラグ会は健在で私を歓迎してくれた。ラグラグ会がこうも長く続き、メンバーも拡大しているのは、やはりインドネシアの歌の魅力だと思う。インドネシアでも最近人気がある歌はアメリカの流行を追っているようで私にはあまり魅力がない。伝統的な歌は日本の演歌のように訴えるものや、お祭りのように明るく弾ませるものもある。ジャワの山の形といい、水田の景色といい、インドネシアと日本は何か相通じるものがあるように思う。

六　日本文化センターの開設

私が赴任したとき、国際交流基金はすでにジャカルタに支部を置いていた。私は文化交流を日・イ関係の柱にすべきであると考え、毎月支部長に来てもらい文化活動の打ち合わせをした。彼らはこの支部をぜひともセンターに拡大したいという希望を持っており、私も実現したいと思った。

しかし、本省に何度意見を具申しても反応がなかった。一時帰国したとき情報文化局の課長に話しにいったら、情報文化局ではバンコクに国際交流基金センターを開設することを優先的に考えており、これは大蔵省主計局の意見でもある、という回答だった。私が「在タイ大使館からは私のように直接陳情に来ているのか」と聞くと、そうではない、という。そこで私が主計局の江澤雄一主査を訪ねてじかに陳情したら、「外務省から何も具体的な話を聞いていない」という。情報文化局に戻って「話が違うではないか」と迫ったら、バンコクとジャカルタの双方に調査団を出して決めましょう、ということになった。

江藤淳と永積昭の両教授が調査団としてジャカルタに来た。私が「インドネシア人は日本人と経済の話をするときは常に引け目を感じている。しかし文化の話をするときは対等だと思っている。インドネシア文化の話をするときのインドネシア人の目にはナショナリズムの炎が光る」と説明すると、江藤教授が「その一言で決まりだ」と言った。こうして文化センターの開設が決まった。

国際交流基金ジャカルタ日本文化センターは、メンテン地区の一般住宅を借りて開設された。当初はこじんまりしたものだったが、文化センターができたことだけでも日本が文化交流に重点を置き始めたということを具体的に示す効果があった。徐々に予算が増え、人員も増えてくると、インドネシアの文化関係者との人的つながりが広まり、さらに拡大していった。後に大使としてインドネシアに戻ったときに私はその受益者となった。センターの専門家たちのおかげで演劇人のレンドラとか女優のクリスティン・ハキムたちとすぐに親しくなれた。それだけ大使館の文化部がセンターに頼りがちになる傾向があるが、交流基金の専門家たちのほうが継続的にインドネシアの文化関係者とつきあっているという強みがある。全体としてはそのほうが効果を挙げているといえよう。

七　合成繊維綿の関税引き上げ

当時、東レ、帝人、クラレ、旭化成の四社がインドネシアに合成繊維綿の製造工場を開設していたが、製品が値崩れして作れば作るほど損が出る状況になったと言って助けを求めてきた。企業進出の決定をした際にインドネシア政府とは、生産が開始したら輸入関税を引き上げるという約束がされていたのに、いまだに関税は低いままに据え置かれている。この安い関税を利用して華僑が安価で製品を輸入して、日本の国産品よりも安い値段で売っているのが実情だという。おそらく華僑が関税を引き上げないよう政府に手を回していたのであろう。

当時は、ガットで関税引き下げの交渉をしていたときだったので、本省に請訓してもてあますに決まっていた。そこで私は独断でラディウス・プラウィロ商業大臣のところに出向き、「当初の了解どおり合成繊維の関税を引き上げてほしい。インドネシア政府が約束を守らなければ今後の投資に悪影響が生じるだろう」と申し入れた。ラディウスは「第三国から輸入されている合繊綿の生産会社にも日本の資本が入っているのだろうから、そう文句を言わなくてもよいのではないか」と言う。そこで、華僑の輸入先における日本の投資状況を四社に調べてもらって、輸入先の合成綿のメーカーには日本の資本は入っていないという資料を持っていった。その後の価格状況の説明などを二、三度繰り返しているうちに、四社側から価格が上がり始めたという報告があった。おそらく政府内部で関税を上げる決定をしたのか、華僑に輸入を減らすように指示したのだろう。現実に関税が上がったのはもう少し後になったが、四社の赤字問題は解決した。

後日談だが、一九八九年に竹下登総理のお供でジャカルタに行ったとき、その後は合繊四社のビジネスはどうかと質問したら、「おかげさまで儲かっていまして、設備を拡大しています」という返事だった。

八　群島理論問題

第三次国連海洋法会議（一九七三〜八二年）のなかで群島理論（地理的、歴史的、経済的、政治的に群島が密接な関係を持つ場合、群島の外端を結んだ線を国境とすべきとの考え方）が提起され、インドネシアは日本にも群島理論を受け入れるように要求してきたが、日本はただちには応じなかった。

現実問題としてはマラッカ海峡の航行制限やロンボク海峡への迂回要求が出てきた。また、ジャワ海における日本漁船の拿捕事件もたびたび生じた。そのなかでもアンボンに連行されたマグロ船の釈放のためには小嶋書記官が二、三週間も現地で海軍と交渉しなければならなかった。彼によれば日本漁船の船長は人間とは思えないような険しい形相の人物で、最初はなんとかしてあの奥深い湾から逃げ出そうと秘かに計画を練っていて目が離せなかったという。高度経済成長を世界から賞賛されていた日本にも、いまだにそのような生業があるのかと思った。

この事件の解決のために須之部大使は、外務省、検事総長、国防大臣、海軍司令官等々の間をずいぶん走り回った。群島理論はともかくとしても、インドネシア側からすれば違法操業の現場を押さえて逮捕したというのだから、なかなか釈放してくれず、ずいぶんたらい回しにされた。結局罰金を払って釈放してもらったのだが（船主がいくら払ったかは不明）、当時台湾の漁船などは船ごと没収されていたのだから、やはり日本との関係に配慮したということなのだろう。

マラッカ海峡については、日本のマラッカ海峡委員会が資金を出してデッカ方式の無線探知装置を備え付けるなど、航行安全に協力した。また、経済協力としてバリの漁業訓練学校にマグロ練習船を寄付したり、ウジュンパンダン（現、マカッサル）に船員訓練学校を設立したりした。

九　インドネシア債権国会議

インドネシアに対する資金協力の最大のドナー（供与国）だということが、日本外交の支柱になっていたことは事実であるが、ＩＧＧＩ（インドネシア債権国会議）における貢献を毎年確保するのは容易ではなかった。まずインドネシア政府との打ち合わせが必要だったが、スカルノ債務処理のときからウィジョヨ・ニティサストロＢＡＰＰＥＮＡＳ（バペナス：国家開発企画庁）長官を知っていたことが役に立った。サレー・アフィフ次長は日本の会社に対しては、このプロジェクトをくれてやるというような姿勢だったが、ウィジョヨとの関係を知っていたため私には一目置いていたので、比較的緊密に連絡が取れた。同時に世銀・ＩＭＦの見方についての情報も取らなければならなかった。実施中の日本のプロジェクトがうまく進むように、また日本が希望するプロジェクトが日本に回ってくるように、さらには新たなプロジェクトリストのなかに日本が将来手がけたいと思うプロジェクトが入るように、話をしなければならなかった。世銀所長のジャン・バーネスとは家族ぐるみで非常に親しくなった（夫人がとても賢いベトナム女性で、彼とはその後ワシントンでも親しくつきあった）。このようにして情報交換した後、ＩＧＧＩに対するわが国の提案についてのインドネシア側の要請を受けて、大使館としての意見を具申しなければならなかった。この仕事はおおむね私に任せてくれていたが、それだけに責任が重い。そのころはＩＧＧＩ会議がオランダで開かれ、インドネシアの代表団は事前に東京に寄って陳情をしていた。私はその前に帰国して各方面に事前説明をして回ったのだが、さいわい毎回インドネシアが満足する提案をすることができた。

インドネシアに対する援助で最も気をつかったのは、それがスハルト政権維持のために使われていて、日本企業の利益になっていても、インドネシア国民の利益にはなっていないというパーセプション（認識）が広がっていることだった。それに加えて、日本企業は汚職にかかわっているとか、インドネシアの資源を略奪しているといった批判もあった。私たちはそういうパーセプションに対して、日本がいかにインドネシアとＡＳＥＡＮの民生安定を重視し、援助もそのために供与しているものだということを理解してもらうため、広報活動を一生懸命やった。

当時すでに、日本の木材輸入が熱帯雨林を破壊しているという非難が高まっていた。その対策として、私は東カリマンタンのサマリンダに熱帯雨林研究所を開設することを提案した。これは私の帰国後に完成したが、大使として戻ったときに現地を訪問した。熱帯雨林の再生産にこのように協力した国はほかにはないのではないだろうか。熱帯雨林のフタバガキは種が数年に一度しか芽を出さないそうで、苗木をそろえることが熱帯雨林の再生に役立つという話だった。

日本企業のイメージが悪い理由は、一つには華僑と組まなければ商売がうまくいかないからということもあった。スハルトの番頭も華僑だったし、スハルトのブレーンのスジョノ・フマルダニ将軍の側近も華僑だった。大使も私も経済のことでは華僑に近づかないようにしていたが、私は大統領とのパイプを保つためにスジョノとは仲良くしていた。おかげで、日本企業のスジョノ詣でがいかに盛んだったかが、よくわかった。

一〇　日本外交とインドネシア

一九七八年一月に帰国した私は外務省幹部会でインドネシア情勢について報告した。その要旨を紹介して、この章の結びとしたい。

㈠ 政情不安とスカルノの三選

インドネシアの政情不安の原因

インドネシアでは当時、学生運動を中心に反スハルト運動が起こっていたが、社会学的にはその根底にはインドネシア特有の土壌があったと思う。学生運動や新聞報道に対して政府が予想以上に過剰反応した原因として、次のようなインドネシア社会の特性が挙げられる。

まず、インドネシアでは神秘主義的な考え方が根強い。その上マスコミの発達が不完全で多くの情報が口コミで伝えられ、何が真実か判断するのが難しい場合が多い。したがって現地の人々の判断も神秘主義的な要素に作用されやすく、例えば政治的な力関係を見る場合にも、それぞれの人についているといわれる「ドゥクン」(祈禱師、この場合は守り神)のうち、誰のドゥクンがいちばん強いのかと考えたりする。インテリといわれる人々でさえ、今までスハルトについていたドゥクンが弱くなってきたのではないか、などと考える者が多い。スハルト自身も神秘主義的な考え方をすることで知られていた。

また、スハルト政権が一二年の長きに及ぶに伴い人心に飽きが生じるのは不可避であり、新しい体制を望む声が高まっていた。そのため、何か不満が生じるにつけ、スハルト体制が不当なまでの攻撃の対象となっていた面がある。

さらに、依然として汚職問題が後を絶たなかった。政府はオプスティブ(汚職追放運動)の名のもとで現場の汚職を摘発することに意を用いてきたが、これは二つの逆効果を生じていた。一つは現場の職員が「順法闘争」を始めたことであり、もう一つはこのオプスティブが上部に及ぶに至って体制そのものを危うくする危険が生じたために、オプスティブも途中で曖昧《あいまい》にせざるをえなくなり、これがかえって批判を招く結果になった。その上、一九七八年三月の大統領選出と国策大綱の策定を控えて政府がそれ以前の半年間は、いわば「百花斉放」を許したため、今まで表面化しなかった汚職が暴露されたり、スハルト夫人および大統領側近の汚職行為が宣伝されたりした結果、政府の意図に反して社会不安が募るに至った。

最後に、学生と政府の断絶は決定的で、そのために政府は過度に警戒的にならざるをえない面があった。福田総理歴訪のころ、スミトロ大臣が中心となり、経済担当閣僚が学生と対話を持ち学生側の認識を改めようとしたが、学生側が経済政策よりも汚職などの政治問題を持ち出したために対話が成立せず、以後学生と政府の対話はまったく途絶してしまった。その後新聞が学生運動を大きく書きたてたので、政府は社会不安を引き起こしたとして、その新聞の発行停止に踏み切ってしまった。

スハルト体制の継続

一九七八年三月の大統領選でスハルトが再選されることはほぼ確実だと、私は予測していた。その理由は以下の諸点だった。

第一に、学生運動は、幹部が逮捕されたため大きな打撃を受けていた。インドネシアの学生運動は日本のように組織化されていなかったので、幹部が逮捕されるとその立て直しに相当の時間がかかる。

第二に、政府首脳部はまだ分裂していなかった。軍内部に意見対立があったのは事実だが、一九六五年の九・三〇事件の経験から軍が割れることは極力避けねばならないという共通の認識が軍内部にあり、それが作用していた。万が一反スハルト派が強くなっても、そのために軍が割れるのではなく、むしろスハルト大統領の地位が覆るという事態が生じたのではないかと思う。七七年一二月一五日の「国軍表明」は学生に対する警告というよりも軍の統一が乱れないよう軍内部に対して警告したという意味のほうが大きかったといえる。

第三に、一九六五年当時の経験から国内の分裂が起きると「国の安全」が脅かされるという認識が強く、「国の安全」という大義名分をもってすれば相当露骨な弾圧をしても通用すると思われた。

第四に、インドネシアの一般大衆の日常生活は食うに困るという状態ではなかった。確かにコメは不作だったが日本を中心とする海外からの援助により飢餓状態にはなっていなかったので、民衆が学生運動に触発されて反政府運動を立ち上げる可能性は少なかった。

最後に、国会（ＭＰＲ）はまだ政府の統制下にあり、野党との対話も成り立っていた。

実際、スハルトは三選を果たし、政権は以後一九九八年まで続いた。

(二) 日本との関係

インドネシア人の日本に対するイメージは改善されつつあったが、依然として彼らの心のなかには、「日本人は商売のみに熱心で、儲けるだけ儲けてインドネシアのことは顧みない」（エコノミックアニマル論）、あるいは「日本人には精神的な深みがないので、つきあっても信頼できない」、「日本はしょせんアメリカの軌道の外では行動できない」といった見方があった。戦争中の苦い体験も彼らの心に深く刻まれていたようであるが、日本軍国主義復活の懸念は、当時はあまり表面化していなかった。

私は、日本は日・イ関係の明確な外交目標を示すべきであり、インドネシアが安定することが日本にとって最大の国益であるという意識を明確に持つべきだと考えていた。日本側の外交目標をはっきり意識しそれが守られている限り、小さなことでインドネシア側に反対給付を期待すべきではない。援助の見返りを求めてインドネシアのナショナリズムに火をつけることは、きわめて愚かなことだと思われた。インドネシアにはいわば「南方の中華思想」があり、物事はインドネシアを中心に回っていると考える傾向が強い。日本も自分の立場をはっきりさせるとともに、小さなことには騒がずに着々と外交を進めていくべきだと、私は考えていた。

スハルトは、大統領選挙の前に自由に議論をやらせてそのなかから国民のコンセンサスを得て新しい政策を打ち出し、それで政権の基盤強化を図ろうとしていたのだろうが、結果的には思い通りにはいかなかった。再選後に新しい政策を打ち出すにしても、閣僚など側近の顔ぶれを変えることや、経済開発優先政策を変えることは容易ではなく、結局最もやりやすい外交面において新機軸を打ち出すことになるだろうと、私は見ていた。すでにその表れとして、中近東やベトナムとの関係強化の動きが生じていた。他方、日本との関係では福田総理のインドネシア訪問の時点が両国関係の頂点であり、その後は振り子が反対の方向に動き始めたと、私は感じていた。

第5章　エネルギー外交——一九七八〜八二年

一　対米輸入促進ミッション

一九七八年（昭和五三）一月二八日にインドネシアから帰国し、一月三〇日に経済局総務参事官に任命された。久しぶりに古巣に戻ったという感じだった。経済局長は手島冷志《てじまれいし》さん（後に駐イタリア大使）、次長に溝口道郎《みぞぐちみちお》さん（後に駐カナダ大使）、経済局参事官は羽澄光彦さん（その後夭死）という強力な布陣だった。

経済局総務参事官室の仕事はすでに説明した通り、いわば経済局の総務課である。当時私を待っていた最初の仕事は、通産省が企画した「対米輸入促進ミッション」に随行することだった。これはそのころ年間八一億ドルにのぼっていた対米貿易黒字を減らすための対策として通産省が考えたもので、団長が三井物産の池田芳蔵社長で、三越、長崎屋をはじめとする三〇のデパート、スーパー、チェーンストア、および日産自動車など三井系の企業を中心とした大規模な構成だった。通産省からは西山敬次郎貿易局長のほか川崎弘輸入課長が随行し、ワシントン訪問の際には増田実通産審議官が来るという力の入れようだった。

一行は一九七八年三月二日から一七日まで、サンフランシスコ、シカゴ、クリーヴランド、アトランタ、ニューヨーク、ワシントン、ロサンゼルスなど、米一七都市を歴訪した。そもそもこの企画はフランク・ワイルという米商務省の次官補の入れ知恵だったようで、彼がサンフランシスコまで迎えに来て、K・S・ウーという台湾系の米国人をずっとつけてくれた。各地で知事を訪問したり、商工会議所の幹部と会ったり、銀行を訪ねたり、商談会を開いたりしたのだが、輸入の拡大にどれだけ結びついたかははっきりしなかった。同行各社ともそれぞれの努力をしたようで、商談の総額が一九・四億ドルに達したという発表をした。米議会の関心も高く、かなり高評価を得たが、この一九・四億ドルのうち、どれだけがこのミッション来訪による純増分かという議論も生じた。池田団長は「三分の一くらいという感じだ」という説明をしていた。いずれにせよ、当時としてはワイル次官補の宣伝もあり、なにがしかの役には立ったと思う。二〇一一年の胡錦濤《こきんとう》米国公式訪問時にボーイング二〇〇機をはじめとして総額四五〇億ドルを買いつけたのと比べると、今昔の感がある。

商談会ものぞいてみたが、米側業者にあまり売り込み意欲がないという印象だった。日本側の輸入努力だけではなく、米側の輸出努力が必要だという議論を米商務省として、見本市船「さくら丸」を提供するという提案をした。米側はこれを利用して日本国内の地方都市に売り込み活動をしたが、どれだけ現実の対日輸出に結びついたのかは、わからなかった。

ニューヨークで私はジャパン・ソサエティ（日本協会）で講演し、川崎課長と一緒に質問に答えた。

今や日本の市場は米国で考えられている以上に開かれていると大まじめに言ったのは、今から考えれば少しおもはゆいが、原稿を読み返してみると、結構よく書けていると思う。帰国後の日本短波放送の対談でも私は、「われわれが戦後一貫して持っていた『輸出が善で、輸入が悪だ』というような考えは変えなければいけませんね」と話している。

ともかく、私にとっては米議会を含め、片貿易問題の現場を体験するよい機会だった。一九七七年から七八年にかけて、米国の貿易収支赤字が拡大し、そのなかで対日赤字の増大が目立ったために、米議会のいらだちが募り、日本にいろいろな個別問題を持ちかけてきた。このような情勢に対し、一九七七年一一月の内閣改造で、福田赳夫総理は牛場信彦元駐米大使を対外経済担当大臣に任命した。牛場大臣はワシントン政界の実力者といわれたアメリカ合衆国通商代表のボブ・ストラウスを相手に、マクロ政策から牛肉、オレンジ、電電調達のような個別問題まで、大変な難交渉を重ねた結果、七八年一月に有名な「牛場・ストラウス共同声明」を出した。この声明は、日米が相互主義に基づいて、貿易の均衡達成を目指すというものだった。牛場大臣の補佐官は中平立《なかひらのぼる》さん（後に駐カナダ大使）で、私は牛場さんの対米交渉に直接関与することはなかったが、このころから対米貿易摩擦が経済局の最大の問題だった。

二　ボン・サミット

次の大きな仕事は、一九七八年七月に開かれたボン・サミットだった。私は、福田総理の個人代表（いわゆるシェルパ）を務めた宮崎弘道外務審議官の補佐をして、事前準備の会合のために何度かボンに出張した。宮崎さんは外務省きっての経済通だったから、準備にはあまり手間がかからなかったのだが、私は宣言案の漏洩防止や総理と随員の宿舎の割り当てなどの調整に多忙を極めた。

米国の前年の経常収支赤字は一五二億ドルで、うち対日赤字が一一〇億ドル、対西独赤字が三八億ドルという状態だった。米国はほかの先進工業諸国に経済成長率を高めるよう要求し、米国以外の国は米国に対してドルの垂れ流しをやめ、石油輸入を抑制すべきだという議論をしていた。前年五月のロンドン・サミットでは各国の経済成長率の伸びの鈍化と失業問題を解決するために、日本、西ドイツ、アメリカは高い成長率を目指すことが期待され、それぞれ六・七%、四・五〜五%、五・八%という成長目標を掲げた。いわゆる「機関車論」である。しかし、実際の成長率は、比較的高かった米国でも四・九%にとどまり、西ドイツは二・四%、日本は五・一%という状態だった。

以上のような情勢を背景にサミットでは、成長・雇用・インフレ問題、エネルギー問題、貿易問題、開発途上国との関係、そして国際通貨政策について、討議が行なわれた。

ボン宣言の目玉は、インフレなき着実な成長を実現するために、各国がそれぞれ異なった状況に対して異なった行動をとるプログラムを採用することだった。日本としては、内需拡大を中心として、実質成長率を前年実績から約一・五%引き上げることを約束した。いわゆる七%成長の「公約」である。これには後日談がある。いよいよ補正予算の時期になったとき、放っておくと七%成長が危ういと総理官邸でも思うようになったのか、外務省の誰かが松下康雄主計局次長のところに行って説明するようにと連絡してきた。そこで、溝口次長と雨のなか、傘をさして大蔵省に説明に行って、補正予算で公共事業の積み増しをしてもらった（統計を見てみると、一九七八年の実質成長率は五・五%で前年度比〇・九%増になっている）。

ボン・サミット参加の各国首脳．左から，ロイ・ジェンキンス欧州委員会委員長，福田赳夫総理，ジュリオ・アンドレオッティ伊首相，ジミー・カーター米大統領，ヘルムート・シュミット西独首相，ヴァレリー・ジスカール・デスタン仏大統領，ジェームズ・キャラハン英首相，ピエール・トルドー加首相．

ボン宣言のなかでもう一つ注目すべきは、「積極的構造調整政策」に関するOECD閣僚会議の声明を歓迎したことだった。これが今日に至るまでの構造改革問題の走りである。私はうっかり「産業調整」といって、宮崎さんに「構造調整」だと注意されたことがあるが、それくらい当時の日本ではなじみの少ない概念だった。要するに日本は輸出主導から内需主導型の経済に構造を変革しなければならないという考え方で、その議論がこのころから始まったわけである。

また、米国の貿易収支赤字は、エネルギー問題とも結びついていた。米国の石油輸入額は年間四五〇億ドルにもなっていた。これは二年前の二倍だ。これに対して米国は一九八五年までに一日あたり二五〇〇万バレル減らすという約束をしていた。国内生産があるからそんなことをいえるのだろうが、七七年の輸入が九〇〇〇万バレルだったから、相当な削減だった。

ボン・サミットの前には、わが国は貿易黒字問題で袋叩きにされるのではないかと心配していたが、そのような結果にならなかったのには、ほっとした。そもそもサミットとは、各国首脳に「ピア・プレッシャー」（仲間の圧力）を与えることに最大の意義があるので、お互いを窮地に陥れるところまではいかないようにという配慮はなされるものなのだ。しかし、わが国はまだこういう会議の経験が浅かったので、袋叩きにあう可能性を相当真剣に恐れていた。

黒字削減対策の一つとして福田総理は五月の訪米のときに、対外援助を三年間で倍増させると言ったのだが、ベースを一九七六年とするのか、七七年とするのか、またドルベースか円ベースかを明らかにしていなかった。この点で外務省と大蔵省で意見が対立し、結局宮澤喜一経済企画庁長官が、七七年ドルベースとするが、GNP比を引き上げる点でも努力するという、いい加減な裁定をしてしまった。これによる福田総理の説明に各国首脳は納得せず、次年度のODAを五〇%くらい増加するという方針にコミットをさせられてしまった。

他方、福田総理はドルの安定に強い執念を示し、ロンドン・サミットの公約を果たせなかったのはドル安になったためであるとさえ主張した。また西独・仏と一緒になって、米国のエネルギー輸入の増大を批判した。インフレとドル防衛についての福田総理のたび重なるお説教には米国も辟易したそうで、最後には西ドイツ首相のヘルムート・シュミットが、円とドルだけの問題ではないと、とりなす場面もあったそうだ。後日、米国の新聞等には、日本と西ドイツが米国に反抗したという論評が何度も出たくらいだ。しかし、結果としてドルは上がるどころか下がってしまった。

当時のサミットはフランスの主張により、政治問題は議題としないことにされていたのであるが、現場で急遽「航空機のハイジャックに関する声明」が発表されることになった。前年九月に日航機が赤軍派にハイジャックされたとき、福田総理は「人命は地球より重し」と言って六〇〇万ドルの身代金を払って、欧米の顰蹙《ひんしゅく》を買っていたのだが、そのことにとどめを刺されたという感じだった。私の周囲にはこの説明の起草委員会に出席するメンバーがいなかった。結局、牛場大臣に随行してボンに回ってきた大木浩審議官（後に環境庁長官）に頼み込んで、急場をしのいだ。

ボンはホテルが不足していたので、私が最も苦労した問題は、各省からの随行者の人数をいかにして制限するかということだった。随行者を一名出したいという牛場大臣事務室からの要請も断らざるをえなくなり、中平氏に不義理をしてしまった。というのも、大蔵省が一一人の随行者を出したいというのを私が七人に削ったら、安倍晋太郎官房長官が、牛場大臣事務室用にと残しておいた一人ぶんの部屋を、大蔵省に回してしまったのだ。さらには、総理の宿舎にと西ドイツ政府が提供してきた場所がどうにも不便で、吉野文六駐西独大使の公邸を総理宿舎にしてはどうかという案が出てきてしまった。私たちは何とかそれを回避しようとしたが、安倍官房長官は「大使公邸がいい」と言う。「なにぶんにも狭くて」と言うと、福田総理が「俺の家よりは広いだろう」。これで決まってしまった。結局、福田総理と園田直外務大臣は吉野大使の公邸を明け渡してもらってそこに泊まったが、他の随行者の宿泊所と離れているせいで行くのに時間がかかり、われわれは連絡に苦労した。

もう一つ、コミュニケ案がプレスにもれるのではないかというのが大きな悩みだった。森喜朗官房副長官が夜中に電話してきて、「日経の記者が宣言案を持っている。外務省がもらしたのではないか」と言ってきた。私は「今の案文は副長官と私しか持っていません」と返事をしたら、当惑していた。結局日経に出たのは相当古いバージョンで、ニューヨークで流れたものだと判明したが、当時日本の新聞が宣言案なるものをどこからか入手して原文そのままを報道するのには、本当に困った。

現地では茂木良三《もてぎ》公使が自ら徹夜体制で手伝ってくれたのだが、私は三日間で一〇時間くらいしか寝られない忙しさだった。しかし、翻訳担当の福田博北米第二課長（後に最高裁判事）など皆よく協力してくれた。福田君が作成したコミュニケ翻訳マニュアルは、その後もわれわれの秘密兵器になっている。

ボン・サミットで一つだけ楽しかったのは、ボンに入る前に時差調整のためにパリに一泊したことである。ちょうどコンコルド広場でフランス革命記念日の大パレードが行なわれ、私たちはホテル・リッツのバルコニーからそれを眼下に観覧できた。

一九七八年（昭和五三）一〇月九日と一〇日、ブリュッセルで日本・ＥＣ貿易問題共同研究グループに出席した。これは事実確認のための会議で政策論をやることにはなっていなかったので、比較的平穏に終了したが、相手のベネディクト・メイネルＥＣ対外貿易担当局長のしつこさは評判どおりだった。彼は自分の判断を述べて日本側からそれを覆す材料の提供がなければ自分の判断通りの議論をすべきだという論法を取るので、こちらを苛立たせる。しかし、ＥＣ委員会の議論はそのようにやるものなのかと参考になった。主な話題は七％成長の実現見込み、日本の対ＥＣ輸出が数量的に減っているというが現実にはどの程度になるのかというようなことだった。

このときはこの程度ですんだのだが、ＥＣは日本政府が対米問題の解決ばかりにエネルギーを使ってＥＣのことを置き去りにしているという不満を募らせていた。事実、日本国内でも対米問題を解決するために必要ということなら、何がしかの譲歩案が出てくるのだが、ＥＣのための譲歩は引き出すことが大変難しかった。また、ＥＣは日本の製品輸入の比率の低いことが貿易不均衡の原因だという議論もしてきて、それは認めざるをえなかった。日本人はワーカホリック（仕事中毒）だとか、「ウサギ小屋」に住んでいるという表現が出てきたのも、ＥＣからである。

三　東京サミット

年を越え一九七九年（昭和五四）になり、日本は、東京で六月二八日から二九日に開催される先進国首脳会議（サミット）を取り仕切ることになった。初の幹事役である。三月二二〜二三日に第一回準備会合が東京で、五月一八〜一九日に第二回がワシントンで、六月一五〜一六日に第三回がパリで行なわれた。私は七八年末に総務参事官の職を解かれたが、東京サミットの補佐役は続けることになった。福田総理は退き、一二月七日に大平正芳総理に代わっていた。内閣では藤森昭一内閣首席参事官をヘッドに関係省庁の開催準備連絡協議会を設けた。迎賓館の横に新たに事務棟を建設したり、各国の宿舎の手配をしたり、防弾車の輸入手配をしたり、すべて初めてのことだけにずいぶん苦労した。防弾車を輸入するといっても、運輸省がそのための型式認定の要求を曲げないため、間に合わないおそれがあり、本当にてこずった。「型式認定を受けるのはしかたないが、それが早くすむように、どのような事項に注意したらよいか教えてくれないか」と担当課長に聞きにいったら、「試験の前に問題を教えるばかがいるか」という居丈高な返事が返ってきた。

宿舎もずいぶん検討したが、警察がホテルニューオータニでなければ警備に責任を持てないというので、新館の上半分を借り切ることにした。すると警察は、警備の都合上ホテル側に全館を空けるように要求したため、ホテル内に入っている店のその間の損失をどう補償するかというような問題まで生じた。さらに警察は、迎賓館の周囲に五〇〇〇人の警官を配備するが、その弁当代は外務省の予算で負担せよというような要求までしてきた。それでも途中から、会計課長経験者の梁井新一氏（後に駐韓大使）が、事務局長として外務省のなかのロジスティックを担当してくれることになったので、私はサブスタンスのほうに集中できた。

サミットの議題の検討においては、イランでのホメイニ革命の後、石油輸出が一時中断したこともあり、エネルギー問題が圧倒的なウエイトを占めるようになっていた。一方、米議会では貿易問題で対日批判が募るばかりで、貿易問題におけるわが国の立場は少しも改善されていなかった。ある段階で私は、宮崎外務審議官（日本の総理個人代表、いわゆるシェルパとして出席）から宣言案を起草するように指示された。下手な英語で苦労しながら、「世界の構造的不均衡の根幹を正す（to attack at the root）」という趣旨の案文を書いて各国に送った。自分ではなかなかよい表現だと思ったのだが、恥ずかしいことながら、最終的にできあがった「東京宣言」にはその片鱗すら残らなかった。

六月一五～一六日に開かれた第三回準備会合で、東京サミットの重点がエネルギー問題に置かれることがはっきりしてきた。しかし、ECからの参加国が六月二一～二二日に開かれるECサミットまでエネルギー問題についての具体的方針を語ることはできないという態度を維持したので、議長国としても筋書きを定められなかった。とはいえ、わが国として積極的な具体策があればそれを基礎にほかの参加国に対してイニシアティブをとることもできたであろうが、通産省はエネルギー問題をテコに通産大臣のサミット出席を実現するということばかりに熱心で、具体案になると何も用意しなかった。

ストラスブールのECサミットでは、翌一九八〇年から八五年までの期間を通じて七八年の輸入レベルを上回らないようにするという決定をした（これは英国の北海原油の生産分だけ余裕があることを意味する）。そんなことにコミットすると日本は経済成長ができなくなるおそれがある。米国もECに掣肘されることを望むはずはないと見て、宮崎外務審議官は米国のシェルパ、ヘンリー・オーエンと「翌年まで二年間の輸入抑制で乗り切る」ということで話をつけていた。

サミット前日である六月二七日の夜、最後の準備会合が行なわれたときも、国別のレベルを明示することを主張する米国とストラスブールの欧州理事会の結論から逸脱できないという欧州勢が対立したまま、首脳のガイダンスを得る必要があるということで、結論は持ち越しになった。

翌二八日の朝からサミットが始まり、午後にエネルギー問題が議題として取り上げられた。その終わりのほうで、フランスのヴァレリー・ジスカール・デスタン大統領が、一九八五年の各国の輸入水準を七八年のレベルを超えないようにするというのではどうかという提案をした。これにジミー・カーター米大統領がかなり興味を示したが意見はまとまらず、シェルパの段階で整理するようにという指示があった。シェルパは徹夜の議論をしたが、結局結論が出なかった。

翌朝私は通産省の宮本四郎通商政策局長と同じ車でホテルから会場に向かったのだが、彼もどうなるかわからないと言っていた。ところがその前に、主催国である日本に黙って、米・英・仏・西独の首脳がフランス大使公邸で朝食会をしていた。名目はアトランティック・グループの会合と説明されたが、実際はエネルギー問題に関する打ち合わせで、一九八五年までの国別規制について同意したらしい。通産省のなかでも真野《まの》温《あつし》国際経済部長はフランス側から情報を得ていたとのことで、後日それで外務省の鼻をあかせたという裏話が、新聞に流れた。

午前中の首脳会議で日本だけが一九八五年の数字を出さないのは望ましくないから、エネルギー大臣の間で協議することになった。そこで日本側はただちに総理の控え室で作戦会議を開き、宮崎外務審議官から、三つの案が出た。第一案——数字は出さない、第二案——来年のサミットのときに出す、第三案――わが国の中期計画に見合う数字、すなわち一日あたり七〇〇万バレルを出して、今後これを下げる努力をする、というもので、この三案を検討したが、園田大臣は「サミットがつぶれても数字を出すべきでない。数字を出せば内閣がつぶれる」と言ったそうだ。

江崎真澄通産大臣はまずジェームズ・R・シュレジンジャー米エネルギー長官と二人で話そうとしたが、彼はフランス産業相のアンドレ・ジローと会う約束があると言って会談に応じなかった。宮崎外務審議官はおかしいなと思っていたら、英のシェルパであるジョン・ハントから、仏代表団の部屋で起草することになっていてそこに江崎大臣も呼ばれるという話があったが、現実には呼ばれなかった。当日は江崎大臣がホテルの「なだ万」で昼食会を開催することになっていたのだが、誰も現れなかった。そこで、宮崎外務審議官は米代表団事務室に行こうとしていたシュレンジャーと米国のシェルパのオーエンを事務棟三階の会議室に連れ込んでそこに江崎大臣を呼び、仏のジロー産業相と西独のオットー・グラーフ・ラムスドルフ経済大臣も呼んだ。英国からはハントではなく代理人が来た。

そこで江崎大臣は中期計画の英文ペーパーを配り、「どうしても数字を出すのであればこの計画で想定している供給計画の数字を出すほかない」と繰り返し述べて、不用意な数字を出すと内閣がつぶれると力説した。これに対しシュレジンジャーは、これは大統領マターであるとして態度を明らかにせず、ジローは「数字が大きすぎる」と言い、ラムスドルフは「ターゲットではなくゴールだからもっと低い数字でもよいではないか」と言ったが、宮崎代表は「一度数字を出すとそれが一人歩きするから、応じられない」と頑張った。結局結論が出ないままに午後の首脳会議が始まった。

宮崎代表はオーエンに対し、「米国が急に一九八五年の国別数字を出す方向に態度を変えたのは、はなはだ遺憾である」と詰め寄った。オーエンは「数字を出したがらないのは日本の通産省だけではない

第 1 回東京サミット.

か」と言ったので、宮崎代表は「低い数字を出すのは大平総理として困る。米国は大平内閣をつぶしてもいいのか。早く大統領に話してなんとかいい知恵を出せ」と迫った。そこでオーエンはカーター大統領のところへ行き、事務棟に引き返してくる途中、渡り廊下で会った橋本利一通産審議官に「こういう案ならカーター大統領はサポートする」と言って、一日あたり六三〇〇~六九〇〇バレルという案を示した。

宮崎代表はエネルギー・経済大臣間の会合の際のいきさつを考慮して、まず日本側の第一案と第二案を出して、やむをえなければ六三〇〇~六九〇〇バレルを第三案として出すことを大平総理に進言したが、総理はいきなり第三案を出してしまった。これに対してフランスが意見を述べたので、大平総理の指示により、宮崎代表がジローと話をしていたら、ジスカール・デスタン仏大統領が口を出してきたが、宮崎代表はノーと言った。するとジスカール・デスタンは「低いほうの数字にするために（in order to move towards lower figures）」と紙に書いて示した。宮崎氏は文法的には

「the lower figure」と単数ではないかと思ったが、そこは深入りせずに妥協した。そこでイタリアが騒ぎ出したが、イタリアの意見は注記として添えるという案で妥協せざるをえなかった（昼食時の会合のときにも伊のシェルパであるレナート・ルッジェーロは国別数字に反対したが、「午前中の会議でジュリオ・アンドレオッティ伊首相は何も異議を唱えなかったではないか」と言われ、ルッジェーロが「それは言葉の関係で理解できなかったからだ」と抗弁したが、相手にされなかった）。

後日オーエンから宮崎代表に対して手紙が来て、「自分はカーターが態度を変更するとは本当に知らなかった。迷惑をかけて申し訳なかったが、サミットは所詮首脳のものである」と侘びを伝えてきた。この書簡は誰に見せてくれても結構だ、とも書いてあった。

大平総理が議長としてサミットをどうとりしきるかということは、外務大臣時代に相当関係の深かった私にも想定できなかった。そこで私は議題ごとに時間を割り当てた表を作り、その横に短い冒頭発言を書き、議題内容のキーワードを並べて提出した。私は総元締めとして事務棟に張りついたままで、会議の進行具合は電話で連絡を受けてフォローするしかなかった。

本来の予定では二八日の夜にコミュニケの案を作り上げなければならなかったのだが、私にはその余裕がなくなった。そこで、数日前から小和田恆前総理秘書官に応援してもらっていたので、二八日夜のコミュニケに関する作業は全面的に彼に引き受けてもらった。これは本当に助かった。

私はエネルギー問題の現場でのやりとりを知らないままにサミットを終えたのだが、コミュニケの最終案を本省の作業部隊にバイクで持っていかせた後、ただちに記者会見での総理発言を起案して、控え室のソファに横になっていた大平総理のところに持っていった。総理はそれに一、二文字手を入れただけで、そのまま使ってくださった。

私たちは日本がエネルギーで経済成長の首を絞められずにすんだことにほっとしたが、『エコノミスト』は「つかみどころのないサミット（The Slippery Summit）」と評し、『ル・モンド』は「不確実な回答」、『フランクフルター・アルゲマイネ』は「没理性のサミット」と批判的だった。

東京サミットについては私には二つの悪夢があった。一つは過激派が何かやらかすことで、日本国内でどこかを爆破するということのみならず、海外で何かやってサミットをやめさせるという可能性もなくはなかった。警察によれば、フランクフルトで赤軍派の計画があったそうで、それを西ドイツ当局の出動を求めてようやく解決したのだそうだ。サミットの直後にニューデリーに行ったが、インド側は日本大使館を厳重に警備していたそうだ。バリ島でコリヤンテス比外務次官に会ったとき、フィリピンも日本大使館を厳重に警備していたと言っていた。東京でも、ホテルニューオータニの一室の天井から煙が出たし、迎賓館の近くの住宅からロケット弾が打たれて迎賓館を飛び越していったという事件があり、米側は庭園で予定されていた迎賓館のレセプションを屋内に変更するように要求してきた。とにかくにも最後の首脳が無事東京を出発したときは本当に安心し、警察にお礼を言って回った。

第二の悪夢はコミュニケ案が漏れて、最後の会合で書き直しを命じられることだった。あまりにもコミュニケ案なるものが新聞に漏れるので、ある段階で私は有田圭輔次官に各紙の編集局長に協力を依頼してほしいと頼んだら、「そんなことは君らがあらゆる手段を尽くして自分で防ぐべきだ」と叱られた。あらゆる手段を尽くしてもよいということだったから、第三回準備会議に出した日本のシェルパの案を関係各省に渡したとき、日本文の「てにをは」的な部分を各省別に書き換えて渡し、新聞に載った文章により何省に渡したものが使われたかがわかるようにした。危惧された通り、会議の直前に『朝日新聞』に報道されてしまい、その出所が通産省と判明した。それをもとに通産省を攻め込んだこともあって、サミットそのものの時期には同様のリークはなかったが、通産省からずいぶんうらまれ、同省との関係では高い代償を払った。

フランスの動きに関する情報収集のまずさは、いまだに悔やまれる。園田大臣から、特に関係国の動きはよく把握しておくようにと注意されていたにもかかわらず、である。ロジスティックとの連絡をよくしておけば気がついたともいえる。二八日の夜、ラムスドルフとジローがホテルオークラを訪ねたこと、米・英・仏・西独の四首脳が二九日の朝に仏大使館で朝食をとるためにその前夜、配車の依頼をしていたことは、私に知らされていなかった（梁井事務局長も反省していた）。したがって、この二件は総理にも外務大臣にも報告していなかった。しかも、通産省の真野国際経済部長はジローの部下から仏案なるものを入手していたと吹聴していたという。その話を真野氏から聞いていた手島局長が、なぜそれを宮崎外審か私に知らせなかったのか、多忙のため手が回らなかったのかもしれないが、残念なことだ。

言い訳になるが、東京サミットにおいては、宮崎弘道という上司の人物が、私とは馬があわなかったという基本的な問題があった。自分以外は皆頭が悪いと言わんばかりの彼の気質が、状況が緊迫してくるとかなりむき出しになってくる。誰だって一生懸命やってどなられたのでは割に合わない、「それなら勝手にしろ」ということになる。これでは百人の将校は使えない。彼の有能さには疑問の余地がなかったものの、サミットが近づいてきてからの彼のこうした態度は、大蔵省や通産省の人間をずいぶん刺激したようだ。

四　ベネチア・サミット

翌年の一九八〇年（昭和五五）六月二二日から二三日までベネチア・サミットがあった。これについても触れておく。

サミットは経済局総務参事官の所管であるから、ベネチア・サミットの担当を遠藤実参事官に引き継ぎ、私はエネルギー担当として随行した。

その直前の六月一二日に大平総理が心筋梗塞のため急死した。大平総理は、一九七九年一二月の訪中後、八〇年五月には米国・メキシコ・カナダ訪問、さらにユーゴスラヴィア大統領ヨシップ・ブロズ・チトーの葬儀列席と外遊が重なったなか、五月一六日に社会党が提出した不信任案が自民党反主流派の六九名が欠席したために可決されたので、衆議院解散選挙に打って出たが、その最中に病に倒れた。入院中もサミットにだけは行きたいと熱意を燃やしていて、車椅子でも行けそうかどうか、佐藤嘉恭《よしやす》秘書官がベネチアまで下調べに行く準備をしていたが、その矢先の絶命だった。

緊急対策として、大来佐武郎外務大臣が伊東正義総理大臣臨時代理の代理として参加した。加藤紘一官房副長官が大平総理の遺影を抱えて同行した。外務大臣の席には菊地清明外務審議官が座った。

私の守備範囲はサミットの内容にはほとんど用なしだったので、ベネチアグラス工場の見学などして過ごしていた。ただ、共同記者会見の発言要領を書いたのと、帰国の飛行機で全員疲れて眠ってしまったなかで、機中からの感謝電を起案したのと、外務大臣臨時代理に対する報告書の起案をしたくらいの

ベネチア・サミットで大平正芳総理の遺影を囲んで．左から６人目が大来佐武郎外務大臣，遺影を挟んでその右が加藤紘一官房副長官．右端が私．

役には立った。当時の日記には、「ベニス・サミットの評価」について、次のようなことが書いてある。

・イラン、アフガン問題等をめぐって西側のSolidarity（結束）に疑念がもたれがちになっていたときに、ともかく七カ国の首脳が一堂に会して、アフガン問題等の政治問題を含めて話し合い、共通の認識を明らかにしえたことは有意義だった。

・過去一年間、相次ぐ石油価格引き上げのために、西側経済は耐え難い辛酸をなめてきた。そのため、先進工業国相互間の努力によって事態を改善することに限界を感じてきたのであろうが、責任を産油国のほうに持っていこうとする傾向が強かった（産油国のほうはまったく異なる見方をしていたので、産油国に呼びかけても問題の解決にならないのが実情であろうが、西側がひとりで責任を取らされるのはかなわないということであろう）。

・南北問題について、各国ともお上手は言うが、真剣さは乏しい。経済援助でも市場アクセス（market

access）でも、これ以上はごめんというのが本心だ（先進工業国でも「市場アクセスの増大に努力すべきである」というドイツ提案がコミュニケ案に入っていたのに、削られた）。

・貿易問題についても、各国首脳は口でこそ保護主義防圧を唱えるが、ＯＥＣＤ貿易プレッジに対する支持がコミュニケから削除されたのが象徴的だった。今後の経済情勢いかんで何が起きるかわからないという予感がした。

・欧米首脳の日本に対する猜疑心は依然大きく、カーターとジスカール・デスタンから、日本は一九七九年の石油輸入抑制目標を超えているのではないかという質問を受けた。その事実を内部でよく説明しなかった通産省の態度は反省すべきであるが、これだけサミットを繰り返しても、信用の問題があることをわれわれとしては常に意識しておくべきである。

・貿易面について、サミット・レベルで対日要求が行なわれずにすんだが、カーターから自動車業界の旺盛な投資増について申し入れがあった。いかに説明するにせよ、これだけ世界中の市場を侵食してなお生産増をしようという日本自動車業界の姿勢は非難されても仕方ない。通産省の大局的な行政指導が必要である。

・エネルギーについては、さいわい今回は問題にされずにすんだが、日本の会社の高値買いの仕方が当然問題になる。ここでも通産省の強力な指導が必要だが、通産省はやる気を示さない。

・ベニス・サミットはこれで終わったが、これから、米、独、仏で選挙がある。次のサミットまでに貿易戦争、経済刺激策などサミット精神を踏みにじる局面が展開されそうな気がしてしかたない。

五　イラン原油問題

一九七九年二月にはイランでイスラム革命が起き、ホメイニ師が亡命先から帰国して政治の実権を掌握していた。革命によって亡命したイラン国王を米国が受け入れると、一一月四日、これに抗議してデモを起こしたイスラム法学校の学生らがテヘランの米国大使館を占拠し、外交官とその家族をはじめとする五二人を人質に、イラン国王の引き渡しを米国に要求した。米国は一二日にイラン原油の輸入を禁止し、一四日には全面的にイランと経済断交した。米国はわが国の協力を期待していたが、日本は原油輸入の一二%をイランに依存していたし、イランには「イラン・ジャパン石油化学」（ＩＪＰＣ）という大きな石化プロジェクトを持っていたので、なかなかその期待には添えなかった。

一一月一二日、米国はイランからの石油輸入を禁止した。すると一四日にイランがドル預金の引き上げを決定し、そのとたんに米国はイランの資産を凍結するという措置をとった。日本としては米国が輸入禁止したイラン原油を日本が火事場泥棒的に買うようなことは避けたかった。しかし、二二日の夜、伊藤忠、三井、住商、出光の四社が一六〇〇万バレルを高値で買ったことがわかって、愕然とした。外務省は買いあさりの自粛を主張したが、通産省は高値買い防止の行政指導はしても、量的な抑制はできないと頑張っていた。一二月八日の夜、東郷文彦駐米大使がズビグネフ・ブレジンスキー米大統領補佐官と会談した内容を入電してきたが、ブレジンスキーは「人質問題についての日本のイランに対する態度が弱すぎる。イラン原油の買い付けの仕方など、非常識である。日本がイランを経済的に助ける結果になっているではないか」という厳しい調子でわが国を責めていた。

一二月一〇日に大来外務大臣がＩＥＡの会議に出席のためパリを訪問した際に、サイラス・ヴァンス米国務長官と会談したが、ヴァンス長官からも、「日本はイラン原油を高価で大量に買い付けているということだが、そういう行為は人質問題について無神経《インセンシティブ》だとの印象を与えている」と言われた。こういう状況下では、米国の新聞、議会、一般大衆の日本に対する怒りは予想以上に激しかった。大来大臣は一二日に帰国してすぐに、「外務省見解」を発表して、イランの人質問題は「国際法違反である」と明言するとともに、イラン原油の輸入を人質事件発生以前の水準（一日あたり六二万バレル）に抑えると発表した。これには佐々木義武通産大臣と大来大臣の戦前からの関係が役に立った。

これでアメリカの対日強硬意見は一時収まったのだが、一二月三一日になって、それまで日本の高値買いを牽制していた英国が、急に三〇ドルで輸入契約するということがわかって、大騒動になった。わが国は前日にイラン側から三〇ドルでという最終オファーがあったのを断っていたのである。日本もあわてて交渉の復活を申し入れたのだが、今度は英国から、日本が増量を要求しているのでイラン側から値上げ要求を受けて迷惑している、という苦情が来た。英側には「一日あたり六四万バレルは実質増量でない」と説明して了解を得たのだが、イラン側もさるもので、対日オファーには重油を抱き合わせてあることが判明し、そのときの契約は成立しなかった。

日本側にはＩＪＰＣという石化プロジェクトを救いたいという大きな問題があって、米国の理解を得ようと努力していたのだが、イランは強気で、「日本がそんなことで米国の了承を求めるのなら、このプロジェクトを国有化する」と脅してきたりした。

一九八〇年一月、米国は国連安保理でソ連の拒否権発動により経済制裁案を採択できなかったために、フィリップ・チャールズ・ハビブ特使を派遣して日本の協力を求めてきた。さいわい具体的コミットメントは要求されずにすんだが、四月七日にカーター大統領は対イラン国交断絶とともに在米イラン資産の凍結など一連の制裁措置を発表した。それに伴って、米国世論ではわが国の非協力に対する批判が再び高まった。

私は通産省の志賀学石油部長とイラン原油の輸入を減らせないかと内々に相談していたのだが、志賀氏は「わが国経済にとって商社の石油調達機能は致命的に重要だから、それを抑えつけることはできない」と頑強に反対した。それも理解すべき実情だったが、三月末にイラン側が、長期契約の輸入価格を三二ドル五〇セントから三五ドルに引き上げるという通告をし、四月一五日には、これに応じなければ供給を打ち切ると、最後通告をしてきた。私は「通産省はＩＥＡでもスポットものの高値買いはしないということに同意しているのだから、高値買いをしないように行政指導することはできるだろう」と説得した。これでイラン原油の輸入は止まり、一夜にして日本は優等生としてほめられるに至った。対日批判の急先鋒だった『ニューヨーク・タイムズ』が二二日に「Thanks, and Oil, to Japan（日本に感謝。石油問題について）」という社説を載せて、対日感情は一変した。

六　中東訪問

私は石油関係の縁で、それまで知らなかった中東を二度訪問した。一度目はＩＥＡ出席の帰路、一九七九年一〇月一三日〜一四日に江崎通産大臣のお供をしてテヘランを訪問したときである。バニサドル内閣時代で、モインファル石油大臣、サハビ計画予算大臣、サドル商務大臣などと会談した。こちらは石油の供給をよろしくということだったが、江崎大臣の愛嬌にもかかわらず、相手は教条的で取りつく島もなかった。政府ビルの柱には弾痕があちこちに見られた。大臣のサポートは通産省の随員が担当したので、私はこの機会に神権政治のイランがどのような国になるのか見極めたいと思ったが、皆目見当がつかなかった。

二度目は園田直総理大臣特使のお供をして一九八〇年二月一九日から三月一三日まで、湾岸諸国とインド、パキスタンを訪問した。前述のように前年の一九七九年一一月にテヘランの米大使館が占拠され、一二月にはソ連のアフガニスタンへの侵攻開始、八〇年四月には米軍の大使館員救出の失敗と、中東は騒然としていた。米ソともに中東で警戒されているなかで日本が何か役割を演じようというのが園田氏の野心だったと思うが、それが誰の作戦だったかは知らない。主管は中近東アフリカ局で担当は堤功一参事官、首席随員は鹿取泰衛《やすえ》外務審議官だった。私は経済局でエネルギー担当だったが、実際には佐藤行雄秘書官と一緒に園田氏のお守り役のようなものだった。

まず二月一九日から二一日までアラブ首長国連邦を訪問した。園田氏は、パレスチナ解放機構（PLO）のヤセル・アラファト議長との会談を希望していたのだが、ザイード大統領宛の総理親書のなかに、《アラファトが議員連盟の招待を受けて訪日すれば総理も会う、PLOの事務所に独自の旗を掲げてもよい》などと書いてあったので、ザイードに花を持たせる形であきらめた。政府要人との会談のなかで園田氏は「超大国は湾岸地域に権力争いを持ち込むべきでない」と述べた。その意見は正しいが、彼はさらに「米国の一方的介入はよろしくない」などと言ってしまう。米国のおかげで安全に石油を輸入できているということを、つい忘れたくなるようだ。オタイバ石油相は、「日本へは引き続き石油の安定供給をする」と言った。しかしオタイバはかねてより、対日増量するかどうかは日本のPLOに対する政治姿勢と無関係でないと言っている。「超大国が湾岸に手出しすることを防ぐために湾岸諸国は結束しなければならないが、そのためにはパレスチナ問題を解決しなければならない」というのが彼の持論であった。

アラブ首長国連邦の一つであるアブダビは、年間九〇〇〇万キロリットルの原油を生産しているが、日本はここから年間二五〇〇万キロリットル近く輸入している。サウジアラビア、インドネシアに次いで三番目に重要な石油供給国だ。アブダビの市街に近づいたとき、壮大なビルが立ち並んでいるのを見て、いずれ石油がなくなったらこの都市は廃墟になるのか、と考えた。それでも、彼らは根っからの遊牧民で今でもテント生活のほうがくつろぐと言っているそうだから、何とか生き延びるのかもしれないが、それはいつのことだろうか、と空想した。スークという市場で金細工が山のように売られていて、加工度にかかわらず重さで値段を決めているのは不思議だった。

次いで、二月二一日から二四日までイラクを訪問した。イラクの対ソ友好路線に園田氏が話を合わせすぎないかと懸念したが、園田氏はアフガン問題でイラクがソ連を非難したことの勇気をたたえた。サダム・フセイン大統領も、日本の中東政策が比較的対米追従的でないと、見直したようだった。前年に江崎真澄通産大臣が取りつけた石油二〇〇万トンの輸入の増量を、八月以降も継続してほしいというわが方の要請にも応じた。大統領は別れ際にずっと自分を見送っていた、と園田氏は感激していた。

翌日ローマ遺跡を見学に行ったのだが、フセイン大統領の直命により羊の丸焼きが振る舞われた。夜は街のナイトクラブに出かけてベリーダンスを見たが、外国人にはウイスキーも出してくれる。バース党はこわいが、宗教的にはあまり厳しくないようだった。

二四日から二七日までオマーンの首都マスカットを訪問した。出発前にチャーター機が接触事故を起こしていたため、イラン政府が飛行機を提供してくれた。マスカットの飛行場に着いたら、アラブの衣装を身に着け武装した男が近寄ってくる。「ここにはうどんがなくて申し訳ない」と言うので、よく見たらザワウィ大統領顧問だった。過日彼が来日したとき私が「経済発展といっても、私は初任給でうどんを八〇杯食べられたのに、今になってもそれよりあまり多くは買えないのは問題だ」と言ったのを面白がって閣議で報告したのだという。

ホルムズ海峡の上空を飛行機で飛んで視察したが、タンカーが絶え間なく通っており、この国の安全保障上の重要性を認識した。一度に七隻のタンカーが見えた。ここの安全を守るコストを従来日本が一ドルも負担していなかったということは、欧米から見れば奇異なことだろう。この国の最大の脅威はソ連の軍事援助を受けている南イエメンであり、そのために予算の四八％を軍事費に割いていると言っていた。

オマーンは南半分が青々としているのに、北半分は砂漠という変わった国で、日本の四分の三もの面積があり、いちばん高い山は三〇〇〇メートルもある。マスカット市内にあるサッカー場には一応芝生が生えていた。ザワウィ邸の庭には大きな樹が茂っていたが、半年ごとに船で運んできて植え替えるのだと言っていた。ホテルの従業員はインド人で英語を話すから便利だった。

次は二八日から三日間シリアを訪問した。ロンドンで一緒だった小高正直大使の世話になる。ハーフィズ・アル＝アサド大統領と会えて、園田特使はご満悦だった。私はスークに行って見事なダマスカス織を買った。ここでも金細工の値段がすべて重さで決まり、細工の精度には関係ないのが不思議だった。シリアは元フランス植民地で白人系のような人が多い。クリスチャンもかなりいるそうだ。

三月二日からサウジアラビアの首都リヤドに三泊した。ここは酒が厳禁で、ホテルでウイスキーを飲んだらコップをよく洗っておくようにと言われた。私は外務大臣表敬のときにお供しただけだが、小さなカップに見事な長い弧を描いてコーヒーを注いでくれたことくらいしか覚えていない。サウジはイランに心を許していないし、米国との関係を重視しつつも、近隣のアラブ諸国がキャンプ・デイヴィッド合意を支持していないので、アラブ・イスラエル問題が対米関係の決め手になる。わが国がパキスタンやオマーンを援助しているのを評価していた。

リヤドから一時間以上ドライブして砂漠を見に行った。本当にきれいな砂漠で、いわゆる風紋が鮮やかだった。街では、いわゆる宗教警察がのして回っていて、礼拝時間になると店に乗り込んできて棒で追い立てていた。

三月四日にパキスタンの首都イスラマバードへ移動した。チャーター機がずいぶん揺れてこわかった。ここでは日本のODAが高く評価された。パキスタンの外務大臣がイラン出身者で、この国とイランとの関係の深さを知った。ペシャワールの難民収容所まで行って、園田特使が炎天下のなか、「日本はあなた方を援助する」と演説したのだが、難民代表は「武器がほしい」と言っていたという。

七日にニューデリーに飛んだ。パキスタンとの均衡をとるために訪問しただけで特別の目的はなかったし、園田氏も疲れが出ていたので主として休養にあて、一一日に香港で記者団を交えて解団式を行ない、一二日に無事帰国した。特使の旅行とはいえ、ずいぶんゆっくりした日程だった。

七　国際捕鯨問題

経済局参事官は歴代、国際捕鯨委員会（ＩＷＣ）の政府代表を務めることになっていた。首席代表は水産庁次長が専門に担当していた。私は一九七九年七月のロンドンでの第三一回年次総会と八〇年七月のブライトンでの第三二回年次総会に出席した。ＩＷＣは鯨資源の保存と合理的捕獲を目的とする団体で、科学委員会が鯨の種類別に生存状況を調査し、本会議では毎年その結果を参考にして、捕鯨国に対する捕獲量の削減ないし禁止枠を決めることになっていた。

しかし、交渉の場では反捕鯨派はセーシェルなど捕鯨をしていない国もメンバーに加えて票固めをした。また、日本は一部のメンバーの支持を得るために水産業援助を供与しているとの批判も受けた。日本の捕鯨収入は年間一二〇億円程度のことだったので、こんなことで世界の悪評を買うのは日本のイメージの問題を考えれば疑問を感じたが、反捕鯨国のやり方が国際機関の運用としてはあまりにも理不尽だったので、私なりに一生懸命闘った。

大平総理の弔い合戦となった衆議院選挙は自民党が大勝し、一九八〇年（昭和五五）七月、鈴木善幸内閣が成立した。その直前にインドネシアから訪日してきたスジョノ・フマルダニ将軍（スハルト大統領の側近といわれていた）から、「次の総理は誰になるのか」という質問を受け、私は「鈴木総務会長だと思う」と答えた。単に消去法で推測しただけのことだったが、これが彼の信用を深めることになり、後日大変役に立った。

八　政治家との関係の難しさ

一九八〇年（昭和五五）九月一日付で大臣官房総務課長に任命された。伊東正義外務大臣のもと、高島益郎事務次官、柳谷謙介官房長の体制で、総括審議官には橋本恕、人事課長に藤井宏昭、会計課長に松田慶文という布陣だった。

私はかねてより外務省の総合的機能を高める必要を痛感しており、官房総務課長の任を引き受ける以上はこのことに重点をおきたいと考えた。そのために必要なことは主に五点あった。局の壁を越えた協議、実施の体制を強めること。在外公館の情報収集と政策実施能力の強化のために、本省の問題意識を十分に在外公館に伝えること。問題処理の始動時点を公電ベースでなく、外電ベースに早めること。国内的にも国際的にも広報機能を強化すること。長期的観点から省員の研修を強化すること。課題は山積していた。

日米共同コミュニケの「同盟関係」問題

九月五日に南アジア外遊から帰国した伊東大臣に挨拶に行ったら、中国課長時代のことをよく覚えておられた。日中航空協定交渉で苦労したとき、伊東・栗原祐幸両議員は大平外務大臣を支えて、いろいろ努力をしてくれたのである。

伊東大臣は大変まじめな人物で、自分でも事務当局との関係を密にしようと努力をしておられたと思う。にもかかわらず、私のほうが一つ失敗をしてしまった。ある日私は登庁ランプを消し忘れたまま退庁していた。運悪く大臣が労をねぎらおうと私の部屋に立ち寄ったら、私はすでにいなかった。このことがあって以降「お前はごまかしていた」と何度も冷やかされた。どこまで冗談だったのか、本気だったのかわからなかったが、何となく信用をなくしたようで残念だった。

難しい事態が起きたのは、一九八一年(昭和五六)五月だった。七日から八日の鈴木総理訪米の際、米国との共同コミュニケに書き込まれた「同盟」という言葉をめぐって、くどくどと不満を漏らす鈴木総理に反発して、一五日に伊東大臣が辞表を出したときである。マスコミなどが「同盟」という表現を取り上げて問題にしたのに対し、総理が「同盟に軍事色はない」と答えてしまったのだ。これに対してその翌日、高島事務次官が「同盟に軍事関係が入らないなどナンセンス」と解説したのが総理の耳に入り、怒りを買った。伊東大臣は総理に対し一四日の昼食の席で、「高島次官は(総理に)直接意見を言うべきだった」と謝ったそうだ。ところが、一五日の閣議のときに外務省批判が再発し、宮澤喜一官房長官がこれを抑えなかったことに伊東大臣が憤慨して、辞表を出したという顚末である。その夜、大臣は高島次官にも一緒に辞表を出すことを求めた。大臣には外務事務当局にも不首尾があったという気持ちが内心あったらしい。例えば、大臣が次官に「『同盟』という言葉を使って大丈夫か」と質問したとき、次官は「大平総理もスピーチなどで使ったことがあるから大丈夫」と答えたが、大臣はコミュニケの最終案を見せられていなかったという不満を抱いていたそうである。他方、高島次官は私などに「これでようやくコミュニケらしいものができた」と誉めていたのだから、「同盟」という言葉を使って悪いという気は全然なかったのだろう。

それなのに、高島次官は伊東大臣の辞任要求に同意してしまった。それでは、首席随員だった鹿取外務審議官、浅尾新一郎北米局長の責任問題も出てくる。基本的に間違っていないことで簡単に辞められては、事務当局としては困る。柳谷官房長は、次官が辞めるのなら自分も辞表を出す、と言って翻意を促したらしい。他方、伊東大臣は体力的に限界を感じていて嫌気がさしたのではないかという見方もあった。一六日の幹部会で、次官は「共同声明、訪米そのものについては、自分は責任を取る理由はない。しかし、その後に生じた紛糾についての責任を取るのはやむをえないと考える。このために官邸と外務省の関係が悪くなるのは困るからだ。しかし、自分が辞表を出したのは政治家や新聞等のあらぬ批判に対するチャレンジでもある」と言った。

他方、後任の外務大臣に就任した園田直氏は記者会見で「高島次官には残ってもらいたい」と言ってしまった。高島次官は園田大臣と会って「辞めさせてほしい」と言ったが、断られた。鈴木総理も次官が辞めないことを強く希望していた。一九日に高島次官は園田大臣に対して、「一カ月という期限を区切って留任する」と回答したが、大臣は色をなしてそれを拒絶したらしい。そして午後、高島次官は鈴木総理に呼ばれた。そこで次官は「しばらくの間」と言ったが、総理は「それでは困る」と言ったそうだ。高島次官は暫定性を貫いたつもりだと言っていたが、とにかく残留することが決まり、総理訪欧にも一部随行することになった。「伊東さんだけ犬死にさせるのか」と批判する記者もいたが、新聞は産経以外は比較的高島次官に同情的だった。

その間、高島次官も手続き的な面での事務当局の責任をかなり認識してきたようだった。一九日の幹部会では、伊東大臣に叱られた例も引用して事務当局の責任を指摘した。しかし驚いたことに、幹部のうち誰一人として「次官一人に苦労させて申し訳ない」と謝る人がいなかった。私は本当に腹が立った。次官室について行って、「今度のことは本当に残念です。いちばん残念なのは省内の反省が十分でないことです。申し訳ありません」と高島次官に謝った。口元が震えて涙が出そうになったので、早々に次官室をとび出してきた。

次の問題は新次官の決定だった。園田大臣は赤坂の料亭に密かに私を呼んで意見を聞いた。私はいろいろ考えた結果として、やはり鹿取外務審議官にすべきだと答えたが、大臣は「わかった」と言っただけだった。私も中東訪問のときの鹿取首席随員に対する園田さんの不満を知っていたから、だめだろうと思いつつも、外務省内部が不安にさらされているときだけに、筋は通しておくべきだと考えたのである。結果は意外にも年次を二年もさかのぼらせて須之部量三駐韓大使を呼び返すという前例のないことになった。須之部大使ならジャカルタ以来、外柔内剛な人格を尊敬していたので、私はもちろん賛成だった。大臣は「いい選択だったろう」と私に得意げに語った。

話は前後するが、一九八一年四月一日から一六日まで、佐藤正二査察使の在米大使館査察の補佐官として、私はワシントンに出張したが、その機会に、経済部の強化（人的にも、館内財務部の排外的態度を改める意味でも）を査察使に進言した。

国会日程の調整

一九八一年（昭和五六）一一月二日、大臣官房総括審議官に任命された。すでに官房長は伊達宗起氏に交代しており、私は彼からサンフランシスコの総領事という内報を受けていたのだが、直前になって須之部次官からのたっての要望ということで、この役職に就いた。総務課長は坂本重太郎君に引き継いでもらった。人事課長は有馬龍夫君、会計課長は斎藤邦彦君（後に外務次官、駐米大使）に替わっていた。園田大臣は一一月に健康上の理由から引退し、櫻内義雄氏が外務大臣に就任した。櫻内大臣は急な任命だったが、うまく国会答弁をこなされた。高齢ながら歩くのが早く、国会内をついていくのが大変なくらいだった。

官房総括審議官は、国会担当のほかに官房長代理を務める。伊達官房長は好人物で、主義主張を特にはっきり言う人ではなかったので、私が憎まれ役を買わなければならないことが時折あった。

国会担当は報われない仕事だ。外務省の人間は概して政治家に取り入ることを軽蔑する。政治的に行動しないのは確かによいことではあるが、国会議員に近寄ることを好まない人があまりに多かった。そのせいで国会議員のほうは、「外務省の人間は政治家をばかにしている」という印象を持っていることが多かった。両者の仲を取り持つことは楽な仕事ではない。前任の橋本氏の仕事ぶりを見ていて大いに同情していたが、自分でやってみると本当に情けなくなることが多かった。

最も苦労したのは、外務大臣の国会委員会への出席と外交日程の調整である。大来大臣や櫻内大臣は苦にせずに委員会にも出席してくれたが、とはいえ大臣側もなるべく出席時間を少なくしたいのが人情であり、外務省各局も来訪者との会談などに時間をとりたがる。反対に、国会会期中に大臣が外国出張をするときには外務委員会理事のみならず、各党の国対委員長、与党の議院運営委員長等の了解を取りつけなければならず、出張のたびに二〇人以上の議員を訪ね回らなければならないのは、大変な苦痛だった。そういうことにはお構いなしに、主管局は次官・大臣とだけ話して大臣の出張を決めてしまう。

関係政府委員の出席を確保することも、国会答弁をめぐって紛糾が生じたときの収拾も、私の仕事だった。また、国会議員の海外出張の際の便宜供与にもいろいろ苦労した。在外公館の応対に不満を抱いた国会議員は、帰国後真っ先に官房長に苦情を言ってくる。骨折って世話をした上に無茶に叱られるのはたまったものではないが、在外公館側に手落ちがあることもあった。とにかく謝って問題が後を引かないようにしなければならない。

私は就任早々、アレッサンドロ・ペルティーニ伊大統領の訪日に関してひどい目にあった。就任したその日に、ペルティーニ大統領を二月一〇日から一五日まで国賓として招待するという決済書類にうっかりサインしたのが、災いの元だった。訪日の時期が近づいてきたら、参議院予算委員会の日程と重なって、歓迎式典に総理が出席できなくなるという問題が生じた。最後には宮中にお願いして歓迎式典を一時間早めてもらうなどの調整をして、ようやく参議院予算委員会理事会の了承を得た。ところがその後衆議院予算委員会の審議が遅れたため、一〇日の時点でまだ衆議院で審議中というおそれが生じてきた。これにはあわてたが、何とか無事乗り越えることができた。

ペルティーニ大統領は国会で演説することになっていたので、そのための調整も大変だった。その過程で、私は一つの基礎的なことを学んだ。衆議院の小此木彦三郎国対委員長と親しかったので、彼を訪ねたときにこの問題の処理について相談したら、彼は親切心でその場ですぐ電話をして、斎藤十朗参議院国対委員長に私の相談に乗るよう頼んでくれた。ところが、斎藤委員長のところへ行ったら、彼は「参議院の問題を何ゆえに衆議院に持っていったか」とご機嫌ななめだった。しかも、いきなり国対委員長のところに話を持っていったことも間違いで、植木光教《みつのり》予算委員長のご機嫌まで害してしまった。政治家は平素どちらが票を取るかで生きているのだから、一つ手順を間違えると大変厄介なことになるのだと、銘肝した。

第6章　日米経済摩擦——一九八二〜八六年

一　在米大使館経済担当公使

私と家内は子ども二人を連れて一九八二年（昭和五七）九月六日に日本を発ち、ロサンゼルスに一泊後、八日にワシントンに到着、在米大使館の経済担当公使に就任した。

大使は大河原良雄氏、ＤＣＭ（大使代理）は溝口道郎公使（後に駐カナダ大使）、大蔵省から垂水公正公使（後にアジア開発銀行総裁、その後任に内海孚公使）、総務は福田博参事官、政務は渡邊允参事官、広報は太田博参事官、防衛は志方俊之参事官という布陣だった。経済部で私の下にいた外務省からの部下は法眼健作参事官（後に池田右二参事官）、田中均書記官（後に藪中三十二書記官）、いちばん下が佐々江賢一郎書記官、通産省からは沢田仁公使、今野秀洋書記官（後に経済産業審議官）と田中伸男書記官（後にＩＥＡ事務局長）、農水省からは東《あずま》久雄参事官（後に水産庁長官）と村上秀徳書記官（後に農林水産審議官、駐チリ大使）だった。

経済担当公使は経済関係の分野で大使を補佐する役職であるが、もう一人大蔵省から公使が来ており、以前から国際金融など大蔵省関係のことはそちらが担当し、外部の者は手出しできないようになっていた。通産省から来ている沢田仁公使は私の配下で、そのほか農林、郵政、労働、運輸、環境など各省からの出向者が配下にいた。この人たちは外務公務員としては外務大臣に従わなくてはいけない形になっているが、現実には一〇〇パーセント外務省のために働いているわけではなく、どうしても親元の省庁との関係を重視することは避けられないのが実情である。彼らは私に対しても自分の知っていることをすべて報告するのではなく、およそ六～七割の話をしていたのだと思う。例えば、日米貿易問題について自分の親元の省庁がどう動いているか、自分が関係している日本の業界がどう動いているかということなどについてである。もちろんそういう情報はすべて報告してくれるように頼んであったのだが、彼らは取捨選択して報告していたのだろうと思う。それでも一人一人が七～八割程度の情報でも知らせてくれれば、それを全部集めれば相当なものになる。おそらく私のところには外務省の経済局長よりも多くの情報が集まっていたと思う。

在米大使館の経済担当公使の仕事は、どれだけ情報を収集できるかにかかっているのである。相手となるアメリカ側について見ると、国務省は経済関係にあまり強くないので、味方にする必要はあったがあまり頼りにはならない。だから大抵の場合、主たる相手はアメリカ合衆国通商代表部（ＵＳＴＲ）である。私のいた時期は、当初はシカゴの弁護士出身のデイヴィッド・マクドナルド次長がカウンターパートで、その後はジュネーブの大使から戻ってきた国務省出身のマイケル・スミスが次長になった。また商務省や農務省などの経済関係の各省とも電話で話ができるような関係を作っておく必要がある。

ちなみに、後に通商代表になったスーザン・シュワブは、当時USTRでいちばん若い事務官だった。

それから、ロビイストも重要な情報源である。当時、大使館もコンサルタントとして雇ったロビイストが二、三人いたが、大使館が顧問料に回せる予算はあまり多くなかったので、大勢は雇えない。しかし日本の民間企業や民間団体がコンサルタントを雇っていたから彼らとも知り合っておくと、アメリカ側の動向のみならず日本の企業がどういう動きをしているかもわかってくる。さいわい先方も大使館の経済担当公使がどう考えているかを知りたいと思っていたようで、昼食などに誘えば喜んで会ってくれた。もちろん大使館経済部の各担当官がそれぞれの立場で取ってくる情報も重要で、それを総合したものが経済部の情報力になるわけである。

もう一つの大きな仕事は広報活動である。大使館には情報文化部があるが、彼らに経済交渉の中身をいちいち説明していたら大変な手間だし、広報担当者が自分の考えでプレスに説明すると混乱を招くおそれがあるので、交渉を担当しているわれわれ自身が広報活動をする必要があった。『ワシントン・ポスト』の記者などめぼしい人をつかまえて、話をしたのである。しかし相手は無限にいるし、骨の折れる仕事だった。テレビも重要である。私の時代はもっとテレビ対策をやるべきだったが、なかなかできなかった。日本でいえば久米宏や田原総一朗のようなキャスターとなると、当時のアメリカではダン・ラザーがいちばん有名だったが、彼らと話をする必要があった。本当は頻繁にコンタクトがとれればよいのだが、先方は忙しく、なかなか会えなかった。新聞のコラムニストはホバート・ローエン（『ワシントン・ポスト』）など有名な人をつかまえて話をすることができた。そのほか、スピーチも大切で、当時は日本の主張ばかり一生懸命話したが、今になって思うと、もう少し幅の広い話をしたほうが効果的だったのかもしれない。

情報の発信という点では、アメリカのやり方はフェアでないことがよくあった。交渉というのはお互いの主張のなかに妥協点を見出そうと相互に努力することである。ところがアメリカ側は交渉の様子を見ながら、自分にとって有利、相手にとって非常に不利な材料をリークするのだ。例えば東芝機械ココム違反事件のときも、日本が第三国市場の香港で半導体のダンピングを行なっているという情報を流したことがあった。われわれの交渉相手であるＵＳＴＲや米商務省ではなく、ＣＩＡなどがリークしていたのかもしれない。

さらにもう一つの仕事として、経済交渉のための根回しがあった。大部分の交渉は、東京から外務省や各省の責任者が来て行なっていたが、現地のわれわれはそのための情報取りや根回しをするのが重要な任務だった。

以上に加えて、日本から来る大臣や国会議員の世話があった。ただし、これは大使館全体で手分けしてやるのだが、経済関係の訪問者が多かったように思う。

大使館というところは自分が表立って交渉するよりも縁の下の力持ちのような仕事が多いのだが、表に出ない部分の典型として、自宅接宴というのがあり、大変だった。日本から出張してくる人たちを全員レストランに連れていっていたのでは大使館の会計が持たないので、交渉の後、疲れたときなど自宅に招待し一緒に食事をしてその後の打ち合わせをしたりする。また、政府機関のカウンターパートやロビイストからの情報取りも、普通はレストランで会食しながらするが、もう少し親しくなろうとすれば自宅に夫妻で招く必要があった。議員やそのスタッフについても同様だ。いちばん大規模に招待した例としては、ディック・チェイニー（後に副大統領）、サム・ギボンズ、ビル・フレンゼルなどの下院議員を一度に招待したことがある。

こういう自宅接宴は私のところだけでなく、部下たちもそれぞれやってくれた。そのための大使館の補助費は招待客一人につき一二ドルと決まっていた。会食のためにバトラーを一人雇うと五〇ドルかかったので、例えば客を八人招いて食事をすると、補助費の半分がバトラーに取られてしまうという有様で、皆やりくりに苦労した。そしてなんといっても最大の負担は夫人にかかる。某日、家内が「今日で一〇〇回目のディナーです」と言ったときには、本当にご苦労様という気がした。

議会対策は経済部だけの仕事ではなかったが、当時の情勢では経済問題が最も多かった。経済部の担当官が議員スタッフや委員会スタッフと接触して、情報・意見の交換をよくやってくれた。大使館が顧問契約していた弁護士からも議会筋の情報をもらった。私は議員と直接話すように努力したが、米議会の議員、特に上院議員はお高くとまっていて、なかなか会うのが大変だった。しかし大河原大使は、何かやかましいことを言う議員がいるとすぐ、自分が話に行くからアポイントメントをとれ、という姿勢だったので、私はいつも感心していた。おかげで大使のお供をしていろいろな議員に会うことができた。

連邦議会が貿易問題について大きな発言力を持っているのには、憲法上の理由がある。アメリカ合衆国成立のとき、州際貿易は連邦議会の権限とされ、それが憲法に書き込まれている。連邦議会はそれを根拠に、国際貿易の権限も本来連邦議会が持っているのであって、政府はその権限を受託されて交渉するのだ、という考え方をとっている。だから、連邦議会は税金などと同じように自分の権限の問題として、貿易問題に介入してくるのである。

私が試みた議会対策のなかの成功例を一つ挙げておく。それは、箕輪《みのわ》登郵政大臣のお供をしてオレゴン州のボブ・パックウッドという上院議員に会いに行ったときのことである。彼は机の向こうにふんぞり返っていて、郵政大臣の説明に対して「お話は聞きました、しかしね……（I hear what you say, but…)」というような生意気な応答をする態度だったので、彼には何とかして一矢報いたいと思っていた。しばらくしてNECがオレゴン州のポートランドに工場を開くという話を聞いたので、NECのワシントン駐在員の方に頼んでパックウッド議員のところに同行してもらい、工場進出について議員に説明するようお願いした。すると今度は、パックウッドは席を立ち机のこちら側に回ってきて、工場の図面を見ながら熱心に説明を聞き、NECの人に「私で役に立つことがあったら何でも連絡するように」と言うほどの愛嬌の振りまきようだった。このことから私は、議員対策では進出企業の人の協力を得るのがコツだと考えるに至った。また、各総領事に選挙区の議員と日米の経済問題について話してくれるように頼んだ。

もう一つ議員対策に関して付言すると、米国で日本にきついことを言う人たちは実は自由貿易派なのだということが、日本側には最初のうちよくわかっていなかったと思う。例えば保護貿易派の急先鋒だったジョン・ディンゲル下院議員が来日したとき、彼は日本に特に強硬な要求をしなかったので、日本では「たいしたことはないではないか」という受け取り方をしたのだが、彼の目的は輸入制限をすることだったから、日本に市場開放努力をしてもらわないほうがよかったのだ。他方、ギボンズ下院議員、ウィリアム・ロス上院議員のような自由貿易派は、日本に行動してもらうことにより議会の保護主義勢力を抑えたいから、日本側にきついことを言っていたわけである。そこを理解して彼ら自由貿易派に議会で闘う武器、つまり議論の材料を提供することが、重要だったのだ。

一九八二〜八三年の日米経済関係

在米大使館に赴任したころの日米経済関係について振り返ると、一九八二年（昭和五七）は日本にとって経常収支黒字が三度目の大幅上昇を始めた年だった。同年の黒字額は金額的には六九億ドルで今から見ると小さな額だったが、それが翌一九八三年には二〇八億ドル、八四年には史上最高の四九二億ドルとうなぎのぼりに増えていったのである。それ以上に注目されたのが米国の貿易収支赤字で、一九八二年の四二六億ドルから六九四億ドル、一二三三億ドルへと急増し、そのなかで対日赤字が三〜四割を占めていた。

一九八一年にロナルド・レーガン大統領がジミー・カーターから政権を引き継いだとき、米国経済は混乱を極めていた。経済成長率が一九七三年以降急速に鈍化し、八〇年にはマイナスになっていた一方で、同年の消費者物価上昇率は一二％にまで上昇していた。それに伴いプライムレートも平時最高の二一・五％に達していた。これに対してレーガンは一九八一年二月一八日に「経済再建プログラム」を発表したのだが、八二年の中間選挙までに景気の立ち直りは実現しなかった。同時に、貯蓄貸付組合（S＆L）の相次ぐ破綻をはじめとする金融危機も発生して、国内のいらだちは大きくなっていた。

そういう情勢のなかで一九八二年六月には、日立製作所と三菱電機関係者六人がＩＢＭの産業スパイ容疑で逮捕されるという不幸な事件があった。この年の年末の日記に私は「日米経済関係はおそらく戦後最悪の事態になっていると見るべきだ」と記している。政治関係でも、鈴木善幸内閣の対米協力姿勢がはっきりしなかったために、日米関係がどうなるかを危ぶむ向きもあったが、この年の一一月に中曽根康弘内閣が成立して、何とか局面を打開できるのではないかと期待しつつ、年を越したわけである。

「ロン・ヤス関係」の始まり

鈴木善幸総理が一九八二年（昭和五七）一〇月一二日に辞意を表明し、一一月二七日に中曽根内閣が成立した。中曽根康弘総理は一九八三年一月一七日から二〇日まで米国を訪問した。

訪米前に、中曽根総理は韓国を電撃的に訪問して懸案を解決し、対米関係では武器技術輸出を可能にする決定を行ない、農水族議員の反対を押し切って、タバコ、チョコレート、ビスケットの三品目の関税引き下げを決定するなど、短期間に相当な準備をして訪米された。しかし中曽根・レーガンの第一回首脳会談は、米側が前総理の日米同盟に対する姿勢に不信を強めた後で、しかも経済摩擦たけなわの状況だけに、われわれも大変緊張していた。同時に両首脳の政治姿勢から見て、個人的な信頼関係ができることにも大いに期待していた。そういう期待を中曽根総理は一回の会談でみごとに実現した。こうして総理訪米により当面の緊張が和らいだことは大きな成功だった。しかし総理訪米後も経済面では厳しい現実が続いた。そのなかで日米が首脳レベルで良好な関係を構築していたことは心強いことだった。

実は、農産品三品目の関税引き下げについては裏話がある。中曽根内閣が成立した直後の一九八二年一二月、私は日米貿易委員会出席のため一次帰国したが、総理秘書官の長谷川和年君が総理に帰朝報告をするようにと言うので、総理官邸に行った。私は総理に、「日米経済関係は最悪の状態になりつつあります。現在、輸入制限法案を米上院が審議中で、このままでは上院通過は確実です。下院はもう通っています。しかも大統領が拒否権を発動してもオーバーライドされる（覆される）可能性があり、ギリギリの票読みになります。そこで、何とかして三人くらいの上院議員を法案反対に寝返らせるために、ビル・ブロック通商代表が『今回はこれで我慢してくれ』と言って議員を説得できるような材料を、出していただきたい」と申しあげた。すると総理から「その材料とは何か」という質問があったので、「チョコレートとビスケットとタバコ、この三つの関税を引き下げれば三、四人の上院議員はねらえます」と答えた。中曽根さんはそういう話が大好きで、農水省にすぐやれと命じた。しかし農水省は協力的ではなかった。そこで安倍晋太郎外務大臣は考えて、砂糖にかかる税金を下げるからと言って、関税引き下げについて菓子業界を説得した。安倍外務大臣や竹下登大蔵大臣が力をあわせて関税を下げて、総理訪米のタマづくりをしたのである。それで総理訪米はうまく行ったのだが、後になって農水族議員から「中曽根は油断ならん」と強い反発を受けた。彼らに根回しをせずに官邸主導で話を進めたのだが、総理訪米前の急場だったので彼らも反対できなかった。しかしその後になって彼ら族議員は農水省に対して、「今後はわれわれの了承なくして話を進めるな」と命じた。その結果、一九八四年の牛肉・オレンジ自由化交渉のときも、その後の農産物一二品目自由化交渉のときも、中曽根総理の威令を使えなくなってしまったのである。

私としてはそれだけ苦労して実現した農産品三品目の関税引き下げだったが、いよいよ引き下げが決定されるという前の日に国務省極東部の次官補代理のところに内報に行ったら、彼は「その話はニューヨークのＪＥＴＲＯの佐々山産業調査員が昨日報告に来た。もう関係方面に知らせたから、万一決まらなかったら大変なことになるぞ」という反応だった。このような出し抜き行為をされたのでは外交的効果はあげられない。しかし、これについては通産省出向の沢田公使も知らされていなかったらしい。

このときの中曽根訪米についてはもう一つ裏話がある。それは「ロン・ヤス関係」ができたいきさつで、これはずっと黙っていたのだが、当時総理秘書官をしていた長谷川君が『文藝春秋』（二〇〇四年八月号）の随筆欄に書いて以来秘密ではなくなったので、記録しておく。

ロン・ヤス関係はレーガン大統領と中曽根首相の二人の気心が合ったからできたもので、私はそのきっかけを作ったにすぎない。長谷川秘書官と親しい仲だったのでつい口出しをしたのだが、このようなことは本来政務班の仕事だ。自然に発生したというほうが両首脳のためにもベストだし、また後述のように相談相手だった国家安全保障会議（NSC）上級アジア部長のガストン・シグール氏とも、この件は黙っていようと決めてあったので、私もこれまで口外するのは差し控えていたのである。

私は一九七八年のボン・サミット以来、何度かサミットのお手伝いをしたが、日本の総理だけが名字（ファミリーネーム）で呼ばれることに関して、とても違和感を抱いていた。各国首脳は大抵ファーストネームで呼び合うのだ。個人的関係を大切にする中曽根総理の姿勢に鑑み、ぜひとも日本の総理も他国の首脳らとファーストネームで呼びあえるよう、その先例になってほしいと思っていた。

一月一八日の夜、中曽根総理歓迎レセプションがあった。その日午前中の、初めての首脳会談が非常にうまくいき、総理も、翌朝の大統領夫妻の催す私的朝食会に招かれてご機嫌だった。私はその会場で、シグールの姿を見つけ、彼に「大統領と総理はケミストリー（相性）がいいようで大変よかった。ついては明日の朝食会で大統領からお互いファーストネームで呼ぶように話してもらったら、どうだろうか」と提案した。シグールはちょっと考えて「いいアイデアだ」とうなずいた。夕食後、私は長谷川秘書官の部屋を訪ね、事の次第を説明して、総理のほうからも同様の提案をするよう演出を頼んだ。彼も大賛成で、先方は「ロン」だからこちらも短くして「ヤス」と呼んでもらうのがよいのではないかと、早速セリフをメモに書いていた。翌朝、長谷川秘書官の報告によると、総理はにこにこしながら朝食会から帰ってこられ、「長谷川君、長谷川君、向こうのほうからこれから自分をロンと呼んでくれと言ったよ。こちらもヤスと呼んでほしいと答えた」と喜んでおられたということだった。

自動車輸出自主規制

私が赴任してまもなく、クライスラーが経営危機に陥り、三菱自動車にその救済に協力してもらうという、自動車王国米国にとって屈辱的な事態が生じた。デトロイトの労働者が日本のテープレコーダーをハンマーでぶっ壊す写真が新聞に載ったのも、このころだったと思う。

対米自動車輸出については一九八一年（昭和五六）五月に年間一六八万台に自主規制するという合意をした。規制期間は二年間であるこの交渉は東京で行なわれたので、私は特に関係していない。しかし、一九八四年度の自主規制をどうするか決めなければならない時期になっても、ビル・ブロック通商代表がこの問題で日本に交渉に行くとは、なかなか言わなかった。アメリカの基本政策は日本に対して市場開放を求めることだったから、ブロックとしては「そのアメリカが自主規制を求めては、市場開放要求が迫力を欠く。そのようなことを要求すべきではない」という考えだったのだと思う。それに対して日本は、アメリカに要求されないのなら自主規制を継続するわけにはいかない。米国政府の要請がないのに輸出規制をするのは独禁法上の問題もあるし、政治的にも厄介なことになるからである。しかしそうかといって、何も対策を講じないで再び日本の自動車輸出が増大したら、米議会が大変なことになる。つまり本音では、われわれは米国に自主規制を要求してほしかったのである。

それでとうとう大河原大使に私がお供して、ホワイトハウスにウィリアム・パトリック・クラーク国家安全保障担当大統領補佐官を訪ね、ブロック代表の訪日を促した。ところがクラーク補佐官は色よい返事をしない。私は思わず「日本側だけに手を汚させるのはフェアではない」と言ってしまい、先方は言葉に詰まった。そのときはちょっと言いすぎたかなと思ったが、一九八三年一一月、ブロックはようやく重い腰を上げて訪日し、宇野宗佑通産大臣との間で自主規制延長について年間一八五万台とするという合意に達した。

米国への日本企業の進出は自動車にとどまらず、テレビや工作機械に及んだ。日本企業が現地の労働者を雇って米国内で製造し、ローカルコンテンツ（現地調達物分）の割合が高ければ、それは米国製品になるのである。日本から米市場に輸出する完成車の数が減れば、規制の必要もなくなるだろう。これは一つの望ましい形であって、欧州各国の自動車輸出も当然そのようにしていた。その後この傾向に拍車をかけたのが、プラザ合意である。ドルが安くなり円が高くなったので日本から完成品を輸出するより、現地で生産するほうが有利になったのである。

日米半導体交渉

自動車産業に日本が進出してきたことは米国にとって大きな脅威だったが、それ以上に米側を刺激したのはハイテク産業で、ライオネル・オルマー商務次官などがその急先鋒だった。なかでも問題になったのが半導体だった。半導体は、牛場・ストラウス交渉（一九七七～七八年）以来、イシューになってきたものである。米国の不満は米国製半導体が世界的に強い競争力を持っているにもかかわらず、日本市場には参入できないということだった。米側は半導体をハイテク分野における日米競争の中心に位置づけており、日本の不公正な競争のせいで半導体市場で負けると、米国のハイテク産業はテレビや鉄鋼と同じ轍を踏むという危機感を持っていた。

「不公正な競争」について最も声高に非難したのは、当時商務省の参事官をしていたクライド・プレストウィッツである。彼の議論は『Trading Places』（国弘正雄訳『日米逆転――成功と衰退の軌跡』ダイヤモンド社、一九八八年）という後日出版した本のなかに詳しく書いてある。政府の産業政策によって半導体産業を育成していること、日立やNEC、富士通などの大企業が半導体で損をしても他の製品分野の利益でそれをカバーして半導体市場を拡大していること、そして系列銀行などが融資してその資金力を助けていることなどを、日本の不公正競争の特徴として挙げている。また、一九八二年に日立と三菱電機がＩＢＭの技術をスパイしようとしたとして検挙された事件は、日本の産業に対する米国の猜疑心を強めた。

そのころの競争状態について見ると、プレストウィッツによれば、日本は一九七八〜七九年の間に、ダイナミック・ランダム・アクセス・メモリ（ＤＲＡＭ）の16Ｋで世界市場の四〇％を獲得するに至り、しかも日本製ＤＲＡＭの故障率は米国製の五分の一という驚くべき性能だったそうである。技術はすでに64Ｋの時代に入っていたが、一九八一年七月から八二年の間に日本の64Ｋの生産は年間四〇〇万個から六六〇〇万個に急増し、世界市場の六五％を獲得した。その背景には設備投資の差があった。一九八一年から八五年の米国企業の設備投資は売り上げの二二％で、これは米国製造業の平均の二倍以上だったが、日本の企業は売り上げの四〇％をも投資していたという。同様のことはＲ＆Ｄ（研究開発）にも見られ、米国の半導体企業がＲ＆Ｄに売り上げの八％を使ったのに対し、日本企業は一二％を使ったと言われている。その結果として、一九八三年以降はメモリーチップ全体の生産で日本は米国を追い越した。

こういう情勢のもとで、一九八二年に米国半導体工業会（ＳＩＡ）が、市場参入問題とダンピング問題について日本政府と交渉するよう米政府に要請した。議会も騒ぎ始めたので、通産省は半導体問題を日米産業政策対話と日米ハイテク作業部会で取り上げることに同意した。ハイテク作業部会は八二年一一月と八三年一一月の二回にわたって勧告案を出したが、実績が上がらず、問題は後述のＭＯＳＳ協議（一九八五年〜）に持ち込まれることになる。

半導体問題の交渉は、当時は通産省の若杉和夫通産審議官（後に黒田眞通産審議官）が行なっていて、ワシントンでの交渉の際には、在米大使館経済部の通産省出身の担当官と外務省出身の担当官が補佐したので、私自身が交渉に参加することはなかった。

牛肉・オレンジ交渉

もう一つの大きな懸案は牛肉・オレンジの輸入自由化問題だった。この問題については大きく分けて三回の交渉があった。私は在米大使館の経済担当公使として第二次交渉にかかわった。第三次交渉のときは内閣の外政審議室長だった。

第一次交渉には私は関係しなかったが、第二次交渉の背景なので若干説明すると、カーター政権時代の一九七七〜七八年のことだった。当時、対日貿易赤字がどんどん大きくなり、アメリカ側は苛立ちを示していた。それと同時にガットの東京ラウンド交渉が行なわれており、それに対する議会の支持を得るため、ホワイトハウスは対日貿易問題で何か得点をあげようと考え、農産物に目をつけたのである。日本は農産物の主要マーケットであり、自分たちは十分な競争力を持っているので、日本が輸入規制を緩めた分だけ輸出が増えると考えたようだ。農産物のなかでも特に、牛肉と柑橘類の市場自由化が標的にされた。

アメリカ側は有力なロビイストのボブ・ストラウスを通商代表に起用した。日本側は福田赳夫総理が牛場信彦さんを対外経済担当大臣に任命して、牛場さんが中川一郎農水大臣とともに交渉する態勢になった。牛場さんの補佐官は中平立氏で、その下に関係各省から人が集まり、外務省内に牛場代表室が設置された。一九七七年一一月から交渉が始まり、難航の末、七八年一二月五日に、中川大臣とマイケル・マンスフィールド駐日大使との間で合意が成立した。その結果、自由化については一九八三年に改めて協議することとし、日本側は牛肉・柑橘類の輸入数量割当を八三年度までに増加することになった。具体的にはオレンジを年間四万五〇〇〇トンから八万二〇〇〇トンに、高級牛肉を一万六八〇〇トンから三万トンに、オレンジジュースとグレープフルーツジュースを五五〇〇トンから六〇〇〇トンに増やすと決めた。ここまでが第一次交渉の経緯である。

その後、外務省が仲立ちしながら、農水省とUSTRとの間で、農産物協議が毎年行なわれた。特に一九八〇年以降、アメリカ側は八四年度からの輸入自由化を日本に迫るようになり、日本側はそれはできないと断り続け、議論は平行線をたどった。

一九八三年一月、訪米した中曽根総理はレーガン大統領に対して「解決に努力するので、自由化はご勘弁願いたい」と言って政治決着をつけた。しかし日本国内では、中曽根さんの「解決に努力」という言葉に反発し、農水族議員などの抵抗勢力はますます気勢をあげた。六月には参議院選挙があり、二階堂進自民党幹事長が「参院選の直前に牛肉・オレンジの自由化などと言われては困る」と言ったそうで、私はアメリカに協議の先送りを申し入れに行かされた。その間に農水省の佐野宏哉経済局長と真木秀郎次長の二人が三、四回ワシントンにやって来たし、農水議員も自由化反対と息巻いて回った。羽田孜議員が、「日本人は腸が長いから牛肉をたくさん食べられない」と言って笑い者になったのもこのころだ。そうこうしている間に期限である一九八三年度末を越えてしまった。私はアメリカ側に「四月になれば農水大臣が訪米して自ら交渉するから、騒がないでもらいたい」と頼んだ。こうして一九八四年四月を迎えたのである。

四月三日、山村新治郎農水大臣がようやく訪米してきた。農水省の事務方とともに農水族議員が大勢ついて来た。その大将格が江藤隆美議員だった。もちろん農水族議員は交渉に参加するわけではないが、なりゆきを見張っている。だから交渉しようにも、なかなか本音の話ができなかった。そして四月六日、いよいよ最終日を迎えた。日本側は国内がいかに大変かを説明して、輸入数量割当を増枠する提案をした。米側が「そんなことではだめだ」と反論しているうちに、山村大臣が急にブロック通商代表と二人だけで話したいと言い出して、二人で彼の執務室に入っていった。

もちろんこれはシナリオになかったことだった。われわれは控え室で待機し、農水議員もそこにやって来て、どうなることやらと待っていたら、山村大臣が青ざめた顔で戻ってきて、「もう帰る」と言う。「こんな交渉をしても話にならない。アメリカが頭を下げたらもう一回来る」と言うのだ。そのとき、羽田議員が「君、そんなこと言って帰っても、また出て来られると思っているのか。今、決めなくては二度と交渉には来られないぞ」と語気を荒げて言った。羽田議員はその後総理になったときには優柔不断と批判されたが、このときはすごみがあった。すると農水省の石川弘畜産局長（後に農水次官）が、「実は年間六九〇〇トンまでなら、用意していました」と言った。つまり農水省では、一九八七年度（昭和六二）まで牛肉の輸入数量を年間六九〇〇トンずつ増大する案を、ポケットに入れていたのである。

そこで私は「そのラインでもう一度話し合えますか、米側に打診してみてもいいですか」とすかさず質問した。これに対し農水族議員たちも「ほかにしかたがない」という反応だった。実は私はこの交渉はどうなるかわからないと思って、ビル・ティモンズとこの日の昼飯の約束をしておいたのである。ティモンズは有力なロビイストで、ブロック通商代表と子どものころからの親友だった。安倍外務大臣は通産大臣時代からティモンズと親しかったので、私に彼と会っていろいろな話をするようにと紹介してくださり、しばしば連絡をとっていた間柄だった。そこですぐにティモンズと会って、「この交渉が決裂するとロン・ヤス関係も大変なことになる。六九〇〇〇トンまでは増やせると思うが、そのラインで交渉し直せないか」と持ちかけた。ティモンズはそれを持ち帰り、ブロックの了解をとって、再協議に応じる旨を電話で知らせてくれた。私はこの回答を持って山村大臣のホテルに急いだのだが、山村大臣はすでにホテルで記者会見をして「けしからん。明日帰る」と言ってしまっていた。

それから、大河原大使がブロック通商代表を訪ねて再協議を確認した。そして翌朝もう一度交渉した。その結果、一九八八年三月までの期間四年で、牛肉は平均六九〇〇〇トン、オレンジは平均一万一〇〇〇〇トンずつ毎年輸入枠を拡大することで合意した。その際ブロックは八八年四月になったら自由化することを「期待し、確信している」と付言した。

この最後の点については、後日、大変な苦労があった。東京での交渉で佐藤嘉恭参事官にずいぶん働いてもらったのだが、合意文書のなかに「将来自由化する前提である」という点をどう書くかということが問題になった。私は夏休みをとって家族とコロラドを旅行していたのだが、東参事官から電話がかかってきて、「合意文書がまとまらないからスミスと話をつけてほしい」と言われた。そこで旅先から電話でスミス通商次席と交渉をした。ちょっと移動しては公衆電話から電話し、また次の場所に行っては電話して、と、結局、二日二晩かけて、ようやく旅先からの電話で話をまとめた。それをタイプしたものをワシントンで東参事官から届けてもらったのだが、予想外の家族旅行になった。

そういう事情で、四月に合意した内容を文書にできたのは八月だった。自由化の部分は「日本政府は、一九八八会計年度及びそれ以降における生鮮オレンジ、オレンジジュース及び牛肉に関する輸入に関連する諸事項につき、一九八七会計年度の相互に都合の良い時期に、合衆国政府と協議する用意がある」という文章になった。いつものことながら合意してからそれを文書化するのは本当に難しく、時間がかかる。そこは外務省がすべて引き受けざるをえない。農水省にしろ、ほかの省にしろ、合意のときは大騒ぎするが、後は「あのときの通りにまとめてもらいたい」というだけだから、結局、外務省が責任をとるほかないのである。ともかく、こうして第二次交渉は終わった。

牛肉問題のための米議会対策にまつわるエピソードが、一つある。モンタナ州選出のマックス・ボーカス上院議員から、大河原大使以下館員に対し、「上院の食堂でモンタナの畜産農家同盟と『ビーフ・デー』のランチを催すので出席するように」という招待が来た。もちろんメディアも招いての選挙民対策で、日本に圧力をかけているところを見せようという魂胆だった。私は大河原大使がひどい目に遭わないようにと、東参事官と相談して策を講じた。日本のスーパーの「牛肉安売りデー」のポスターを取り寄せ、ウィスコンシン州に進出しているキッコーマンから醤油を送ってもらった。当日、会場にそのポスターを貼り、席上に醤油の瓶を配置した。挨拶を求められた大河原大使は、招待のお礼を述べた後、「日本市場が閉鎖されているためにアメリカの安い牛肉が輸入されず、日本の消費者は高い牛肉を買わされていると言いますが、われわれは日本で牛肉の消費拡大に努力している。米国でも牛肉の消費を拡大するいい方法があります。席上の醤油はすき焼きを作るときに使う調味料だが、これはビーフステーキにもよく合う。これを使って牛肉の消費を増やそうではないですか。ちなみに、この醤油はローカル・コンテンツ一〇〇%の米国製品です」と宣伝して、大爆笑となった。これが会場の雰囲気をすっかり変えて、皆モンタナ牛肉をおいしく頂戴し、これが縁で大河原大使はボーカス議員と親しくなった。

「フェア・トレード」論とワシントンの政治

牛肉・オレンジ交渉が妥結した後、私は帰朝発令を受け、一九八四年一〇月一三日にワシントンを去った。緊張の連続だったが、大いに働いたという充実感をもって帰国した。ワシントンにいた間、米国の友人から「米国の生活はどうか」とよく聞かれたが、私は「週末は楽しいね」と答えていた。連日アメリカ人に会うたびに経済問題で苦情を言われるので、本当に緊張の連続だった。それも一向に改善の兆しが見られない状態のまま、帰国したら経済局長になるという内報を受けていたので、緊張を緩める暇がないという感じだった。

特につらかったのは、米側の主張する「日本アンフェア論」と闘うことだった。例えば金属バット問題だ。何ゆえに高校野球連盟が米国製金属バットの使用を認めないのかを、説明するのは難しい。米側はそれを象徴的事例として、「日本は一事が万事この通り、アンフェアなことをやっている」と宣伝する。アンフェア論は感情論になりがちだから、はなはだ厄介だった。

「フェア・トレード」を主張されるとそれ自体には反対しにくいのだが、フェア・トレードのねらいは結局はレシプロシティ、つまり相互主義である。しかし、あらゆることを相互主義でやっていくと世界貿易は縮小均衡になることは、すでに経験済みである。だから、米国は相互主義の代わりにフェア・トレードという言葉を使うのだ。したがってわれわれとしては「アンフェア」と言われるような貿易制限をなくして、相互主義にだけは持ち込まれないようにすることが重要なわけだ。この問題についてはその後も苦労が続いた。なにしろコメを一粒も輸入しないことなどは、どう見てもアンフェアだからだ。また、米国の批判の矛先が、輸入枠や関税の問題から基準認証制度に向かってきたという意味で、このころは一つの転機だったと思う。

日米経済摩擦のなかで私が最も同情したのは、日本の鉄鋼業だった。日本側が自主規制やトリガー価格制度（米国の輸入鉄鋼品最低価格制度）などでずいぶん協力したのに、米国の鉄鋼業は立ち直れず、次から次へと政府の保護を要求してきた。実は日本の大手企業は鋳鍛一貫生産設備をほぼ全面的に採用していたのに、米国の企業はその設備が三割にも達していなかった。また、労働組合が強くて賃金が高く生産性が悪化していて、くず鉄を使って生産する日本の「ミニ・ミル」（電気炉製鋼メーカー。規模が小さいのでこう呼ばれた）と競争できなくなっていたのである。私が米国にいたときには日本の鉄鋼会社がUSスチールやナショナル・スチールなどの米国の鉄鋼会社に技術支援をしたのだが、それでも輸入制限の要求は絶えなかった。日本の鉄鋼業は同盟国たる米国の産業が強いことが日本経済のためにも必要だと自覚していて、ずいぶん協力したのだが、苦労ばかりさせられたのである。

自動車産業でも、前述の通り、私が着任したころクライスラーが大変な赤字を抱えて倒産の危機に陥っていたのだが、三菱自動車がその救済に協力した。当時の米国の新聞でも、自動車産業は一時間あたりの労働者賃金が高すぎると批判されていたが、にもかかわらず彼らは日本車の問題ばかり取り上げていた。結局ホンダがオハイオ州に、トヨタがカリフォルニアとテネシー州に進出するなどして徐々に圧力をかわしていったのだが、米国産業に元気でいてもらいたいという考えが日本側にあったことは救いだった。

また、貿易問題でいろいろ手を打ったにもかかわらず、貿易不均衡の問題が解決しないのはやはりドルが高すぎるからではないかと考えていた。この問題は翌一九八五年のプラザ合意へと展開していくわけだが、Jカーブ効果という現象もあって、円高になっても対米黒字がさほど減らなかったのは意外だった。

ワシントン勤務はレーガノミクスを現場で観察するいい機会だった。レーガンの減税は無謀ではないかと思われるくらい大胆なもので、一時は財政赤字が大幅に拡大したが、結局はクリントン時代の大幅財政黒字の基礎を作った。

田中均君が「ワシントンはすべて政治ですね」と感慨をもらしていたことがあったが、日米貿易摩擦もその根底には共和党と民主党の激しい闘いがあったと思う。共和党は民主党に政権をとらせると保護貿易主義になってしまうという危機感を持っていたようで、リチャード・マコーマック経済担当国務次官補が真剣に私にそのことを述べたことがある。現実にはその後クリントン政権になっても保護貿易政策をとることはなかったのだが、そこが政治である。

最近は中国が当時の日本とは比べものにならないほど多額の対米黒字を出しているのに、米国は当時の日本に対して加えたほどのひどい圧力をかけていないと、ひがみを言う日本人がいる。確かにそうだが基本的な違いは、中国がアメリカ製品を大量に買い、多数の米国企業が中国内に進出していて、彼らが対米黒字の増加に貢献しているという事実である。こういう状況では、米政府は中国に制裁を加えるとまさに「自分の鼻を切る」ことになる。また中国の米国からの輸入が着々と増えていることも、日本とは違う点である。

二　外務省経済局長

一九八四年（昭和五九）一〇月二九日、村田良平局長の後任として、外務省経済局長に就任した。次長が恩田宗《たかし》君（後に駐タイ大使）で、経総参事官は木村崇之君（後に駐EU大使）、北米二課長は小倉和夫君でその後任が田中均君、経済担当の外務審議官は手島冷志さんという顔ぶれだった。

当時の経済局最大の課題は日米経済摩擦対策だったが、ECとの経済問題も厄介だった。国際経済では、ガットのニュー・ラウンドを立ち上げるのも大きな仕事だった。また、任期中に東京サミットも行なわれた。

(一)「市場分野別の個別協議」という米の提案

一九八四年一一月六日の米大統領選挙では、現職のロナルド・レーガンが民主党のウォルター・モンデールに圧勝した。日米貿易問題は大統領選挙の大きなイシューにはならなかったが、米国の貿易赤字は一二〇〇億ドルを超え、そのうち対日赤字が三五〇億ドルになるだろうという観測がなされるようになった。選挙中はレーガン政権は政府間の話し合いにより日米経済関係の調整がうまくいっていると宣伝していたが、選挙が終わったら商務省やUSTRの対日批判が表面化するようになった。議会のほうも選挙後に議員がワシントンに集まってくると、対日圧力が強まることは必至の情勢だった。

中曽根総理は、レーガン大統領に日米首脳同士で毎年一度会談することが重要だと話していたという経緯もあったが、前記のような情勢に鑑み、早急に日米経済のマネージメントについて話し合いたいと申し入れ、一九八五年の正月早々にロサンゼルスで日米首脳会談が行なわれることになった。

訪米にあたって私としては、米側からの数値目標の要求は断固拒否する一方で、日本側が貿易赤字削減に真剣に努力するという心証は与えなければならないし、同時に貿易不均衡解消のためには日米双方の努力が必要であるということも米側に自覚させなければならない、と考えた。

首脳会談に先立つ安倍・シュルツ会談のために、私たちは最近の日米経済関係における好ましい発展を七項目にまとめ、日本の正月の「七福神」になぞらえて宣伝した。安倍・シュルツ会談では、ジョージ・シュルツ国務長官から、「今までは個々の品目で、関税を下げるとか輸入枠を広げるという話をしてきたけれども、それではらちがあかない。だから今度は、双方で努力すれば対日輸出が増えると思われる四つの分野を選んで、分野ごとに集中して協議したい」という提案があった。そこで彼が挙げたのが、電気通信、エレクトロニクス、医薬品・医療機器、林産物の四分野だった。安倍外務大臣は通産大臣や農水大臣も経験していたから、提案の趣旨はわかるが、林産物の関税引き下げは難しいと答えて、その場は別れた。米側がセクトラル・アプローチ（分野別協議）を検討しているということは耳に入ってきていたので、われわれも警戒していたのだが、このシュルツ提案はただちに総理に報告した。

首脳会談では、まずレーガンからSDI（米の戦略防衛構想。通称、スターウォーズ計画）に関する説明があり、中曽根総理が「一般論としてサポートする」と答えたことは後日有名になったが、それとともに日米経済摩擦についても話し合われた。中曽根総理は先手を打って、「経済問題は大変ではあるが解決に努力したい」と言った。それに対して、レーガンが待ってましたとばかりに、「努力する、それがキーワードだ」と切り出し、日本側が協力すれば米国の輸出が伸びると思われる分野が四つあるので、その四分野について日米間で協議したいと提案してきた。総理はこれに積極的に応じ、大場智満財務官とベリル・スプリンケル財務次官の「日本円・ドル委員会」の成功例をひいて、これと同じようなことをどしどしやればよい、問題があれば「自分でチェックする」とまで言って、レーガンを喜ばせた。同時に総理は米側の輸出努力の必要性も説いた。

セクトラル・アプローチの場合、ある特定の分野全体に米通商法三〇一条（貿易相手国の不公正な取引への対処と制裁規定）などを適用される危険性があると感じながらも、「今の急場はこれで行こう、や

ロサンゼルスでの日米首脳会談．左端がロナルド・レーガン大統領，右から2人目が中曽根康弘総理．左奥が私．

ってみる価値はある」と私は思った。というのも、「日本円・ドル委員会」では米側と一緒に検討しつつ日本側の対策を決めたので、米側は当然、自らも合意した日本の対策を評価しないわけにはいかなかった。今回も一緒に協議して合意さえできれば、米国内の宣伝は向こうがやらなければならなくなる。それまで日本は何度も経済対策を発表してきたが、アメリカ側には必ず皮肉を言う人がいて、「日本は自分に差し障りのないことだけを発表している」と批判していたのである。しかしこの方式でやれば、協議分野は米側が選んできたのだから、そのような文句は言えなくなる。だから、大変だけれどやってみる価値はある、と思ったのである。

この首脳会談で何とか難局を乗り越えたという感じを持ちえたのは、中曽根・レーガン、安倍・シュルツの個人的関係に負うところが大きかった。例えば、最後の関係閣僚を交えた昼食会で、米側閣僚が次々と注文をつけたとき、レーガンが「洪水のなかで屋根に上っている男に対して、船で通り過ぎた人に船に乗らないかと言ったら、自分は神様が助けてくれるからここで頑張る、と答えた。その次に会った人にも、その次に会った人にも同じ返事をしたが、その男はついに水に呑み込まれて死んでしまった。天国で男が神様に『どうして助けてくれなかったんだ』と訴えたら、『三度も助けを出したのにお前はそれに応じなかったではないか』と言われた」という冗談を言った。これは間接的に閣僚たちを戒めたのではあるまいか。

中曽根総理は国会再開前の一九八五年（昭和六〇）一月一三日から二〇日まで、フィジー、パプアニューギニア、豪州、ニュージーランドを訪問し、私も随行した。

豪州で総理は、歴訪の主眼は平和と軍縮であり、北西太平洋の日本と南太平洋の豪州が先進民主主義国としてアジア・太平洋を支えるべきであるという考えを力説したが、当の豪州は労働党政権のせいか、ずいぶん偏狭《パローキアル》で、二国間貿易問題で頭がいっぱいだった。むしろニュージーランドのほうが視野の広い話をしたし、人間的深みを感じるつきあいをしたという印象だった。

豪州の関心は、石炭、牛肉等に関し、日本が豪州を犠牲にして貿易問題を処理しようとしているのではないかということで、日本市場における豪州のシェアを減らさないことについて総理の確約を得たいという意欲に駆られていた。総理は「できるだけ努力したい」と言ってとりつくろったが、ナショナルプレスクラブの講演で、「豪州では日本が豪州の犠牲において第三国との貿易問題を処理するのではないかという懸念が強いと聞くが、豪州はわが国にとって重要な資源供給国であるから、そのようなことがあってはならないと考える。他方、豪州が日本市場において現在のようなシェアを維持するためには、価格・品質面での競争力と安定供給を確保するよう努力してほしい」と述べた。

豪州はフィジー、パプアニューギニアに対するわが国の経済協力を歓迎する意向を表明したが、パプアニューギニアの自動車が全部豪州製だったのも印象的だった。議会の建物も豪州の無償援助によるものだと聞いた。

㈡ MOSS協議開始

ロサンゼルスでの日米首脳会談のすぐ後、米側は国務省のW・アレン・ウォリス次官、商務省のオルマー次官、農務省のダン・アムスタッツ次官、USTRのスミス次席代表の四人の次官レベルの代表団を日本に派遣すると通告してきた。協議は一月二八日から二日間行なわれたが、彼らは新しい交渉方式としてMOSSという提案をしてきた。要するに、セクトラル・アプローチの具体化だったが、Market-Oriented Sector-Selective Approach の略語で、「選別セクターでの市場志向的解決アプローチ」と仮に訳した。日本側のそれまでの市場開放措置では、自分たちにとって都合のいい品目を選んで自由化したり関税を下げたりしていたが、それでは米側の輸出増大に結びつかない。関税を下げても数量制限があったり、行政指導や業界の申し合わせがあったり、基準認証の問題があったりして、なかなか輸出が増えない。だから、米側が輸出競争力を持つ分野をまとめて取り上げ、すべての貿易障害をなくすような交渉をしたい、というのだった。そういう考えで米側が提示してきた分野が、電気通信、エレクトロニクス、医薬品・医療機器、林産物（紙を含む）だった。

アメリカ側の輸入数値目標の要求に対しては、私は、「馬を池まで連れていって、これだけ水を飲めと言っても、のどが渇いていなければ飲めるはずがない」とよく反論したものだ。つまり輸出はもともと輸出需要が大きかったから抑制（自主規制）できたが、輸入は国内需要がないことには政府の力で増やせるものではない。そのことは彼らもわからないはずはないのだが、通産省の行政指導の力を過信していたのかもしれない。また現実問題として、あまりにも対日赤字縮小の結果が出ないので、目標を設定して尻をたたくしかないと考えたのだろう。結局米側内部でも輸入数値目標設定の要求は退けられて、ＭＯＳＳを提案しようということになったようだ。

ＭＯＳＳは安倍・シュルツ両氏の「総覧」（交渉全体の進捗状況を監視しとりまとめること）のもとに行なわれることになったが、その下に次官級のハイレベル協議が設置され、手島外務審議官とウォリス国務次官がこれにあたり、さらにその下に分野ごとのセッションが設けられた。日本側の主たる担当は、電気通信が小山森也郵政次官と手島外審、エレクトロニクスが手島外審と若杉和夫通産審議官、林産物が田中恒寿林野庁長官と若杉審議官で外務省からは私、医薬品・医療機器が吉村仁厚生次官と小林功典《よしのり》薬務局長で、こちらも外務省は私が担当した。各省間の調整は手島外務審議官をヘッドに、われわれ経済局が行なった。

この布陣に至るまでに苦労したのは、各省が次官レベルの代表を出したがらなかったことだ。通産省は腹をくくっていたが、ほかの省は次官を出すことをいやがった。日本の役所では実務は局の縦割りでやっていたので、次官レベルにわけのわからないことを約束されてきては困る、ということらしかった。しかしアメリカ側は、「中曽根総理が次官レベルでやると約束したじゃないか。今や『次官レベル』というコンセプトは米政府内で『宗教的』言葉となっているのだ」と言って譲らなかった。私はアメリカ側にずいぶん攻めまくられて、仕方なく各省に一生懸命頭を下げて回った。結局、郵政省の小山次官は了解してくれた。それから農林水産省には後藤康夫氏という経済局長がいて、この人が実に目配りの効く人で、林野庁長官を引っ張り出してくれた。厚生省は、私と同期の小林薬務局長が一切譲らない人で、結局、総理のところまで話が行き、吉村次官が出てくれることになった。吉村氏が出てきてくれたことは、後で大変役に立った。

ＭＯＳＳ協議をスタートさせるにあたって、考え方の点で対立があった。安倍・シュルツ会談のときに、シュルツが「キャッシュレジスターの鳴る音が聞こえなければダメだ」と言ったという経緯がある。つまり、約束しても現実に輸出が増えなければ意味がないということだが、この点について通産省の鈴木直道通商政策局次長がものすごく抵抗した。要するに、ガットでも何でも貿易協定というのは「機会」を約束するのであって、「結果」は約束できない。「結果は民間企業が出すことであって、それを政府に約束させようとするのはけしからん」と言って、平素温厚な彼がすごい剣幕だった。正論ではあるが、アメリカ側としては実績が上がらなければＭＯＳＳ協議を始める意味がないわけで、そこは暗黙の了解を前提にして、協議を始めなければならなかった。

協議は一月二八、二九日の日米ハイレベル協議の場でスタートした。各分野の担当者が一堂に集まって、第一回全体会議を行なった。アメリカ側は大変な意気込みで、四分野について全部の貿易障壁をまとめてなくすということと、「成功かどうかの尺度は輸出が増えるかどうかである」ということを強調した。これがまた鈴木君などの神経を逆なでした。またアメリカ側は、これが「最後のチャンス」という表現を使った。彼らは相当思いつめた感じだった。このころは実のところアメリカ経済もかなり回復していたのだが、経済が回復すれば輸入が増えて、対日貿易赤字はますます大きくなるわけである。それを見て議会が政府を叩くのは目に見えているから、彼らは本当に追い詰められた気持ちだったのだろう。

一方、日本側では、この四分野を協議するのはいいが、アメリカ側の問題も一緒に協議したいと提案した。日本側の問題ばかり議論しても米国の輸出が増えることにはならないから、四分野に関連した米側の問題も議論したいと主張した。これに対して米側は反対したわけではないのだが、結果的にはそのような具体的な議論をする余裕はなくて、この四分野をどう解決していくかを話し合っただけで全体会議は終了した。

二九日の午後、電気通信分野についての第一回協議をしたが、二月中に残りの分野の会合を行ない、三月一一日に予定されていた次回日米高級事務レベル会合で全体のレビューを行なうということになった。米側としては四月ごろにも安倍・シュルツ会談を行なって進捗状況をレビューし、ボン・サミットの際の日米首脳会談で報告したいという意欲だった。

つまり、四月までにはかなりまとまった結果を出さなければならないということだったが、分野ごとの交渉で最も苦労したのは、林産物の分野だった。農水省は関税以外のことなら話し合ってもいいが、関税についてはまったく話す用意がないという。これに対して、アメリカ側は、「障害を全部なくそうというときに関税だけ別だとは、われわれは何のために来たのだかわからない」と怒った。しかし林野庁も譲らないので、どうにもならない。私は「関税を排除する意図はない」という表現で説得してアメリカ側に譲歩してもらい、ようやく協議を始めたのである。その後も林産物だけはほかの三分野と違い、最後までもめた。

電気通信は最初いろいろあったが、そのうち話は相当進んでいった。ところが途中で、具体的な問題が発生した。一九八五年四月に日本電信電話公社が民営化されることになっており、その国内諸法規の改正にあたり、内外無差別・透明性確保の観点から十分な市場開放が求められたのである。アメリカ側が関心を持ったのは電気通信の幹線に接続する機器の基準だった。例えば、幹線への「適合証明」についてアメリカは「自己認証にしよう」と言ってきた。つまり基準に適合しているかどうかは、米国のようにメーカーが自分で証明すればそれで十分で、NTTが検査する必要はないという。また基準は簡単で合理性のあるものでなければならないという。日本側は認証をNTT以外の第三者が行なうというころまでは譲ったのだが、技術基準の内容については譲らなかった。米側はついにしびれを切らせて、三月末にシグールが大統領特使としてオルマー商務次官とともに特別機で来日した。シグールは中曽根総理と直談判に及び、三原則案に合意してほしいと求めた。三原則案とは、電気通信に関する政府の規制は、①通信ネットワークに害を与えないこと、②第三者に害を与えないこと、③混線を防止することの三原則に限り、後はすべて自由競争にしてほしい、と言ったのである。これを総理は了承した。もはや勝負ありで、その日の夜、シグールとオルマーの二人は左藤恵郵政大臣を訪問し、大臣が縷々説明したものの、シグールたちは真剣に聞く様子もなく、総理の同意を得たのだからと言って、会談を途中で打ち切って引きあげていった。

エレクトロニクスの分野では、二月七日に日米間で半導体関連の関税の相互撤廃に合意し、おかげでよい雰囲気が生まれた。しかし、半導体問題はその後もきわめて難しい展開をたどり、結論に達するのはMOSS協議の期間からかなりずれ込むことになった。

一九八三年一一月の第二次協定の後、八四年は世界的に半導体の需要が増え、日本市場における米国製半導体のシェアも少し増えたのだが、年末に需要が減退し、日本の市場も一〇%ほど縮小したが、米国製品のシェアも三〇%くらい落ちてしまっていた。その間に256Kが市場に現れ、日本企業はこれによって優位に立った。しかし、256Kの価格は一年のうちに二〇ドルから二ドルに急落し、出遅れた米国企業は256Kの生産計画の中止を余儀なくされた。日本の企業のほうは生産を縮小せず、価格下落のなか、日本がDRAMの世界市場の九割を占めるに至ったといわれた。その結果、米企業は一九八五〜八六年に二〇億ドルの赤字を出したという。ただし、日本企業はその倍くらいの赤字を出したようだ。正確な時期は思い出せないが、そのころ日立のサンフランシスコ支店長が「どこよりも安い価格を出して売り込め」という指示を出していたのが発覚して、非難を浴びるという事件もあった。このような情勢のなかで、一九八五年夏に米企業は通商法三〇一条に基づく不公正競争の訴えを起こし、また日本の64KとEPROMに関してダンピング提訴をした。

これを受けて、米政府はMOSS協議中にもかかわらず64Kについての業界提訴を受けつけ、256Kについてはダンピング調査を政府自身の発意で開始すると決めてしまった。後でわかったのだが、これはレーガンの新通商政策である「ストライク・フォース」の一環だった。日本側は「協議の最中に勝手に決めるとは何事か。われわれはそのような脅威のもとでは話し合う気はない」と反発して、一時は険悪なムードになった。交渉は若杉通産審議官とスミスUSTR次席代表との間で何度も行なわれたが、進展が見られず、一九八六年一月の安倍・シュルツ報告のなかにも協議継続中と書かれるにとどまった。

その後、一九八六年五月にクレイトン・キース・ヤイター米通商代表が東京に立ち寄った際に、渡辺美智雄通産大臣との間で「大筋の合意」なるものを交わし、それをベースに若杉通産審議官（途中から黒田通産審議官に交代）とスミスの間で厳しい交渉が繰り返され、法的期限だった七月三一日の夜、時計をとめて合意に達した。合意文書をまとめる段階で小和田恆条約局長から異議が出て手間どったが、九月二日に正式署名に至った。私はそのときすでに外政審議室長に転出していたが、その前の交渉も外務省からの参加は課長レベルで、私は参加しなかった。

MOSS協議に話を戻すと、エレクトロニクス分野では半導体以外に人工衛星について、日本は自主開発をやめてアメリカから人工衛星を調達しろという要求があって、最後までもめた。ガットに科学技術振興のための政府の補助を容認する規定がある。私がそれを引用して、「人工衛星の打ち上げは日本人の『国民的願望』である。それをギブアップせよと言うが、日本と米国の関係はチェコスロヴァキアとソ連の関係とは違う」と言ったら、向こうも「そんなことを言うのなら、この問題について日本と二国間で話し合うのはもうやめる」と怒りをあらわにした一幕があった。人工衛星は最終的に継続案件になり、一九八九年のスーパー三〇一条の適用対象案件になった。このようにエレクトロニクスも問題は多々あったが、何とか乗り切って協議を進めていった。

医薬品・医療機器の分野では、意外なことから話がうまく進んだ。この分野では、米国側の担当者が当初決まっていなかったのだが、結局、財務省が担当することになった。私は財務省では技術的な問題を理解できるはずがないと抗議したが、米側は当初聞く耳を持たなかった。このときに吉村次官が勇気のある発言をした。要するに「日本の薬事法はアメリカの法律をモデルにして作ったもので、本来、違いがあるはずがない。だからあなた方自身が何をしているのか、われわれによく説明してほしい。われわれがそれと同じことをできないはずはないと思う」と言ったのだ。それでアメリカ側もあわててFDA（アメリカ食品医薬品局）の人間を連れてきた。そして専門家の間で話しているうちに、米側は自国で行なっていないことをいくつか日本側に要求していたことがわかった。彼らは業界からヒアリングするわけだが、米業界にはアメリカで実現できないでいることを日本でやろうとした人たちがいて、その話を取り次いでいたのである。そこで、そんなことはおかしいと抗議して、引っ込めさせた。

医療機器でもいろいろな問題があったが、なかでも私が特に努力したのは人工透析だった。CAPD（腹膜透析）といって、病院に行かなくても自分で装着して自宅で透析できる機器があるのだが、健康保険の適用外だった。しかしこれがあれば旅行もできる。日本国内にこの機器を使用したいと希望している患者が大勢いたのだが、保険が効かないので高額で手が出せなかった。どうも透析設備を導入している病院が、自宅透析が多くなると病院に来る患者が減って設備費の償却ができないと反対していたらしい。米側はこのＣＡＰＤの保険適用を要求してきたのだが、私は一年くらいかけて厚生省に働きかけ、ようやく実現した。今から考えてみると、医薬品・医療機器の部門では、ＭＯＳＳ協議によって日本は米国にかなり近い水準になったと思う。日本の製薬会社は、製造・輸入許可手続きが簡素化されて、実のところ喜んでいたようだ。

(三) 貿易黒字の国際問題化

対米自動車輸出自主規制

先に触れた通り、米国内部では日本に自動車の輸出規制を要求するのは自由貿易の建て前からは邪道で、市場開放の要求に集中すべきという原則論があった。一九八五年三月一日に、レーガン大統領が日本に自動車の輸出規制を求めないという決定をしたとの報道があった。米のメーカーのなかでもゼネラルモーターズ（ＧＭ）などは規制の撤廃に賛成していた。また、米国の消費者には日本の自主規制が撤廃されれば自動車の価格が下がるだろうという期待もあった。私もこのままいつまでも輸出規制を続けていくと、輸入拡大の努力を怠るようになるのではないかという疑問を持ち、自主規制になんらかの変更を加えられないかと考えていた。ところが一時帰国してきた大河原大使は、「もし規制をやめたら輸出が急増してしまい、議会の熱がこれだけ高まっているときだけに大変な政治問題になる」と強く主張した。安倍外務大臣もこれに賛成で、「通産省は情報を持ってやっているのだから任せておけばよい」という意見だった。

そのうち、通産省は自主規制枠を二三〇万台に拡大した上で規制を継続する考えのようだという情報が流れ始めた。私は通産省が外務省に相談もなしに進めていることに不満で、せめて半年とか九カ月の期間に限定して様子を見たらどうかという意見を黒田眞通商政策局長に伝えたが、安倍大臣は「自分のところには村田（敬次郎）通産大臣から連絡があった。大臣のところに事前に連絡があったのだから通産省に文句を言わないでほしい」という反応だった。三月二八日、通産省が自主規制枠を発表したその日に、米上院は全会一致で対日報復決議を行なった。下院も四月二日に同様の決議を行なった。大局的に見て規制継続はやむをえなかったであろうが、もう少し米側と議論すべきではなかったろうか。

「市場アクセス改善のためのアクション・プログラム」

一九八五年四月には政府の対外経済対策に大きな動きがあった。政府は一九八一年一二月以来七回の経済対策を発表したが、そのうち八三年三月二六日に発表された「基準・認証制度等連絡調整本部決定」（いわゆる後藤田レポート）は初めて基準認証問題に切り込んだ画期的なものだった。しかし、その後二年近くたっても貿易黒字は増える一方で、外国の不信は募るばかりだった。そこで、一九八四年一二月、中曽根総理は大来佐武郎氏を座長とし、民間有識者から構成される「対外経済問題諮問委員会」を設けて、わが国経済の一層の国際化を進めるための中期的な課題について検討し、勧告することを要請した。諮問委員会は一一回にわたって審議した結果を報告書（いわゆる「大来レポート」）にまとめて、一九八五年四月九日に答申したのである。

「大来レポート」は、市場アクセスの改善に関しては、政府にアクション・プログラムを策定するように求め、その策定にあたっては、「原則自由・例外制限」を基本とし、「例外」は国家の安全、環境保護、国民生活の維持・安全にかかわるもの、国際的にも十分説明できるものに限るべきであるという基本原則を提示した。これを受けて、政府は七月三〇日に「市場アクセス改善のためのアクション・プログラム」の骨格を決定し、発表した。

他方、四月九日に対外経済問題閣僚会議は対外経済政策を発表し、中曽根総理自らテレビで熱弁を振るって、外国製品の購入を国民に呼びかけた。これは国際的にも注目を浴びた。四月一九日には政府と自民党が合同の対外経済推進本部を発足させ、六月二五日に一八五三品目の関税撤廃・引き下げ等の行動計画を決定した。

シュルツ国務長官のプレス・ステートメント案

一九八五年四月一一、一二日の両日、安倍外務大臣は金子一平経済企画庁長官とOECD閣僚理事会に出席し、私もこれに随行した。このころから、OECD閣僚理事会はその後のサミットのアジェンダを決めるような役目を果たすようになっていた。

OECD諸国の経済はそれまでの二年間で回復しつつあったが、前年末ごろから米国の貿易赤字、高金利、欧州諸国の高失業、わが国をはじめとする貿易黒字国との貿易不均衡などが課題とされるようになっていて、安倍大臣は「過去三回に比べて最も厳しい」会合になったと言っていた。一つには、コミュニケの詰めの作業を、閣僚自身が二日間にわたり昼食をかねながら六時間近くも缶詰めになってこなさなければならなかったからである。

われわれが特に苦労したのは、わが国の大幅貿易黒字の取り扱いをめぐる応酬だった。原案のなかにあった「日本の黒字は……国際緊張を強めている」という表現をもっと一般的なものに修正するよう提案したのに対し、ブロック米通商代表やナイジェル・ローソン英財務大臣などが露骨に反対し、わが国はほとんど孤立したが、安倍大臣が五回も発言して縷々説明し、マルティン・バンゲマン西独経済相のとりなしがあって、ようやく削除された。

日本と米国が主張したガットの新ラウンドの早期開始については、交渉開始時期に合意できないというECのマンデートがあったために、「できるだけ早く」という表現にとどまったが、「一部の国はこれを一九八六年初めに（指令）すべきであると感じている」と括弧でくくって書き添え、準備会合の開始時期については「夏が終わる前に」と書きこんだ。この問題はボン・サミットで再び大もめになった。

ＯＥＣＤ閣僚会議の後、安倍大臣はシュルツ米国務長官とのＭＯＳＳ総覧のためにワシントンに飛んだ。その前に三月一四日に東京で日米高級事務レベル会議を開いたから、ＭＯＳＳについても作業を進めていたはずであるが、それに関する資料は今は手元にない。安倍大臣訪米の前に私が考えていた作戦は三つあり、一つは、テレコミュニケーション分野の進展をできるだけ高く売り込むこと、二つ目は、衛星についても周波数割り当てについて郵政省が踏み切ったことについて米側の評価を求めること、三つ目は、医薬品・医療機器についても米側の要求をほぼ満たしうる状況にあることを高く評価させることにより、前向きな雰囲気を作りだすこと、だった。

ところが、到着早々国務省からシュルツ長官のプレス・ステートメントの案を見せられて驚いた。「われわれは保護主義に脅かされており、その多くは日本の輸出超過の所産である。日本は行動しなければならない」、「三七〇億ドルという対日赤字はわれわれの二国間関係の深刻な摩擦の根源であり、この国においてますます強くなっている保護主義要求の原因である。しかし、日本の対外不均衡についてのより意味のある尺度は日米の二国間片貿易ではなくて、四四〇億ドルと推定される日本の全体的貿易黒字である」、「日本経済における構造的硬直性が日本の会社や投資家のアクセスさえも制限している。日本政府がインセンティヴを改善し、自国および外国の会社が日本で投資することを制約している規制を削除するなら、すべての国々、とりわけ日本が益するであろう」、「ここ数カ月の間に進歩はあったが、それは到底十分とはいえない。しかも、あまりにも遅く、あまりにも出し惜しみをしている」、「われわれは根深い利害関係、根深い慣習、根深い官僚制度を克服することの困難さを過小評価しない」などという激しい批判が続出していた。

私は頼みにしていた国務省がこのような案文を提示してきたこと自体に大きなショックを受け、ただちにデュセイ・アンダーソン日本部長に対し安倍大臣の意向としてこのようなステートメントを出すことに反対であると申し入れたが、双方の調整がつかないままに両大臣の会談に入ってしまい、大臣自身から話していただくほかなくなった。結局シュルツは「友人を困らせるようなことはしない」と言った由で、それを根拠にポール・ウォルフォウィッツ次官補との間で修正作業をし、先に挙げたような棘のある部分を削除し、ポジティヴな点をいくつか追加して格好をつけたが、危険な局面だった。

会談そのものはうまくいった。シュルツ国務長官が直前にプリンストン大学で行なった演説は、まず米国経済の不均衡の原因として財政赤字の問題を指摘し、日本経済については、高貯蓄が輸出超過をもたらしているというマクロ経済上の基本問題を指摘したもので、まことに妥当な意見であり、それが前記のプレス・ステートメントの背景にもなっているのだった。安倍大臣は米国のドル高による輸入増と高金利による資金流入を指摘して、「現下の困難な情勢を乗り切るには日米双方の努力が必要であり、欧州経済の活性化も必要である」と応じた。シュルツは「私は最近、生まれて初めて保護主義の脅威を感じている」と語った。したがって日米双方に根本問題の所在を示そうとしたのであろう。そういう意味で、国務省の原案に指摘されていた諸点は公表するのはやめてもらったにせよ、わが方として謙虚に受けとめるべきだと思った。

翌日、ジョージ・H・W・ブッシュ副大統領を礼訪したときも、副大統領は「これまで米国の保護主義は繊維や鉄鋼、自動車など、輸入製品との競争で被害を受けた業界の声を反映していたが、最近では景気もよくなってきて、失業問題が相当緩和されているにもかかわらず、広い層の国民が、増大する一方の貿易赤字を目前にして、米国の経済はこれから一体どうなるのかという一般的な不安を抱くようになった。最近地方を旅行すると、このような米国内の空気の変化を感じる」と語っていた。

安倍大臣もわれわれも、事態を厳しく受けとめて帰国した。

ボン・サミット（一九八五年）

舞台は同年五月二日から四日までボンで開催されるサミットに移った。ボン・サミット前の世界経済の一般情勢は、米国の急速な経済成長に支えられて、各国とも景気が上昇傾向にあった。それにもかかわらず、米国の未曾有の財政赤字と貿易赤字が与える不安がのしかかっていた。

しかしサミットでは、現実には日本はほとんど批判にさらされずにすんだ。初日の冒頭スピーチで多くの国がわが国の貿易大幅黒字問題を取り上げたが、中曽根総理が四月九日の決定に基づいて、これから日本が何をやろうとしているかを非常にはっきり述べたので、それなら結果を見ようという雰囲気になったのである。

サミット前に行なわれた中曽根・ミッテラン会談のなかで、「ガットの新ラウンド交渉を不用意に始められて農業問題が真っ先に取り上げられてはかなわない」とフランソワ・ミッテラン仏大統領が考えていることがわかったので、私から総理に米側に対してその点配慮するようにアドバイスしてはどうかと進言したところ、中曽根総理はその後のレセプションの場で新聞記者がいる前でシュルツ米国務長官を手招きして、その旨の意見を述べた。政治家・中曽根康弘の面目躍如たるものがあった。

ボン・サミットでは「第二次大戦終戦四〇周年に際しての政治宣言」を発出した。ソ連は一九八三年一一月に西独が米国の中距離核ミサイルの導入に踏み切って以来、西ドイツの「報復主義」を強調し、この四〇周年記念の機会に対独戦勝記念日を大々的に宣伝して西側の旧戦勝国と旧敗戦国との間に楔を打ち込もうとしていた。これに対してサミット七カ国は、戦争の反省に立ちながらも自由と民主主義によって強く結ばれているということを世界に示したのが、このときの宣言だった。他方、政治問題では米国のユニラテラリズム（単独主義）をめぐっていろいろ議論があったようだったが、中曽根総理は軍縮会議における米国の方針を支持し、安倍大臣は米の対ニカラグア経済制裁に同情的態度を示したこと、またＳＤＩに関する言及を議長サマリーに含めるよう主張したことなどにより、米国を支援した。このころから、サミットで政治問題のウエイトが高まってきたといえる。

(四) 経済構造の検討

ＭＯＳＳ協議の停滞

一九八五年七月一二日にクアラルンプールでＡＳＥＡＮ拡大外相会議の際に日米外相会議が行なわれ、ボン・サミットのときの合意に従って、この機会に第二回のＭＯＳＳ総覧を行なった。その間に米上院では九二対〇で対日非難決議が可決され、会談の直前にそれを法制化した案が上院に提出されていた。また、USTRは米国半導体協会（SIA）の通商法三〇一条提訴を受理する決定をした。このような緊迫した情勢下にあったにもかかわらず、会談は両外相間の信頼感のおかげで真摯かつ建設的に行なわれた。

シュルツ国務長官は九月に最初の山場が来ると考え、米国としてのアクション・プログラムを打ち出す意向があると漏らしていた。MOSS協議についての米側の主な不満は、予想通り林産物についてだった。関税引き下げの具体案を早く示してほしいということだったが、同時に日本で検討中の国内措置のために、輸入の増大を抑えることになるのではないかという強い疑惑を持っていた。またMOSS協議の成果をまとめて発表し、残る問題を年内に片づける決意を表明しようという提案があった。

アクション・プログラムについて、米側はチョコレート、グレープフルーツ、アルミの関税引き下げを七月の発表に含めるよう要求した。安倍大臣がその困難さを縷々説明したのに対してシュルツは「自分の要求を国内説得のテコにしてほしい」と言った。また米側は市場アクセスを超えた問題として、日本の内需拡大に期待を示した。とにかく、米側からはこの際ドラマチックなアクションが必要だという意見が繰り返し述べられた。

安倍大臣は、マーガレット・サッチャー英首相らが「日本がめざましい措置をとらない場合には米国と共同行動をとる」と言っているのに言及し、「そのような話には乗らないでほしい」と念を押したのに対し、シュルツは「We are not against Japan. We are in favor of Japan（われわれは反日ではない。親日だ）」と答えた。

七月三〇日に対外経済推進本部が市場開放行動計画、いわゆるアクション・プログラムの骨格を決定したのは、先に述べた通りである。内容は、八八項目の基準認証の改善、一八五三品目の関税撤廃・引き下げなどだったが、中曽根総理も自分で泥をかぶるほどの意気込みを見せなかったし、安倍大臣がやる気をなくしていたので、林産物とチョコレートはどうにもならなかった。関税面で二〇％一律カットに追い込んだのと、自己認証をかなり採用したのは、成功だった。しかし、輸入制限やサービス問題では成果をあげられなかった。特に大規模店舗法には指一本触れられなかった。政府が衛星を購入するかどうかの問題も、持ち越しになった。

八月二〇日から二三日まで、ハワイでMOSS協議を行なった。それまですでに全体会議だけで四回MOSS協議を行なってきたのだが（林産物については三回）、そのすべてで米側が東京までやってきた。それだけ足を運んでもあまり進展がないという焦燥感が米側に見られ始めたので、今回はハワイで行なうことにしたのだ。二〇日には医薬品・医療機器関係の協議も行ない、厚生省が提示した「現実的解決案」を米側は積極的に評価した。二一日の全体会合では、四分野それぞれのレビューと安倍・シュルツ会談の際に出すべき中間報告について討議した。分野ごとのレビューで米側は慎重ながらもこれまでの成果に一定の評価をして、これからさらに努力して何とか成功させたいという意向を示したが、問題は林産物の関税の引き下げで、米側は翌年四月からゼロに引き下げるという要求を繰り返した。中間報告の内容については、米側から①すでに実行されたもの、②決定したがこれから実行されるもの、③今後の目標、という形式を提示してきたが、日本側から③についてはより中立的に「未解決の問題点」とすることを提案した。

八月二二日のエレクトロニクスの協議では、米側のコンピューター部品と日本側の部品・周辺機器・本体について相互に関税を撤廃するという合意ができたのは進展だったが、政府が使う衛星の問題や系列取引の問題などが依然として残った。二三日に行なわれたテレコミュニケーション関係の協議では、米側は全面的に自己認証を採用するように要求してきたので、特に電波法関係について専門家の間でさらに検討することになった。

プラザ合意とアメリカの新通商政策

九月一七日にワシントンに行き、一八日午前中に貿易委員会、一九日から二〇日午前まで高級事務レベル協議、午後にMOSS協議をして、共同記者会見を行なった。この間の記録もすでに手元にないが、その後ニューヨークで行なわれる安倍・シュルツ会談の地ならしだった。

安倍・シュルツ会談は九月二六日に行なわれたが、その間に五カ国蔵相会議があり、二二日にはいわゆる「プラザ合意」が発表された。為替相場を調整することで、米国の深刻な貿易赤字を是正することへの、主要五カ国の蔵相・中央銀行総裁による合意である。この会合は極秘裏に行なわれ、竹下大蔵大臣は親密な関係にあった安倍外務大臣にも知らせずにニューヨークに来ていた。安倍大臣には竹下大臣から釈明の電話があり、私も大蔵省から事後説明を受けた。

これは一つの転機だと私は思った。つまり、アメリカがドル高問題を解決しなければいけないと初めて公に認めたわけだ。われわれは、「ドル高の原因は米国の財政赤字と高金利であり、ここを改善しなければならない」とずっと言い続けてきたのだが、そこをアメリカの財務省が初めて認めた形になったわけである。したがって、経緯はともかくとして、当然のことが起きたと思った。

ところが翌二三日、レーガンの「新通商政策」が発表された。この新通商政策はフェア・トレードを確保し、ガットの新ラウンドを推進するというレーガンの積極姿勢を示すものだったが、「ストライク・フォース」（攻撃部隊）という言葉が使用されるなど、たいへん攻撃的な内容だった。七月の会談のときにシュルツが言っていた、「行政府のほうから打って出るアクション・プログラム」とはこれだったのか、と思った。要するに通商法三〇一条やダンピング法規をフルに使って、米国の輸出に対する不公正な貿易障壁を打破していくという政策宣言である。真っ先に選ばれたのが皮革と靴で、この際なんとか日本に一撃を加えようと意気込んでいる行政府内の対日怨念派の魂胆がうかがわれた。

日米首脳会談におけるエネルギー関係の合意

国連創設四〇周年記念総会に出席のため、中曽根総理がニューヨークを訪問し、一九八五年一〇月二五日にレーガン大統領と会談した。これに先立ち、九月一八日にはODAを七年間で四〇〇億ドル以上にするという第三次中期目標を決定し、一〇月一五日には三兆一二〇〇億円規模の内需拡大策を決定していた。首脳会談に向けて米事務当局から事前に圧力がかかったが、総理は自分のほうから要請した会談ではあったものの、今回米側に譲歩して帰ることは頑固に拒否するという態度だった。会談の結果は、国際通貨面での協力、保護主義反対のための協力、東京サミットへの協力という三点を首脳レベルで合意する内容となり、わが国にとって好ましいものとなった。

われわれがニューヨークに到着した翌日の夜、日曜日にもかかわらず、ウォルフォウィッツ（東アジア・太平洋担当）とダグラス・W・マクミン（経済担当）の両国務次官補がニューヨークまで飛んできて、「中曽根総理の経済構造調整研究会（後述する「国際協調のための経済構造調整研究会」のこと）が米行政府内で高く評価されているので、ここで『輸入ヴィジョン』を打ち出すことにし、これを日米共同で宣伝してはどうか」と提案してきた。私はウォルフォウィッツと前後三回話し合ったが、「この研究会は日本国内のコンセンサスとして経済構造の変革を打ち出そうとしているのであって、日米首脳会談

1985年10月25日の日米首脳会談のとき．レーガン大統領（左）と握手する私．中央奥に山崎拓内閣官房副長官．

でその結論を先取りするようなことをするのは逆効果になる」と説明して、あきらめてもらった。ウォルフォウィッツは「それでは首脳会談後のプレス説明に迫力を欠く」として、米側としては個別要求を出さざるをえないと言って、MOSSの新分野の選択、米船による自動車輸送、穀物購入の増加、石油製品の輸入の四点を挙げた。私は、「そのような個別事項を取り上げるのは首脳会談にそぐわないし、仮に大統領が取り上げても総理の反応は消極的なものになるから、大統領にとってかえって迷惑なことになるだろう」と警告した。

現実にはレーガン大統領は、アラスカ州のタックインレットからの対日石油輸出を認める手続をとったと、中曽根総理を喜ばせる発言をした後、石炭輸出には軽く触れただけで、そのほかは「貿易問題で総理が努力しておられるのをよく承知しているので、よろしく」と言ったのみだった。むしろ中曽根総理のほうから石炭に触れて、一一〇〇ないし一二〇〇トンの輸入を保証するような発言をし、MOSS新分野については、「そういうことのハンドリングは安倍・シュルツ両大臣にゆだねたい」と答えた。これに対してシュルツ長官が「それをやるときは『白紙委任状』をもらいたい」と言ったのが、中曽根総理に強い発言をさせた。総理は、「米側はボスの間で合意したのだから、その通り合意すればよいという姿勢だが、そういうのは迷惑だ。われわれは『紳士間の約束』をしてそれに基づいて努力しているのだ」とやり返し、レーガン大統領が「私を信じてほしい。私はあなたを信頼している（Believe me. I trust you）」と応じたという一幕があった。これは過去一〇カ月の間、米側交渉者が総理にあまりにも多くの責任を押しつけようとしたことに対するしっぺ返しの観があった。

前川レポート

中曽根総理の要請を受け、一九八五年一〇月三〇日、前川春雄前日銀総裁を座長とする私的諮問委員会「国際協調のための経済構造調整研究会」が発足した。同研究会は総計一九回にわたって会合し、熱心な討議を重ねた上で、一九八六年四月七日に報告書を提出した。いわゆる「前川レポート」である。その基本認識として「経常収支の大幅黒字は、基本的にはわが国経済の輸出志向型経済構造に根ざすものであり、今後、わが国の構造調整という画期的な施策を実施し、国際協調的経済構造への変革を図ることが急務である」とし、①内需拡大、②国際的に調和のとれた産業構造への転換、③市場アクセスの一層の改善と製品輸入の促進、④国際通貨価値の安定化と金融の自由化・国際化、⑤国際協力の推進と国際的地位にふさわしい世界経済への貢献、⑥再生・金融政策の進め方、といった諸点について提言を行なった。

これを受けて政府は、「誠に時宜を得た、適切かつ貴重な報告として高く評価する」という談話を発表したのち、五月一日に政府としての「経済構造調整推進要綱」を取りまとめた。ちなみに、私はかねて週休二日制を力説していたが、一一月からは国家公務員も四週六休制（四週間で六日の休日）になった。

日EC閣僚会議

一九八五年一一月一八日に東京で日EC閣僚会議が行なわれた。これに先立ち、EC委員会は一〇月初めに対日関係報告書を作成して日本に対する要求をまとめ、これを同月二二日の外相理事会に提出していた。理事会はこれを承認し、六項目の要求を示して日本と交渉するよう指示した。

一七日夜、安倍外務大臣とヴィリー・ドクレルクEC委員との会談で、先方が出してきた新提案は「製品輸入量の中期目標を設定すべし」という右の報告書を修正して、日本がアクション・プログラムの輸入効果を予測し、それをベースに話し合おうというものだった。レスリー・フィールディングEC対外経済総局長は「日本のこれまでの経済対策は効果が上がっておらず、日本側が言葉でうまいことを言っても信用できないから、数字で目標を示すべきだ」と繰り返し主張していた。ドクレルクの提案はそれをいくぶん和らげたものであるが、同様の考えだった。

日本側としては、目標であれ予測であれ、具体的数値の議論をすることは断るという方針を貫く一方で、前述した前川研究会が経済構造に関する討議を重ねていることや、経済企画庁の中期的経済運営の指針についての継続的検討作業について紹介し、ECに言われなくても日本が自ら検討を行なっていることを説明した。さらに、輸入性向の向上、製品輸入の増加などEC側が日本に認めさせたいことを安倍大臣の言葉として三点にまとめ、代表団が持ち帰って報告してもよいと述べた。ドクレルクは中曽根総理との昼食会でも、総理に自分の提案を訴えたが、総理は「数字の予測などはお断りする」とはっきり言われたので、彼らにとっては逆効果になったと思う。ともあれ、EC側は内外記者会見で比較的冷静な姿勢を示していたし、「今回の会談は交渉ではなく対話であるから、結果は攻撃性もへつらいもなく正確に外相理事会に報告する」と述べていた。

MOSS共同報告

一九八五年一二月六日に、レーガン大統領は日本製半導体に対するダンピング容疑の調査を指示する一方で、七日には繊維輸入制限法案に対して拒否権を行使した。皮革問題について、若杉通産審議官がヤイター通商代表と七回も会って交渉した結果、一二月二三日に一部報復関税を受けることを含め、合意に達した。

年が明けて一九八六年一月七日からワシントンでMOSS協議が行なわれた。安倍・シュルツの間で共同報告を発表するための最後の交渉である。

七日の午前中にまず林産物の協議をしたが、関税率をめぐって、日本側が「今回決着する前提でなければ提案できない」と言うのに対して、米側は「日本側から内々に伝え聞いているような引き下げでは到底国内を説得できないので、今回引き下げた後一九八八年以降の関税についてさらに話し合うというのでなければ、『未解決』ということにせざるをえない」と頑張ったまま、会議は終わってしまった。その後私はシグール、マクミン、ビル・シャーマン国務次官補代理に根回しして回ったが、よい反応はなかった。ただビル・ピーズ国務次官補代理が、「アムスタッツ農務次官は取り引きするつもりでいるから」と言って彼と突っ込んだ話し合いをすることを勧めてくれた。

その夜の松永信雄大使のレセプションの席で、私からアムスタッツに「米側が今回の関税引き下げ案の効果を見た上で再び引き下げを要求してくるのならば、私は反対しない。効果を見定める前に引き下げ要求はしないと了承するのであれば、私は農水省にもっと改善した提案をするように働きかけるが、そうでなければ動きが取れない」と話した。アムスタッツはそのためには「今回合意する提案がもっと業界の食欲をそそるものでなければならないが、日本側が何も正式提案をしていないのでは、検討のしようもない」と答えた。私はこのことを農水省の後藤経済局長に伝えて、「少なくとも提案を出すところまではすべきだ。今出せるものを出してそれをどこまで守れるかについては私も頑張る」と話したら、彼はそれで内部を説得してみると答えた。

翌八日は全体会合だったが、米側は予想通り、「医薬品とテレコミュニケーションは卒業だが、エレクトロニクスと林産物は継続審議」という見解だった。エレクトロニクスでは、再び衛星の件を持ち出した上、米通商法三〇一条を適用してダンピング容疑を調べている半導体もＭＯＳＳの対象とする、と頑張る。

全体会議は午後は休会に入ったままとなった。私はアムスタッツのところに行って、わが国の提案を示した。アムスタッツは「日本から『明確な提案』が出たという事実に相応する真剣な検討をする」と言ってそれを引き取った。夕方になって、関税引き下げ率についてはおおむね合意できるという返事が来たが、「将来レビュー（再調査）に応じる」というところの書き方については注文してきた。

九日、安倍外務大臣が到着すると、私は大臣に会ってからアムスタッツのところに戻り、大臣の決断によるものだというふれこみで、単板の関税引き下げ率を七％からさらに五％にする代わりに合板だけは引き下げを二年がかりにするという案を示した。この案をのませた上で、「解決」「未解決」の仕分けについては、レビューの可能性をつけて「解決」のところに入れるという提案をしたが、これは受け入れられなかった。そこで、「解決」「未解決」の仕分けをしない方法を提案し、「レビュー」についてのくだりを、may（するかもしれない）から will（するつもりである）に変えることで、妥協が成立した。先送りの感は免れないがこれでよしとしなければならない。安倍大臣も農水省関係者も喜んでくれ、田中恒寿林野庁長官から「実はもうちょっと厳しいことを覚悟していたが、ここで収まったことは非常に助かった」とお礼を言われた。後藤康夫局長の同行議員を含めた内部の根回しのうまさには敬服した。

一〇日は朝九時のマルコム・ボールドリッジ商務長官との会談から始まって、安倍大臣は大統領、通商代表、財務長官、副大統領と会談を重ねて、午後三時一五分から国務長官と会談、四時から合同記者会見、七時から再びシュルツとワーキングディナーという忙しさだった。記者会見では「MOSS四分野の決着と言っていたがどうなったのか」という質問に対する答えが最も微妙だったが、米側の立場も考えて「大筋決着」ということで説明した。合同記者会見で、シュルツ長官が毅然としてMOSSの成果を賞賛したのは、当時の米議会の空気から見るときわめて勇気のある態度だった。一一日の『ワシントン・ポスト』は「米日は新貿易協定に合意」の見出しで、「安倍の新提案が林産物の対立を解決」と報じた。

レーガン大統領を儀礼訪問したとき、リビア制裁に対する協力を求められたのはしかたないにしても、サハリンLNGプロジェクトを遅らせてほしいと頼まれたのには、閉口した。シュルツとの会談でも再びサハリンが持ち出された。安倍大臣は「このプロジェクトの推進は日ソ政府間ですでに約束している。しかし、米側の関心には配慮する」と答えた。リビア制裁については、「米国の措置をアンダーカットしない（効果を弱めない）」という表現で逃げた。いちばん困難な話は、サケ・マスの漁業水域内の操業停止と、ユナイテッド航空によるパンアメリカン航空の太平洋路線の引き継ぎの問題だった。どちらも私の所管ではなかったが、まったく解決のめどがないとのことだった。

しかし、このときの外相訪問は概して友好的に受けとめられたといえる。私のほうでは、前年一年間の日本市場における良い話をまとめて資料にしたものをアメリカの各閣僚との会談のときに手交し、記者会見でも配布したが、ヤイターはこれを激賞し、議会にも配ることを勧めた。MOSS協議のことを、あのやかましいディンゲル下院議員は「いずれも同じような代物」だと揶揄した。しかし、シュルツは「これは非常に高く評価する」とはっきりと言った。こうしてとにかく急場をしのぐことができたのである。

カナダ訪問

引き続き一二月一一日、ワシントンから安倍大臣一行はカナダ政府差し回しの専用機でトロントへ向かい、ジョー・クラーク外相との間で日加外相会談を行なった。翌一二日には中曽根総理が到着してブライアン・マルルーニー首相と首脳会談を行なった。カナダ側のねらいは二つあって、米加自由貿易協定に対する日本の支持を得ることと、テロに関する共同声明を出すことだった。問題は前者で、総理はこの協定を指示する条件として、これがガット違反でないこと、第三国の利益を害さないこと、排他的でないことを挙げた。カナダ側は「それをプレスに話すときにできるだけ前向きにしてほしい」と言うので、カナダのプレスには「条件」というところを「了解」と変えて説明した。ところが夕食のとき、カナダ側は「排他的でない」という表現は困る、と言い出した。安倍大臣と議論しているうちに、クラークがガット二四条に基づいてこの協定を結ぶことを考えていると説明し始めたので、それにどう応じるかについて、田中均課長に東京の意見を確認してもらったが、当面聞き置くこととした。

翌日、オタワに移動して、再び首脳会談となった。総理の議会演説はフランス語も交えた大変良い内容だった。しかし、その日の朝の新聞では、総理が米加協定を憂慮しているとか、北米の要塞化を恐れているといった報道がされたため、マルルーニー首相が野党との間で困惑しているという苦情が来た（デレク・バーニー外務次官によれば「北米の要塞化」と言ったのは通産省から随行していた課長だという）。日本国内ではいろいろな意見もがあろうが、当面「排他的」という問題にはふれない、ということで内部でまとめた。

一四日は両首脳が朝食をともにし、午後バンクーバーへ向かったが、クラーク夫妻が遠路見送りに来て送別のディナーを催してくれた。総じてこのときのカナダ側の歓迎は大変なものだったが、それは一つにはカナダだけのために総理が訪問してきたということを、特に高く評価してのことだったという。

外弁法の成立

一九八六年二月二八日と三月一日に東京で日米高級事務レベル協議が行なわれた。

米側は、日本が円高対策として検討している中小企業緊急対策が円高効果を相殺する措置をとっているという疑いを抱き、「輸出補助効果を持たせないという日本政府の確約がなければ、米国内を説得できない」と主張した。日本側からは手島外務審議官名で「この制度が輸出補助に使われることがないように運用する」という書簡を発出してすませた。

ＭＯＳＳ新分野について、この会議で特定セクターを取り上げることは防止したが、数週間以内に決める必要があることには合意した。われわれも日米両政府間でＭＯＳＳを行なっているということは両国の協力関係を示す上で有効だったので、今年も続ける必要があるという認識ではあった。

外国人弁護士の問題が大分煮詰まってきていた。この問題は一九八二年三月の貿易委員会で米側が提起したものだが、前述の八五年七月の「市場アクセス改善のためのアクション・プログラム」のなかにも含まれていた。このときの会合で問題とされたのは職務範囲の問題で、米側は米国内すべての州法を取り扱いうるようにすべし、と主張したが、それは米国が本来州単位の相互主義をとっている立場と矛盾する。スミス通商代表部次席代表がさらに法務省次官と話し合うことになった。なお、この問題は一九八六年三月に妥結し、同年五月二三日に「外国弁護士による法律事務の取扱いに関する特別措置法」(外弁法)が成立した。

農産物一二品目については、同月中に第二回目の専門家会合を開くことになったが、米側は四月二二日までに日本が自由化を決めない品目についてはガット二三条二項(「締約国団」に訴えて協定上の利益の無効化・侵害の是正を求める規定)に準じた処理をするという立場を示した。

関西国際空港の建設工事に対する参入の要求は、二月一八日にマンスフィールド駐日大使が竹内良夫関西空港社長宛の書簡で表明していたが、このときの議論で、関空は民間の工事だという説明では米側が納得しないことが明らかとなった。

東京サミット(一九八六年)

東京サミットの事前打ち合わせのために、中曽根総理と安倍外務大臣は一九八六年四月一二日にワシントンに向けて出発し、一三日朝に安倍・シュルツ会談が行なわれた。シュルツ長官は、「MOSSは成果をあげたし、為替レートにも大きな変化が生じている。前川レポートは非常に重要な文書で、私が伝えた諸点を反映している。しかしこれらが効果を生むのには時間がかかる。しかもその間にも日本には目立った貿易黒字が存在する。そうしたなかで当面次の三つのことが重要だと、認識する必要がある。すなわち、第一に、日米間でどのようなことが成し遂げられたかを国民に知らせていくこと、第二に、ＭＯＳＳの新分野および構造調整問題に関する日米間の話し合いの内容をはっきりさせること、第三に、保護主義との闘いを実行していくことである」と述べた。

中曽根総理は一四日にレーガン大統領との首脳会談を行ない、その後内外記者会見ののちに、米議員との昼食会に臨んだ。安倍大臣はその後パリでのＯＥＣＤ閣僚会議に出席し、私もこれに随行した。この間の記録は私の手元にないが、こうして東京サミットへの準備が進められた。

五月四日から六日に、東京サミットが開催された。一九七九年以来の二回目である。場所はいろいろ検討したが、警備の都合などから結局前回と同じく、迎賓館とホテルニューオータニを中心に運営した。前回の経験を生かしてロジスティック面はうまくいったと思う。役者は中曽根総理と安倍外務大臣、竹下大蔵大臣で、皆経験豊かだから心配無用だった。今回は各国のプレス・ブリーフィングをモニターする手配もしてあったので、随時有用な情報が入ってきた。

会議の内容自体の準備も、手島外務審議官を経総参事官室が補佐して、周到に進めていた。日本経済は円高ショックで大変だったが、世界経済一般は前年より明るい材料が増えていて前向きの議論ができる雰囲気だったし、事前の準備で首脳が自由に議論できるように配慮してあったので、議論の内容も充実していたと思う。レーガン大統領も帰国前の記者会見で「私が出席した過去六回のサミットで最も成功だった」と褒めていた。

私は手島外審の指揮系統の外にいたので、自分の役目はサミットの直前になって起こりがちな突発的な問題をすばやく見つけて対処することだと心得ていたが、今回のそれはリビア問題と国際通貨の「マルチラテラル・サーベイランス」（多国間共同監視）だった。

リビアについては、ECがリビア非難を決めたとき、日本が孤立している状況がはっきりしてきたので、その点を警戒した。しかし、五月一日に日本も、一連の国際テロ事件へのリビアの関与につき「認識を深めた」という報道官談話を出したので、実質的に調整ができた。問題は、国際テロへの対策をうたう文言のなかで、リビアを名指しにするかどうかだったが、レーガン・サッチャーの連携プレーに押し切られてしまった。日本の世論は米国のリビア攻撃に批判的だったが、欧州諸国も反対しなかったので、名指し批判は結局は避けられなかったと見るべきだろう。

国際通貨の面では、国内では円高対策で何か成果があげられないかというサミットへの期待があったが、私は七〇〇億ドルもの米国の対日貿易赤字が予想されているなかではそれは困難で、大きな動きはないだろうと見ていた。もちろん、マルチラテラル・サーベイランスの強化がうたわれるだろうとは思っていたが、「是正措置」までが了解されるとは、予想していなかった。ところが、五月三日の日米二国間首脳会談の席でレーガン大統領が中曽根総理に突然、米・日・西独・英・仏で通貨の協議をしようという趣旨のペーパーを示した。これに総理は、「主権の制約を生じないよう表現上の修文をすることと、イタリアとカナダの説得は米国が行なうということであれば、支持しうる」と答えてしまった。実は米財務省と日本の大蔵省が密かに打ち合わせて、すでにこの提案を総理に上げていたのだった。安倍大臣もこれには怒りをあらわにした。そのため、四日の午前中に中曽根総理から外務、通産、経企の各大臣に直接謝りの電話を入れて了解をとるという一幕があった。大蔵省の秘密主義は非難されるべきものだったが、われわれも情報収集が足りなかった。

第二回東京サミットに際してわれわれが考えたキャッチフレーズは、「明るい展望をより確かなものにする」というものだが、そのための戦略は次の二つだった。一つは各国の政策協調で、もう一つは各国の経済構造調整である。結果として、種々の局面で構造調整が取り上げられ、また政策協調のためにマルチラテラル・サーベイランスの強化が打ち出された。

国内で期待されていた円高問題解消策については、安倍・シュルツ会談、竹下・ベーカー会談、中曽根・レーガン会談のすべてで、現段階の日本にとって通貨の「安定」がいかに重要であるかを繰り返し説明した。米側もそれなりに理解を示したのだが、日本のメディアは、米側からは円高介入の確約を取りつけられなかったと批判的に報道した。それを意識してか、レーガンは離日前の記者会見で、「マルチラテラル・サーベイランスが強化されることになり、それが円とドルの為替レートの一層の『安定』に役立つことを期待する」と述べ、そのような安定は日米両国が欲するところであると言い添えた。総理が一月に訪米した時点と比べて、東京サミット終了の五月の時点で、為替レート「安定」についての米側の認識がこれだけ変化したことは、評価してよいと思う。

東京サミットの機会を利用して、ほかの二国間の首脳会談も行なわれた。そのなかで一つ記憶に残っているのは中曽根・サッチャー会談である。彼女は持ち前の率直さで、東証会員権の問題（英国企業に東京証券取引所の会員になる権利を認めよという要求）をはじめとする日本に対する要求を、次々と提示してきた。しかし、さすがに途中でちょっと間をおいてからにっこり笑い、「私だけが話していますが、続けていいですか」と聞いた。私はもう十分という気がしていたが、女性に親切な総理は「どうぞお続けください」と答えた。それで気をよくしたサッチャーは言いたいだけ言って満足したのか、総理の回答は抽象的なものだったにもかかわらず、それで収まった。中曽根総理はサッチャーとも馬が合っていたようだ。

このようにして、東京サミットは無事に終わった。「市場アクセス改善のためのアクション・プログラム」、「前川レポート」と、中曽根総理が継続してイニシアティブを発揮したことが、この成功に役立った。これだけ大きな行事がトラブルなく終わったのだから、それだけでも祝福に値するのだが、われわれには若干のむなしさが残った。それは、このサミットの最大の目玉となったマルチラテラル・サーベイランスが外務省の手の届かないところで処理されてしまったためである。大蔵省の排他的態度が基本的な問題であるが、われわれのこの問題に対する切り込み方にも工夫の余地があったろうという反省もあった。

六月一〇日に柳谷謙介次官から、内閣に新設される外政審議室長に出向してほしいと言われた。私は外務省大臣官房長になるという噂があったのだが、中曽根総理の指名だというのでは致し方ない。官邸機能の強化は結構だが、二重外交になって外務省の外交機能が落ちることがあってはならない。それを防ぐためにも、最初の室長が良い路線を敷くことが重要である。組織の人間としては頼まれれば引き受けざるをえない、と覚悟を決めた。

第7章　初代内閣外政審議室長——一九八六〜八八年

一　内閣機能強化のための組織

内閣機能を強化するための一環として、内閣官房に五人のシニア補佐官を置くことになり、一九八六年（昭和六一）七月一日、内政審議室長、外政審議室長、安全保障室長、内閣調査室長、内閣広報官室長が任命された。的場順三（大蔵省）、私（外務省）、佐々淳行、谷口守正、宮脇磊介《らいすけ》（以上、警察庁）の五名である。

内閣外政審議室はそれまでの内閣審議室を外政と内政の二つに分けて作られたものである。組織上はこの五人の室長の上に内閣官房長官と内閣官房副長官がいたが、実際には私たちは総理に直接のアクセスを持ち、かなり独自の判断で動くことができた。

内閣外政審議室長の任務は、対外関係について総理に役立つ情報を集めて報告し、総理ないし官房長官の命を受けた事項に関し、政府部内の調整をすることだった。この調整をいかにして行なうかが微妙な問題だった。内閣法では各大臣が所管事項に関して分担して責任と権限を持っているから、建て前としては内閣総理大臣といえども内閣の決定を待って所管大臣を指揮命令することになっている。したがって、われわれは内閣の機関であっても自分で勝手に調整に乗り出すことはできない。少なくとも総理ないし官房長官の指示を受けて調整の任に当たる必要がある。

外政審議室には外務、大蔵、通産、農水、総理府から五名の審議官がそれぞれ補佐を従えて送り込まれてきた。庶務は総理府から要員を出してくれた。外務省からは鈴木勝也君（後に駐ブラジル大使）と、鈴木君の補佐として川村泰久君に来てもらった。私が外政審議室長になるにあたっては、経済関係の各省庁は私がどのような調整をするか、公平にやるかどうか神経質になっていることがわかっていたので、私はあえて経済局の部下を連れていかず、それまで条約局やアジア局などに勤務していた鈴木君に来てもらった。彼は私が在インドネシア大使館に勤務していたとき、主管課（南東アジア第二課）の首席事務官で実に良い仕事をしてくれたので、彼の能力と人柄の良さを見込んでのことだった。

新しい組織ができたということで、政府内外でずいぶん注目された。総理府一階の大会議室で、この内閣五室制度発足の式典が行なわれたが、後藤田正晴官房長官から次のような初訓示があった。

第一は、出身省の省益を図るなかれ。省益を忘れ、国益を思え。第二に、私が聞きたくないような、悪い本当の事実を報告せよ、第三に、勇気をもって意見具申せよ。「こういうことが起きました、官房長官どうしましょう」などとは言うな。「私ならこうします」と対策を進言せよ。君ら三〇年選手を補佐官にしたのだ。地獄の底までついてくる覚悟で意見具申せよ。第四に、「それは自分の仕事でない」と言うなかれ。俺の仕事だと領空侵犯せよ。そしてお互いにカバーしあえ。第五に決定したら従い、命令は実行せよ。大いに意見は言え、しかしいったん決定が下ったら、とやかく言うな。実行は来週ではない、今ただちに行なえ。これを佐々氏が「後藤田五訓」と名づけた。

二週間ほどして、中曽根総理に呼ばれて宿題をもらった。第一は、「市場アクセス改善のためのアクション・プログラム」のなかで、当面推進しなければならないものは何か。第二は、経済構造調整のなかでまず推進しなければならないものは何か。第三は、米国およびECとの間で当面解決しなければならない問題は何か、ということだった。また、その日の朝の閣議では総理は、関西新空港建設工事の国際化について努力するようにという指示を出していた。七月一八日に総理と五室長との初の昼食会が行なわれた。七月二二日に内閣改造が行なわれ、第三次中曽根内閣が発足する予定だったが、「新内閣の第一声として何を言うのがよいか、これから総理としてやっていかなければならないことについて、意見を言ってほしい」ということだった。また、目下総理の頭を悩ましている問題は、靖国参拝、皇太子訪韓、構造調整、アクション・プログラムの推進であるとの説明を受けた。

外政審議室の制度づくりにかかわった瀬島龍三氏を訪ねたとき、この組織を作った際の考え方をうかがった。政府の最大の問題は縦割り行政で、これを是正するには内閣の調整力を高めるほかないこと、加えて今や内政と外政の関係がますます密接になっていることを考え、省庁の枠を越えた組織を構想したとのことだった。ただ、室を作ると官僚的弊害が生じるので、補佐官制にしようかとも考えたが、安保室との横並びもあって、最終的に室としたと述べた。さらに瀬島氏は、「これは内閣制度の基本を変えるものだ」と何度も強調し、今希望することは、内政審議室との横の連絡をよくしてほしいということだと言っていた。

内閣外政審議室の職務は大きく分けて三つあった。

第一は、先にも述べたが対外関係政策についての各省間の調整である。制度的には総理の関心事項すべてが仕事の対象になるわけであるが、現実には経済問題が中心だった。一つには政治、安全保障の問題は外務省が防衛庁との間でうまくやっていたし、われわれの口出しを好まなかったからである。経済の面でも、国際通貨・金融の分野は大蔵省ががっちり防御していた。後藤田長官に初めて挨拶に行ったとき、「思い切って暴れよ」と言われた。後から思えば、われわれ部下が関係官庁に対して思い切った強い意見を提示することで、仲裁に乗り出す官房長官が中を取る形で官庁の譲歩を引き出すことがねらいだったようだ。

そういう意味では、私は暴れ方が足りなかったかと今では思っている。またこの制度づくりの推進者だった橋本龍太郎運輸大臣からも、「外務省にいたらできないことを、このポジションでやるのだ。ほかの役所の台所まで手を突っ込んでかき回すのだ」とハッパをかけられた。しかし、現実には私がした調整は主に経済摩擦対策であって、それが中曽根総理にとっての私の使い方だったようにも思われる。

そういう事情もあって、正式の政策調整をする機会はなかなかやってこなかった。九月になって、外政審議室発足から半年になるのに、構造調整問題の所管が内政審議室になったために閑古鳥が鳴いているという新聞論評が出たりした。橋本運輸大臣は関西空港問題がまさに外政審議室が調整すべき案件だという意見だったが、後藤田長官が慎重だった。東芝機械ココム違反事件に伴う外為法改正のときの調整も、官房長官と副長官が直接行なったので、外政審議室が表面に出ることはなかった。一応調整役を果たした例としては外貨減らしのための緊急輸入の計画づくりがあったが、中曽根内閣時代は私の説明を受けて総理が自分で関係省の大臣や次官に指示するということが何度もあり、また私が総理や官房長官の命を受けて、関係省庁と個別に話し合うということが多かったから、外政審議室の調整が世間の目

対外経済協力審議会会長（中央）に辞令を手渡す中曽根康弘総理．右端が私（1987年5月）．

に見えることがあまりなかったのである。例えば、英国の通信会社C＆Wがわが国のテレコム市場に参入を求めてきた問題については唐沢俊二郎郵政大臣から総理に直接説明が行なわれていたようで、私が総理に問題点を説明すると、総理は自分で唐沢大臣に指示をしていた。また、アクション・プログラムの実施状況を行政監察するというアイデアを私が出したときも、私の説明を聞いて総理は何度か山下徳夫総務庁長官に直接指示を出した。

竹下登内閣になってからは、官房長官が果たすはずの調整役を小沢一郎内閣官房副長官が代行することが多くなり、建設市場開放問題では小沢副長官が行なう調整を外政審議室が担当したので、外政審議室の調整機能がかなり前面に出るようになった。

第二は、総理に対するブリーフィングである。私は原則として週一回総理に直接ブリーフする機会が与えられた。これは大変な特権で、役人のなかでは外務次官だけが持っていた総理に対するアクセスである。立ち会うのは通常は外務省から出向している秘書官だけだったから、総理と本当に内輪の話ができた。私はその内容は室の審議官を含め誰にも話さなかった。そのことが私の隠然たる力になるからだ。しかし、総理の関心を満たす情報を毎回用意するのは大変だった。各省は貴重な情報ほど自分で総理に上げようとする。したがって、私は問題ごとに関連情報を集め、自分で整理して報告しなければならない。対策についても総理の立場に立って実現可能と思われることを自分でまとめて、提言するようにした。それに伴って総理のほうから指示があれば、それをベースに関係省と話し合った。

ブリーフィングについては、私の日記にそのときどきの内容と総理の質問がかなり詳しく書いてあるが、それを具体的に説明するのは適当でなかろう。一口で言えば、総理は注意深く説明を聞いて、鋭い質問ないしコメントをされた。私がただちに答えられず、次回改めて説明したことも何度かあった。また、場合によっては、説明したことへの対策について、総理からその場で指示を受けたこともある。

後藤田長官にも、藤森昭一副長官（事務）にも総理ブリーフィングの前後に報告したが、後藤田長官の反応は常にシャープだった。時折私の報告に反論されることもあったが、重ねて説明すると理解も早かった。一例を挙げると、米国のコメの市場開放要求について説明したとき、「コメだけは絶対にだめだ。貿易のために日本社会の安定を壊してもいいと言うのか」と厳しく反対された。私が、「その点は確かに重要ですが、今のように一粒も入れないということは世界の自由貿易体制のなかで通用しないと思います」と言ったら、ぐっと考えて、「一粒たりともだめだとは言わないが、蟻の一穴ということになりかねない。基本を曲げてなし崩しにしてはならない」と答えた。そのおかげで、私は「絶対反対」という方針をとらなくてすむようになった。藤森副長官はおおむね聞きおくという姿勢だったが、随時相談に乗ってくれ、どこへ話を持っていくべきか、行く先を紹介してくれたりもした。後任の石原信雄副長官は政務担当の小沢副長官が自治大臣のときに次官だったからか、ほとんど口出ししなかった。

第三は、総理府の仕事だった。組織上、内閣外政審議室長は総理府外政審議室長を兼務していたので、総理府外政審議室長としての仕事もあったのである。それは簡単に言えば、各省に共通する事項、ないしどの省の所管にも属さない事項の処理である。前者の例としては、対外経済協力審議会の事務局や国際文化交流に関する懇談会の事務局としての業務などがあった。後者は、大部分は消極的権限争いによる産物で、例えば台湾人元日本兵に対する補償問題や沖ノ鳥島の補強問題などがあった。

以下在任中に扱ったいくつかの問題について記録する。

二　中曽根内閣

台湾人元日本兵に対する補償問題

一九八六年七月二九日、有馬元治自民党議員に招集されて衆議院法制局長室に藤田公郎外務省アジア局長ほか四人が集まり、台湾人元日本兵に対する弔慰金・見舞金のための議員立法の法案作成の協議をした。

この問題は、私にとって浅からぬ因縁があった。一九五二年（昭和二七）の日華平和条約のなかで台湾人元日本兵への補償の問題は「日本国政府と中華民国政府との間の特別取極」の主題とされていたのだが、日本の「戦傷病者戦没者遺族等援護法」や「改正恩給法」の適用は日本国籍保有者に限られるという問題があった。その後、中華民国との国交関係がなくなったので、この問題は手つかずのまま宙に浮いていた。実は私の中国課長時代にもこの問題が持ち上がったのだが、中国との国交正常化直後にこの問題を処理するのは政治的に困難だったので、先送りにした経緯があった。その問題が一五年近くたって、再び私のところに舞い込んできたのは宿命的だった。

有馬議員は台湾生まれの台北高校出身者であり、一九七四年（昭和四九）末に台湾人元日本兵の中村輝夫氏（民族名はスニヨン、漢名は李光輝）がモロタイ島で発見されて帰国したときの支援活動に関係して以来、「台湾人元日本兵等の問題懇談会」という議員連盟を立ち上げて、会長として熱心にこの問題の解決に取り組んでおられた。彼らの支援で一九七七年（昭和五二）に元日本兵一二名が東京地裁に提訴したが敗訴し、八五年（昭和六三）の東京高裁の判決も原告側の控訴を廃棄したものの、「四〇年の歳月が経過したいま、補償をいまだに放置している日本政府の責任を道義的見地から厳しく批判し、国政関与者には、予測される外交上、財政上、法律技術上の困難を克服し、早急にこの不利益を払拭し、国際信用を高めるよう尽力するよう期待する」と付言した。

他方、議員懇談会は一九八二年（昭和五七）に議員立法の準備を始めたが、宮澤喜一官房長官の要請により国会提出を見合わせた。しかし八三年（昭和五八）三月に自民党政務調査会がこの問題を取り上げ、内閣部会に「台湾出身元日本兵等に関する小委員会」を設けた。他方、有馬議員は藤尾正行自民党政調会長の意を受けて中国大使館に打診を始めた。一九八五年度予算編成の際、藤尾政調会長の要求により、政府と自民党三役の折衝の結果、総理府に五〇〇〇万円の「検討費」が付けられたという経緯があった。

私たちの「四者会談」はその後何度も繰り返され、一九八七年（昭和六二）九月一〇日に「台湾住民である戦没者の遺族等に対する弔慰金等に関する法律案」が議員立法により衆議院を通過、一八日に参議院で可決された。

こうした過程への外政審議室の関与は議員立法に対する支援だったが、「四者会談」は頻繁に開催されたし、総理、官房長官を含め総理府内部の連絡説明、主計局との打ち合わせなど、物理的には相当な労力だった。

「四者会談」における主な問題は中国、台湾との関係に関するもので、議員立法の建て前上、その折衝のほとんどすべてにあたったのは有馬議員自身で、藤田局長と私は助言する役割だった。中国側の関心はこれが「二つの中国」、「一つの中国、一つの台湾」に結びつかないかということで、徐敦信《じょとんしん》中国公使は具体的立場を明らかにしなかったので、有馬議員はいろいろ詮索しながらも実に辛抱強い折衝を繰り返さなければなならかった。かたや台湾側はこの問題は本来中華民国の主権の問題であるとし、有馬議員が中国側に先におうかがいをたてたことに憤り、中国側が日本赤十字社と紅十字会の間で処理することを要求したのに反対して「亜東関係協会を通すべきだ」と主張して、有馬議員を悩ませた。有馬議員は一方に話したことが即時に他方に伝わると嘆いていたが、これはまさに私が日中航空協定交渉を担当したときの苦労と同じで、私がこの折衝をしないですんだことは本当にありがたかった。

議員立法が成立した後、外政審議室がまず取り組まなければならなかったのは弔慰金支払いのための予算の獲得だったが、その最大の問題は弔慰金の額の決定だった。議員立法の時点で、弔慰金の額を決めずに法律だけを通すと後で金額を決める際に収拾がつかなくなるという意見が政府部内に強く、私は板ばさみになったが、到底そんな余裕はなかった。いよいよ予算折衝のときが来て、なんとか金額について結論を出さなければならないというつらい立場に立たされた。一九八二年暮れに議員懇談会が法案を作ったときは「一人あたり三〇〇万円」という金額が盛り込まれていたこともあり、「三〇〇万円」という数字が一人歩きしていた。政府内部では五〇万円という金額が取りざたされており、多くても一

○○万円という感じだった。自民党では山中貞則議員懇談会名誉会長に大蔵省との折衝を一任した。山中議員が篠沢恭助主計局次長と折衝した結果、二〇〇〇万円で決着したのだが、有馬議員はこれに不満で、私は有馬議員をなだめる役を背負い込む結果になった。最後に篠沢次長と山中議員のところに確認に行ったとき、支払いを交付国債で行なうことに異議が出た。これは予算要求のシーリングを避けるための便法だったのだが、山中議員は即刻現金で払えという。篠沢次長が一瞬説明に窮したとき、私が、思いつきではあったが、「国債で渡しておいたほうが受領者はいつでも為替レートの有利なときに換金できるから、これは遺族にとって有利になる」と説明したら、納得したという一幕があった。予算の大臣折衝の場で、宮澤大蔵大臣が「金額に対する神経が鈍ってきましたな」ともらしたのが印象に残っているが、私はそれまでの一年間に台湾ドルの為替レートが二倍近く上がっていたこともあり、内心二〇〇〇万円ぐらいは支払わなければ、台湾の関係者の気分を抑えられまいと思っていた。台湾の一部では二〇〇万円でも少なすぎるという声もあると伝わってきたので、有馬議員は永末英一議員懇談会副会長(民社党)と台湾に説得に行った。

次の難問はどこが給付の事務処理をするかという問題だった。まず、実施事業を日本赤十字社に引き受けてもらわなければならなかった。私は小池欣一副社長を訪ねてこのことを要請したが、「こんな政治的に複雑な問題は日赤には実施能力がない」という反応で、難しい問題については政府が引き続き対処するという約束をさせられた。有馬議員は亜東関係協会の馬紀壮《ばきそう》代表の了解を取りつつ、紅十字会との連絡をした。結局、日赤の近衛忠煇社会部長が台湾に行ったところ、意外にも「近衛文磨総理の孫が自ら来た」と歓迎されて、実施の目途がついた。そこで、政府は日赤の所管官庁たる厚生省に主管事務を要請したのだが引き受けてもらえず、結局総理府のなかに担当する室を新設して所管することになった。

問題解決のための有馬議員の熱意には本当に頭が下がる思いだった。また、議員立法も有効な役割を果たしうることを学んだ一件だった。

中曽根総理の「知的水準」・「単一民族」発言

一九八六年八月一四日に後藤田官房長官は、翌一五日の終戦記念日に中曽根総理は靖国参拝を差し控えることにしたとの談話を発表した。また、九月五日には、藤尾正行文部大臣の『文藝春秋』における韓国併合についての発言（併合は韓国の同意のもとに行なわれたので日本だけの責任ではないといった主旨）が問題化し、藤尾氏は自説を曲げなかったので、八日に文部大臣を罷免するという事態になった。しかし、これらは内政問題ということでわれわれ外政審議室は関係しなかった。

国際問題化したのは、九月二二日の自民党全国研修会での中曽根総理の発言だった。「米国は黒人やプエルトリコ人などがいるので、日本のほうがインテリジェンスが高い」と言ったことと、「女性は発言の内容は覚えていなくても、ネクタイの色は覚えている」と言ったことが、差別発言として米国で予想以上に問題となり、議会で非難決議が行なわれるという状況になってしまった。そのため、二四日の晩、総理は謝罪の談話を発表した。そのなかで、「日本は単一民族国家」と発言したことが、新たな批判を巻き起こした。これに関しても外政審議室は当初は関与を求められなかったが、一〇月四日に米国のアフリカ系団体とスペイン系団体が日本製品のボイコットを始めたという報道が伝わってきたため、六日には長谷川和年秘書官と外務省の関係課長を集めて、広報対策を話し合うことになった。この発言が大きな反発を引き起こした背景には、「単一民族」という言葉に「純血」というニュアンスがあり、それが欧米人には「ナチス」思想を連想させるということがわかった。私はアメリカのコンサルタントの意見も聞いた上で、中曽根総理には今はじっくり構えて、メキシコの地震災害の救援募金ために総理が街頭に立ったことがメキシコに対する広報に役立ったように、機会を見て行動で示すのがよい、と進言した。一一月二六日の『ジャパン・タイムズ』に「総理発言の真意は民族的知性についてである」というウィリアム・ウェザーオール（フリーランサー）の寄稿文が掲載されたが、総理の考えをよく代弁していると感じたので、これを在外公館に配りたいと思い、彼に会ってみた。ウェザーオール氏はまじめな人物で、「日本の為政者は、日本の『同化政策』は少数民族に対して日本人と同等の扱いをすることだと主張するが、少数民族の立場からすれば、それは自主性を否定されることであって、差別にほかならない」という意見を述べ、私はその通りだと思った。

総理訪米のための安倍特使派遣

一九八七年四月の連休に総理が訪米するという日程が決まったが、日米経済関係は厳しくなるばかりだった。一九八六年の米国の貿易統計が発表されたが、貿易赤字が一六九八億ドル、経常収支赤字が一四〇六億ドルという史上最悪の状況だった。そのうち対日貿易赤字は五八六億ドルと前年比で二割近く増大していた。日本との間では一月末から二月初めにかけて一連の貿易協議が行なわれ、半導体、スーパーコンピューター、関西空港、第二KDDなどが取り上げられたが、米側交渉者は進展がないことにフラストレーションを感じ、議会の公聴会で相次いで非難されていらだっていた。

三月六日のブリーフィングで、中曽根総理は「訪米の時期が悪いことは間違いない。行ったらひどい目に遭うという意見もある。しかし、そういうときだからこそ行かなければならないという考えもある。レーガン大統領から招待されているし、外務省は行ってくれというから、行こうかということだ。こういう厳しいところにやって来て話し合い、言うべきことを言い、やるべきことをやると言えば、それは勇気あることだという風に米国人は受け取ることも考えられる。死中に活を求めるということで準備してほしい」と心境を語った。

この日、ジョージ・シュルツ米国務長官が総理と会談したが、彼も関西空港と自動車電話の問題を取り上げた。総理訪米までに何か成果をあげなければならないという緊迫感を持っているのだと察せられた。また、彼が中国が日本に対して不安感を持っていると伝えたことも、注目された。

私はちょうど、ハーバード大学のなかにある全米経済研究所（NBER：National Bureau of Economic Research）のマーティン・フェルドシュタイン教授（私のワシントン在勤時代の経済諮問委員会委員長）からプエルトリコでのシンポジウムに招待されていたので、その機会を使って三月三〇日から三日間ワシントンに立ち寄り、情報収集をすることにした。

ワシントンでは、ダグラス・マクミン、ガストン・シグール、アレン・ウォリス、マイケル・スミス、アラン・ウルフなどの旧友に会ったが、誰もが対日感情が急速に悪くなっているという。また、これから日本が頼りにすべき人はジェームズ・ベーカー財務長官だということでも皆一致しており、ベーカー対策としては内需拡大が重要ということだった。シグール補佐官は「国務省と国防省が総理訪米を成功させるように持っていくから心配するな」と心強いことを言ってくれたが、ケンドールやスパーク・マツナガなどを訪ねると、厳しい話をされた。マツナガ議員からは「ここまで日本に対する世論が悪くなってくると、中曽根総理に来てもらって、総理の口で議会の人たちに話してくれないと収まらない。ほかに方法がない」と言われた。

その後、一九八七年四月三日から五日にサンフアンで行なわれたNBERのシンポジウムに行ってみると、そこにはアラン・グリーンスパン、マイケル・ブルーメンソール、ボブ・ストラウス、ジェフリー・サックス、ジャック・アタリ、ヘルムート・シュミット、レナート・ルッジェーロなど、有名人ばかりが顔を揃えていた。政策調整の議論をしていたとき、シュミットが「日本は国際社会でますます孤立している。日本の政治家には巨大な黒字をうまく使うだけの知的能力がない」と発言したのに関連して、何人もの人から質問を受ける羽目になったのには参った。貿易問題の討議のときには私が読んだペーパーが何人かの人から誉められたが、ブルーメンソールからは、「日本がいくらすべてにおいて正しいことをしていても、今日のような大規模かつ継続的な黒字は到底他国から受け入れられないということを、日本は十分理解すべきだ」と言われた。サックス教授が「前川レポートはギミック（場当たり）に終わった」というコメントをしたので、私はそれに具体的に反論した。さらに米国のニック・プラットが「日本の市場にまだいろいろ問題がある」と言ったのに対しては、アジアNICSやECからの輸入が増えているのに、米国からの輸入がいかに増えていないかについて説明した。要するに、これだけの有識者の間にさえ、日本に関するインフォメーションがまったく正確に伝わっていないことを見せつけられたシンポジウムだった。

サンフアン滞在中に渡邊幸治経済局長から電話があり、安倍晋太郎自民党総務会長が四月一九日から二五日までの間総理特使として訪米するのに私が随行することになったという連絡があった。

外務省は総理訪米に備えて、渡邊経済局長を中心にいわゆる「四つの箱」づくりを準備していた。第一は思い切った内需拡大、第二は輸入拡大に役立つ直接的措置、第三は開発途上国に対する資金還流、第四は個別問題を極力改善することだった。安倍総務会長は外務省の意見も勘案しながら、訪米にあたって党を挙げてのタマづくりを進め、四月一七日に党の「緊急経済対策要綱」が決定された。昭和六二年度予算案がまだ衆議院を通過していなかったので政府が動きにくかったため、与党自民党にイニシアティブをとってもらう必要があった。「要綱」の目玉は、五兆円を上回る財政措置、一〇億ドルにのぼる外国製品の政府調達、三年間で二〇〇億ドル以上の途上国向け資金還流で、さらに半導体、関西空港、コメ、チョコレート関税などの個別問題については明確な線を打ち出すという方針だった。

安倍特使は、レーガン大統領、ブッシュ副大統領、シュルツ国務長官、ベーカー財務長官などの政府要人や議会筋と精力的に会談して、日本がいかに努力しているかを説明した。安倍特使はシュルツ長官、ビル・ブロック通商代表との個人的友情のおかげもあって、予想以上に温かく歓迎された。特に印象的だったのはベーカー財務長官がポトマック・リバーで財務省のボートに招待して親しくもてなしてくれたことだった。私は大統領補佐官時代のベーカーを知っているが、彼がこんなに愛想がよかったのは初めてだった。彼は今やドル暴落を懸念するようになって、日本の経済対策を為替安定材料に使おうとしているのではないかと思われた（米国にとっては日本に米国債を買ってもらうことが、われわれの認識以上に重要だった）。

米国側は、内需拡大措置五兆円が中央政府の支出ベースであれば効果があるという見方をしており、特に減税分を上乗せしてほしいという希望だった。政府輸入の一〇億ドルについても、それだけ輸入する材料があるのかという関心を示した。

安倍特使に対する米マスコミの関心の大きさは異常で、まるで犯人が逮捕されたときにテレビカメラが押しかけてくるときの状況を思い出させるほどだった。ともかく、日本政府が努力して対策を考えているということは米側に伝わって、総理訪米の地ならしという所期の目的は果たすことができた。

四月二六日の日曜日に、レーガン大統領から内需拡大策についての親書が来たというので柳谷謙介外務次官から呼び出しを受けた。安倍特使が説明したことに対してレーガンが念を押してきたものだが、減税分の上積みを要求する内容だった。中曽根総理は、自民党幹部、大蔵大臣、官房長官の了解を得た上で返事するようにという慎重な反応だった。後藤田官房長官は「そんな要求は内政干渉だ」と怒ったのだが、結局一兆円の減税を上積みすることに決まった。

外務省による訪米準備と並行して、私は二度ほど中曽根総理にブリーフィングをした。三月にワシントンで情報収集した際のウォリス国務次官のアドバイスも勘案して、訪米前に総理に頭に入れておいてほしいことを整理したのである。総理には、以下の六点を日本の意思として、テレビや議会で印象づけるべきだと伝えた。①日米関係は日米双方にとってきわめて重要なので、貿易問題のせいでこれを覆すようなことがあってはならない。②日本は自ら、現在のような大きな貿易黒字を続けるべきではないと考えている。それは世界経済のみならず日本自身にとっても不利益を招くからである。③今や言葉でなく行動のときだと日本は自覚している。④日本は自分のためになすべきことを実行するが、日米貿易問題の解決には日米双方に果たすべき役割があると考えている。⑤日本は今日の経済力に即応した国際社会への貢献をするつもりである。⑥すでに経済の実態には改善傾向が現れているが、さらに加速するよう努力を倍化するつもりである。

いざ訪米した中曽根総理は、随行した渡邊局長の表現を借りれば、「首脳会談、議会要人会談、記者会見で、目を見張るようなパフォーマンスを見せ、大成功を収めた」由だった。

成功の一つは為替レート問題で特別声明を出して、米側にもこれ以上ドル安を望まないと言わせたことだった。これは私たちの手の届かないところで準備されたものだが、総理は訪米の武器として短期金利の低め誘導を、日銀にのませてあったようだ。もちろん私は米国から帰国直後に「これができれば武器になる」と進言したのだが、私が日銀の菅野明理事に話したときの感触では日銀は到底動きそうになかった。後日、日銀幹部との懇談のときに聞いた話では、四月二五日にアジア開発銀行の大阪総会のために来日した米連邦銀行理事との間で短期金利引き下げの話を進めたとのことだった。

ベネチア・サミット（一九八七年）

次の主要案件は一九八七年六月八日から一〇日までのベネチア・サミットだった。その準備はシェルパの北村汎外務審議官を中心に外務省が行なったので、私は中曽根総理が事前にサミット参加国の記者団と会見する際のブリーフ（大綱）を提出した。会見で述べるべき主なポイントは、日本政府は貿易黒字減らしを急務と考えているということ、経済成長を国内需要依存型に変えていくこと、日本は世界平和の維持、ウルグアイ・ラウンドの成功など自由貿易体制の維持を望んでいること、ＯＤＡの拡充など国際社会の発展に貢献する意思があること、これからの一年間は世界経済にとって重要な岐路になるから、サミットで安定成長のための方策を考えなければならないこと、の五点だった。

ベネチア・サミットは中曽根総理にとって最後のサミットだったが、総理はそれにふさわしい活動をした。私の日記には次のようにまとめてある。

「ベネチア・サミットは外国ではあまり評判がよくなかったが、日本の外交にとっては、歴史的に大きな成果があったと思う。第一は、従来日本は国際的貢献をする意思がないとか、国際的責任を果たさないとかという批判を受けていたが、今回のサミットで総理が直接各国首脳に説明した結果、今度は話が違うなという印象を与えた。六兆円の内需拡大策、海外からの一〇億ドルの政府調達、二〇〇億ドル

ベネチア・サミットの折，総理専用機の機内で．手前左から，私，中曽根総理，奥左から，赤尾信敏経済局審議官，長谷川和年欧亜局長，平林博経済局総務参事官．

の資金還流がそれぞれよい説得材料になったが、とどめを刺したのは五億ドルの対アフリカ援助だった。第二に、日本の総理が世界政治の枢要な議論に当然のごとく参加し、発言権を持ったという事実である。世界の政治にとって致命的な話し合いに日本の代表が参加したのは海軍軍縮会議以来ではなかろうか。第三に、ドル安防止の底固めができたことだ。東京サミットのときには、離日前にレーガンが『日本が為替レートの安定を希望するのは理解する』と言ったのがせいぜいだったが、今回は最初からこれ以上のドル安は米国経済のためにも、世界経済のためにもよくないという認識がはっきりしていて、米側は財政赤字削減の要求も甘んじて受けた。これには裏話があったと総理から聞いた。つまり、前回の訪米のときにブッシュ副大統領の公邸に夫妻で招かれた際、総理から、『米国の赤字は世界的な問題であるから、万一のことを考えなければならない。だから短期金利の引き下げについても、米国債の購入についても努力している。万一カタストロフィの兆候が見えたら日本は財政資金を使ってでもドル暴落を防ぐ緊急措置をとらなければならないと考えている』と話した。ブッシュからその報告を受けたレーガンは非常に喜んだそうだが、その実績を背景に総理はベネチアでレーガンに直接財政赤字削減を説いたのだった」。

東芝機械ココム違反事件と外為法改正

一九八七年五月一五日、通産省は「東芝機械ココム違反事件」に関する処分を発表した。この事件で不正輸出の対象となった製品は、金属を研磨する九つの軸の制御が同時にできる、最高性能の工作機械だった。この工作機械を使って潜水艦のスクリューを作ると、著しい低騒音性が実現し、そのスクリューを使った潜水艦は音がしないため、どこにいるかが見つけられない。それまでは「ソ連の原潜は音が大きい」と評価されていて、電波探知機で追跡できたのだが、東芝機械がココム違反をして提供した九軸制御の工作機械のために、ソ連の新しい潜水艦は音がしなくなった。もしＳＬＢＭ（潜水艦発射弾道ミサイル）を積んだソ連潜水艦が探知できず、アメリカ本土が危険にさらされるようになったらどうするかという問題を、アメリカが提起してきたのだった。

一九八六年の春、この件でアメリカから照会があった。通産省では一九八五年の暮れにココム事務局に届いた投書に基づいて東芝機械などの関係企業に調査をしたが、そのような事実はないという結論に達したと言っていた。通産省の「不正輸出の事実はない」という回答に対し、私はもっと調査するようにと求めたのだが、通産省は「十分調べた上でのことだ」と言うので、そのままアメリカ側に伝えた。

しかし一九八七年一月にココムの会合で米側の厳しい批判を受けた。それを受けて通産省は再度本格的な調査を行なって追及した結果、東芝機械は九軸制御の工作機械を輸出したことを認めたのだ。

日系ロビイストのマイク正岡が、「日本人に対し、『反逆だ（treasonable）』という言葉が使われたのは初めてだ」と嘆いているという話も伝わってきた。大河原良雄前駐米大使から、親会社である東芝の岩田弐夫《かずお》相談役から呼ばれたという電話があったので、私も何がしかの意見を述べたが、大河原大使が到着したときにはすでに岩田氏は佐波正一《さばしょういち》会長と渡里《わたり》杉一郎社長に辞任を命じていたとのことだった。しかし、辞任後の彼らの肩書である相談役が英語では「councilor（評議員）」と訳されたせいで、アメリカ側には厳しく処分されたようには受け取られなかった。

通産省としてはココム違反で東芝機械等を輸出停止処分にしたのだが、米国では処分が甘すぎるという反応だった。しかし、当時の法律ではこれが最大限の処分で、ココムの管理体制を強化するためには法改正が必要だったので、通産省は外為法の改正に着手した。改正点の一つは刑罰を強化することだったが、管理体制をどのようにして強化するかという問題もあった。このような問題が国の安全保障にかかわる問題であっても、外務大臣にはこれまで輸出許可の為替管理について何の権限もなかった。それではいけないということで、外務省は国際的安全にかかわる問題については、主務大臣すなわち通産大臣は外務大臣と協議するべきであると申し入れた。これが通産省と大変な権限争いとなり、自民党のなかでも議論になって、総理が官房長官に調整を命じた。後藤田官房長官は、田村元《はじめ》通産大臣が米国に釈明に行って勝手に約束してきたことの後始末をさせられるのは心外だと、簡単には引き受けなかった。

そうしているうちに自民党が動き出して、椎名素夫議員が座長になってヒアリングを始めた。国会でも田村通産大臣が「ほかの省が協議に加わるなど聞いていない」と突っぱねたのに対して、倉成正外務大臣が「安全保障にかかわることについては協議に預かるべきだ」と反論した。七月二三日になって通産省筋から「覚書でまとめよ、というのが総理の意向だ」という話が伝わってきて、後藤田官房長官が怒った。そこで藤森副長官が代わりに「この問題は官房長官がとりしきるから党の検討を進めてほしい」と答えた。この問題は私が取り扱うと通産省との間でうまくいかなくなると考えたのか、藤森副長官が官房長官の代わりに自ら調整することになり、外政審議室は党の動きをフォローするなど情報集めの役割を果たした。党の議論は最初外務省に有利に進んでいたが、外務省が権限争いを持ち込んでくるのは不当だという意見も出てきた。七月二七日になって、ようやく通産省が撤退作戦を始め、「法律に明記するのもやむをえないが、『協議』という言葉を使うことには反対だ」と言ってきたので、「外務大臣は意見を述べることができる」という書き方で妥協した。

それで解決したと思っていたら、防衛庁も外務省並みの権限を要求し始め、田村大臣が「それでは対決法案になる」と絶対反対を表明した。七月二九日の深夜、防衛庁の西廣整輝防衛局長が藤森副長官に「このままでは制服組が収まらない」と言ってきたが、私は、そんな脅しに屈すると大きな禍根を残すことになるから絶対拒否するようにと、進言した。

結局、改正案は七月三一日に閣議を通った。厄介な調整だったが、振り返ってみると、藤森副長官が冷静かつ公平な調整をしたことと、椎名議員が明確な信念をもって族議員の主張を抑えたその力量に負うところが大だった。通産省は定員を八〇名から一〇〇名に増やし、ココム違反で焼け太りに終わった印象があって、大方の雰囲気としては釈然としないものが残ったようだ。ともあれ、安全保障上の貿易管理を外務省も入れて複眼的に行なう体制になったことは、海外には良い印象を与えた。

緊急政府調達

先の経済対策の目玉の一つだった外国製品の政府調達を補正予算で実施することになり、その計画づくりを外政審議室で担当することになった。自民党では椎名議員が担当することになったので、私は角《かど》谷《たに》正彦主計局次長と真っ先に彼のところに行って、「これは外国も見張っていることであるから、具体的に何を調達すべきかについて党のほうから口出しをしないでいただきたい。われわれのほうで案を作った上で報告し、ご了承をいただくことにしたい」と申し出て了解をもらった。他方、角谷次長に対しては、「各省との関係では提案は一括して外政審議室で受け取り、一応の審査をするが、外政審議室では個々の内容を精査する事務能力がないので、それは主計局にお願いしたい」と頼んだ。

一四五〇億円にもなると品目の数も多くなって、何を買ったか具体的にはあまり覚えていないが、私がアイデアを出したのは政府専用機の購入だった。日本はサミットなどでも政府専用機を使っていなかったが、そういう国はわずかだった。また、海外の邦人救助の際にも、危険なので飛べないと日本航空に断られた場合、外務省は外国の航空会社を探すのに苦労していた。それで、この際ぜひとも政府専用機を購入しようと、関係方面を説得して実現した。しかし、購入の事務は総理府の官房が担当することになった。もう一つ、海上保安庁で救難機として使う航続距離の長い哨戒機も必要性が高いと考えて、これも外政審議室の優先アイテムにした。日米貿易摩擦で取り上げられていたスーパーコンピューターも購入リストに含めた。

要するに、通常の予算で買うべきものを買うのでは追加輸入にならないので、これまでは買わなかったものを挙げていったので審査が難しかったのだが、とにかく一件の不祥事もなく全額使って購入することができた。

沖ノ鳥島の補強工事

正確な時期は記憶にないが、外務省から「沖ノ鳥島が水没しつつあり、このままではわが国の経済水域の主張ができなくなるから、補強しなければならない。どこも引き受けるところがないので総理府で主管してもらいたい」と言ってきた。農水省にあたったが、「あの島の近辺は漁業資源がないので関心がない」と言う。運輸省にあたったが、「灯台一つのために多額の予算を使う余裕がない」と言う。結局国土庁に引きとってもらったが、船六隻を長期にわたって使う大規模な補強工事を、およそ半年ほど行なった。現在の国土交通省のホームページによれば、工事の完成は一九八九年（平成元）年末で、総工費は二八五億円となっている。工事の間、米国かどこかが人工衛星で発見して異議を申し立ててくるのではないかと心配していたが、どこからも横槍が入らずに無事補強を終えた。

相当大きな工事費だったが、その後のことを思えば、あのとき頑張っておいてよかったと思う。ちなみに、わが国はこの島を基点にして四〇万平方キロの海域を排他的経済水域として主張している。

中曽根総理の退任

一九八七年一一月二六日、中曽根総理は五年間の任期を終えて退任した。総理官邸から笑って去った総理は佐藤栄作総理以来、戦後二人目ではあるまいか。

総理ブリーフィングの最後は一一月四日だったが、九月四日のブリーフィングのときに、「中曽根外交の秘訣は何でしたか」と質問した。総理の答えは次の通りだった。

「総理になった瞬間から戦略的展開を考えて行動したということだ。右に米国、左に中国、足元に韓国との態勢を整えて、世界平和と対ソ外交を展開した。『足場づくり』に関しては、サミットのたびごとにASEAN諸国および韓国とよく連絡した。『首脳外交』に関しては、何よりも個人的信頼関係を重視した。家族ぐるみでつきあい、趣味まで含んだ人間関係を作るようにした。『国際貢献』に関しては、特に強調すべきは途上国に対する資金還流だった。『安全保障のタブー排除』に関しては、防衛費一％枠突破の問題、靖国問題、藤尾正行文部大臣の罷免が重要だった。藤尾大臣罷免はこちらで思った以上に効果があったようだ。『先手を取る』ということも重要で、以前の施政方針演説のなかで、『安定というのは変化に対する動的対応』であると言ったが、要するに、最初から戦略をはっきり立て、行動の重点を選び、実施のタイミングの選び方に誤りないようにすることが大切だ」。

総理から記念に書をもらったが、「呑旗亭酒」と書いてあった。私はとっさに杜牧《とぼく》の「清明」を思い出したが自信がなかったので、「勝手な解釈ですが、そのうち時間ができたら飲み屋で一杯やろう、という意味ですか」と質問したら、「『時ありて呑む旗亭《きてい》の酒』というのだよね」という答えだった。

三　竹下内閣

一九八七年（昭和六二）一〇月一九日に中曽根総理は次期自民党総裁に竹下登氏を推薦し、自民党大会での正式決定の後に、一一月六日、竹下内閣が成立した。

私の第一回総理ブリーフィングは一一月一三日に行なわれた。当面は翌一九八八年一月の訪米を念頭において、それまでに対処しておかなければならないことについて説明したが、主なものは農産品一二品目問題と、関西空港の調達手続きをほかの公共事業にも拡大適用せよという米側の要求だった。

㈠ 農産品一二品目問題

農産品一二品目問題については、一年前の一九八六年九月二〇日、ガット閣僚会議でようやく「ウルグアイ・ラウンド」の開幕が宣言されたが、そのとき設置されたガットパネルの報告書案が、八七年一〇月三〇日にジュネーブで日米双方に内示された。米国が提訴していた日本の農産物一二品目の輸入数量制限はすべてガット違反であり、日本が期待していた分割採決は認められないという結論だった。これらの貿易額は小さいが世界に対する象徴的な意味が大きいので、ガットの最大の受益国ともいうべきわが国としてはガット裁定を拒否しにくかった。何よりも痛かったのは、日本が援用していたガット一一条二項（独占国家貿易に対する輸入制限の許容）の適用が認められなかったことで、これがコメに影響せざるをえないことだった。

ところが一一月二五日になって、農水省が「酪農品と澱粉についてはガット裁定に反対する」と言い出した。真木秀郎経済局長に来てもらって話したが、彼は、この二品目についてガット裁定に同意すれば内閣がつぶれるという。外務省は分割投票が可能だと言っていたのに、急に立場を変えたので、私は「最後まで分割採決を要求せよ」と頑張った。一二月四日の昼食時に、小渕恵三官房長官のところに外務・農水の事務次官に来てもらって相談した。村田良平外務次官の意見は、「分割採決が不可能となっては日本がこれをブロックするのは影響が大きすぎるから、日本の言い分は記録にとどめて、採決には反対すべきでない」というものだった。石川弘農水次官は、「趣旨はわかるが、こちらの言い分を主張すればするほど採決に反対しない理由づけが難しくなるので、党幹部の説得のために時間をもらいたい」ということだった。

夕方になって、外務省に問いただしたら、農水省は自民党の根回しに失敗し、ガットの採決を延期してほしいと言っているとのことだった。官房長官は羽田孜自民党議員から党内説得ができないという報告を受け、二月には必ず決断することを農水大臣と確認した上で、延期の要求をせざるをえないという。私は「米国がそれに乗る可能性は少ないと思われるが、そのときはどうするか」と質問したが、それに対して小渕官房長官は、「そのときは降りざるをえないが、それはそのときに考える」という答えだった。かたや小沢一郎内閣官房副長官は、外務省が官邸に調整を頼んでおきながら、勝手に農水次官の要求する線に降りたことを怒っていた。私から、「外務省は羽田—小沢—小渕のラインは一本と思っていたのではないか」と釈明したら一応理解したが、村田次官に説明に来てもらった。しかし、説明のなかに官邸の理解と食い違うことがあったため、小沢副長官の怒りは収まらなかった。

他方、ジュネーブの会合で米国が延長を拒否する場合には方向転換する必要があると思って、官邸側も待機態勢に入った。日付が替わり一二月五日午前三時近くになって、通産省筋から「米政府は延期に同意できないという訓令を出した」という情報が入り、官房長官が方針変更を決めなければならないという時点でジュネーブから、「日本が延期を要請したのに対し、米国は『遺憾』と不満を表明、ECが分割採決に反対の意見を述べたが、ほかに発言はなく、議長が『延期する』と発言した」という報告が入った。農水省からも「延期が決まった。クレイトン・キース・ヤイター米通商代表は不満を述べているようだが、米国に対しては外務省から十分説明済みのはずであり、本件は夕刻打ち合わせの通り完了したと、農水省は理解している」と言ってきた。こんなことでは何のために官房長官と副長官を深夜まで待たせていたのかと、外務省の連絡の悪さに不満を抱いたが、外務省のプレス応答要項が長すぎるので、「二月の理事会では解決するように全力を尽くす」という簡単な案を作って農水省の了解をとった。翌朝報告電報を読むと、米国のマイケル・A・サミュエルズ大使（ガット担当）は単に不満を述べただけでなく、「日本が採択を拒否した」と非難し、「もし日本が採択の阻止に固執するなら米国は二国間で措置をとる」と言明している。竹下内閣発足早々に外務省と官邸との連絡がこのように悪かったのは残念なことだった。それ以後この問題は官邸の手を離れたが、米側との交渉が決着したのは翌一九八八年の七月二〇日だった。

(二) 建設市場開放問題

竹下・レーガン会談前の調整

一九八七年一二月一五日の夕刻、私は密かにタイ航空で成田を出発してシアトルに向かった。外務省、建設省、運輸省の課長も一緒だったが、当時メディアからも政界からも注目されていた建設市場問題の打開のために、われわれが用意した案についてのアメリカ側の反応を探るために隠密裏に往復する必要があったので、日本便を使わず、日本向け出発便が出る午前中にワシントンに到着しないようシアトル経由にしたのである。市内でも、人目につかないよう佐藤嘉恭公使が今まで使ったことのないカンタベリー・ホテルを予約してくれた。

問題は建設市場に対する米国の参入だった。これは私が経済局長を離任する（一九八六年八月）数カ月前、米国から関西新空港の建設に対する参入を認めるよう要求してきたことに端を発する。当時の公共事業は指名入札制度で、指名の要件として一定以上の国内の実績を持っていることが要求されていたので、外国企業は実質的に入札資格が得られないという矛盾があった。米国市場では入札には「ボンド制」というものがとられていて、保険会社からボンド（履行を保証する証書）を買った企業ならどこでも入札できる仕組みになっていた（ボンドの価格はその企業が銀行から与えられている建設実績に関する評価によって決まる）。すでに日本の企業は海外で年間三〇〇〇億円以上の工事をしているとも伝えられた。その多くは海外に進出した日本企業の工場建設だったが、大林組のようにサンフランシスコ市の下水工事を落札した例もあった。不公平のそしりは免れえなかったが、日本の制度には全国五〇万の建設業者の利害が絡んでいて、政治問題のみならず雇用にも関連する社会問題を含んでいた。

われわれの出した解決案は、関西空港のほかいくつかの大型プロジェクトを指定して、それらに関しては米企業に、日本国内の実績がなくとも、実績のある日本企業と組めば入札を認めるというものだった。この交渉には紆余曲折があったが、私は引き続きフォローしていたものの、表には出ず、駐米公使から異動した佐藤嘉恭経済局長が中心になって交渉していた。関西新空港と東京湾横断道路、NTT本社ビルに関しては国内実績を必要としないなどの特別措置を認めることを決め、一九八七年一一月四日付C・ウィリアム・ベリティ米商務長官宛・松永信雄大使書簡をもって、これを通報した。しかし、米側の要求は収まらず、一一月一七日から二一日にはベリティ長官が来日した。翌年一月に予定されていた竹下新総理の訪米を前に圧力をかけに来たのだろう。そこで私たちは一二月に先の隠密の訪米を決行したのである。

一九八八年一月五日には、訪日中のマイケル・スミス米通商代表部次席代表および商務省のマイケル・ファーレン副次官を相手に、私は非公式協議を行なった。そこでの意見交換の結果を昼食時に小沢副長官に報告して、午後、建設省の牧野徹建設経済局長、運輸省の林淳司航空局長と基本案を作った。それを基にして、小沢副長官はホテルでスミス、ファーレンと直接会って、こちらの基本的立場を維持できると判断した上で、総理訪米前にわれわれの構想を正式提案として米側に提示すると言った（内容はよく覚えていないが関西空港など特定の大規模プロジェクトについては、米国企業に「習熟期間」という名目で一定期間、特別待遇を与えるというものだったと記憶する）。

彼らもほぼ満足した。このことを小沢副長官が竹下総理に報告したら、私を電話に出せと言って、「ありがとう。なにぶんにもこれは一身専属的な仕事だからな。一生恩に着るよ」と大げさな感謝の言葉を頂戴した。

米側が指摘した第一の問題点は、日本の制度を無条件に承諾することはできないということだった。米議会ではブルックス・マコウスキー修正（日本の企業をアメリカの建設市場から締め出す法案）が可決された関係もあって、日本の制度がフェアだと承認できないということであろう。第二の問題点は、対象プロジェクトのリストを追加しないとわれわれが言っていることについてだった。ただ、これを大幅に増やすと国内企業に対する逆差別を生じることになるという説明は、米側も一応了解していた。第三の問題点は、関西空港方式をそのままでとはいわないが、主要点はほかのプロジェクトにも取り入れてほしいということで、これは程度の問題である。第四は相互主義にかかわる問題で、わが国としては韓国等との関係を考えると安易に取り扱える性質のものではなかった。以上はいずれもこれから詰めなければならないが、なんとか総理訪米は乗り切れる見通しがついた。

ちなみに、一九八八年一月一四日、田中均北東アジア課長が来て、「建設市場の開放には韓国も加えなければ日韓関係が大変なことになる。OECDの自由化コード違反にもなる」と言う。私は「経済局長を通して外務省の了承を得てやってきたのに、今さら何を言うか」と追い返した。その後、北米二課からもこの案は「検討中」ということにしたいと言ってきた。夕方には斎藤邦彦条約局長から同じ電話がかかってきた。ＯＥＣＤコードまで私が考えていたわけではないが、最初から韓国も入れるとなると、いかなる案も立てられなくなる。一六日に村田次官を訪ねて、「今ごろになって条約との整合性など問題にすると、外務省は国内官庁、官邸、米国政府からのクレディビリティ（信頼）を失うだけだ」と言ったら、彼は了解した。この件では中曽根前総理もかつて建設省に「ぐずぐずしていると韓国の建設業者も入れなければならなくなるぞ」と注意した経緯があった。今ごろになって建設市場開放に韓国を含める話を建設省にするのは不可能なことだったが、かつて部下だった田中君にはもう少し親切な応対をすべきであったと後で反省した。

他方、一月一三日の竹下・レーガン会談はうまくいって「世界に貢献する日米」と題するプレス・ステートメントを発表した。建設市場問題はその後ワシントンでの交渉がほぼまとまったかに見えたが、米議会から反対が起きたということで、また行き詰まってしまった。

ダボス会議

中曽根前総理がダボス会議のメインスピーカーとして招待されたのを受けるにあたって、私がスピーチの原稿書きを命じられていたこともあり、竹下総理の了承を得て、一九八八年一月二九日から二月四日まで中曽根前総理に随行した。中曽根スピーチはかなりの反響を呼んでご本人も満足していた。

竹下総理にはこの会議で感じたことを報告した。第一に、日本ではとかく難しい問題はウルグアイ・ラウンドへ持ち越しにしてその場は逃げる傾向があるが、米国やカナダなどでは今月末の中間レビューがきわめて重視されており、そこで成果を確認できなかったら、ウルグアイ・ラウンドは米議会で不信を招いて失速し、墜落してしまうという危機感を、彼らは持っているということである。第二に、今はマクロ政策の関心は西独に向けられていて、前年の日本叩きの雰囲気はやわらいでいたが、農業問題に関する豪州の対日批判は相当激しいものがあったということである。

会議で配布された『リンク（Link）』という機関誌には竹下総理のメッセージが掲載されていた。

小沢副長官の訪米

前述のように一九八八年一月初めの基本合意の後、ワシントンで細部を詰める交渉が行なわれていた。交渉は新任の佐藤嘉恭経済局長が中心になって行なわれたのだが、米国議会からの横槍が入って、行き詰まってしまった。東京でも小沢副長官とデュセイ・アンダーソン米公使が打開策を見出そうと何度か話し合ったが、アメリカ側の要求は厳しく、何をどこまで譲歩すれば合意に至るのか見当がつかなかった。しびれを切らした小沢副長官は、自分でワシントンに乗り込んで決着をつけると言い出した。そこで小沢副長官が訪米する前に私が渡米して問題を整理することになった。米国ではその前の三月三日に、鹿島建設がワシントンの地下鉄工事への入札を拒否されるという事態が生じていた。

ところが、私が到着してみると、アメリカ側の交渉相手が変わっていた。それまで建設協議は商務省のウィリアム・ベリティ商務長官の「ペット・アイテム」（お気に入りの問題）だった。しかし商務省ではブルース・スマート次官に次いでファーレン副次官も辞任するなど大きな人事変動があり、その結果、われわれの交渉相手はスミス通商代表部次席代表になった。スミスは通商法三〇一条適用論者として知られていたが、私はしかたなく彼と話を詰めていった。しかし、最後まで解決できない問題がいくつか残ったので、小沢副長官に電話をして、訪米を延期するかどうかと聞いたところ、小沢氏は訪米を決断した。結局、私が決めたのでは日本の国内が収まらないから小沢さんが来ることになったのである。

小沢一郎という人は「いろいろ理屈を言っていてもしかたがない。具体的に何が欲しいのか言え。自分はそれを与えられるかどうかを考える」というタイプだった。スミスは通商代表部のなかでも珍しいガット通で、理論的なことにもずいぶん注意を払う人だったが、小沢氏はそんなことには興味がない。要するに「何が欲しいのかはっきりさせろ」という態度だった。それまでの日本の交渉態度は、農産物でも何でも言葉をにごして逃げまくって、合意するのかしないのかわからないということがよくあったのだが、小沢氏のやり方はこちらで決定して米側に諾否を問うというもので、その点をスミスは高く評価していた。

ワシントンに到着した小沢氏は、ベリティ長官のところに挨拶に行った以外はマディソン・ホテルに陣取って、自分からあちこちに出向くことはしなかった。そこにスミスたちが来て二、三日間協議をし、それまでに対立していたポイントを一つずつ片づけていった。私の折衝で解決を見ないで残されていた問題は大きく分けて二つあった。一つは入札期間の問題だった。米側は日本の企業のように一〇日や二週間では準備が間に合わないと言って、米国の制度と同じ六〇日以上とすることを強く要求していた。日本側は予算執行上の問題があるので無理だと頑張ったが、結局小沢副長官の決断で四〇日とすることで決着した。第二は対象プロジェクトの追加だった。米側が要求するプロジェクトのなかには地方自治体のプロジェクトや第三セクターのプロジェクトも含まれていて、それらについては日本政府が指示することはできないと縷々説明したが、結局は政府が外国企業の入札を「エンカレッジ」(奨励)するという方式で妥協が成立した。

こうして三月二九日、ベリティ商務長官と松永駐米大使が合意文書に署名した。ベリティ長官は「大変良い協定ができた。日本の建設市場でアメリカ企業も対等の競争機会が持てるようになった。後はアメリカ企業の努力次第である」と持ち上げた。

㈢ トロント・サミット

次の課題は、一九八八年六月一九日から行なわれたトロント・サミットの準備だった。それはシェルパである北村外務審議官を中心に行なわれていたが、私は「トロント・サミットに臨んでの日本の抱負」、「わが国として明らかにすべき論点」、「総理が問われそうな問題」などについてペーパーを作成し、私の考えを総理にブリーフィングした。

サミットに向けて特に準備しなければならなかったのは、ODA予算の対GNP比の改善と最貧国の累積債務問題の処理についてのわが国の対応だった。ODAについては、国内的にも、経済審議会の答申で新たな「目標を作る」ことが勧告されており、自民党からも「GNP比を、日本を除くDAC（開発援助委員会）諸国平均をやや上回るところに目標設定することが最低限必要」という意見が寄せられていた。これは外政審議室の調整に適した問題だったが、宇野宗佑外務大臣が「国際協力について新構想を練るように総理から指示された」と発表したので、外政審議室の出番がなくなり、私は裏で総理と官房長官に説明する役に回った。総理は「ガリオア・エロアで戦後日本が受けた援助を合計してみると一五億ドルになった。それを今のカネにしてみると四〇〇億ドルくらいになる」とおもしろいことを言っていた。宇野大臣は前述のように自分が一任されたと宣言したが、竹下総理は私にサミットに向けての準備をしてほしいという意向だったので、何度か大蔵省主計局の寺村信行次長を訪ねて意見交換をした。寺村次長は「GNP比で約束すると予算措置がついていけなくなることがある」と、強く主張した。確かに一九九二年までにGNP比を仮に〇・四%まで引き上げようとすると、GNP成長率を四・七五%と仮定して、一般会計予算を一兆六一〇〇億円まで増やさなければならなくなり、八八年度に比し三六〇〇億円の増、年率一一%増やさなければならなくなる。しかも、〇・四%という目標を示しても国際的にはインパクトがないという苦しさがあった。外務省は結局五年間に五〇〇〇億ドル増やすというところで主計局と妥協した。ただし、無償援助の取り扱いについては官邸から指示を出してもらうことにして、官邸の顔を立てることになったらしい。私は早速総理に無償援助について主計局に指示してくださるようにお願いした。これは最貧国の債務救済のためのものであるが、結局五五億ドル救済の方針が決まった。

前年の一九八七年一〇月に起きたブラック・マンデーのショックから世界経済が立ち直ったおかげで、各国ともに経済情勢が比較的良好なのに加えて、米ソ首脳会談が成功裏に終わって東西関係にもどことなく明るい期待を持ちうるなかで、トロント・サミットは開かれた。各国首脳の発言も前向きで、従来はあまり真剣に議論されなかった開発途上国問題に大きな関心が集まった。特に最貧国の債務救済問題についてミッテラン提案が出されていたので、わが国が方針を決めて望んだことは大変有効だった。『グローブ・アンド・メイル』紙で「日本が第三世界の債務計画」と報じられ、『フィナンシャル・ポスト』紙も「日本が第三世界を支援」と報じた。

マクロ経済政策についてのわが国のパフォーマンスは各国の賞賛を得た。日本はベネチア・サミットで約束したことはすべて実行したという評価さえ得た。経常収支の大幅黒字についても、フランソワ・

トロント・サミットの折，総理専用機の機内で．手前左から，シェルパを務めた北村汎外務審議官，竹下登総理，奥左から，小倉和夫経済局参事官，私，有馬龍夫北米局長．

ミッテラン仏大統領が「日本の市場に仏の商品が入れないのはおかしい」と苦言を呈したほかは、対日批判的な言辞はほとんど聞かれなかった。外国人記者との会見で、「日本はいかにしてジャパン・バッシングを回避したのか」という質問があったのに対して、私が「統計がわれわれのために語ってくれた」と答えたら歎笑を呼んだという一幕もあった。

トロント・サミットのもう一つの特色は、アジアがかなりの注目を集めたことだった。竹下総理はアジアの一国として、ソウル・オリンピック支持、フィリピン支援、貿易ブロック化に対するアジア諸国の懸念について、特に発言した。『インターナショナル・ヘラルド・トリビューン』紙は「日本——変わるイメージ。アジアの代弁者としての役割へ（Japan, Changing Image, Moves into Role as Asia's Advocate)」という表題で報道した。

竹下総理のパフォーマンスについて、英国の『デイリー・テレグラフ』紙は「日本が今次サミットで批判を受けないのは、竹下総理が就任以来一連の改善措置を講じてきたからであるが、同総理は地味ながら約束は必ず守る人物である」と評した。また、『シカゴ・トリビューン』紙は「日本は、その強力な経済にふさわしい世界的リーダーシップを、初めて引き受けているように見えた」と報じた。

四　任期終了

一九八八年（昭和六三）六月三〇日、私は最後の総理ブリーフィングに参上した。トロント・サミットの報告書を提出したら、竹下総理は「君の最後の力作だな」と言ってくれた。その後に予定されていた豪州訪問について若干の進言をし、韓国にサミットの説明に行くにあたっての指示を求めたら、「オリンピックの開会式にはぜひ行きたいが、国会が認めるかな。在京韓国大使が『韓国を訪問する人のなかで総理が大切と思う人がいたら知らせてほしい』と言っていたから、君の訪韓の話をしておいた」という気配りも見せてくれた。最後に「新しく発足した外政審議室に、君が道筋をつけてくれたということだ」と労をねぎらってくれた。

小渕官房長官には、外政審議室をうまく機能させる方法として、調整の指示を明示的に出してほしいこと、内政審議室より外政審議室のほうが仕事に余裕があるので、調整する問題の原因と利益が外国にあるときは外政審議室に割り当ててほしいこと、また五室長の月例昼食会にはなるべく出席してほしいことなどを要望した。別途、厚生省と郵政省からの審議官を派遣したいという要望については私の在任中に官房長官、副長官の了承を取った。

初代外政審議室長としてどれだけ期待に応えられたのかよくわからないままに、二年の任期が終わった。このポジションは、総理と官房長官が外政審議室長をどう使うか次第で仕事ができるかどうかが決まる。その点私は恵まれていたと思う。気を遣うことは多かったが、かなり自分のペースで仕事ができた。今ではこのポジションは、給料こそ事務次官より高くなったが、「内閣副官房長官補」という従属的な肩書になり、事務の副長官の統率を受けるようになってしまったので、当時のような機動性はなくなったのではないかと思われる。

最後に藤森前副長官から聞いたのだが、外務省の小和田恆官房長から、外政審議室長就任にあたって私を総理外遊に同行させないようにという申し入れがあったそうだが、藤森氏がサミットだけは別だと、頑張ってくれたという経緯があったそうだ。

第8章　時代の転換期　外務審議官——一九八八〜八九年

一　昭和の最後の年

一九八八年（昭和六三）七月一日、私は経済担当の外務審議官に就任した。

前外務審議官の北村汎氏、新外政審議室長の藤田公郎氏と一緒に竹下登総理のところに挨拶に行ったら、まあ座りなさいと言われていつものような談義になった。「外政審議室のほうはなんとか定着した。後藤田さんからも聞いていたが、どうやるのがよいか自分も考えていた。まあ、公共事業参入問題の調整をやったころから大体こういうことかいう感じがしてきた」というお話だった。

七月六日のプレスとの懇談では、私は自分の問題意識を次のように語った。「私の最大の課題はウルグアイ・ラウンドで、農業がもっとも難しい問題であろうが、農業交渉を後回しにすると、駆け引きができなくなって損をするのではないかという気がする。第二の課題はサミットのシェルパの仕事だ。来年はフランスが主催するので、特別の準備が必要だ。フランスは今年ですら折に触れて日本に嫌味を言っていた。また来年はフランス革命二〇〇周年の年でもある。第三は、自分の仕事とはいえないが、構造調整にあたって、大幅な規制緩和が必要で、行革審の答申をテコに大いに推進すべきである。個人的には週休二日制の完全実施に長年の関心を持っている」。

韓国訪問

一九八八年七月八日から一一日まで、トロント・サミットの報告のために韓国を訪問した。到着した日に、外務部の洪淳瑛《ホンスニョン》次官補と会談し、九日に洪性澈《ホンソンチョル》大統領秘書室長と崔侊洙《チェグァンス》外務部長官を訪問した。皆温かく歓迎してくれた。洪秘書長は金大中《キムデジュン》事件や朴正熙《パクチョンヒ》大統領射殺事件のときの内務部長官をしていたというのに、きわめて温厚な人物で実によく話を聞いてくれた。崔長官も巨漢ではあるがきわめて温厚な人物だった。

前年に当時の北村外務審議官が説明に行ったときは、NIES（新興工業国）問題の取り扱いなどについてかなり不満を言われたそうだが、今回はまったく様変わりで、それだけ韓国も自信がついたのであろうし、米国に苦労させられて日本を見直したのかもしれない。

九月に開かれるソウル・オリンピック会場を視察したが、もうほとんど完成している感じだった。郊外の荒地にこれだけの施設を作り出したのはいかにもすばらしい。東京オリンピックよりもはるかに本格的だ。選手村の宿舎は民活だそうだがよくできている。往復の道路が片側四レーンで、しかもその両脇に並ぶアパートのビルが日本よりはるかにきれいで、都市計画が東京よりうんと優れていると痛感した。二日後に釜山郊外の東萊《トンネ》という古くからの温泉地に宿泊したが、釜山に入る道路も片側三レーンの立派なもので、郊外には続々と新しいアパートビルが建っていて、ここでも都市計画が日本よりうまくいっているように思えた。実際、ソウル・オリンピックは成功を収めた。

アルシュ・サミット第一回シェルパ会合

一九八八年一〇月八日と九日に、フランスのランブイエ城でサミットの予備会合が行なわれた。次回サミットは一九八九年七月一四日午後から一六日午後まで、パリ西の郊外アルシュに建設中の超高層ビル「グランダルシュ」（新凱旋門ビル。完成後は「ラ・デファンスのアーチ（L'Arche de la Défense）」という通称で呼ばれるようになる）で開催するが、首脳のみの会合はルーヴル美術館のなかの「ルーヴル・ピラミッド」で行なうという方針が披露された。同時期に開催されるフランス革命二〇〇周年記念行事に参加するために他の国々の首脳が来るが、サミットの行事とは峻別するという。

議題については、従来の項目のほかに、環境問題、東西貿易、テロ、麻薬等に関心が集まる傾向が見られた。シェルパの間の討論では、米国の新行政府の経済・財政政策、ウルグアイ・ラウンドに関連する農業と知的所有権問題が議論されたほか、債務問題については、宮澤構想とミッテラン構想*が取り上げられた。東西貿易に関しては、ECが東欧・ソ連との貿易協定締結に前向きで、ソ連のIMF、ガット加入問題も議論された。また、通常兵器削減交渉、化学兵器禁止問題も話題になった。

* IMFで一五〇億SDR（一九〇億ドル）を追加発行し、先進国割り当て分（一二五億ドル）を信託基金へ。保証能力を三倍と仮定すると三七五億ドルになる。債権化したときの五年分の利払いを負担するとして一九九〇億ドルの証券の保証をすることができる。割引率を三〇%にして、一四一〇億ドルの銀行債権を保証しうる。

農業問題をめぐっては、カナダとECの間で激論が起きた。「イスラマバードの会議で米国は大幅な譲歩をしたのに、ＥＣはまったく歩み寄りを見せなかった」と、カナダのシェルパのシルヴィア・オストリが批判したのに対して、「これまでにしてきた譲歩を評価しないのはおかしい」と、パスカル・ラミーＥＣ官房長が反論した。さらにオストリは、「日本は進出企業からの中間品を輸入するだけで、完成品の輸入をあまりしていないのではないか」と指摘し、ドイツのシェルパ、ハンス・ティートマイヤーは、「それよりも輸入所得弾性値がいまだに一％というのは低すぎる」とコメントした。これに対して米のＷ・アレン・ウォリス国務次官が「日本は流通構造改善に努力している」と弁護してくれた。

第一回ＰＲ会合を翌一九八九年一月ないし二月初めに行ない、都合三ないし四回を予定することになった。ＰＲとはPersonal Representative の略で、首脳を個人として代表するシェルパと同義である。

日米高級事務レベル協議

一九八八年一〇月一七日から二一日まで、日米高級事務レベル協議のためにワシントンを訪問した。協議の場でジョージ・シュルツ国務長官の「アジア・パシフィック・フォーラム構想」に関して説明があり、日本政府の反応について質問されたが、そのほかには日米間で持て余した問題があったという記憶はない。コメをめぐるスーパー三〇一条問題については、マイケル・スミス通商代表部次席代表から「日本の立場は全閣僚およびその補佐官に周知されている」と言われたほど、松永信雄駐米大使の活動が徹底していた。

農業問題のカギを握るのは日本ではなくＥＣであるということは、米側も当然承知しているが、日本が「基礎的食糧」、「食糧安全保障」を主張するのが、米国がＥＣと交渉するにあたっては障害になるというのが、米側の不満だった。

協議外の情報収集では、大統領選挙での共和党候補ジョージ・H・W・ブッシュ優勢は固まってきたが、議会では上下両院とも民主党が議席を増やす形勢にあるので、日本側としてはブッシュ勝利の後に、すかさず議会民主党指導者との関係緊密化に着手すべきであるという忠告を受けた。

日ソ貿易協議

ワシントンからボストンを経由してモスクワに向かい、一〇月二五日および二六日に日ソ貿易に関する次官級協議を行なった。また、この機会に、イーゴリ・ロガチョフ外務次官を訪問した。彼は私の北京在勤中に駐中国大使として赴任して来た。マルケヴィッチソ連商工会議所会頭とアルバキン経済研究所長とも面会した。

東芝機械ココム違反事件の余波も一応収まり、日ソ貿易が再び上昇傾向を見せていることを背景に、協議におけるソ連側の姿勢は前向きで、われわれもエドゥアルド・シェワルナゼ外相の訪日を前にして、ソ連側の考えを探ることに関心を持っていた。

ソ連の日本に対する関心は、アジア太平洋地域の興隆に着目した本格的かつ長期的なものだという印象を受けた。ソ連側は日ソ経済関係がその潜在力に比べて不十分ということを強調し、暗に日本政府が北方領土に固執するのがその原因と示唆していた。これに対してわれわれは、政治的に安定した基本関係が確立されることが経済関係発展のために重要だと、繰り返し強調した。ソ連側は「日本はバスに乗り遅れている」と指摘した（英国にも同じことを言っていたらしい）。

ソ連では、一九八七年五月にソ連最高指導者ミハイル・ゴルバチョフによって「ペレストロイカ」（再構築）が始まったが、これは対外経済関係にも影響を及ぼしていて、ソ連側は、貿易権限の分化、合弁企業関係法規の改正、外国商社駐在員の増枠、待遇改善などに着手していると述べていた。また、ガット加入の希望も表明していた。

OECD新執行委員会

一九八八年一一月九日および一〇日にパリで、OECDの新執行委員会が開催された。主要議題はウルグアイ・ラウンドの中間レビューだった。しかし、農業問題について米国が最近行った新提案は、長期目標についてはなんら妥協を示さず、短期目標については「フリーズ」(凍結)という難物だった。ECの代表は同月一四、一五日に予定されている農業大臣会議の前にはなんら新しい考えは示しえない立場にあった。よって両極端の議論にならざるをえないが、にもかかわらず各国とも「中間レビューを成功させなければならない」と繰り返すばかりで、あまり意味がなかった。

知的所有権についても、どの国も途上国を引っ張り込む具体案を持ち合わせておらず、これも難航必至と見えた。したがって、せめて熱帯産品についての進展が切望されるところであり、その点わが国も提案を大幅に改善する必要があった。

食事の席で最も話題になったのは「東西貿易」だった。「北欧の小国が東西貿易に熱心で、ECも東欧援助に熱心だから、東西貿易をOECDで議論するのは日本に不利で、むしろサミットで議論するほうが好ましい」というのが小和田恆OECD代表部大使の意見だったが、実際には前後三回の会食の際の大部分の時間はこの問題に費やされた。要するに、ゴルバチョフがソ連の歴史に例のない開放政策を試みているのだから、西側はこの機会を利用すべきであるという議論と、機械輸出の市場に対する関心とが重なって、一種のフィーバーを起こしていた。また、東欧に対しては、これら諸国をソ連の支配から解放する絶好の機会という意図を持っており、その大部分が破産的な債務を抱えているにもかかわらず、政権の志向いかんによっては援助していくべきだという姿勢がうかがわれた。

ウルグアイ・ラウンドの農業交渉グループ会合

その後、ジュネーブに回り、一一月一四日から一六日まで、一二月のMTR（閣僚レベル会合）に備えての農業交渉グループの会合に出席したが、特に進展がなかった。

農業交渉にあたっては、わが国はECを隠れ蓑に使っていたのであるが、コメの問題もあって、米国の怒りを買うことも避けたいという事情があった。一〇月二八日にクレイトン・キース・ヤイター米通商代表はRMA（米国精米業者協会）の提訴を却下したが、そのとき、日本が一二月初旬までに改善を示さない場合は再度提訴を求めるという条件をつけていた。日本の基本的立場は「他の諸国が農業のすべての問題をウルグアイ・ラウンドで議論するときは、わが国も、コメについて議論する用意がある」ということだったが、ヤイターは日本がコメをウルグアイ・ラウンドで取り上げることを約束しないのであれば、スーパー三〇一条を発動するという意向だった。

MTR会合は一二月五日から九日までモントリオールで開催されたが、私は出席しなかった。

二　平成の始まり

一九八七年（昭和六二）九月に昭和天皇が腸の手術をされたが、八八年九月に容態が悪化し、八九年一月七日、崩御された。平成の御代が始まった。私は昭和天皇の殯宮祗候《ひんきゅうしこう》（棺の側で黙想を行なう）には参列したが、二月二四日に新宿御苑で執り行なわれた大葬の礼には、アルシュ・サミットのシェルパ会合のためにパリに滞在中で参列できなかった。私にとっても昭和天皇は敗戦の苦労をともにしてくださった崇拝すべき天皇だった。戦後の一つの時代の終わりだった。外務省では儀典と地域局が関係の事務を担当したので、私が関係することはなかったが、たいへんな行事をよくこなしたと思う。

(一) 国際環境の変化

ヨーロッパの動き

恒例のダボス会議に参加するため、一九八九年（平成元）一月二二日に欧州に向けて出発し、パリでシェルパのジャック・アタリとジャン・クロード・ペイエOECD事務総長と会った後、二六日にダボスへ向かった。この年の会合については手元に記録がないから、特に重要な話はなかったのであろう。その後、二九日にアテネを訪ねてから、同郷の小串敏郎大使を励ます意味でサウジアラビアの隣国バーレーンに立ち寄った。この年の終わり、バーレーンのテレビ番組の、一年を回顧する特集のなかに、私の訪問が含まれていたそうだから、訪ねていった価値はあったといえる。

次いで、二月二二日から三月五日までパリとローマに出張した。パリではまず二四日にラミーEC官房長との間で、日ECダイアローグを行なった。これは先のジャック・ドロールEC委員長訪日の際、竹下総理との間で、両者のコミュニケーションを深めるためにおのおのの個人代表の間で、通常の協議メカニズムとは異なるダイアローグを持つことで合意したのを受けて開催されたもので、できるだけ少人数で非公式に行なった。

会合のテーマは日ECの長期的展望だったので、「EC九二年計画」（一九九二年末を目標にEC域内を市場統合する計画。実際の実施は九三年一月一日になった）についての非公式な意見交換が主な課題となった。EC側は、構造調整を進める上での国内の抵抗について強い関心を示していた。日本でも、農産品自由化と税制改正により伝統的自民党支持者の間にかなりの不満が生じており、流通の構造調整により商店街に打撃を与えることは政治的に大きな困難を生むと説明した。農業政策については、非経済的要因に配慮する必要があるという点で、意見が一致した。

一九八九年二月二四日の午後、フランス政府の特別機でペリゴールに向かい、二六日までアルシュ・サミットの第一回シェルパ会合を行なった。米国では一九八八年一一月の選挙でブッシュが大統領に当選したので、第一回の会合の最大の眼目は米新政権の考え方を聞くことだった。ところがアメリカのシェルパはリチャード・マコーマックに交代したばかりで、彼はまだ議会の承認を得ていないという状況だったため、あまり明快な話は聞けなかった。

私は、米国がスーパー三〇一条に関して誤った使い方をすれば、ウルグアイ・ラウンドに大きな悪影響を及ぼすことを強調した。マコーマックは、「それはわかるが、現下の貿易赤字が続く限り、行政府は強い態度をとらざるをえず、議会は行政府がいい加減なことをすれば強制的な措置をとると公言している」と述懐した。私は、「しかし、そんなことをすれば友好国を相手に貿易戦争をすることになる。サミットの意見を議会に対する説得材料に使えるのではないか」と忠告した。

対ソ関係についてマコーマックは、目下レビューが行なわれており、「積極的変化が生じている」ことは事実であり、それを考慮に入れる必要がある、と言っていた。米ソ首脳会談をうまく持っていくために、米政府は対ソ関係を柔軟に運営する必要を感じているように思われた。シェルパ全体の姿勢は欧州を含め、トロント宣言のラインを維持すべしということで、ゴルバチョフの将来については楽観視していなかった。同時に、ゴルバチョフが大変なしたたか者であるという認識は一致していたものの、欧州は彼を助けるべしというのが基本姿勢だった。

すべての国が一致して強調したのは、世界環境の問題だった。西独が熱帯雨林とオゾン問題について、英が環境問題と経済の関係について、ペーパーを作成中だった。米は強い関心を示しつつも、「環境問題のためにはすべてダメ」という「ローマクラブ・シンドローム」を醸成することにならないようにと警告した。

その後、ローマに出て、三月二日および三日に、西欧官民合同会議を主催した。欧州に進出している日本企業もかつては商社や銀行が中心だったが今やメーカーを多く含むようになったので、企業活動の体験も豊富になり参考になることが多かった。欧州裁判所の判例の研究や日本の地方公共団体の投資環境問題についての情報のとりまとめ、在日ビジネスマンの入国査証・再入国許可証発給手続きの簡素化、日本語教師派遣需要と派遣能力の実態調査、成田における通関・検疫の施設・能力の拡大など、本省で具体的に検討すべきであると感じる問題が多く見つかった。

三月九日および一〇日にはオランダのハーグで環境首脳会議が急遽開催され、青木正久環境庁長官に私が随行した。これは、もともとは仏のミシェル・ロカール首相がフランス革命二〇〇周年記念（人間の権利は自然の権利）とサミットのフランス開催にあやかり、世界環境問題に関して功名をあげようと意図したものだった。当初から米ソ中を除外したことも仏の主導権を維持することにあったと思われた。そういう試みにわが国が参加すべきかどうか問題があったが、結局仏がサミット議長国であることも勘案して、青木長官が出席することになった。参加二四カ国のうち、一八カ国から首脳レベルが参加した。

仏の構想はそもそも相当過激なものだった模様で、ノルウェー首相グロ・ハーレム・ブルントラント氏がこれを強力に支持したと察せられた。フランス、ベルギー、ノルウェー三カ国案の基本は、世界環境問題、特に、気候温暖化問題の緊急性とその地球規模の性格に鑑み、迅速に有効な決定を行なえるように国際法および実施体制につき、抜本的な改革を加えようとするものだった。フランスは当初アルシュ・サミットを視野に相当な意気込みだったが、結局具体的成果なしに終わった。

ワシントンの状況

一九八九年四月七日から一〇日までカリブ海のフランス領サンマルタンで、アルシュ・サミットの第二回シェルパ会合が行なわれたが、その前に私は三月二七日に出発して三〇日まで、まずワシントンを訪問した。

新政権各省のカウンターパートに顔つなぎするのが目的の一つだったが、各省とも次官クラスはまだ議会承認が得られていない状態で、それは新政権の政策樹立の遅れを示すものでもあった。閣僚クラスでは、カーラ・ヒルズ通商代表、ロバート・モズバッカー商務長官、マイケル・ボスキン大統領経済諮問委員会委員長を表敬訪問し、短時間ながら意見交換することができた。

しかし、その後のロビイストとの会合も含めて、議会の対日姿勢が最近一段と厳しくなっていることを痛感した。その要因としては、第一に、大幅対日赤字が一向に減らないことに対するいらだちがあった。理屈の上では問題が米国のマクロ経済政策にあることは認めつつも、日本側から赤字の責任は米側にあるという議論が多く伝わってくるに伴い、反感を強めているようだった。第二の要因は、議会が行政府の包括貿易法の実施状況を厳しく監視していることだった。そして第三に、産業界から日本市場に関する苦情がとみに多く寄せられていることが、米議会の対日姿勢を先鋭化させていた。

一連の会合において、米側が強調したことをまとめると、おおよそ次の四点だった。まず、日米間に良い傾向が現れているのは喜ばしいが、それを説明するだけでは日本は現状にあぐらをかこうとしているのではないかという反感を招く。日本が真剣に改善努力をしているという印象を与える画期的な提案がほしい。第二に、日本は米国にとって第二の市場であるからその開放度は米国と同じ程度でなければならない。第三に、今日のような貿易不均衡が永続することが許されるはずがなく、最終的には日本自身が損をすることになるのだから、日本は自ら進んで輸入促進策をとる必要がある。最後に、これから二、三カ月の間に貿易統計が改善しないまま、効果的な戦略についてなんら合意ができなければ、日米関係は大変なことになるだろう。

私の印象としては、貿易不均衡が改善しないと、ヒルズの下のUSTRがきわめて戦闘的になるだろうと予想された。スーパー三〇一条で取り上げられる品目を少なくするために、テレコミュニケーションのフォローアップなどで成果をあげる必要があると思われた。新たに国務長官に就任したジェームズ・ベーカーは前任のシュルツのような自由貿易主義者ではなく、ディール・メーカー（取引主義者）だから、例えばFSX（次期支援戦闘機）の取り扱いなどで、日本に注意を払うことが政治的にプラスになると思わせることが重要だった。また経済援助を拡大していく過程で、米国の議員の評価を得られるような方法を考えることも一案と思われた。

その後、三月一日にメキシコ・シティに出て、メキシコ合衆国のカルロス・サリナス・デ・ゴルタリ大統領を表敬訪問した。私の飛行機が延着したので、メキシコ側ではパトカーをつけ、面会時間のスケジュールを取り直してくれた。ペドロ・アスペ蔵相はワシントンへの出張を一日延期して会ってくれた。いずれもわが国の経済協力に対するメキシコ側の期待の大きさを示すものだった。アスペ蔵相はブレイディ提案（中南米経済危機に対応するために米財務長官ブレイディが発表した累積債務国の救済案）が具体化されるときにはメキシコが第一号になりたいという意欲を示していた。駐日大使をしていたカルロス・ゴンザレス外務次官とも旧交を温めた。サリナス大統領は学者風の落ち着いた人物だった。

メキシコ・シティに到着してまず気づいたのは濃厚な悪臭だった。気にし始めると頭痛を感じるほどだった。大統領との会談のとき、環境問題を口にしたら、即刻熱意を示してきた。メキシコ・シティの排気ガス問題の解決には、わが国としてぜひとも協力すべきだと考えた。

その一カ月後の四月二日にベネズエラのカラカスへ飛び、同期の村岡邦男大使の手配により三日にカルロス・アンドレス・ペレス大統領を表敬訪問した。大統領は第三世界を代表するファイターというイメージがあるが、会ってみるとなかなか魅力ある人物だった。ブッシュ、ベーカーとの緊密な関係を強調していた。日本人の勤勉さを学ばなければならないと言っていたが、これは国内の演説でもよく説いているようだった。ベネズエラもブレイディ提案適用の第一号になりたいと言っていた。

四月五日と六日に、中南米官民合同会議が開かれた。それぞれの駐在国の経済が行き詰まっているからであろうか、日本企業は概して意気消沈しており、将来に希望をつないで耐えているという状況だった。ODAに対する日本企業の期待が大きかったが、「アンタイド」（物資およびサービスの調達先を援助供与国に限定しない資金援助）は困るという声も多かった。累積債務対策についても、日本国内の税法上の措置についての要望が強かった。輸出保険再開の要望も強かったが、それほど無理して輸出しても債務が増えるだけになるという感じを持った。ブラジルは保護主義が強すぎるという感じがした。国内マーケットが大きいから自由貿易の利益を感じないのであろうか。それにしてはガットでの態度が大きすぎる。インドに似ていると感じた。

アルシュ・サミット第二回シェルパ会合

続いて、四月七日からのサミットのシェルパ会合に出席するために、カリブ海の仏領サンマルタンに向かった。わが国がアルシュ・サミットで実現したいことは、米国の財政赤字対策（高金利の是正を含む）、多角的貿易秩序の堅持（米のユニラテラリズム、ECの一九九二年計画に対する牽制）、累積債務問題、ソ連の平和攻勢に対する先進民主主義国としての共通の価値観の再確認、などだった。

会合の直前にジュネーブで行なわれたウルグアイ・ラウンドの貿易交渉委員会の交渉が成功裏に進展したのが好材料だったが、米国の新通商法に基づく行政府の措置に欧州も警戒を強めた。

環境問題が次回サミットの最大の焦点となることがはっきりしてきた。ただ、サミットで具体的に何を取り上げるかはいまだはっきりしない。ハーグ宣言を中心に取り扱おうとする仏に対して米、英は消極的だった。熱帯木材対策については、何か合意すべきだという空気が強かった。私は、木材の環境問題を扱う場としては、貿易関係の機関であるITTO（国際熱帯木材機関）よりFAO（国連食糧農業機関）のほうが適当だと主張した。バングラデシュにおける洪水対策については、世銀主催で、仏案、UNDP（国連開発計画）案のみならず日本案、米国案もあわせて検討されることになり、その会合はサミット後にロンドンで行なうという了解ができた。また、西独の提唱により、人権問題を中心に政治宣言の一案を検討することになった。

竹下総理のＡＳＥＡＮ訪問

中国では、一九八七年一月に胡耀邦が党総書記を辞任させられたが、八九年四月一五日に死亡し、天安門広場で学生が追悼集会を行なうという政治的な動きが生じていた。わが国ではリクルート事件が自民党内に波及し、一九八九年四月二五日に竹下総理が辞意を表明した。それに伴って、その直後に予定されていた総理のＡＳＥＡＮ訪問をどうするかという問題になり、外務省内には取りやめるべきであるという意見もあったが、宇野宗佑外務大臣が訪問の実施を進言し、私が首席随員として随行することになった。

一行は四月二九日に出発して、タイ、マレーシア、シンガポール、インドネシア、フィリピンを歴訪して五月七日に帰国した。竹下総理はレイムダックになった総理の訪問が各国でいかに受けとめられるか気にしていたが、総理が強調した外交の一貫性はＡＳＥＡＮ諸国でも望んでいたことであり、辞意表明後にもかかわらず予定通り訪問したことは、ＡＳＥＡＮ側の期待に応える結果になった。竹下総理の「国際協力構想」はそのこと自体もっともなことばかりで、特に活発な議論になることはなかったが、日本の政策には普遍性・道徳性がないといわれていただけに、外国の首脳に対してこういうことを繰り返し話すのは意味のあることだった。

カンボジア問題に関する意見交換は、シアヌーク＝フン・セン会談と時を同じくし、中ソ首脳会談の前だっただけにタイムリーだった。インドネシア大統領スハルトは、日本もカンボジア問題国際会議に参加すべきであると言った。

豪州が提案したアジア太平洋協力構想について、ＡＳＥＡＮ首脳はいずれもその重要性は認識しているものの、まずＡＳＥＡＮ内部で検討したいという姿勢が共通していた（わが国では通産省が豪提案に飛びつき、私がASEANの懸念を考慮するように忠告したにもかかわらず、村岡茂生通産審議官などがASEAN説得に動き回っていた経緯がある)。

スハルトは「一つの機構を作ってもうまくいかない。拡大ASEAN外相会議を利用すべきだ」と言っていたが、予想した通り、ASEANがこの機構に埋没することを警戒する発言だった。竹下総理は「何よりもASEANの考え方を尊重」という説明をしてきたので、スハルトは安心したようだが、タイのチャチャイ首相などには「日本自身はどう考えているのか」という疑問を抱かせた節もあった。

端的に言って、日本とASEANを結びつけているのは経済協力であり、ASEANが日本に引きつけられているのは、米国やECをしのぐ日本の経済発展の勢いである。後者については、日本と米国の競争の行方がどうなるか、貿易戦争になったらASEANは大きな被害を受けるのではないかという心配が広まりつつあった。経済協力についてはインドネシアとフィリピンの対日依存度が過重になりつつあることが問題で、このときもジャカルタから持ち上がった二〇億ドルの援助要請にどう対処するか苦労した。厄介な話題だったのが円高に起因する債務返済負担の増加で、特にマレーシアとインドネシアで大きな問題になったが、マレーシアではマハティール首相がわが国の説明に頑として納得せず、竹下総理が立ち往生する場面があった。また、熱帯木材については、スハルトが、日本が関税を引き下げ、そのぶんだけ輸出国が輸出税をかけてその税収を熱帯林保護の財源とするという提案をした。

そのほか、歴訪中に印象深かったことは、フィリピンのコラソン・アキノ大統領が大変な歓迎を示して、テレビ女優をしている自分の娘に歌を歌わせたことと、スハルト大統領が北方領土問題に関心を示したことだった。

米国新通商法へのECの反応

総理のASEAN訪問随行の後、五月一六日と一七日にはOECDの新執行委員会が開催され、パリまで往復した。

今回の新執行委員会は月末に行なわれる閣僚理事会の事前打ち合わせという性格のものだったが、特に大きな論争となる問題点はなかった。ただ、注目されたのは米国の新通商法の運営に対し、ECがかなり厳しい口調で批判し、西独・仏・蘭が口をそろえてこれを支持したことだった。これに対し、米国は、スーパー三〇一条発動後一年半の時間をかけて交渉することにより冷却期間を持ちうるし、ウルグアイ・ラウンドの進捗状況も勘案しうると、基本的にはマルチの解決を図る方針であるが、ガットの紛争解決メカニズムがカバーしない問題の場合は、通商法の定めに従って二国間での解決を図っていくと答えていた。

貿易不均衡の問題は、その是正傾向が鈍化していることへの憂慮が一様に表明されたが、わが国をターゲットにしての批判は意外に少なかった。会食の際の討論を含めて最も関心が高かったのは東西関係であり、特にポーランドとの関係についてだった。

カナダが提唱している輸出信用アレンジメントのレビューについては、米国が支持し、ECも反対しない姿勢だった。水をかけたのはわが国だけで、私個人は日本がいまだに輸出振興にこだわっている印象を与えることには反対だったが、通産省の強い要求があったので、「レビューは現状の点検をするものであって、貿易の歪曲が生じているという前提で行なうものではない」と発言しておいた。

五月二八日に再びパリへ向かい、まず国際エネルギー機関（IEA）理事会に出席し、続いてOECD閣僚理事会に出席した。前年のような困難な局面はなかったが、会議の二日目に東京から宇野外務大臣に、至急帰国するようにという電話が入った。竹下氏の後を継いで、宇野大臣が総理に就任の予定だという。そこで三日目の午前中の会議は、私が宇野大臣の代理として出席した。

これに続いて、エビアンで第三回目のサミットPR会合が行なわれた。そのときのメモは手元に残っていないが、会議の途中で天安門事件のニュースが飛び込んできた。胡耀邦前総書記の追悼デモが民主化要求に拡大して、学生が天安門広場を占拠し、五月一九日には戒厳令が出されていた。ついに起きたかという感じだったが、これに対するフランスほか欧州諸国の反応は強烈で、サミットとして強力なメッセージを出さなければならないと主張した。アルシュ・サミットにおける中国の取り扱いについては、のちほどまとめて述べることにする。

(二) アルシュ・サミット

第四回と第五回のシェルパ会合

一九八九年六月三〇日、第四回のシェルパ会合を行なった。この会合の課題は環境と麻薬についてのテーマペーパーの最終的な討議を行なうことで、これをもって、経済問題についての詰めの作業は終わり、わが国だけが孤立している点は一応なくなった（米国から象牙の輸入禁止案が出される動きがあって、全面輸入禁止となると、わが国が孤立するおそれがあったが、米側が撤回に応じた）。

サミットに向けて最も困難な問題が中国の取り扱いだった。ECの声明が発出されたことにより、わが国の孤立が明らかになってきた。しかし、帰国後に宇野宗佑総理に報告したとき、総理は「具体的制裁措置を書き込むことは日本一国になっても反対すべきである」というはっきりした意向だった。

この後一度帰国して、再び七月七日に東京からパリに戻り、午後からランブリエ城で第五回シェルパ会合を開き、まず政治関係の宣言案を討議した。これには山下新太郎情報調査局長に政務局長として参加してもらった。

途中で地下室に来るようにという案内があり、行ってみると、制服を着た軍人が立っていて、フランス政府からレジョン・ド・ヌール勲章をもらった。オフィシエというパリ駐在大使でもなかなかもらえない高位のものだったが、フランス語のできない私には猫に小判の感を免れなかった。

会議は午後四時から始まって午前二時までかかったが、とにかくひと通りこなしてしまったのには驚いた。人権に関してもまさかと思うくらいのスピードでまとまった。東西関係の結論はタカ派的に過ぎるのではないかと思ったが、山下局長がそれでよいのであれば私には異存はない。

中国問題では予想通りわが国が孤立した。こちらも故意に強く出たのだが、フランスのシェルパのジャック・アタリが仏案をベースにすることを譲らなかったので苦戦した。イギリスもカナダも事前には日本案でよいと言っていたのだが、仏案がベースになるともう日本を手伝ってくれない。中身の議論もほとんどさせてくれないので闘いにくかった。わが国にとって本当に困る文言は削除されたのだが、問題は全体の意味あい《インプリケーション》だった。

七月九日の経済のコミュニケの討議に米のデイヴィッド・マルフォード国際担当財務次官が加わり、構造調整につき詳細な要求を出すというふれこみだったので警戒したが、アタリがうまく裁いて米案を討議のベースにさせなかったので軽傷ですんだ。コミュニケ案を繰り返し討議していくうちに少しずつ括弧書きを減らしていったアタリの意志と手腕に敬服した。対ポーランド・コンソーシアムを結成しようという米提案を仏が、「その名を取り下げれば実質では協力する」と言ってつぶしてしまった。一つ印象深かったことは、アタリが「フランスは社会主義国だから」と言って、free とか freedom という言葉を使うのを一切拒否したことである。

この日の午後、「アルシュ」(新凱旋門)を見学に行った。これは、コンコルド広場からシャンゼリゼ通りを通ってエトワールの凱旋門に向かう線をさらに六、七キロ延長したところにあるラ・デファンスという再開発地区に、革命二〇〇周年記念として壮大なアーチ型のビルを建設したものだ。三五階建ての大きなビルの内側が空洞になっていて、その最上階でサミットの会合を行おうというわけで、突貫工事でようやく間に合ったという感じだった。

こうしてシェルパ会合は終わったのだが、私は日本に帰らずに総理一行の到着を待った。七月一一日の午後、東京から、「中国に関する宣言のなかに『中国を孤立させるのが意図ではない』という一文を入れるのが至上命令だ」という連絡があり、アタリとマコーマックに話したが、双方ともこれを入れるとトーンが弱まると言って反対した。

サミットの開幕

七月一三日に宇野総理一行がパリに到着した。一二日から一三日にかけてフランスと関係の深い、同国の南側の二五カ国の首脳が、革命記念行事に招待されていた。彼らは、一四日午前の記念祝賀会にはサミット参加国の首脳とともに出席した。約束通り南北サミットという形の会合は開かれなかったが、フランスとしては、「南と北の間を取り持つフランス」、「北にいながら南のことを常に考えているフランス」のイメージを打ち出したかったのである。

それと同時に、ソ連のペレストロイカの影響を受けて、ポーランドやハンガリーなどではソ連の先を行くほどの政治改革が試みられていたので、東からの新しい鼓動が感じられていた。ゴルバチョフはサミット直前に西ドイツとフランスを訪問し、ミッテランもポーランドを訪れ、ブッシュもパリに来る前にポーランドとハンガリーを訪問した。しかも、サミットの会場にゴルバチョフからミッテラン宛に、サミット参加の指導者に対するメッセージが届けられた。

サミット主催国であるフランスの社会主義政権の大統領が、革命二〇〇周年という記念すべきときに、南北・東西を結びつけることで、このサミットの意義を世界に示そうとしているように見受けられた。事実、一三日夜の前夜祭はまさに壮観だった。「自由、平等、博愛」のプラカードを掲げたパレードは、観衆が熱狂的に祝うなかを延々と続いた。

サミットの会議は一四日午前、ルーヴル博物館の「ルーヴル・ピラミッド」で始まった。議題に関係なく各首脳が自由に発言したのだが、その大部分は麻薬問題に集中した感があった。以下議題に沿って、サミット全体の動きをまとめてみる。

経済問題

マクロ経済政策については、先進工業国は七年目の持続的成長を維持することができていた。トロント・サミットのときはその半年前にブラック・マンデーがあったので政策協調の効果に一抹の不安があったが、今回のサミットではわれわれの政策協調が正しかったという自信をもって会議に臨むことができた。しかし、この経済成長を将来につないでいく上で懸念されることが二つあった。一つは一部の国ですでにインフレが起きていることで、いま一つは改善傾向にあった対外不均衡の是正が鈍化傾向にあることである。

経常収支不均衡については、黒字国だけの問題でなく赤字国のほうにも問題があるという認識がおおむね定着してきた。赤字国のほうは財政赤字の是正、国内貯蓄の増加などの課題に取り組まなければならないが、黒字国のほうも内需拡大、市場障壁の除去などの政策を推進しなければならない。しかし、日本やドイツでは内需を増やそうとするとインフレを招くおそれがあり、為替レート調整の効果にも限度があることも経験済みだった。そこで注目されるのが国内の経済構造の改革であり、日米ではこの問題についての協議のための話し合いが進められていて、日米首脳会談で協議の発足について合意をする段取りになっていたが、このことはまた後に述べる。

貿易問題については、コミュニケには「アメリカ」とは明示していないが、「われわれはまた多角的貿易体制とウルグアイ・ラウンド交渉を害するおそれのあるユニラテラリズム、バイラテラリズム、セクター主義および管理貿易への傾斜に反対することを誓約する」という文章を入れて、スーパー三〇一条の乱用を牽制した。また、ECが計画する市場統合に向けて、地域的な経済統合の動きが「貿易創出的であり、かつ多角的な自由化プロセスに対し補完的であるとの政策を維持する」という文言を入れた。文章よりもそれを実行するアメリカとECの指導者がこれを実感として受けとめてくれることが重要であるが、マーガレット・サッチャー英首相や宇野総理の発言によりその効果もあったと思われた。ウルグアイ・ラウンドについても、一九九〇年末までに完了させることについて強い決意の表明が行なわれた。

先進工業国の繁栄の陰に、途上国の債務累積問題があったが、トロント・サミットの後、「パリクラブ」(主要債権国会議)による検討を経て、最貧国が累積債務の負担から何とか救済される手立てができたのは大きな進展だった。わが国の場合、LLDC(後発開発途上国)が一九七八年から八七年までの間にODA借款により累積した債務は約五五億ドルだったが、今後三〇年間にわたって債務の支払い時期が来る時点で返済分だけ日本から贈与して、それを返済にあてるという仕組みができた。

その後引き続き問題として残っていたのは中所得国の重債務問題だった。日本は前年のトロント・サミットで「宮澤提案」を出したが、これはこの年の春アメリカが発表してIMF、世銀でも合意された「ブレイディ提案」にほとんど含まれていた。債務の額を減らす、金利も軽減するなどというようなことはつい一年前には公に口にできなかったのだが、今やそのような方針には誰も異議を唱えなくなり、いくら減らすかという数字の交渉に入るようになったことは、大きな進展だった。

日本はすでにIMFとの間でパラレル融資として約四五億ドルの用意があると発表していたが、今回のサミットの前に「世銀・IMFとの協調融資という形で、さらに五五億ドルくらい用意する」という意思表明をしたので、新債務戦略支持のために日本から約一〇〇億ドルの融資が期待できるわけで、これは日本の協力として高く評価された。

さらに、「北」から「南」に流れる資金よりも「南」から「北」に流れる資金のほうが大きくなっているという最近の状況に鑑み、日本はサミットの前に、従来の「三年間に約三〇〇億ドルの資金還流をする」という計画に加えて、「今年を含めた二年間にもう二五〇億ドル資金還流を増やす措置をとる」と発表した。これもまた日本のイニシアティブとして高く評価された。

環境問題

経済成長のもう一つの陰の問題は環境問題である。サッチャー英首相は経済成長重視だが、「若い人とコミュニケートするために最も重要な話は環境問題だ」と言った。ヘルムート・コール西独首相も

「若者たちに夢を与えなければいけない」と言い、「環境問題は他の議題全部をあわせたのと同じほどの重要性を持っている」と述べた。またイタリアのチリアコ・デ・ミータ首相は、「環境問題はこれから一巡するサミットの重要問題であり続けるだろう」と述べていた。

「経済宣言」には、まずオゾン層破壊の問題が取り上げられ、ついで温室効果ガスの規制のために大枠の条約を作ろうという合意が掲げられた。もう一つの大きなアイテムは熱帯雨林だった。コール西独首相が「ヨーロッパの木は枯れても植えればまた育つが、アマゾンの熱帯雨林は一度破壊されたら再生できない。アマゾンは何とかして守らなければならないが、ブラジルにこの話を持っていったら、彼らは『環境植民地主義』だと反発した。扱いが難しいが緊急を要する問題である」と熱弁を振るった。実は西ドイツはケニアに対して債務を棒引きしたときに、植林対策を義務づけたそうで、同様の話をブラジルにしたら反発を受けたのだという。宇野総理も、「毎年一一三〇万ヘクタールの熱帯雨林が伐採されている。これは日本の国土の三分の二、フランスの領土の五分の二に該当する。それだけの広さの熱帯雨林が毎年消えているのは想像しただけでもえらいことだ」と緊急性を強調した。わが国としては、日本に誘致した唯一の国連条約機関「国際熱帯木材機関」（ＩＴＴＯ）に相当額の援助をして、研究開発を進めたいという方針だった。国際機関を通せば主権問題を避けて通りやすいだろうという考えが背景にあった。なお、伐採された熱帯木材のうち貿易に出てくるのは約一〇％で、そのうち四割ほどを日本が買っていた。途上国内の伐採でいちばん多いのはいわゆる焼き畑農業で、それはその国の貧困問題と関係している。

環境協力について、日本は経済協力の支出のなかで、三年間で三〇〇〇億円くらい環境問題関係に使うように重点を移していくという発言をした。

麻薬問題

麻薬問題も経済成長の陰の問題だ。ミッテラン仏首相は「フランスのある高校では、卒業するまでに全生徒が麻薬使用者になっていた。そういう若者がフランスの社会にどんどん出てくる。本人も大変苦労するが麻薬患者を子どもに持った親の苦しみは大変なことだ。なんとかしなければならない」と述べていた。ブッシュ米大統領は副大統領時代に麻薬対策本部長をしていたとき、「麻薬の流入を防ぐために北コロンビアの海岸を艦隊で封鎖したことがあるが、麻薬業者はプライベート・プレーンで麻薬を運び、それをどこかに落として、パイロットはパラシュートで降り、飛行機は海のなかに捨ててしまう、それでも儲かるのだ」と言っていた。

サッチャー英首相は麻薬の栽培を取り締まるのは一種の戦争だと言っていた。宇野総理は、「日本は明治維新のとき、ちょんまげを切れということと、刀を返せということと、麻薬を使うなという三つの禁止令を出したので、それが今日までの日本の麻薬取り締まりの基礎になっている」と、私には初耳の話をした。最後にマネー・ロンダリングの問題が取り上げられ、麻薬業者の首根っこを抑える一つの方法として、タスクフォースを作ることが合意された。

東西関係

以上が経済に関係する議論の概要だが、政治関連では、「人権」、「東西関係」、「中国」、「テロリズム」の四つの宣言が採択された。

東西関係についてのサミットの宣言は、過去に三回出ている。アルシュ・サミットでの宣言も前年のトロント・サミットと基本線は同様で、「東側が改革・開放に向かって進んでいるのを歓迎するが、ソ連が軍事力で有利な現状では、われわれは警戒（vigilance）をもって見守らなければならない」という考え方である。しかし、東西の緊張緩和がずいぶん進んだことが反映した文章にはなった。他方、ポーランドとハンガリーの政治改革がわれわれも意外に思うほど進んでいるので、両国を助けなければならないという意識が強く感じられた。ヨーロッパの国から見れば、これら両国は地続きである上に、もとは同じ文明のなかにあったにもかかわらず、ヤルタ協定以来の東西対立により、共産主義の支配下で抑えつけられてきたという思いが強い。それが、今や自分たちの力によって西欧社会に戻ろうとしている。この動きはぜひとも助けなければならないという意欲が、われわれの想像以上に強かった。具体的にどうするかはECが中心になってこれから相談することになった。アメリカはこれら二国のためにコンソーシアムを作りたいという考えだったが、結局「協調的支援（concerted support）」という表現になった。

天安門事件

「中国問題」に関する宣言は私が最も苦労した問題だったので、少しさかのぼって説明する。

一九八九年六月四日、天安門広場で人民解放軍が学生、市民を戦車と銃で弾圧する映像が、世界中を駆けめぐった。そのとき、私は前述のようにエビアンでアルシュ・サミットの準備会合に出席していた。出席者は皆大きなショックを受けたが、特に議長国フランスのシェルパだったジャック・アタリは、このような行為は絶対に許せないと厳しく非難した。アルシュ・サミットがフランス革命二〇〇周年記念日にあわせて開催されることになっていたこともあり、断固糾弾せざるをえないという姿勢だった。

わが国も六月四日に外務報道官談話、五日に官房長官談話を発表して、この流血事件に対する遺憾の意と事態の悪化防止の希望を表明したが、米国とECの反応はもっと激しかった。

七月四日にアタリから、この問題に関する宣言案が送られてきた。この事件を「残酷な抑圧（brutal repression）」と非難し、四～五項目からなる対中制裁措置を提案するものだった。しかし、当時の日本国内の空気は、国交正常化以来せっかく築き上げてきた日中関係をこの事件のために台無しにすることにためらいがあった。日本政府としても、自国民を武力で弾圧したという行為については強く非難するが、中国を国際的に孤立させてしまうのはわが国の国益に合わないという考え方でまとまっていた。

アタリの案文の終わりにも、「中国との正常な協力関係に戻れるような条件が可能な限り早期に作り出されることを希望する」という趣旨の文章があったものの、制裁措置を書き並べながらこのような言い方をするのは中国にとってあまりにも屈辱的だと、私たちは思った。七月七日にランブイエ城で行なわれた最後のシェルパ会合で、私は政務局長会議を担当してくれていた山下情報調査局長とともに、サミット参加国が中国を袋叩きにするような内容にならないよう努力したが、米国は議会との関係で甘い姿勢は取れないと言うし、英国もECの立場に縛られてか、黙したままだった。

休憩中にリチャード・マコーマック（米国のシェルパ）が、「EC諸国の間では、日本が中国に厳しい姿勢を示したがらないのは、経済的利益を守りたいからだという話が出ている」と教えてくれた。そこで私は次の会議で、「われわれは歴史的に中国を孤立させたら排外的になることを知っている。それでも日本は耐えられようが、周辺のアジアの国々にとっては大きな脅威になる。私は日本の経済的利益を守るために発言しているのではない。この地域の安全を考えているのである」と説得を試みたが、結局のところ制裁措置を若干修正する程度でアタリ案をベースに詰めることになった。

そこで山下局長が帰国し、「ただし、われわれは中国の孤立化を意図するものではない」という一文を追加する案をまとめてもらったのだが、私の非公式打診に対し、アタリはこの案を即座に拒否した。

七月一二日の午後、宇野総理一行がパリに到着したが、解決のめどが立っていないことを報告するほかなかった。実際のところ、私は米国との「構造協議」の立ち上げという難題を抱えていて、通産省と大蔵省を説得しつつ、米側にわが国の回答を受け入れさせるのに時間をとられてしまっていたという事情もあった（このことは後で述べる）。同時に、政務局長会議で取り上げられていた東欧援助、特にポーランドの債務救済問題について、本省の欧亜局が大蔵・通産両省に東欧からの報告電報を渡していなかったことが判明し、その収拾を小倉和夫経済局審議官にしてもらったのだが、そこでも難題を抱えてしまっていた。

七月一三日夜のフランス革命記念前夜祭はコンコルド広場で盛大に繰り広げられた。賑やかな音楽が鳴り響くなかで「自由」、「平等」、「博愛」のプラカードを掲げたパレードが延々と続き、華やかな花火が打ち上げられていた。その人の波を見下ろす海軍省ビルで首脳の歓迎ディナーが催され、私たちシェルパはそれと相対する部屋で首脳と同じ豪華なメニューの食事を前にしていた。フランス一のシェフの料理ということだったが、私はあまりの忙しさのせいで胃袋が裏返った感じで何も味わえなかった。食事もそこそこに、私たちはコミュニケの最終打ち合わせに入った。いくつかの問題点が残っていたが、わが国にとって最大の問題は中国に関する宣言の書き方だった。

中国に関する宣言案についての日本の主張を支持する国はどこにもなかったが、私はとにかく「中国を孤立させないように」という一節を、括弧入りで残すことだけで精一杯だった。

ところが一四日朝になって、事態が変わっていた。

午前中のフランス革命二〇〇周年記念式典の席で、アタリが宇野総理に近づいてきて、「中国に関する宣言案は変えられないので、日本も同意してほしい」と言ってきた。これに対して宇野総理が「外国が中国を孤立させるというのではなく、中国が自分を孤立させないよう希望するという表現の仕方があるのではないか」と言ったら、「そういう表現なら考えられる」と答えたとのことだった。その後すぐにサミットの首脳会談が始まったので、私からメモで「so that China will not isolate itself（中国が自ら孤立しないように）」という書き方なら同意できるのかと聞いたら、OKと書かれたメモが戻ってきた。私は「歌人の宇野、国対の宇野」のねばりと能力に感服した。

他方、並行して開かれていた外相会議で、三塚博外務大臣がきわめて説得力のある発言をした。「われわれは中国の抑圧行為に対して、われわれの非難の気持ちを伝え、中国が開放と改革の政策を続け、われわれ先進民主主義国と協力関係を保つことを欲するならば、このような行為は決して繰り返してはならないことを示す必要があると考える。と同時にわれわれは、中国を孤立に追いやることを欲していない。中国が国際世論に耳を傾け、単に言葉の上だけでなく実際の行動により、従来の改革・開放政策へのコミットメントが変わらないことを示すのであれば、われわれは、これに対する支援と協力を再開する用意がある、というメッセージを、中国に対し伝える必要があると考える。われわれは中国を孤立化させてはならないと考えるが、それは決してわが国と中国との経済関係を重視しているからではない。むしろ、アジアの平和と安定のために必要であるからそのように主張している」。

三塚大臣はその直前のASEAN外相会議に出席したとき、ASEAN諸国の意見を直接聞いていたので、自信をもって発言した。最後にシンガポールのリー・クアンユー首相の次の言葉を紹介して、締めくくった。

「中国は価値判断の基準が異なり、そのようなこと（外から圧力をかけること）をすれば怒らせるだけである。私は『怒って、いらだった中国』よりも、『平和の隣人としての中国』のほうがよいと思っている。国内の変化は遅いであろうが、四〇～五〇年後には近代的な中国になりうる」。

三塚大臣のこの主張は、ベーカー長官から「ほとんどの点に同意する」という発言を取りつけ、ジェフリー・ハウ（英）、ハンス＝ディートリッヒ・ゲンシャー（西独）、ジョー・クラーク（加）の各外相も、三塚大臣を支持する発言をした。

前述の通り、一四日の夜、シェルパと政務局長の合同会議が開かれてコミュニケの最終作業が行なわれたが、ＥＣ、西独などは依然「孤立化云々」の語句を入れることに反対していた。この会合には米大統領安全保障補佐官のブレント・スコウクロフトが特別参加していたが、彼は私に向かって「日本は天安門事件の再発を憂慮していないのか」と面罵した。私は「日本はどの国にも劣らず中国の行為を非難しているし、このようなことを再び繰り返してはならないと中国に申し入れている」と反論した（後述するが、この後に明らかになった話との関係もあり、私は彼に対してはいまだに不信感を持っている）。

その後アタリ議長から「日本から提案があると聞いている」と発言があり、私から括弧付きで付け加えていた日本案を「中国が自分で孤立を避けるようにすることを希望する」という趣旨の表現に修正したいと提案した。ＥＣの政務局長はこれにも反対したが、意外にも米国の政務局長が「もともとの日本案でよいではないか」と言い出した。議論の末、英国のシェルパ（ナイジェル・ウィック）が修辞上の助け舟を出してくれて、「われわれは中国当局が、政治、経済改革と開放へ向けての動きを再開することにより、中国の孤立化を避け、可能な限り早期に協力関係への復帰をもたらす条件を作り出すことを期待する」という文章で、合意された。なお、制裁措置については、サミットとしての制裁という形にはせず、それまでに各国がとった措置を過去形で書き並べることで合意ができていたので、宣言全体としてはわが国の意見を反映したものになった。

後で聞いたことだが、このように米国の態度が急変したのは、ポーランド、ハンガリーを訪問した後、七月一三日に到着したブッシュ大統領がシェルパの報告を聞いて、「それは日本の言う通りだ」と答えたからだという。私からマコーマックに礼を言ったら、「日本が頑張っていてくれたから助かった」と逆に感謝された。さらに後で聞いたことであるが、ブッシュはスコウクロフトを七月一日に密かに北京に派遣していたのである。それなら、日本の立場を支持して当然だったともいえる（それなのにスコウクロフトは会議で日本を非難したのである）。しかし、当時の米議会の空気を考えれば、ブッシュ大統領本人でなければ日本案への支持は誰も決められなかっただろう。

中国はこの宣言に反発し、七月一七日付『人民日報』社説で、「中国内政に対する乱暴な干渉を受け入れることはできない」と発表した。北京では中島敏次郎大使から劉述卿《りゅうじっきょう》外交部副部長にアルシュ・サミットについての情報を知らせたのだが、それに対しても、中国側はこの宣言に対する不満を述べるとともに、「わが国が孤立に向かうという心配は無用」と答えただけで、日本の努力に対する感謝は一言もなかった。

ところが、翌一九九〇年五月七日、すでに私はジャカルタに転勤していたが、ヒューストン・サミットの前に訪中した宇野元総理に対して、江沢民総書記が「昨年のサミットで中国を孤立させるべきでないと主張された宇野元総理に賛意を表する。中国を客観的存在として孤立させることは不可能である」と述べた。銭其琛《せんきしん》外相も「日本政府は次回サミットにおいて、前回宇野総理が行なったのと同様に中日関係を円滑に発展させるよう努力してもらいたい」と語った。これがさらに橋本恕大使に対する李鵬総理からのODA再開のじきじきの要請につながる。中国は平素は外国の言うことなど意に介さないという態度を示しながら、外国の意見を結構気にしているが、これはその一例であった。

これでアルシュ・サミットは終わった。宇野総理は就任早々だったにもかかわらず、よくその役割を演じた。冒頭の首脳だけの会談で宇野総理が先頭を切って発言したのには正直驚いたが、内容的に目新しいことがなかっただけに最初に発言したのは良い方法だった。すでに総理の女性問題が表面化していたので、日本のプレスは日英首脳会談でサッチャーが宇野総理と握手するかどうかという次元の低い話に注意を集中していたが、宇野総理は平然とこなした。中国問題の取り扱いで知恵を発揮したことも、評価に値しよう。

中国問題とポーランド支援で私はずいぶん苦労したが、結果的にはわが国として困ることは起きずにすんだ。このサミットで日本が何か大きな得点を挙げたとはいいかねるが、いろいろ不利な条件下で善戦したとはいえるであろう。

帰国後、七月二一日から二三日までソウルに行き、恒例のサミットの報告をした。今回はNIESの取り扱いが前回より厳しかったので苦情を言われるかと思っていたが、それもたいしたことはなく、大いに感謝してくれた。

三 日米構造協議

日米構造協議合意

ここで、サミットと平行して行なわれた日米二国間の話し合いについてまとめておきたい。

経緯を述べると、一九八九年五月二五日にブッシュ大統領がスーパー三〇一条の適用を発表し、日本については三品目、すなわち人工衛星、スーパーコンピューター、林産物をその対象としたが、その他の構造調整に関連する問題については日本との外交交渉を提案した。それを受けて六月一三日から伊東で日米次官級経済協議が行なわれたときに、アメリカ側はいわゆる「構造障壁に関するイニシアティブ(Stractual Inmediments Initiative)」について非常に強い関心を示した。「アカデミックな議論ではなく、アクションに結びつく必要がある」というのだ。日本側は「前川レポート」に基づいて構造改革に取り組んでおり、その方針は不変だが、構造改革問題は外国政府との交渉にはなじまないと説明した。先方はさらに検討したいということで、その場は終わったのだが、アルシュ・サミットの際の日米首脳会談で議題となることは必至だった。そこで六月二八、二九日、ニューヨークで、構造問題協議の準備会合を行なった。そこには私と、内海孚大蔵省国際金融局長、鈴木直道通産審議官の三人が共同議長として出席し、海野恒男経済企画審議官が同席した。アメリカ側は、国務省、財務省、通商代表部が共同議長で、商務省と経済諮問委員会が同席した。

ニューヨークのアルシュ・サミット準備会合では、第一に、アメリカ側が「交渉(negotiation)」という言葉を使っていたので、日本側はそれを使わないで「協議(talk)」にしようと提案した。この構造問題はネゴシエートする性質のものではないというのがわが方の主張だったが、米側はこれを了承した。次に「構造障壁(Structural Impediments)」という言葉の「障壁(Impediments)」を「調整(Adjustments)」などに変えられないかと提案したが、すでに「交渉(negotiation)」を「協議(talk)」に変えたのだから、大統領が発表で使った言葉を二つも変えるわけにはいかないと断られた。

最後まで残った問題が、中間報告を翌年の春までに出すという米側の提案だった。われわれはこういう問題はなかなか大変だから一年はかかると主張した。しかしアメリカ側は、「スーパー三〇一条発動の際に流通機構など構造的な問題を故意に除外したのだから、春までに進展していないと構造的な問題に対しても三〇一条を発動しなければならなくなる。だからなんとか春までに中間報告を作る必要がある」と主張して譲らなかった。

そのほか、最終報告書をどのように書くかについては、構造問題協議の発想がもともと「日本円・ドル委員会」なので、その例にならって双方がそれぞれ自国の問題について将来の計画を定めて検討すると提起し、合意文書は作らないことにした。米国通商法でいう「国際合意」とみなされるような文書を作ると、米側が十分な成果が上がっていないと判断した場合に「国際合意違反」として制裁措置が発動されるおそれがあったからである。米側は「ブッシュ大統領はそういう意向ではない」と断言した。さらにわが国から、「MOSS協議と違って、構造問題協議では日本側の問題だけを検討するのではなく、日米双方の構造問題を取り上げるべきだ」と主張し、米側もこれに同意した。

やはり最大の問題点は報告書作成の時期を一年後とするというわが国の主張に対し、米側は翌一九九〇年春に中間報告をすることを要求して譲らないことにあった。その後、日本側の内部で相談した結果、いろいろ言っても空気が悪くなるので、一九九〇年春の時点でそれまでの進展について評価を行ない、共同発表することにしようと覚悟したのだが、アメリカ側は、日米首脳会談の後に発表する文章について、日本側が中間報告でいい加減なことを言ってまたごまかすのではないかと、細かな注文を文案のなかに書き入れてきたのだった。そこでアルシュ・サミットの直前に、私と通産省の鈴木通産審議官、大蔵省の内海局長の三人で、パリのアメリカ側のホテルに乗り込んでいき、私から「あなた方は政権が替わるごとに皆変わってしまう。われわれ、この三人は二〇年も一緒に働いてきているのだ。われわれの後任だって同じだ。だからわれわれが言ったことは、紙に書こうと書くまいと必ず実行する。政権交代のたびに担当者がかわるあなた方とは違うのだ」と言って、われわれを信用せよと要求した。それで先方は発表文の修正をあきらめた。

しかし、日本側内部では梶山静六通産大臣が、この時点になっても構造協議に反対していた。梶山大臣はそんな約束をしたら後で必ずひどい目に遭うと強硬に反対したのだ。三塚博外務大臣は梶山大臣と仲が良かったので、随分説得していただいたが、それでもダメだった。ところが鈴木直道通産審議官が最後になって、「いいです。それで進めてください」と言った。私は今でも彼に感謝している。鈴木君は梶山大臣に全面的な了解はもらっていなかったと思う。その証拠に、アルシュ・サミットが終わった後に大使公邸で会食があったとき、私が梶山大臣に「大変お世話になりました」と言ったら、「俺は賛成ではない。君らはこのためにとんでもない苦労をすることになると思う」という反応が返ってきた。ともかく、それでようやく首脳会談に間に合ったのである。

日米構造協議第一回会合

一九八九年九月四日から五日まで、東京で日米構造協議の初会合を行なった。第一回の会合はお互いに問題意識をよく理解することが最大の課題だった。きわめて率直に幅広い話をしたが、議事が円滑に進行したのは米側の議長をしたシドニー・リン・ウィリアムズ通商代表部次席代表の存在が大きかった。彼は非常に公平な人で、アメリカ側の雰囲気を和らげるのに非常に役立った。米側はウィリアムズのほかマコーマック国務次官、チャールズ・H・ダラーラ財務次官補が共同議長を務めた。ちなみに、日本側は私と内海財務官、鈴木通産審議官が共同議長を務めた。

日米双方は事前に相手方の問題点をいくつかの項目にして指摘し、これを基に協議を進めることで合意していた。米側から六項目、日本側から七項目を提出したが、第一回会合では、各項目に対する説明に時間を費やした。

米側は、貯蓄・投資、土地利用、流通、価格メカニズム、日本の産業の系列関係、排他的取引行為の六項目を挙げてきた。これに対して日本側は、米国の貯蓄・投資、企業の投資活動と生産力、米企業のビヘイビア、米企業の輸出活動を妨げるような政府規制、米企業の研究・開発の不足、輸出振興努力、米側の労働力の訓練・教育の問題の七項目を指摘した。

全体的に言って、日本側は、問題は複雑多岐にわたっており、一生懸命やりたいとは思うが、そう簡単に解決できる問題ではないと、繰り返し強調していた。それに対してアメリカ側は、問題の緊急性と協議による成果の必要性を強調した。アメリカ側は、日本側の説明の仕方を聞いて問題の存在を否定しているのだと受け取ったらしく、やる気があるのかと不満を持つ人がいた。この点は後で非公式な折衝で誤解を解いたが、かなり苦労した。またアメリカ側は、統計および技術的な面でお互いの認識が十分でないということにも不安を示した。これでうまくいくのかという焦燥感を持ったようだが、日本側がいろいろ説明した結果、記者会見では不満をあらわにすることはなかった。新任のリン・ウィリアムズが紳士的な人物だったので助かった。

また、アメリカ側は「日本が示すべき具体的な成果として、来年度の予算に社会資本の充実がどれだけ盛り込まれるかが一つのメルクマールだ」と私に言っていた。これに対し日本側では、大蔵省がこの協議はマクロ経済を検討する場ではないと再三言うので、米国の財政赤字に対する追及が及び腰になってしまったのは、残念だった。

私自身はこの第一回会合を最後に、日米構造協議は後任の渡邊幸治外務審議官に引き継いだ。

三　日米経済摩擦の教訓

一九八九年一〇月二七日に外務審議官を退任し、渡邊幸治君に後事を託した。実はアルシュ・サミットから帰国した直後の七月一九日に、村田良平次官から、インドネシアの大使として転出してほしいという話があった。今までの例では経済担当の外務審議官はサミットを二回担当している。私に一年あまりで交替せよというのは、能力を疑われたのか、小和田氏を次官にするために同期生二人を長く外務審議官に置いておくのはよくないと思ったのか、または枝村純郎インドネシア大使の後任に適当な人物がいなかったためか、いまだにわからない。渡邊君に米国との構造協議を一年間で合意することを目指して頑張ってもらうためにはなるべく早く引き継ぎをする必要があるということで、私は外務審議官職をただちに引き渡し、当分の間は大臣官房の審議官になった。

外務審議官としての最後のお務めがOECDの新執行委員会だった。中心的話題はソ連・東欧との関係で、欧米諸国の期待の高さはわが国の想像を絶するものがあった。

先般日本に招致して行なった理事会は大変好評で、地方視察を含めて強力な印象を与えたようであり、事務総長のみならず、多くの大使から深甚な謝意を表明された。地方視察は私が案内したが、これは小和田大使の大ヒットだった。

しかし、ＯＥＣＤ諸国の東欧支援のフィーバーは大変なもので、わが国がこれと歩調を合わせるのはかなり困難だろうと思った。

官房審議官を務めていた間に頼まれて、ソ連の経済調査団の接遇をした。ペレストロイカの一環としてソ連政府が次官級の調査団を送り込んできたのである。団長はミリュコフという共産党中央委員会経済社会部長代理で一行八名は国家価格委員会議長、科学国家委員会第一副議長、ゴスプラン副議長、財務省次官、大臣会議経済改革議長、産業建設銀行副頭取などの有力メンバーだった。私は日本の経済計画などについての説明会を主催したが、筑波に見学に行く自動車のなかで、ミリュコフに国鉄改革の話を聞いたらどうかと示唆したら大変興味を示したので、運輸省で国鉄改革を担当していた吉田耕三国鉄改革推進部長に紹介した。彼は最後の日に一行と離れて、運輸省を訪ねて詳細な勉強をしたらしい。帰国後に調査団は大変立派な報告書を提出して注目されたと聞いているが、ミリュコフはその後もＪＲ東日本に入社した吉田氏を通じて同社と親しい関係を維持し、特に松田昌士会長（当時）とは大変親密な関係になったそうである。

以上で私の本省での最後の任務が終わった。経済担当外務審議官に在任の間は経済協力を含め外務省の経済関係を総合的に把握するつもりでいたが、一年三カ月の任期は短すぎた。それでなくても、海外出張が多くて、本省の動きを十分にフォローできなかった。失敗例がコメである。私はいずれコメについては関税化するほかないと考えていて、その方針を小沢一郎副長官との間でも確認していたのだが、私が気づく前に経済局は農水省の「ミニマム・インポート」案（高関税を維持するかわりに最少義務的輸入枠を設ける仕組み）に同意してしまった。これがいかに高くつくかを今になって思い知らされているのだが、海部俊樹総理は施政方針演説のなかにコメの自給方針を書き込んだ次第なので、もって瞑すべしである。コメに関して最後まで出し惜しみをすることがウルグアイ・ラウンドでの日本の役割を制約してしまった。また、ミニマム・インポート方式は今日まで日本のコメ対策にとって大きな負担となっている（コストを六兆円費やしたといわれている）。

他方、日米構造協議で外務省が総覧すると決めたことによって、外務省は経済外交における中心的立場を維持することができた。

最後に、日米経済摩擦をふり返ることで、この章を結びたい。

私の日米経済摩擦との縁は一九五六年にロサンゼルスに勤務して以来である。しかし、一九八二年にワシントンで経済担当公使に任命されてからの七年間、日米経済摩擦の渦中で働いたという気がする。夢中になって働いたが、今その体験を振り返ってみて日米経済摩擦とは一体何だったのかと考えざるをえない。

一つには、米国の産業の絶対的優位に日本がチャレンジすることになった結果、米国工業の根幹である鉄鋼、自動車やハイテク産業の分野で自分たちの地位が危うくなると受けとめた米国との間で、日本の産業をどう調整するかという問題だったと思う。今から考えれば、米国の産業全体は強い調整力を持っていたのだが、一九八〇年代後半には相当な危機感を持っていたことは事実である。

いま一つは、米国の国際収支不均衡とそれに伴う国際通貨体制の不安定をどうするかという問題に直面し、大幅貿易黒字を続ける日本に善処が求められたという問題だった。米国の国際収支不均衡の原因は基本的に米国の貯蓄不足と過剰消費にあり、*特に大幅財政赤字がその元凶であることは、米国内でも論じられていた。しかし、その問題の解決はなかなか難しいので、いきおい目前の日本の大幅貿易黒字に矛先が向けられた。日本のほうも、外需依存型の経済運営をしていたし、またいろいろな輸入障壁が残っていたという弱みがあった。

＊　米国はこの問題をいまだに解決できず、中国との間にこのころの日本とは比較にならない大幅貿易赤字を抱えている。それでも中国に対抗措置をとれないのは前述の通り中国内にすでに多くの米国企業が進出しているからであり、また中国が巨額の米国債を買っているからでもある。

国内資源が乏しく、国内市場にも限りがある日本が、さらに経済成長を続けるためには、国際貿易に活路を求めるほかないのは自明だったが、そのためには自国の市場を開放する必要がある。また、経済の体質強化のためには自国の産業を国際競争にさらす必要がある。内需を拡大するには国内市場を制約しているさまざまな規制を撤廃する必要がある。これらのことは日本経済自身のために必要だったが、国内政治上いろいろな困難があり、外圧によらなければ解決できないのが実情だった。

だから私は、米国との経済摩擦を、米国の要求を受け入れなければ報復を受けるというメンタリティーではなく、日本経済の体質強化のためにいずれやらなければならないことは積極的にやるという姿勢で、対処したいと思った。極端に言えば、米国の要求の八、九割はそのままのんだほうが日本自身のためになると内心考えていた。しかし、わが国の国内政治上の問題もあるし国民感情もある。したがって、多くの場合、時間をかけて国内調整するほかなく、そのための手配を整えるために米側と交渉するというのがわれわれの仕事だったと思う。換言すれば、私たちはそのための時間稼ぎをしたということだ。しかし、米側の対日非難の嵐が収まると、わが国はひと安心して本来必要な構造改革を怠ってしまい、そのまま今日に至っているのは残念だ。

最近の米中経済摩擦を見て痛感することは、当時の日本の国内に米国企業の参入がもっとあったら、われわれの交渉はずっと楽だったろうということである。今の中国のように、米側が報復措置をとろうとしてもその結果米国企業が痛手を受けるのであれば、米側の選択肢は狭まる。

案件によっては米国の身勝手な要求と言わざるをえないものもあった。それらはおおむね断り通してきたと思うが、日本が安全保障を米国に頼っている以上、経済摩擦のゆえに日米の基本的な関係を損なってはならないということは一貫して考えていた。米側も同盟国日本をつぶしてはならないという意識を持っていたと思う。さいわい通産省をはじめ日本国内にも米国経済が弱まることは日本経済にとってもマイナスであるという考えが広まっていた。鉄鋼業の対米支援などその例である。いわゆる輸出自主規制も当面の危機対策ではあったが、基本的にはそのような考えがあって支えられたのだと思う。それがせめてもの救いだった。

第9章　駐インドネシア大使——一九九〇～九二年

一　一二年ぶりのインドネシア

インドネシアへ赴任する前、一九八九年（平成元）一二月二一日午後三時ごろ、宮中正殿松の間で認証式が行なわれた。宮殿南口から階段を上って千草千鳥の間に向かう廊下の左側に見える日本庭園の整然とした美しさと、右側に見える豊明殿《ほうめいでん》と中庭の清楚な麗しさとが実に印象的で、日本建築の真髄に接した気がした。

一九九〇年（平成二）一月一一日の午後、モスクワへ転任中の前任の駐インドネシア大使・枝村純郎氏を、事務引き継ぎをかねて滞在先のホテルニューオータニに訪問した。私が、日本企業批判はどうなっているかと質問したのに対し、「そのような懸念はまったくない。日本の投資大歓迎だ」という楽観的な意見だった。枝村大使からは、「インドネシア政府との関係のキーマンはムルディオノ官房長官だ。自分は彼との率直な意見交換と、テニスを通じての個人的関係とで信頼関係を築いてきた。ぜひともこの関係を続けるように」というアドバイスをもらった。

日本出発は二月三日だったが、途中香港で二泊した。夏物の買い入れが主な用事だったが、旧友デイヴィッド・ウィルソン総督夫妻を訪ねて官邸で昼食をご馳走になった。サンルームで、夫妻と私たち夫婦の四人だけで親密なランチをとり楽しかった。私がアルシュ・サミットで天安門事件への対応をめぐり、中国は外圧を加えると敵対的になるだけという日本的考え方と、今外圧を加えなければどれだけ非人道的になるかわからないという欧米的な考え方の対立で苦労をした話をしたら、夫人のナターシャが「デイヴィッドはその中間的な考えよ」と言い、彼は「香港の住民が結果がどうなるかを顧みずに中国に反発したのは意外だった」と言っていた。

二月五日、ガルーダ航空でジャカルタに到着した。一二年ぶり、二度目のインドネシア勤務である。スカルノ・ハッタ新空港がきれいになっていたのには驚いた。儀典長室のスヤトノ課長代理のほか、約一五人の日本人代表と大使館幹部の夫妻が出迎えてくれた。空港からジャカルタ市内へ車が進むにつれて徐々に、大使としてこの国に戻ってきたのだなという気持ちが強くなってきた。新公邸は居住部門も広く快適で、特に庭の緑の美しさが印象的だった。

着任翌日の午後、大使館員全員を講堂に集めてインドネシア語で就任の挨拶をしたが、つけ焼刃でうまくいかなかった。その後、臨時スタッフミーティングを開いて訓示した。健康に注意すること、機密保持に注意すること、公私の別、特に金銭的規律を厳格にすること、ボトムアップの仕事をすること、情報、広報面を含め民間の力を活用すること、政治的変動に備えること（反体制派の動きを監視する、日本ビジネスのオーバープレゼンスの弊害に注意する、など）を、主に述べた。

大使館の構成は、公使は阿部知之君（後に官房長、駐トルコ大使）、途中から高須幸雄君（後に国連大使）に交代、総括参事官は樽井澄夫君（後半は森敏光君）で、総務班には別所浩郎《こうろう》君（後に駐韓国大使）、佐野利男君、梅田邦夫君など優秀なメンバーがいた。私のプロトコールは最初は竹山健一君で、途中から宮川勝利君が務めてくれた。政務班に防衛庁から松浦聿永君、警察から山崎裕人君、経済班には通産省から大村哲臣君、大蔵省から廿日岩信次君、郵政省から浅野文昭君、農林水産省から五百木篤君、湯川剛一郎君、運輸省から内波謙一君、建設省から上田敏君というような顔ぶれだった。インドネシア語の専門家では城田実君、畠薫君、野村昇君などが顔をそろえていた。総領事は柔道に熱心な塩谷和氏でその後旧友の山本益次君が来た。

勝手知ったるところだけに、翌日から仕事を始めたが、アリ・アラタス外務大臣を表敬訪問したのは一月九日だった。一九七五年に赴任したとき、彼はアダム・マリク外務大臣の秘書官をしていて、その後まもなくジュネーブ国際機関の大使に赴任したのだが、彼とは当時からの知り合いだった。第三世界重視の考えの持ち主であるが、愛想もいいし、理屈ばかり言う前外務大臣のモフタル・クスマアトマジャ氏と代わっていてくれていて助かった。

就任式

信任状捧呈式は一月一三日に行なわれた。私のバンコク出張（大使会議）予定を考慮して外務省が異例の早さで手配してくれた。カダリスマン儀典総局長に伴われてイスタナ・ムルデカ宮殿前の広場で儀丈兵に迎えられる。正面の階段に立って、軍楽隊が君が代を吹奏する中、目にしみるような青空に日章旗が掲揚され、翩翻《へんぽん》と翻るのを見ているうちに、これが国を代表するというものかと胸が熱くなった。

スハルト大統領（左）に対する信任状捧呈式.

広間に案内されてスハルト大統領の前に進んで、信任状と解任状を手渡し、数歩後戻りして、言上を英語で読み上げた。大統領の答辞はインドネシア語なので断片的にしか理解できなかったが、私の倍くらい長く、通常の挨拶以上の内容があるように感じられた。「当国における任務の遂行において両国の友好と協力の基礎を強化するために多大な貢献をした枝村大使の真摯な努力を評価したいと思います。閣下が、前任大使に劣らぬ貢献をなさることを確信しております」との発言があった。大統領と握手した後、待立の外務大臣、官房長官、外務省高官に挨拶し、大統領のところに戻ってこちらの随員を紹介した。

その後、通訳のウイドド氏を介して大統領と二人だけの懇談に移った。スハルト大統領から、私が大使として戻ってきたことを嬉しく思うとの言葉があった。まさか彼が私の公使時代のことを覚えているはずはないと思ったが、前年秋の竹下登総理のASEAN訪問のときに首席随員として会っていたから、少しは記憶があったのか、終始打ち解けた感じだった。その後に切々とした口調で経済協力、特にプログラム援助の必要性を強調し、信任状捧呈式とは思えぬほど具体的でまじめな話があった。

インドネシアはASEANのアンカーである。日本が東南アジアで重きをなそうとすればインドネシアとの関係が要である。日本はASEANの「地域的強靱性（regional resilience）」を強めるためにインドネシアを中心とする経済協力を営々として築き上げ、成果を収めてきた。その結果、東南アジアは経済的に豊かになり、平和が保たれている。それを引き続き維持していくのが私の最大の任務である。スハルト政権の腐敗に対する国民の不満は高まっているし、米国は人権問題をうるさく言う。しかし、日本にとってインドネシアは対東南アジア外交の支柱である。この両国関係を発展させることが私の大きな責任であると改めて痛感した。

ムルディオノ官房長官を表敬訪問したのは二月二七日だった。いかにも控えめな態度で、かなり無理をした英語で、枝村大使との個人的信頼関係について語り、「もし貴使が同意するなら、同じような関係で仕事をしたい」と、願ってもない申し出を受けた。

彼とはその後、実に密接な関係を維持した。彼は異常な多忙さで、食事の招待など受ける時間がない。枝村さんのように朝テニスに誘って話をするということは私にはできなかった。事実アポイントメントを取るのが容易でなかったが、私との会合には必ず応じてくれた。私のほうも彼の貴重な時間に値するだけの話ができるように努めた。

海部総理のインドネシア訪問

一九九〇年二月二三日、本省から連絡があり、海部俊樹総理がインド・パキスタン訪問の帰路、五月四日金曜日の夜到着・六日日曜日の朝出発という日程で、インドネシアを訪問したいということだった。早速ムルディオノ官房長官に電話をしたら、案の定、「大統領は週末には対外行事をしないのが過去二年間の慣例になっているので、それが問題だ」とのことだったが、大統領は日本を重視しているので直接意向を聞いてみると言ってくれた。翌日午後ムルディオノから電話があり、「大統領はしばらく考え込んだ上でOKした」という回答だった。私は謝意を述べるとともに「金曜日の到着が少しでも早くなるよう努力する」と答えた。

結果的には総理は五月四日金曜日の午後三時二五分に到着したので、その夜に歓迎宴を行なうことができた。その席で海部総理に、スハルト大統領と会談する際に二つのことを話していただきたいと頼んだ。一つは、北方領土について大統領はソ連側と話をしたと言っているが、その実、ゴルバチョフ共産党書記長のメッセージ（日本は経済力を北方領土返還の圧力に使おうとしている云々）をこちらに伝えているだけではなかったか。それだったら聞くだけかえって野暮なことになるから、事前にスハルトにわが国の立場を述べておいていただきたいということ。いま一つは、人権問題については差しさわりのないふれ方をしつつ、日本の関心をインドネシア側に理解させていただきたいということだった。

翌五日のスハルト・海部会談は非常にうまくいった。この年の援助については、わが国が海外経済協力基金（OECF）負担分の特別援助五億ドルというところまで事前に踏み切れなかったために、歯切れの悪いことになったが、インドネシア債権国会議（IGGI）までにはご希望に応じるようにしたい、という意向を述べた。インドネシア側にすれば、ドル安円高のために返済の追加負担が七億ドルになるという意識があるのでそれに配慮したのである。

北方領土問題については「テタテの会談」（二人だけの会談。必要なら通訳だけは同席する）でも出たが、案の定スハルトが日本のメッセージをソ連側に伝えたのではなく、ゴルバチョフのメッセージを日本側に伝えようとしていることがわかった。ムルディオノがこの部分はプレスに黙っているというので、こちらもそうしたいと答えた。

赤道レーダーに関するユスフ・ハビビ科学技術大臣の案（インドネシア赤道上に大型レーダーを設置してエルニーニョ現象に伴う気象変化を監視するという案）が出てきたのは、G７の場で日本から発言してもらいたいという趣旨からだが、これは日本国内では熱のない話なので、「日本に戻ったら関係者から話を聞いて研究してみたい」と応じていただいた。

記者会見で人権問題が取り上げられると海部総理は公にスハルト政権を批判しなければならないので厄介なことになると警戒していたが、渡辺泰造報道官がうまく裁いて無事に終わった。

夕方、総理は公邸のプールで泳いだ後、みんなで夕食をとり、後はくつろいでいただいた。日本の歌が得意な演奏家ゴールドン・トビーのグループが総理の十八番の「瀬戸の花嫁」を演奏して総理の出番を作った。

予定通り総理一行は五月六日の午前九時半に出発して帰国の途についた。八日にムルディオノを訪ねてお礼を述べたが、インドネシア側も満足の様子だった。私が、歓迎宴にＡＳＥＡＮ諸国の大使を招待してくれたことに感謝すると、「これは前例のないことだ」と言っていた。『ジャカルタ・ポスト』紙が日本の援助が減ったという報道をしたが、これは特別援助を含めていないからであって、世銀レポートが出る前に特別援助の額を決めることには無理がある、と説明したところ、ムルディオノは「誤解を招かないよう、プレス説明で私は数字を使わないようにしている」と語っていた。

福田赳夫総理来訪のときのような盛り上がりはなかったが、今まで面識のなかった両首脳がこれだけのラポール（親和関係）を持つことができたのは成功といってよいだろう。インドネシア側は、海部総理が就任後、ＡＳＥＡＮのなかでもインドネシアに真っ先に訪問しに来たことを快く思っているようだった。

二　日本とのビジネス関係

電話交換機入札問題

着任早々、電話交換機の入札問題で米国の新聞が「インドネシアが日本の政治的圧力に屈すれば、米国政府はスーパー三〇一条を発動すると言っている」と報道した。公電によれば、ワシントンでもジェームズ・ベーカー国務長官、カーラ・ヒルズ通商代表などが、日本が援助をテコに政治的圧力を加えているのはけしからぬと苦情を言ったという。この案件を政治的に取り上げたのは前年四月にインドネシアに来訪したダン・クエール副大統領であり、スペインの無償援助を使って、OECDで禁じられていた「混合借款」を提案したのも米国である。「混合借款」とは、政府による借款と民間の融資を合わせた借款のことである。自分の行為を棚に上げて、あたかも日本がアンフェアなことをしているかのごとく一方的に決めつけて文句を言ってくるのは許しがたいが、そんな言いがかりに対して、「そんなことをしていない」と弁明するばかりの在米大使館も情けない。「米側に何の証拠があってそんなことを言うのかと、問い詰めるべし」と栗山尚一次官に連絡したら、米側の返事は「特に証拠はないが平素の行状に鑑みありうることだと思った」というふざけた話だった。

この入札ではショートリストでNECが一位になっていたのだが、その後、対米関係を考慮してか、インドネシア政府は技術的観点からの審査が行なわれていなかったとして、ハビビ科学技術大臣の審査を命じた。私はハビビを訪ねて、審査を純粋に技術的観点から行なうよう要求した。ラディウス・プラウィロ経済担当調整大臣にも何度か会いに行ったが、インドネシア政府はなかなか決められない。その間JICAの専門家に活動状況を聞くため公邸での夕食会に招いたとき、バンドンの電気通信研究所に来ていたNTTの専門家がいたので、「入札対象の回線を二倍にしてもインドネシアの需要はあるのか」と聞いたら、「需要はそれを上回る」という。そこで大詰めの時点でラディウスに「注文を二倍にしたらどうだ」と示唆した。「ただし、日本は輸銀のマッチング・ベーシスにより援助並みの低金利を出すのだから、決定の発表の前に二倍にすることがわかれば日本の提案は消えてなくなる」と注意しておいた。彼は何も答えなかったが、結局そうなった。日本側は計画通り納入したが、米欧組は実施がずいぶん遅れてしまい、私の在任中には納入できなかった。いかに日本のほうが頼りになるかを事実で示した形となった。

これには後日談がある。離任の挨拶にハビビ大臣を訪ねたとき、彼は「あのとき貴殿が『純粋に技術的審査を』と言ったのは本当にありがたかった。実は次の面会者が米国大使だったのだが、彼の要求に対し私は『どうぞご心配なく。今来た日本大使はあくまで技術的審査をするように要求してきただけです。自分もそうするつもりです』と答えたのだが、もしあのとき貴殿がそれ以外の要求をしていたら、私の立場は苦しくなっていただろう」と言った。

「そごう」進出問題

時間的には前の話と前後するが、信任状捧呈式のあった一月一三日の午後、インドネシア記者団との初会見をした。冒頭私は、「ジャカルタに息吹いているアントルプルヌールシップ（企業家精神）にアジア太平洋時代の始まりを感じる、日本・インドネシア関係は経済だけでなく文化面でも強化したい。インドネシアの人づくりに協力したい」と述べた。記者からの最初の質問は「そごう」の進出問題だった。

これは同月九日の邦人記者との懇談のときにも出た。小売業に対する外国資本参加の是非の問題だったのだが、共同通信の記者から、「そごう」は店員にひげを剃れとか、お辞儀をせよとか、この国の文化に合わないことも強制しようと訓練しているという話も聞いていた。インドネシアの記者に対して私は「この問題には、技術提携がインドネシアの商品化、輸出競争力の強化に貢献するという側面と、現在のインドシアは小売業に外国の参入を禁止しており、それが守られるのかが、インドネシアの社会問題の観点から関心が持たれているという側面がある。私は、インドネシア政府はこの両側面を考えながら最適な結論を出すよう検討していると思う。いずれにせよ、『そごう』から派遣される人たちはインドネシアで仕事をする以上、インドネシアの法律と政策をわきまえて、インドネシア社会のよき一員として活躍するよう希望する」と答えた。

その後、「そごう」東京本店で「ジャカルタ店開設」という宣伝をしており、ジャカルタに来ている日本人店員が「ジャカルタ支店長」という名刺を配っていると聞いたので、彼に大使館に来てもらい、小売業に外国資本が参入することを禁止しているインドネシアの法律を無視するようなことをしないよう注意し、「貴殿が本店に異論を唱えにくいなら、私の意見として報告しなさい」と言った。結局、「そごう」は商号を貸して、技術指導料と売り上げの何パーセントかを受け取るという契約で落着した。ところが開店祝いに際して社長は、百何十人かをぞろぞろと引き連れて来た。彼は大使館に雪駄《せった》履きというでたちで挨拶にやって来た。私は現地の空気を説明して、なるべく派手なことをしないよう忠告したが、はたしてその日のうちに「そごう」のガラスが打ち破られた。私は「そごう」自身の問題もさることながら、邦人ビジネス社会に対する悪影響を懸念したのである。

「チャンドラ・アスリ」問題

これは少し後（一九九〇年末ごろ）に生じた問題である。「チャンドラ・アスリ」と呼ばれた石油化学のプロジェクトは、丸紅が中心になってプラヨゴ・パンゲツ（スハルト側近の華僑）とエチレン・プラントを建設するというものだった。本来プライベート・ビジネスの企画として進められていたのであるが、当時インドネシア政府は、外貨負担の問題から借り入れを伴う大型プロジェクトをすべて一時停止して見直しをする決定をしていた。ところが、丸紅が韓国に発注していたボイラーが完成し、船積みは待っていてもらったのだが、韓国側が待ちきれなくなって船に乗せてしまった。これがインドネシアに到着してL／C（信用状）が決済されないと、通産省は貿易保険を対インドネシア貿易全体について止めなければならない。通産省から電話で「なんとか陸揚げを認めるよう取り計らってほしい」と要請してきた。私は二つのことが気になった。一つはプラヨゴが大統領に家族扱いされているということ、もう一つはこのプロジェクトによって迷惑をこうむる日本企業がないかということだった（例えば旭硝子は高価な原料を買わされるおそれがある）。この点について、丸紅の佐古田貢《みつぎ》支店長に「この工場ができたら関税を引き上げるということになっていないか」と質問すると、彼は、そんな了解はないと断言した。その上で、私はラディウス大臣に申し入れて、この件だけは新設禁止の特例扱いにしてもらった。

その後、タンゲランの日本の合弁企業のオープニング・セレモニーへの招待状が来たが、私はその日の午後はスピーチの約束があったので断った。ところが、化学総局長から「大統領が出席するのでぜひ来てほしい。ヘリコプターを出すから時間の点も大丈夫だ」と言ってきた。ヘリコプターに乗って下を見ると、ジャカルタからタンゲランにかけてずいぶんたくさんの工場ができているのに驚いた。車で会場に向かう途中には、例のボイラーが船のような巨体をさらしていた。会場には本当にスハルト大統領が来たが、式典の後「別室で大統領がお会いすると言っています」という。

部屋に入ると日・イ双方の出席者が大統領の両側に座っていて、私に大統領のそばの席に座れという。大統領からの「お言葉」は「チャンドラ・アスリのプロジェクトに日本も協力してほしい」ということだった。誰が仕組んだのか、私はここで甘いことを言ってはならないと思って、まず日本の企業側に発言を促した。彼らは次々と完成のための努力を誓う発言をした。私は「大統領閣下もお聞きの通り、日本側関係者は皆最善を尽くすと言っています。私もこのプロジェクトが順調に完成することを希望します」と言って逃れた。後で佐古田氏は、自分も何も知らなかったと弁解していたが、油断もすきもあったものではない。

後日談になるが、一九九七年にジャカルタを訪問したとき、インドネシア大使になっていた渡辺泰造氏に「チャンドラ・アスリは苦労しているようだが、まさか関税を引き上げるようなことはしていないだろうな」と言ったら、「いや引き上げをインドネシア政府に申し入れて実現した」と手柄のように言う。インスティテューショナル・メモリー（組織に蓄積される記憶）の乏しさにあきれてしまった（丸紅の佐古田氏はその後帰国して福岡支店長在任中に他界した）。結局このプロジェクトは破綻し、丸紅は株式の引き受けをしたり、債権放棄をしたりして大きな損失をこうむった。政変もあったしアジア経済危機もあったが、インドネシアでは日本政府がODAをテコに丸紅を救済しようとしているという新聞報道も流れた。日本側がODAで圧力をかけたとは思わないが、その間スハルト後のインドネシア政府としても日・イ関係全体を考えて種々努力したことは事実であろう。

アサハン・プロジェクト

北スマトラのトバ湖の「アサハン・プロジェクト」は、水力発電とそれを利用してアルミナ精錬を行なうものである。住友金属が常務を駐在させて実施したPS方式のナショナルプロジェクトの草分けである。私は前回のインドネシア勤務のとき日本工営の久保田豊社長のお供をして、起工式に参加したが、あの見事な滝が姿を消すと思うと複雑な心境だった。

完成後もアルミの国際価格が変動し、円高になったために、この会社はたびたび収支困難に陥り、海外経済協力基金（OECF）と日本輸出入銀行（JBIC）が救済支援したこともある。インドネシア政府はこの会社を監督するためにアサハン庁（Asahan Authority）を設立したのだが、当初からその長官を務めていたアブドゥール・R・スフドが枝村大使時代に突如アルミナの対日輸出を禁止した。枝村大使はムルディオノ長官の助けを借りて何とか輸出再開にまでこぎつけたのだが、スフドの無理解な態度はその後も続いた。私は彼をアサハンの経営から排除するよう努力したのだが、結局成功しなかった。他の関係閣僚もみなスフドを辞めさせたいのだが、スハルトがどうしてもクビにしないということだった。

その後もスフドは日本側が利益を取りすぎているという非難を繰り返していたが、プロジェクトが黒字になる見通しを得ないまま、私はジャカルタを去った。スハルト後の新聞報道によれば、スフドはイナルム（アサハン・プロジェクトのアルミ精錬会社）のカネを横領していた容疑で検察の取り調べを受けたようである。

日系銀行の融資規制問題

インドネシア政府が外貨不足対策として一九九二年に融資規制を行なった際、銀行の貸し出しを資本の一定割合に制限するという方針を発表した。当時日本の銀行は大部分が現地法人化していたが、現地法人の資本の額を融資制限の基礎になる資本とされると、貸出額が大幅に削減されることになる。私は旧友のモーイ・アンドレアス中央銀行総裁を訪問して、日系銀行の事情をよく聞いてくれるように頼んだ。彼は即座にこれに応じ、住友銀行の恩田統夫支店長をはじめとするグループと会合を繰り返し、結局貸出規模を削減しないでいいという結論に達した。

これを機会に日系銀行はモーイ総裁と定期的な懇談をするようになり、私は大変感謝された（当時の日系銀行の人たちは「二木会」という懇親会を持っており、私もゴルフ会合に招かれるようになったが、現在でも東京で毎年、忘年会に招待されている）。平素金融問題に大使が口を出すことを大蔵省は嫌っていたのだが、これには何の文句も言ってこなかった。

三　対インドネシア経済協力

経済協力はわが国にとってインドネシアとの関係の重要な支柱だった。そのことは私の信任状捧呈の際のスハルト大統領の言葉のなかにもはっきり表れている。新任の挨拶のために訪問した各大臣も必ず日本のODAに触れ、協力を要請した。地方を訪問してもそうだったし、講演でも記者会見でも主な質問は経済協力に関するものだった。

日本の対外経済協力においてインドネシアは第一位を占め、インドネシアが受ける海外からの経済協力のなかでも日本が第一位を占めていた。したがって、インドネシアの経済開発政策における日本の重要性は断然大きかったし、それだけに発言力も責任も大きかった。そのことはたびたび大使の仕事にも表れていた。

当時のインドネシアに対する経済協力は、最大のものが円借款で年間約一二億ドル、その次に金額が大きいのは輸銀融資で七億ドル、無償・技術協力が一億ドル超という規模だった。これがインドネシア援助会議におけるわが国ODAのプレッジ（意図表明）の額だったが、より広く見ればこれらのほかにさまざまな民間企業がベースになった投融資も重要な役割を果たしていた。

大使館では伝統的に経済協力の責任者は次席公使だった。したがってＩＧＧＩ（インドネシア債権国会議）に出席するのは阿部公使で、私の役目は必要に応じてその事前準備のために駆け回ることだった。ＩＧＧＩ対策のマクロ的な面は、ウィジョヨ・ニティサストロ政府経済顧問とラディウス調整大臣と何度も会って意見交換し、世銀の所長とも情報交換した。個別的な案件は主としてサレー・アフィフＢＡＰＰＥＮＡＳ（バペナス：国家開発企画庁）長官と話し合った。大統領マターに関してはムルディオノ官房長官と話した。

前述のように毎年ＩＧＧＩには、私が公使だったころと同様に在インドネシア大使館からは公使が出席し、団長は本省の経済協力局長だった。ただし一九九二年だけは、本省の都合により私が団長を務めた。

インドネシアの対外援助要請額は、毎年の財政支出のなかから経常支出分を差し引いた額を政府貯蓄として経済開発にあてるが、それでは足りないので不足分を外国援助に依存するという方法で決まっていた。毎年どれだけ外国援助を要請するかは、インドネシア政府がＩＭＦや世銀と相談しながら決めていた。日本政府がインドネシアの予算づくりに具体的に口出しすることはできないので、私は日本側のそのときどきの援助方針について事前にインドネシア政府関係者の耳に入れるようにしつつ、世銀やＩＭＦと非公式な意見交換をして、金額的にも内容的にも日本が対応できないような要請が出てこないように努力した。当時インドネシア側が最も希望したのは特別援助、すなわち支払いの早い、いわゆる「クイック・ディスバース（ＱＤＡ：Quick Disbursing Aid）」の援助（足の速い援助）の継続だった。これはインドネシアの外貨危機の応急対策として導入したものだが、いわば商品借款であるから、日本側はなるべく早くプロジェクト援助に戻したいという方針で、一九九二年度の援助のときには翌年からプロジェクト援助に切り替えることを了解を得た上で、五億ドルの特別援助を継続した。

誰のための援助か

当時私たちが取り組まなければならなかった大きな問題は、日本の経済協力に対するインドネシア国民一般のパーセプション（認識）の問題だった。

第一の問題は、日本の経済協力はスハルト政権支持に使われているのであって、インドネシア人やインドネシア社会そのものの役には立っていないという見方が根強かったことである。スカルノ時代以来、大統領側近やインドネシア政府要人が援助資金のピンハネをし、その一部が日本の政界にも流れている、あるいは日本企業がプロジェクトをとるために賄賂を使い、援助の実施にあたっては腐敗行為が行なわれているというような疑惑が強かったのである。例えばダム建設のための用地買収にあたって、住民に支払われた補償金は計画額のごく一部でしかなく、どこかで援助資金が悪用されているのではないかという疑惑だった。

これに対して、日本の経済協力が一度ならずインドネシア経済の危機を救ったこと、食糧不足の解決に貢献したこと、インフラを強化すればインドネシア経済の発展に役立つこと、病院建設、疫病対策など国民の保健衛生にも貢献していることなど、私も館員も講演や記者会見などあらゆる機会にインドネシア大衆に説明する努力をした。また、腐敗疑惑については、日本の援助機関は厳密に計画を審査しており、資金がインドネシア側に渡った後の責任はインドネシア政府にあるが、日本側はつねづねその厳正使用を申し入れていると説明した。

うにしたところ、援助の実態をかなりよく報道してくれた。特に無償協力のプロジェクトの完成式には私が必ず出席するようにしたが、このときはインドネシア側閣僚も日本に対する感謝の言葉を述べてくれ、それがテレビでも報道された。特に私の任期の途中から始まった小規模無償協力（いわゆる「草の根協力」）はインドネシアのプロジェクト実施者が最後の一ルピアまで大切に使い、直接住民のためになるのが目に見えるので大変好評だった（高校中退者の職業訓練をしているNGOにこの無償協力を授与しに行ったとき、深い印象を受けた。彼らは平素苦労して資金集めをしているので、自分たちで建築工事もし、一ルピアでもむだにしないよう利用していた。また、教師としてドロップアウト経験のある青年を雇っていた）。

米国で開かれたある民間の国際会議で、日本の援助は日本の経済的利益を追求するものだと批判する発言があったとき、たまたま出席していたウイジョヨ政府経済顧問がそれは事実と異なると発言した。「日本はインドネシアが債務負担で窮地に陥っていたとき、国内法を改正してまで援助してインドネシアを救ってくれた。インドネシアは日本の援助に深く感謝している。現在では日本の援助は原則アンタイド（紐なし援助）化されていて、どの国でも日本の援助資金を使えるようになっている」と説明した。私はその場にいなかったので、これは後で日本人の参加者から聞いた話である。＊（三七四頁参照）

第二のパーセプション・プロブレムは、日本の対インドネシア援助は日本企業の利益になっていて、インドネシア人のためになっていないのではないかという疑問だった。

日本の援助の大部分がジャパン・タイド（日本への紐つき援助）だったときには、ある程度そう言われてもしかたがない面があったかもしれないが、その後商品援助をアンタイドにしたし、プロジェクト援助もアンタイド化した（無償援助と技術協力は原則タイド援助だが、これはほかの国も同様であって特に不満は聞かれなかった）。プロジェクト援助をアンタイド化した結果、日本の企業が得た契約が全体の三分の一くらいになっていたのが実情であって、そのために日本企業が以前ほどにプロジェクトの発掘に熱心でなくなったという問題が生じているくらいだった。

私も、「コンサルティングくらいはタイドにしてくれないと、日本のエンジニアリング技術がまったく生かされない」という苦情を受けたが、それは断固拒否した。それは以前に経済協力局の事務官をしていたときに、パキスタンに対する肥料供給で、ジャパン・タイドの援助で供給したものの価格が通常の国際入札価格の二倍になっているという苦情を受けて苦労した経験があったからである。当時、援助によってうるおっているのは日本の企業だという根拠のない批判が第三国からたびたび出ていたが、これがインドネシア人がそう信じがちになることの原因でもあった。

これも対策は基本的に広報だったが、インドネシア政府側にもインドネシア国内によく説明するように頼み、日本の業界にもインドネシア人に誤解を抱かせないように協力を要請した。

人権と援助の問題

インドネシア政府は人権問題で国際的な批判を受けていた。そのような国の政府に援助を与えるべきではないという議論が国際的に強まりつつあり、それが日本の国内でもときどき議論され、またインドネシア国内にも影響を与えていた。特に、東ティモール問題（後述）発生以後、国際的に対インドネシア援助と人権の関係が論じられるようになった。

私たちは日本国内に対しても、国際世論に対しても、インドネシア国内の批判的意見に対しても、説明しなければならなかった。そういうとき私は、西洋における民主化とアジアにおける民主化は進み方が違って当然である、と説いた。経済生活が改善され、ある程度社会の安定が実現しないうちに民主化を急ぎ、人権問題を性急に解決しようとしてもうまくいかない。インドネシアにおいても民主化と人権尊重という大きな目的ははっきりさせつつ、具体的実現は徐々に図っていくというのが適当である、とした。また、人権問題について公にインドネシア政府を批判しても反発を招くだけである。特にこれを援助と結びつけることは逆効果になる。静かに、インドネシア政府と直接対話をするのが最も効果的と考える、と説いた。

事実、私はインドネシア政府関係者に対してはかなり率直に話をしたが、インドネシア政府を公に批判することは差し控えた。これが一部の邦人記者には不満だったようだが、そうするほうがインドネシアに対する影響力を保ちうると考えた。現にその効果は東ティモール問題のときに発揮された。私の考え方は世銀の方針とほぼ同じだった。赴任当初の米大使ポール・ウォルフォウィッツは盛んに人権問題を取り上げていたが、彼はいわゆるネオコンでインドネシアの安定など意に介していない様子だった。彼とは国務次官補以来の知人であるが、彼の考えはわが国の国益とずいぶん異なる。しかし後任のジョン・モンジョー大使は東京、ワシントン、ジャカルタで三度同じ勤務をした仲で、インドネシア語もうまく、個人的には私と同じような考えを持っていた。

私も個人的には何人かの人権活動家と親しくしていたので、インドネシアの人権問題を理解していたつもりである。パリで開かれたインドネシア支援国会合（ＣＧＩ）の会議に日本代表として出席後、インドネシアの記者から「人権問題を取り上げたか」という質問を受けた。私は、インドネシアの人権問題はインドネシア国内で解決していくべきであって、外国に頼るべきではないのではないかと、逆に質問した。するとその記者が「それはわかっているが、自分たちがそれを取り上げると命が危ない」と答えたのには、同情した。

IGGIからCGIへ

一九九一年三月二五日夕刻、ムルディオノ官房長官から呼ばれて出向いたら、「インドネシア政府はオランダの援助を拒否することを決定し、IGGIの議長を世銀に依頼することに決めたのでよろしくお願いしたい」ということだった。「これまでもオランダ政府がさまざまな折に援助を脅しに使ってきたのをインドネシア政府は我慢してきたが、最近のオランダ政府の言動は忍耐の限界を超えるものである。インドネシア政府は人権尊重を重視しているし、それを批判されても説明し改善の努力をするが、援助に結びつけて政治的要求を貫こうとする行ないは断固排除する。最大の援助国である日本にはインドネシア政府の事情を理解していただき、今後とも経済協力をよろしくお願いしたい」という要請だった。私は、日本政府としては引き続き協力するものと考えるが、インドネシア政府として「人権尊重については変わりなく、国連でもどこでも国際的対話に応じる」ということを明確にするよう助言した。

事の経緯を説明すると、オランダではヤン・プロンクという左派の政治家が一九八九年に開発援助担当大臣になったが、それ以来彼はインドネシアの人権問題を取り上げ、批判を繰り返していた。一九九一年一一月一二日、オランダ政府はディリ事件（後述）の調査委員会の結果を見るまで対インドネシア援助を停止すると発表した。プロンクがIGGIの議長をしていたので、インドネシア政府としてはオランダによる援助拒否の後のことについて検討していたのだろうが、結局世銀にIGGIの議長を要請することに決めた。プロンクの跳ね上がりぶりから見て、私は当然の報いだと思ったが、国際的には、「人権問題について熱心に働きかけている国にインドネシアがこういう形で反発するのを、日本は黙って見ているのか」という批判が出ることも懸念した。事実、インドネシアの新聞に「オランダの援助がなくなっても日本がいるから大丈夫」という、親の心子知らずの記事が載り、カナダの大使から「オランダの援助が減った分を日本が援助するというのは本当か」と聞かれたりした。

また、私はオランダがEC諸国に同調を求めるのではないかと懸念したが、後日それはしていないことが明らかとなり、IGGIは世銀を議長とし、名前もCGIと改めて一九九二年七月に無事パリで開催された。この間日本政府が果たした役割はインドネシア政府に高く評価された。

コタパンジャン・ダム建設問題

私の在任中、有償・無償ともにいろいろなプロジェクトが実施されたが、それを逐一説明することは紙幅の都合でできない。ただ一つ、コタパンジャン・プロジェクトについてはその後日本国内で裁判沙汰にまでなったので記録しておく必要があるだろう。

これは南スマトラでのダム建設のプロジェクトである。第一期分が一二五億円、第二期分が一七五億円、全部で三〇〇億円のプロジェクトで、一九九〇年一二月に私が署名した交換書簡の付属リストに含まれていた。

一九九一年九月四日、天皇陛下へのご進講のために一時帰国した後、ジャカルタに戻ったら、SKEPIというNGOがコタパンジャンの住民たちを二度も大使館に連れてきて、立ち退き問題について苦情を述べたという報告を受けた。二度目に大使館に来たとき、担当の佐野書記官が代表者を館内に入れて部屋で話し合っていると、「そのなかに警官がいる」と共同通信の浅野健一記者が騒ぎ出したという。佐野書記官から相談を受けて、私は、他国の官憲が許可なしに大使館内に入ることは許容できないことであるから退去してもらうようにと指示した。だが、そのデモのなかに他の邦人記者はおらず、浅野記者だけだったことから、彼が画策しているのではないかという疑いを持った。

このころ、日本の新聞に、コタパンジャンの住民が訪日して堂本暁子議員（社会党）などに陳情しているという報道があった。私はインドネシア政府に「住民対策はインドネシア側の責任であるから、問題が日本国内に持ち込まれることがないようにしてほしい」と申し入れたが、インドネシア側からは「彼らは日本人が連れていったのであって、彼らが本当にあそこの住民だとどうしてわかるのか」と反問された。彼らが要求していた補償金の積み増しについては、インドネシア側は他のプロジェクトの悪例になると断固拒否していた。

ところが、東京からは、彼らが帰国後に逮捕されないようにインドネシア政府に手当てせよという訓令が来た。私はしかたなくそんなみっともない要請をしたが、電力会社を監督しているギナンジャール・カルタサスミタ鉱業エネルギー大臣と直接かけあって、移住者に対しては移住前の生活条件より悪くならないようにするという約束を取りつけ、それを現地で公表してもらった。その後本省から調査団が来たし、大使館からも現場を見に行ってもらったが、その時点では私の提案で騒ぎは収まった。日本政府に対してはＯＰＥＣの会議に出席するギナンジャールが東京に立ち寄って説明した。

これで私は問題を解決したと思っていたのだが、何年か前に突然テレビの記者から電話で質問を受け、この問題が東京地裁で裁判沙汰になっていると聞いて驚いた。外務省に行って調べたところ、私の転任後数年間は何の問題も起きず、第一次の移住者は結構よい土地を与えられていたが、第二次、第三次の移住者たちは移住先の条件が悪く、結局ダムのなかに残っていたゴム林で働いていたそうである。ところが、工事が進んでいよいよダムに水を入れることになると、住民たちは生活のすべがなくなると騒ぎ出した。大使館は水を入れる前にインドネシア側に何度も注意したが、最後は彼らが独断専行したのだそうだ。聞くところによると、この問題に以前からかかわっていた横浜市立大学の鷲見《すみ》一夫教授が現場を訪ねて、五〇〇万円くらいの補償を要求する訴訟を日本で起こすことを勧めたらしい。八〇〇〇人くらいが署名して国際協力銀行（ＪＢＩＣ）と日本政府を相手に訴訟を起こし、第一次訴訟が二〇〇二年に提起されたが、二〇〇九年に第一審判決で原告（住民側）主張が棄却され、二〇一一年の控訴審判決も同様の結果となった。住民側は二〇一四年に最高裁に上告審を申し立てたが、結局二〇一五年三月に申立不受理決定が下った。署名をした人たちは補償金が取れると思ってバイクなどを買ってしまいその返済にも困っているという。ずいぶん罪深いことをしたものである。

四　天皇・皇后両陛下のインドネシアご訪問

私のインドネシア大使としての勤務中の最大の仕事は、天皇・皇后両陛下のインドネシアご訪問だった。元首の訪問が国の行事として最も重要であることはもちろんであるが、このご訪問は日本・インドネシアの親善のために、ほかの誰もなしえないほど大きな貢献をされたことを目のあたりにした。

一九九一年一〇月三日午前一一時一五分に、両陛下をお乗せした日航機がハリム空港に到着した。マレーシアでは、インドネシアの山火事の煙のために、日程の一部に支障をきたしたが、ジャカルタは晴天だった。両陛下はカダリスマン儀典総局長と私の先導のもとタラップを降りられ、スパルジョ・ルスタム首席接伴員、ベニー・ムルダニ外務大臣臨時代理夫妻のご挨拶を受けられた。次いで、インドネシ

CROSSING FISHES -- President Soeharto and Emperor Akihito are listening to the explanation on the gold fishes resulted from a crossing between Indonesian and Japanese gold fishes moments after the state guest and entourage arrived at the State Palace on Thursday. Mme Tien Soeharto is accompanying the Empress paying attention to the fishes. (Times photo/DL/04).

1994年10月4日付『インドネシア・タイムズ』紙に掲載された記事のスクラップ．アルワナを鑑賞する両陛下の様子が伝えられている．

アの子どもから歓迎の花輪を受け取られ、出迎えの日本人学校の生徒に手を振ってお応えになりながら車に乗られた。

その朝、『ジャカルタ・ポスト』紙が過去にとらわれるなという趣旨の論説を掲載し、『オブザーバー』紙ですら前向きの論説を載せて、歓迎ムードは上々だった。飛行場からの道には両国の旗を持った人垣が続いた。

ムルデカ宮殿にご到着の後、両国歌の吹奏と二一発の礼砲の儀礼が行なわれ、両陛下は外交団の挨拶を受けられた。それから、ジェパラ・ルームに移動してスハルト大統領夫妻との会談が行なわれた。私の席は両陛下からだいぶ離れていたのでお話の内容は聞き取れなかったが、陛下が端然と腰掛けられ、真摯な態度で大統領のほうを向いて話しておられるのが印象的だった。大統領は終始にこやかに陛下と話していた。

会談後徒歩で迎賓館（ウィスマ・ネガラ）に向かわれたが、その途中にアルワナという見事な緋色の大きな魚が水槽に入れられていた。天皇陛下は、皇太子時代にインドネシアを訪問された際に持ち帰られたインドネシアのヒレナガコイと日本のニシキゴイを交配した鯉を、今回のお土産に持参されたのだが、これはそのお返しに大統領が用意させたものだった。スハルトは「どうぞお持ち帰りください」と言ったが、陛下は「政府に検討させた上で」とお答えになった。このアルワナはインドネシア側のサプライズだったのでわれわれは事前に調べておくことができなかったのだが、さすが陛下はワシントン条約との関係をお考えになっていた由で、実際、後で確認したところこの魚は輸入禁止品目だった。残念ながらプレゼントとしてはお断りしたが、皇后陛下は「こういう魚は現地で見るのがいちばんきれいですよ」とおっしゃった。

三日午後は、両陛下はカリバタ墓地に献花されてから、プルサダ大学を訪問された。夜八時から、イスタナ・ムルデカで歓迎晩餐会が催された。これにはインドネシア側の配慮で、ASEAN各国大使も招待されていた。スハルト大統領は歓迎の挨拶のなかで、両陛下がご即位後初めての外国訪問にインドネシアを選ばれたことに感謝するとともに、二九年前の皇太子時代のご訪問を振り返り、このたびのご訪問は両国関係にとって「歴史の一里塚を意味するものである」と歓迎の意を表明した。過去の問題については、「われわれの関係はインドネシア独立以前からありました。過去を思い浮かべていくぶん感情的になることが少なくはありません。しかし、見識をもって過去の歴史を振り返ると、新たな精神、新たな目標をもって未来を築くための新しい発想と力がもたらされます」と未来に向けた視点を強調した。

陛下の答辞では、大葬の礼に大統領夫妻が来日されたことに改めて謝意を述べるとともに、過去の問題については、「インドネシアと日本の間には古い昔からのつながりがあります。日本は先の誠に不幸な戦争の惨禍を再び繰り返すことのないよう平和国家として生きることを決意し、この新たな決意の上に立って、戦後一貫して東南アジア諸国との新たな友好関係を築くよう努力してきました」と述べられた。

食後の恒例の文化プログラムは、ジャワの伝統的舞踊、バリ・ダンス、ラーマーヤナ物語からのダンス、アチェのダンス、アンクロン演奏など、インドネシアの文化を代表するものだった。妃殿下は特にクロンチョンを楽しまれた。後で、バンドンから一式を取り寄せてご自分のお土産としてお持ち帰りになられた（その後五年ごとにインドネシア訪問を記念するお茶会が宮中で催されたが、皇后陛下はときどき皆でクロンチョンの演奏を楽しまれると言っておられた）。

一〇月四日の午前中はタマン・ミニというテーマパークをご視察された。最後に挨拶に現れたインドネシアの小学生が、次々とプログラムを披露するので、時間が三〇分ほど余計にかかってしまったが、両陛下は結構楽しまれたようだった。スパルジョ・ルスタム首席接伴員のはからいで、タマン・ミニが日本人の一般歓迎者のために開放されたが、日本人はずいぶん両陛下の近くまで接近できて、「ああ、よかった」という声が聞こえた。

昼食はウィスマ・ネガラに戻ってとられたが、スハルト夫人手作りのジャワカレーが出されて、皇后陛下は大変喜ばれ、天皇陛下もたくさん召し上がり、スハルト夫人に御礼を伝えてほしいというお言葉があった。

午後はジョクジャカルタへ飛んで、スリ・パク・アラム八世知事の出迎えを受け、グドン・アグン宮殿に投宿した。四時半からクラトンを視察し、ハメンクブウォノ一〇世の出迎えを受けた。近衛兵の閲兵式に次いで、ワヤン・クリットや鳥のダンスを披露したりと大変な歓迎の仕方だった。

何と言っても圧巻は夜のプランバナンでのラーマーヤナだった。猿が使いをする場面だったが、最後には山に火を放ち、舞台全部が燃え上がるような文字通りスペクタキュラーな演出だった。陛下は今回の旅行でいちばん印象に残ったと言っておられた。

一〇月五日は午前八時半に迎賓館を出発してボルブドゥール寺院へ向かった。壁画の彫刻についての案内人の解説に両陛下は熱心に耳を傾けられたが、できるだけ急いでいただいて、頂上にたどり着いた。しばし周囲の広大な景色を楽しんでいただいたが、頂上のストーパという仏塔のなかの一つに手を入れてお願いごとをするとかなえられるというのがあって、皇后陛下も手を差し入れておられた。後で私から何をお願いされたのかお尋ねしたら、「雨が降って稲が実ることをお祈りしました」というご返事だった。実はご到着後空港からの車のなかで目下インドネシアは旱魃《かんばつ》で苦しんでいることを説明申しあげたのだが、そのことを覚えておられた。いかにも人間愛に満ちたお言葉だったので、早速大使館からプレスリリースを出し、翌日のインドネシアの新聞がこのことを報道したのは大変よかった。

帰路、両陛下は技術協力プロジェクトの「木材育成センター」に立ち寄られて、記念植樹をされた。昼食会は宮殿のガルーダ・ルームで知事主催で行なわれたが、クドーという西ジャワの料理が大変美味だった。別室にはお買い物用の工芸品が陳列されてあったが、ゆっくり選ぶ時間がなくお気の毒だった。

ジャカルタに戻って、午後六時一五分から日本大使の主催でヒルトン・ホテルでご引見のレセプションを開催した。来客の仕分けがうまくいかず、結局両陛下に一人一人回っていただくことになったが、陛下はていねいに質問なさるし、答えるほうは感激して説明が長くなるので時間がかかってしまい、随行の侍従が急ぐように私に督促するのでいらだってしまった。イスマイル・サレー法務大臣の顔が見えていながら、紹介できないで終わってしまい、翌朝いちばんに謝りの電話をかけるという失敗もあった。

結局公邸での内輪のディナーは一時間ぐらい遅れ、それも早く終わらせよと侍従に何度も督促されたので困惑した。マーカンタイル・クラブの高橋シェフに出張調理してもらった和食は結構よくできていたので、楽しんでいただけたと思う。結局予定を三〇分早めて宿舎に戻られたのだが、報道関係のことで宮内庁随員の手違いがあり、陛下は午前一時まで起きておられたと翌日聞いて、そんなご迷惑を黙って我慢しておられる両陛下に頭が下がった。

一〇月六日の朝いちばんに、前回訪問されたときの記念に命名されたミチコ・ランをボゴールから運んできて、宿舎の五階のロビーに置きご覧に入れたら、両陛下ともに大変喜ばれてご自分のカメラで一緒に写真を撮っていただいた。スハルトの孫がサインブックにサインを頼んできたのを侍従は「前例がないから断る」と言っていたが、陛下はサインされた。

その後両陛下は庭を散策され、あちこちで写真を撮りながら、出発前のひとときをくつろがれた。大統領夫妻にフェアウェルコール（お別れの挨拶）をされた後、車に乗られたが、その前にいかにも名残惜しそうに周囲をごらんになっておられた。

午前一一時に予定通り、特別機はハリム空港を離陸した。二泊三日の短いご滞在だったが、両陛下は大統領夫妻との個人的親交を深めること、インドネシア国民とのコミュニケーションを多くし、インドネシア文化に対する理解を示すという本来の目的を十分果たされたと思う。館員の一致した努力のたまものであり、翌朝のスタッフミーティングでも、夜の館内の打ち上げ会でも、皆に心からお礼を言った。

当地でのマスコミの報道も大変よかった。やはり天皇陛下のご訪問は総理訪問などと違った重みがある。それに、あらゆる場面における両陛下の誠意に満ちた対応によってお二人の人柄がインドネシアの人々によく伝わったと思う。

しかし、さまざまなことで苦労したことも事実である。なかでも、陛下のお言葉のなかでの過去の歴史についてのふれ方だった。東京で相談したとき、岡崎久彦駐タイ大使は、過去についてはまったくふれるべきでないというはっきりした意見だった。タイの空気はインドネシアと違っていたのだろう。また天皇陛下に政治的役割を果たさせるべきでないという彼の信念も、そこには反映していただろう。私はオランダの女王が来たときの挨拶を読み返してみたが、ただインドネシアに戻ってきて嬉しいと言っているだけで過去には何もふれていなかった。しかし、戦争中あれだけひどいことをしたのだから、日本の天皇が何も触れないで済ますというのは無理があると思った。ムルディオノ長官ほか日・イ関係に詳しい何人かのインドネシア人にも内々の意見を聞いた。ムルディオノには日本の憲法上天皇陛下に政治的役割を負わせることはできないことを説明したら、「大統領は戦争中の日本について非難したことはまったくないが、戦争に全然ふれないとかえって逆効果になることもありうる」とこちらで想像していた通りの答えだった。そのほか、大方の意見は過去のことにあまり深入りせず未来に重点を置いたお言葉にすれば、インドネシア人は理解するであろうということであり、これも私の考えとほぼ同じだった。

事前広報の一環として、天皇制の解説のために本省は作家の三浦朱門氏を派遣してきた。九月一六日にプルサダ大学で講演してもらい、好評だったが、共同通信の浅野記者が質問に立ち、「自分は天皇制に反対だ」と言って雰囲気を混乱させてしまった。彼の発言はインドネシアの治安当局の注意を引いたに違いないが、彼は天皇ご訪問中にインドネシア側の尾行を受けたと私に抗議してきた。彼はその後査証延長を拒否され、それが大使館の仕業だと非難していたが、私はそのような事実を関知しない。むしろインドネシア外務省には無茶な扱いをしないよう申し入れたし、彼の要請に従って出国期限の延長についてラマダン休暇中に法務大臣の自宅を訪ねて彼の家族や事務所の都合に合わせるように要請したことすらある。

戦争中に情報将校だった中島正周氏から、一〇月二日にある情報が入った。戦時中の兵補（日本軍が組織したインドネシア人補助兵のこと）に日本から活動資金が流れていて、スラバヤやメダンから兵補がジャカルタに集まっているというのだ。事実、彼らは三日に記者会見して、日本政府に補償金を要求したらしい。その後の記者会見で随員の加賀美秀夫元国連大使が質問を受け、補償金は支払えないと答えた。一〇月四日のインドネシア紙朝刊にその内容がかなり詳しく報道されたが、それ以上の反応はなかった。

五　EAEG構想

一九九〇年五月に海部総理のインドネシア訪問が再び行なわれ、六月にはアラタス外務大臣の訪日、七月には中山太郎外務大臣の来訪などが続いた。いずれも主たる話題はカンボジア問題だった。

一九九〇年末に、マレーシアのマハティール・ビン・モハマド首相がEAEG（東アジア経済グループ）という構想を提案し、米英豪に対抗して東アジアの国々が団結すべきであるとして、日本にも参加を呼びかけてきた。当時ASEANの経済閣僚会議の議長だったインドネシアは内心これに反対で、日本の反対によりこれをつぶすべく私に内々に打診してきていた。

一九九一年三月初めにバリ島で日本のアジア財団とインドネシアの戦略国際問題研究所（CSIS）

とのシンポジウムが開催され、日本から渡辺美智雄議員が来たので私も参加した。そこでマハティールがぶった演説はスハルトの事前の忠告にもかかわらず、歯に衣を着せぬアングロ・サクソン批判で、これが米国をいたく刺激した。案の定、ワシントンでベーカー国務長官が「ＥＡＥＧは太平洋を二分するものだ」と強く反対して日本も窮地に立った。

少しさかのぼって説明すると、マハティールがこの構想を発表したのは一九九〇年一二月一〇日だった。そのころ豪州のテレビがマレーシア政府による国内の言論弾圧を批判し、イギリスのＢＢＣも同様な批判をしていた。マハティールはアングロ・サクソンに屋台骨を揺さぶられているという考えを持ったのではあるまいか。

年が明けて、一九九一年一月一五日にアリフィン・シレガー・インドネシア商務大臣から電話で日本政府の立場を照会してきた。彼によるとマレーシアのラフィダ・アジズ国際貿易産業大臣が二つの文書を持って説明に来たという。一つはエイド・メモアール（覚書）で、「米欧のブロック化に対抗して東南アジアにも経済ブロックを作るべきであり、それには米・豪・ニュージーランドを除外すべきだ」とはっきり書いてあったという。もう一つの文書は相当トーンダウンしていて、「ガットとの整合性を考えなければならない」と書いてあり、メンバーについては特に触れていないとのことだった。どうもシンガポールには第二の文章しか見せておらず、在ジャカルタのマレーシア大使は第一のエイド・メモアールは無視してほしいと言っているようだった。しかし、シレガーは「自分はＡＳＥＡＮ経済閣僚会議の議長をしているので、この取り扱いには苦慮している」と述懐していた。私は詳しいことは東京から聞いていなかったが、「そんな話に日本が乗るはずがない」と答えたら安心していた。

その後こちらからシレガーに会いに行って、「日本経済が世界の一〇％を占めている以上、日本には当然グローバルな責任がある。世界経済のなかにいてこそ日本の繁栄があるのであって、そうでなかったらアジアの発展に日本が役立つこともできない。だから、アジア諸国の期待に応えるためにも日本は米国と対決的な政策を取ることはできない」と説明し、「第二の文章のほうは当面差し支えないと考えるのなら、いろいろ詮索しないで、それをASEANのなかで議論してうまく処理してもらえるとありがたい。そのうち難しい問題になるかもしれないが、日本としてはASEAN主要国の首相との間でトラブルを起こしたくないから、内部でうまくやっていただきたい」と頼んだ。ASEANのなかでは、タイはマレーシアの構想に賛成したが、その他の国々はASEAN団結のために黙っているという状況だということだった。

前述のバリでのスピーチの後、六月に中国の楊《よう》尚《しょう》昆《こん》国家主席がマレーシアを訪問したが、その際にEAEG構想に賛意を表明した。後日中国は「原則賛成」と言っただけだと釈明したが、マハティールは勢いづいた。

ASEANでは七月の外相会議でこの問題が取り上げられた。その前にアラタス外務大臣は「スハルト大統領も、これにはマハティールの面子がかかっているからその扱いに苦慮している」と洩らしていたが、結局外相会議では結論が出ず、一〇月の経済閣僚会議に持ち越された。九月にシレガーに会ったとき、マレーシア側に「日本すら理解を示しているのに、インドネシアはひどいではないか」と詰め寄られていると苦衷を述べ、「だから日本は明確にノーと言ってほしい。日本がマハティールとの関係に配慮しなければならないのなら、しかるべき機会に『日本は自由貿易体制の維持に大きなステーク（利害）を持っているから経済ブロック化には反対だ。その結成に向かう印象を与えるような行動をとることも反対だ』と言ってくれればそれでよい」ともっともな要請をした。

さらに、インドネシア外務省も「われわれが『これをAPEC（アジア太平洋経済協力）のコーカス（非公式会議）にするのなら同意できる。それがせいぜいだ』と言ったら、マレーシア側は『それなら最初から反対すべきだった』とかえって怒られた」と内輪の話をして、「日本が反対と言ってくれればこの構想はつぶれるのだ」と訴えられた。マハティールも呼称を「コーカス」に変えてもよいと言ったのだが、問題はその意味であり、APECのなかのコーカスということをマレーシアが認めないのなら、EAEGが看板を変えただけで中身は同じではないかと、インドネシア側は頑張っているとのことだった（九一年一〇月のASEAN経済閣僚会議においては、EAEG構想からEAEC構想へと名称が変更された）。

舞台は一九九二年一月にシンガポールで開催されたASEAN首脳会議に移り、インドネシアは「マレーシアがAPECのなかのコーカスという位置づけに合意すれば円満に解決できる」という線でとりなそうとしたが、マレーシアは「インドネシアはアメリカの圧力に屈している」と非難したという。アラタス外務大臣は憤慨して私にこう説明した。「インドネシアは自国の国益はグローバリズムにあると信じており、EAEGはそうしたインドネシアの基本的な外交政策に反するからわれわれは反対しているのであって、米国にとやかく言われるからではない。どの国際組織であってもコーカスはあるのに、マハティールがあまりにも頑固なことを言うので、インドネシアも主張をはっきりせざるをえなかった。その結果は首脳会議のコミュニケに出ている。『an East Asian economic caucus』と不定冠詞を使って書いてあるということは、まだコーカスのコンセプト自体が決まっていないのだ」。

ところが、その前に渡辺美智雄外務大臣がワシントンでEAEGに反対という意思表示をしたので、福田博駐マレーシア大使がこれをマレーシア側に通報し、ASEAN内部の議論もインドネシアの抵抗により立ち消えになった。私は何とか窮状をしのいだが、クアラルンプールの福田大使はずいぶんつらい思いをしただろう。シレガーも「首脳会議の前にベーカーがＥＡＥＧに強力に反対し、日本も今のままでは参加することができないということを明らかにしたことが決定的影響を及ぼした。マハティールは、日本抜きでもＥＡＥＧは成立すると言っているようだけれども、米国と欧州に立ち向かう以上日本抜きではＥＡＥＧは意味がない」と言っていた。

その後ＥＡＥＧ構想は立ち消えになったが、ＡＳＥＡＮ＋３（日中韓）が成立した段階で、マハティールも「ＥＡＥＧが事実上、実現した」と言うようになった。

六　東ティモール問題

もう一つ私自身が深く関与したのは東ティモール問題だった。

一九七四年（昭和四九）四月に宗主国ポルトガルに社会主義政権が成立して非植民地政策に転換したのが、東ティモール問題の始まりである。ポルトガルが当事者能力を放棄した後の東ティモールでは内部抗争が続き、一九七五年八月にティモール民主同盟のクーデターが起きたが、フレティリン派の反撃により同年一一月二八日に「東ティモール民主共和国」が宣言された。これに対してティモール民主同盟などの親インドネシア四政党は、インドネシアに軍事・経済援助を要請した。

一九七五年一二月七日、インドネシアは精鋭部隊一万人を投入して首都ディリを制圧して暫定政府を樹立した。そのときの現場司令官が陸軍情報部長ベニー・ムルダニ少将（後述のディリ事件当時の国防大臣）だった。

この事件は折から開催中の第三〇回国連総会に提起され、インドネシアに対して東ティモールの領土侵害の停止と軍隊の遅滞なき撤退を求める決議案を可決した。日本はＡＳＥＡＮ諸国とともにこの決議案に反対し、米国とヨーロッパ諸国は決議を棄権した。同時に日本は内外の批判に応えて、次のような声明を発表した。

「東ティモールの混乱は、施政国ポルトガルの責任不履行が東ティモール内の武力紛争を激化させるに至った結果であり、インドネシアの介入もこうした背景を考慮すべきである。しかし日本はいかなる軍事行動も容認するものではなく、平和と安全の回復とともにインドネシア軍は撤退すべきであると考えている。したがって日本の反対投票は、国際紛争の解決にあたっての武力行使、内政不干渉、民族自決の尊重という日本の基本的立場からの逸脱を意味するものではない」。

この問題は同月の安保理でも討議され、インドネシアの武力介入とポルトガルの責任不履行を遺憾とし、インドネシア軍の早期撤退を求め、国連事務総長の現地派遣を要請するという趣旨の決議案が可決された。

一九七六年五月三一日、東ティモールの住民議会は全員一致でインドネシア大統領に合併を要請する決議を採択し、インドネシア政府は七月一七日に東ティモールの合併を決定した。この住民議会の決議は直接の住民投票なしで行なわれたもので、国連はこれを非植民地化のプロセスとして認めなかった。その後も一九八二年まで、毎年国連総会において東ティモール問題が審議されたが、非難決議に対する賛否の差が四票にまで接近してきたため、ポルトガルは東ティモール問題の国連審議を断念するに至った。

しかし、フレティィリンのゲリラ活動は続いていた。国連事務総長は一九八二年、決議の要請に基づいて、総合的解決の道を見出すための協議を提案した。インドネシア側は一九八七年の総選挙のときにポルトガルと国連事務局の監視団を受け入れる用意があると提案したが、ポルトガル側が八七年に入って態度を覆したために実現しなかった。

この間のインドネシア側の苦労については、当時の外務大臣アリ・アラタスが後に書き残した著書『The Pebble in the Shoe: The Diplomatic Struggle for East Timor（靴の中の小石――東ティモールのための外交闘争）』（ジャカルタ、二〇〇六年）に詳しいが、当時私はジャカルタにいたもののそこまで詳しい事情は知らなかった。東ティモールの情勢については館員に視察に行ってもらったり、シンガポールや豪州などの事情に詳しい大使から情報を取ったりしていたが、NGOやカナダの大使などが東ティモールの人権問題で騒ぐのを若干覚めた目で見ていた。ところが、ついに黙って見ていられない事件が発生した。いわゆるディリ事件（サンタクルス事件）である。

ディリ事件

一九九一年（平成三）一一月一二日、日本大使館では日程を繰り上げて天皇誕生日の祝賀のレセプションを行なっていた。その別れ際にカナダの大使から「ディリで大変なことが起きたね」と言われたとき、私にはまだそのニュースが入っておらず、「またゲリラとの間に発砲事件があったのかな」というくらいに解していたのだが、この事件の映像がテレビで放映されるのを見て、これはいかんと思った。

一九九一年八月にいったん決定したポルトガル議会訪問団の来訪が、一〇月になりキャンセルされたことは東ティモールの独立派を失望させ、インドネシア併合派との緊張を高めていた。そのような緊張のなかで、一〇月二八日、サンアントニオ教会の前で衝突が発生し、二人の青年が刺殺された。そのうちの一人は独立派の運動家だった。一一月一二日、その青年の葬儀のためにモタエル教会に大勢が集まり、葬儀の後に当局の許可を得て青年の墓に花を供えるためサンタクルス墓地に行進した。平和的行進だったはずが、途中でもみあいになり、沈静化しようとした少佐と兵隊一人が刺殺された。サンタクルス墓地には前もってインドネシアの部隊が配置されていたそうで、そこで兵士が発砲して大量の死者が出た。

一一月一八日に国家調査委員会が結成された。同月二一日にNHKがディリ事件の映像を放送し、社民連の江田五月議員が一一月二〇日の衆議院商工委員会で「事実いかんによってはインドネシアの援助停止を考えるべきだ」と要求した。二三日にはオランダが調査委員会の結果を見る前に、新規援助を停止すると発表した。オランダはIGGIの議長国だから、日本に圧力がかかってくるかもしれないと思っていたら、『オブザーバー』紙が「寛大な日本」と題する皮肉交じりの社説を出した。私は二七日にムルダニ国防大臣を訪ねて、「調査委員会が厳正にして勇気のある報告を出すことを希望する」と申し入れた。彼は黙って聞いていた。さらに私見として、「この事件は異常な環境下におけるハプニングだという報告ができればいちばんよいと思うが、その際も責任者は処罰されるべきである。その者が組織のなかで愛国心に駆られてやったのであれば、処罰しにくいのが常ではあるが、そこは国のために勇気を要するところである」とつけ加えた。にもかかわらず、その日の国会証言でトリ・ストリスノ陸軍参謀長は、軍側の正当防衛を強く主張していた。

一二月に入ってこの問題がインドネシアに及ぼす国際的影響はますます大きくなりそうだったので、渡辺外務大臣からスハルト大統領に、友人としてのパーソナルレターを出してもらうことを考え、原稿を書いてみた。というのも、当時アフリカを訪問中だったスハルト大統領が訪問先で地図を見せ、「こんな小さな島の問題だ」と説明したら訪問先の相手は笑っていたという機中談が報道されたが、この問題の本質はマイノリティの取り扱いにあるのだから、これはスハルトの考え方を変えねばならないと思ったからである。

一二月九日には『ワシントン・ポスト』紙が「インドネシアの天安門」と題する論説を掲げ、インドネシア政府が「嵐を乗り越え」ようとしているのを許してはならないと論じた。渡辺書簡案について本省の了承を得たので、一一日に署名入りの本文がつく前に写しをアラタス外務大臣宛に届けた。その主な内容は、「日本政府はこれまでも一貫してインドネシア政府を支持してきたが、人権問題については最近世界の動きが大きく変わってきている。そのような状況下で、東ティモール問題に関してインドネシア政府がしっかりした処理をしないと、日本政府もインドネシアの弁護をしづらくなる。インドネシア国内の困難な事情はよく理解するが、この際勇気をもって対処してもらいたい」という趣旨だった。

一二月一七日にゴルフ場でアラタスに会ったとき、彼は渡辺書簡を大変感謝していた。私から「内容は貴大臣も考えておられることばかりであろうが、渡辺大臣としてはこの手紙を預けておけば貴大臣が利用できると考えてお届けしたものであると思う」と言ったら、すでに大統領に見せたし、ムルディオノ官房長官や軍にも送ったと言っていた。以前ムルダニ国防大臣に言ったのと同じことを私はアラタスにも繰り返したが、それに対し彼は、「日本政府の配慮に深く感謝する」と言った。それからずいぶんいろいろ打ち明けた話をしてくれたが、アラタスは調査委員会の報告書がかなり良いものになるという期待を持っているように見受けられた。

他方、スハルト大統領はアフリカ訪問の日程を繰り上げて一二月一六日に帰国したが、「外国援助に政治的ヒモをつけるのなら拒否する」と言い、海外メディアの報道を非難した。ムルディオノとは一二日午後、彼からの呼び出しを受けて会い、ずいぶん立ち入った話をした。彼はストリスノ参謀長と同じような弁解をするので、「外国に責任を転嫁しても補完的な意味しか持たない」と忠告した。ムルディオノは大統領の意向が強すぎて、もてあましている様子だった。

関係者の処罰

一二月二六日に調査委員会の報告書が発表された。原因の追及はやや曖昧《あいまい》だったが、「正義を護持するために、この事件に関係して法律を犯した疑いのある者すべてを、法の支配とパンチャシラ（インドネシアの建国「五原則」）と憲法に従って裁判にかけるべきである」という結論だった。二七日、ラディウス調整大臣からも渡辺書簡に対する感謝があった。前日の調査委員会報告書についての感想を求められたので、「グッド・スタートだ」と答えておいた。本音は、現在の状況では最善の報告書と言ってよいと思っていた。モンジョー米大使も同感だと言っていた。しかし、死者や行方不明者の名簿すら発表されないのは、民主主義社会ではありえないことだとも思った。二八日、大統領はディリ事件の関係者の処分を発表し、二人の司令官を解任するほか、種々の指示を出した。しかし私はこれだけでは国際的批判が生じると感じた。二六日付の『ジャカルタ・ポスト』紙に日本の国会議員七六四人のうち二六〇人が対インドネシア援助をやめよという請願書に署名したとの報道が出た。

一二月三〇日、ムルディオノ官房長官に招かれて、調査委員会報告書と大統領の指示について一時間半話し合った。いちばん困っているのは大統領が二人の司令官を解任したほかは、軍に対してそれ以上の懲罰措置を考えていないということだった。ムルダニ国防大臣もこれ以上は受け入れられないと言っていた。この機会に私がムルディオノに強調したいと思っていたのは、暴徒側と軍側の懲罰のバランスだった。私は「司令官の解任のインドネシア社会における重さは理解するが、暴徒側はこれから国家反逆罪の裁判にかけられるのに、五〇人殺した軍側が二人の将軍が辞めれば終わりというのでは不均衡感が強すぎるだろう」と言った。ムルディオノは「国際社会がこれ以上の措置を要求しても大統領は拒否するだろう。万一そうなったときのことを心配している」と訴えた。

モンジョー米大使も、二人の将軍の解雇だけではすまないという意見で、「彼らを裁判にかけるべきだ」と言っていたが、明けて一九九二年一月二日の外務省の新年会では豪州大使が「早くディリ事件を過去のものにしたい」と言っていたのが、印象に残った。アラタス外務大臣は「当面はうまくいったがこれからまだ問題がある」という感想だった。私が、「デモ側と軍側との懲罰に長期的にバランスが取れなければならない」と言ったのに対しては、アラタスも内部で同様の意見を述べているとのことだった。

同じ一月二日、陸軍参謀長は「軍の指揮構造と今回事件に関するその使命達成について調査し、評価する」ために、軍名誉審議会を設置すると発表した。

一月八日にウイジョヨ顧問を訪ねたとき、「IGGI対策をもっとうまくやる必要がある」と説いたら、ウイジョヨは「プロンク（オランダの開発大臣）に頭を下げることはできない」と平素ない強い反応を示した。彼はディリ事件に関する日本の静かな説得を繰り返し評価し、「南北関係の手本」であると言ったので、彼にも懲罰のバランスについての私の意見を述べ、「軍人に対する裁きはもうないというのであれば、ＩＧＧＩもうまくいくまい」と言ったら、彼もその点を深刻に心配しており、ムルディオノ官房長官にもっとそのことを話してほしいと頼まれた。一一日夜、食事の席でアラタス外務大臣に会ったが、彼は「インドネシアが平穏に統一されていることの東南アジアにおける政治的な価値を、欧米諸国は評価すべきだ。人権問題でインドネシア政府をあまり追い詰めると、排外的勢力（例えばかつてのスミトロ将軍）に力を貸すことになる」と言っていた。

一月一九日、ゴルフでスドモ政治・治安調整大臣と一緒になったとき、彼は、軍名誉審議会の報告の後に軍人も法廷で裁かれることになると、はっきり言った。二月一四日に、スハルト大統領がアモス・ワコ国連特使に「軍の関係者に対する処罰もさらにありうる」と言ったとの報道があった。一五日、アラタス外務大臣は関係国へこの件の説明のために出発したが、一九日に日本で関係議員に対し「軍人も軍法会議で裁かれる」と明言した。二〇日にムルディオノ官房長官にワコ特使来訪について聞きに行ったとき、「大統領は数日前に『軍人も裁判にかけざるをえないか』と漏らしていた」と聞いた。名誉審議会の報告は二月二七日に発表され、軍人も軍事法廷で裁かれることが決まった。軍法会議にかけられた軍人は八名だった。

その後も東ティモール問題をめぐるインドネシア政府の苦労は続くが、私の問題はＩＧＧＩの開催をどうするかのほうに移った。

しかし、軍が裁判にかけられて処罰されるということは、インドネシアの歴史上初めてのことであった。後日ムルディオノから聞いたところによれば、スハルト大統領は渡辺書簡の大事なところに赤線を引いて軍の関係方面に配るように指示したそうである。私が果たした役割はインドネシア政府内部にも徐々に伝わり、離任の挨拶のとき何人かの閣僚からこのことを感謝された。

七　元日本人残留兵の名誉回復

一九九二年九月一五日、元日本人残留兵一〇名に恩給の支給が可能となったのを受け、そのうち大使館に集まれる四名の代表に証明書を手渡す儀式を行なった。一九九〇年の五月以来、彼らのために奔走してきた横浜在住の公認会計士で元海軍主計大尉の羽生謙三氏が、私の在任中に手渡してもらいたいと手配してくれたものだった。このとき支給が決まったのは一〇名だけだったが、これまで「脱走兵」扱いされてきた元日本人残留兵が念願としていた名誉回復がこれで実現したわけであり、大変感謝してくれた。しかし、功績は羽生氏と彼に協力した林田悠紀夫自民党参議院議員にある。

終戦時におけるインドネシアの残留兵は七〇〇余名ともいわれたが、終戦後五年間に及ぶインドネシア独立戦争において、その過半数にも及ぶ四〇〇余名が犠牲となり、残り三〇〇余名もその後三〇年を経て、わずかに一六〇余名の生存者を数えるにすぎなくなった。インドネシアの女性と結婚して家族を持ったのだが貧困に苦しむ者、病床に伏す者も多くなった。そこで、スラバヤ在住の石井正治氏やジャカルタの乙戸昇氏らを中心として互助会を設立する努力が始められ、一九七九年七月一四日にジャカルタで「福祉友の会」が設立され、一〇七名が名簿に名を連ねた（石井正治『南から――インドネシア残留元日本兵の回想』西田書店、一九八四年、より）。

当時は私は公使としてジャカルタに勤務していて、乙戸氏たちとはたびたび会って激励していた。大使として戻ってきてからは、一九九一年春の叙勲の際に「福祉友の会」理事長の樋口修氏を勲五等の叙勲者として推挙したところ実現したので、五月二二日に大使館で授与式を行なった。彼は戦後は住友商事の現地職員として働き、アサハン・プロジェクトでも活躍したと記憶している。インドネシア人の妻との間に生まれた息子は米国に留学した後、スドモ事務所に勤めている。そういう意味では成功した人ではあるが、振り返ればいろいろ波乱の人生だったのだろう、感激で涙ぐんでいた。「脱走兵」扱いされた日本インドネシア協会（ＪＡＰＩＮＤＯ）に対する名誉回復になると、感謝していた。

一九九二年の春には、戦後在留邦人のためにいろいろな面で世話をしてくれたレストラン「菊川」の菊池輝武氏にも勲六等の叙勲が行なわれた。本省からは最下位の勲六等よりも記念品のほうがよくないかと言ってきたのだが、私は「勲章」であることが何よりも重要であると頑張った経緯がある。事実彼は大変な感激のしかたで、そのころは健康を害して先行きが危ぶまれていたのだが、急に健康を回復した。

ジャカルタジャパンクラブ（ＪＪＣ）は一九九二年四月二四日の理事会で、「福祉友の会」に五〇〇万ルピアを寄付し、日本に留学する子弟には渡航資金の前貸しをすることを決定した。ＪＪＣはすでにインドネシアの学生に対する奨学金制度を発足してくれていたのだが、元残留日本兵の子弟の教育にも援助を始めてくれたのはありがたかった。

大使として地方を公式訪問する際に、いくつか日本兵慰霊碑を訪れた。一九九二年三月五日には、北スラウェシ州への公式訪問の際、ビトン市にある日本兵の慰霊碑を参拝した。大野木さんという元海軍兵が金を集めて建てた碑だが、港を眺望する公園になっている。テネ市長ペトルス・マックス氏がわざわざ来てくれて、市内を案内した後、公邸でお茶を出してくれた。ビトン市は北スラウェシの産業都市だが、これまで日本大使が来てくれたことはなかったと言っていた。

また、同年三月三〇日にイリアンジャヤ州を公式訪問し、ビアク島の戦没者慰霊碑に参拝した。これは一九五六年に日本政府が建てたものである。その前に陸軍歩兵第二二二部隊一四一名が自決した洞穴を訪ねたが、洞穴のなかはじめじめしていて、よくもこんなところで長い間生活したものだと思われた。洞穴のいちばん奥が米軍の爆撃で撃ちぬかれており、そこはまだ掘れば遺骨が出てくるかもしれないと聞いた。慰霊碑にしばし黙禱を捧げ、日・米双方の軍の遺留品を集めた「博物館」を見学した。後日、厚生省の課長がビアク島に日本政府による戦没者慰霊碑を建立するために出張してきたとき、私は趣旨には賛成だが、その維持費を将来にわたって日本側で負担すべきであるという意見を述べたところ、それは毎年の予算に計上するという答えをもらった。

八　文化交流

私はインドネシアとの経済関係が深まるにつれて、文化関係も深めなければならないと強く意識していた。一九九一年一月一八日に開かれたＣＳＩＳ（インドネシアの戦略国際問題研究所）とアジアフォーラム共催のシンポジウムで工業省の企画総局長の地位にある人が、「日本は金持ちでも心は貧しい。日本の政策はアジアにはない」と発言したのに憤りを感じた。彼には早速手紙を書いたが、文化交流の必要性を改めて感じた。

前回公使としてインドネシアに勤務したときに発足したラグラグ会がその後も健在で、インドネシア人との文化交流に貢献してくれているのは嬉しかった。ラグラグ会の公演のときは必ず私も出席するようにしていた。最後には舞台に引っ張り出されて、皆が歌うなかで口だけパクパクさせていたが、日本の大使がインドネシアの歌を歌うのをテレビで多くの人が見ていて喜ばれた。スハルト大統領も見ていて、私の離任の挨拶のときにそれが話題になった。

私が考えたもう一つの方法は日本映画の紹介だった。映画は何であれ日本人の生活をトータルに映すので、自然な広報効果を持つ。当時のインドネシアは外貨不足だったのみならず、映画輸入が特定のグループに牛耳られていて、日本の映画はほとんど輸入されなかった。私は映画関係者に日本の映画を輸入するよう種々働きかけたが、言を左右にされてらちがあかなかった（理由として日本の映画が高価で、セックスシーンが多いということが挙げられたが、真相は、外国映画の輸入枠を印僑と華僑に牛耳られていたからだった）。そこで、まず大使館で日本映画祭を催すことに決め、日本映画協会の会長をしていた松竹の奥山融《とおる》社長に頼んで、ジャカルタで二回開催したところ好評だった。しかし、一週間催しただけだったので、見た人の数は限られた。そこで、私はテレビ局に日本の番組を放送するように熱心に働きかけた。しまいには、大使館のわずかな広報費を使って民間テレビに番組を流してもらうこともした。

また、インドネシアの文化人たちと個人的に仲良くすることに努めた。前回在勤のときに私が設置に尽力した国際交流基金の日本文化センターの人たちがインドネシアの文化人たちとの交際を広めてい て、ずいぶん助けてくれた。その好例がレンドラという演劇作家兼俳優との親交である。彼の演劇はインドネシア語だからよく理解できないのだが、実におもしろかった。何度か彼を食事に招いたが、そのつど友人を連れて来てくれたので、インドネシア文化人との交際の輪が広がった。なかでもジョディ・シトワンという俳優兼実業家は、ジャワの名家の出身だった。レンドラたちはどの国でもそうであるように、左翼系で政府ににらまれていたが、自分たちはインドネシアのイスラム教徒が極端に走らないために活動しているのだと話していた。

一時帰国したとき岩波ホールで上演されていたスマトラの独立戦争を描いた『チュッ・ニャ・ディン』（エロス・ジャロット監督、一九八八年）を見て大いに感激し、その主演女優クリスティン・ハキムを昼食に招いて、その後親友になった。彼女はインド系の美人だが、左翼で社会性の高い映画に汚い姿で出演し、自分で映画製作もしている。彼女のおかげでインドネシアの文化界に知人が増えた。

人の縁といえば、フィンランドの駐日大使だったティモ・コポネンという大使がジャカルタに転勤になって来ていたのだが、ピアニストの舘野泉氏の夫人がフィンランド人で、彼がフィンランドに行く途中にジャカルタに招待するという話を聞いた。一九九一年三月、舘野氏が来て公邸で演奏会をしたほか、ヤマハホールでも公演してもらった。また、ヒルトン・ホテルでヌサンタラ・チェンバー・オーケストラとの共演もしてもらった。翌年の三月にもインドネシアに来て二つの公演をしてくれた。こういう企画を外務省の予算でやったら、相当の金額になったであろうが、舘野氏は無料奉仕してくれた。実は、二回目のときにジャカルタに立ち寄るための旅費の差額の補助を舘野氏が外務省に申請したら外務省が拒否したらしく、その話を後で聞いて、本当に恥ずかしかった。

経済協力を文化交流に役立てるのも有効な手段だった。文部省のプロジェクトに協力したり、各地の大学に図書を寄贈したり、教育機材を供与したりした。インドネシア政府も日本側の文化協力を評価するようになり、一九九一年三月二八日、日本語教育センターの開所記念のレセプションで、日本大使の活発な文化活動を丁重にほめてくれた。また、四月二二日に文部省のバチール調査局長を昼食に招いて懇談したとき、彼に「日本の占領がインドネシアの教育に貢献した面があるか」と質問したのに対し、「日本軍がオランダ語の使用を禁止してくれたおかげで、全国にインドネシア語が普及した」と言っていた。一九九二年二月には、インドネシア・テレビに文化無償援助で番組を寄贈した。

スポーツも文化交流に利用した。バレーボール、サッカー、女子ゴルフ、ソフトボールとインドネシアに来てくれたチームはみな歓迎し、日・イ交流のために活動してもらった。なかでも重要な役割を果たしたのは柔道である。東レのインドネシア支店に黒田憲一さんという柔道に熱心な人がいたおかげで、東レがボゴールに柔道場を寄贈してくれた。ウィスモヨ・アリスムナンダール陸軍戦略予備軍（コストラッド）長官（夫人が大統領夫人の末の妹）がインドネシア柔道協会の会長で、彼と親しくなれたのは柔道のおかげでもある。彼と一緒にゴルフをしたとき、「あなたとはまるで兄弟のように感じる」と言われた。一九九一年五月には柔道協会に畳六組など三億五〇〇〇万円の無償協力を提供した。

文化活動には私だけでなく大使館員全員が、夫人も伴って参加し活躍してくれた。きわめつけは、一九九二年五月七日にワヤン・ミュージアムで畠薫書記官がダラン（インドネシア伝統の影絵人形芝居「ワヤン」の演奏家）を務めたことである。何時間も一人でせりふを語りながら人形を使って影絵を操るのだから、インドネシア人が感嘆したのも無理はない。

私自身のインドネシア文化に対する関心は主として歴史だったが、残念ながら深入りはできなかった。しかし、インドネシア人に対してインドネシアの歴史・文化を語ることは重要である。彼らの文化的な誇りがわかるし、インドネシアを理解しようとしているこちらの気持ちが伝わる。実際に私が若干深入りしたのはインドネシアの織物だった。バティックが最も有名だが、私が特に興味を持ったのはイカットという大きな絣《かすり》織物である。また、スマトラの刺繍も興味深かった。インドネシアでは嫁入り前の娘に変な虫がつかないように家で嫁入り衣装のスカートの刺繍をさせるのだという話を聞いた。

ちなみに、メンテンにビンハウスという高級服飾店があるが、そこの中国系女主人がある日公邸を訪ねてきて、自分はインドネシアの伝統織物の技術を保存するためにソロのある村に工場を建てて、近隣の若者に絹の撚糸《ねんし》から、機織《はたお》り、デザイン、草木染めまで教えているという話をした。後日私たちもソロを訪問した機会にその工場を視察したが、実際、村全体を雇用しているようなもので、彼女の意欲に敬意を抱いた。ビンハウスのスカーフはエルメス並みの価格だった。ビンハウスについては後日談がある。一九九八年五月、スハルトが辞意を表明することになる日の午前三時ごろ、彼女がシンガポールから電話してきて、「今日昼ごろスハルトが辞意を表明する」と伝えてきた。早朝、外務省の南東アジア第二課に電話したが、課長は知らなかったので、官房長官談話などを用意しておくようにとアドバイスした。事実、正午のNHKニュースでスハルト退陣が報道された。華僑の情報収集力と伝達力の速さに感心したものである。

公使時代から「モハメディア」というインテリのイスラムのグループとは交流があったので、大使として赴任してからもときどき食事をして語り合った。さらに、今回は「ナフダトゥル・ウラマー」(NU)との関係を深めた。NUは、インドネシア最大のイスラム団体である。私はアブドゥルラフマン・ワヒドNU総裁のところには着任の表敬訪問もしたし、その後レストランや公邸で何度も会って意見交換をした。彼は、インドネシアのイスラム教徒が過激主義に走るのを防ぐことに最大の関心を持っていて、そのためにはインドネシア軍の存在が重要だと言っていた。事実、NUは副大統領候補の推薦をしなかったが、それはスダルモノ派と軍との対立に巻き込まれたくないからだと言っていた。私もイスラム過激派勢力がインドネシアを支配するようにならないことを願っていた。NU側も私との関係を重視していたらしく、離任前に代表者が大使館にアラビア語で書かれた大きな額を持ってきてくれて、NUがこれを授与するのはウォルフォウィッツ前米国大使と私だけだと言っていた。ウォルフォウィッツと

一緒にされるのは若干抵抗を感じたが、名誉なことではあった。ワヒドは後にインドネシア大統領にな
った

九　現地社会還元計画

私は日本企業の人たちに「インドネシアで事業をする以上は、利益の一部をインドネシア社会に還元することが重要だ」とつねづね話していたが、学生に対する援助を計画的に行なう構想を立てていた。日本企業にはすでにインドネシアの学生の日本留学を援助する例がいくつかあり、それはそれで結構だが、日本に留学した若者が反日的になって帰ってくるケースもかなりあった。それは日本での生活が経済的に苦しかったことや、アルバイトをしても欧米系の学生と差別されるという体験が多かったからである。他方、インドネシアの学生を一人日本に留学させれば三〇〇万〜四〇〇〇万円かかる。その金額があればインドネシア国内の高校や大学に進学する学生を、何十人か援助できる。そのなかの半分でも日本企業のおかげで進学できたと思ってくれれば、両国親善の効果ははるかに大きいのではないかと考えたのである。

この構想をジャカルタジャパンクラブに持ち込んだら、ただちに取り上げてくれた。私はインドネシアは金利が高いので基金を設立してその利子で運用したらよいのではないかと思ったのだが、それぞれの企業が本社と相談した結果、一度に基金を作るのは負担が大きすぎるから一〇年間に一万人を援助するという計画を立て、そのためにジャカルタジャパンクラブの会費を二五%引き上げることを、全員一

致で決めてくれた。個人部会長の渡辺助義氏（日商岩井支店長）の積極的な働きのおかげだった。人選には教員組合が協力してくれることになったが、私は学生に直接奨学金を渡すことが重要だと考えて、それぞれが東京銀行に口座を設け、そこに直接振り込むようにした。一九九二年の設立から一〇年たったとき、このプロジェクトがどうなっているか、ジャカルタジャパンクラブに照会したが、継続してくれているという返事を聞き、感謝に耐えない思いだった。

これを補完する意味で、ジャカルタジャパンクラブに別途基金を作っておいて、帰国時などにインドネシアへの恩返しの寄付ができるようにしたらよいのではないかと提案したら、清野剛会長（伊藤忠）以下ただちに賛成してくれ、具体的には文化広報部会長だった渡辺助義氏が推進役となり、個人部会長の枝吉信種氏（トーメン）の協力を得た。「こういう基金を作っておけば、例えば、帰国するときに少しでもインドネシアのために寄付したいと考える人にも便利だろう」と言ったら、渡辺氏が「それならまず大使が寄付してほしい。大使には受領証第一号を発給する」と言って帰国する前に徴収されてしまった。

銘記すべきことは、住友商事の西田達雄支店長が、離任のとき恒例の新旧交代パーティを取りやめにして、それに使う資金を寄付したことである。当時はこの種のパーティに二〇〇〇万ルピアかかるのが常識だった。その後任の滝本佳一支店長が一年あまりで転勤になったとき、本社はパーティ資金を節約したいという意向だったらしいが、「これは大使の計画だから」と言ってもう一度、同額の寄付をしてくれた。伊藤忠では現地職員のなかにこれに賛同して寄付している者がいるとも聞いた。ＯＤＡ調査団の団長として来訪した京セラの稲盛和夫会長も賛同してくれて、後日一〇〇万円寄付してくれた。ちょうどインドネシアを来訪中の綿貫民輔代議士も、「今持っている現金はこれだけだから」と二〇万円近く寄付してくれた。また、ご主人が戦争中インドネシアで女子学校の教師をしていて戦後も残留していたという緒方玉子さんという婦人が、「主人は定年退職後にインドネシアにもう一度行って、『あのかわいい子どもたちにまた教えるのだ』と楽しみにしていたけれど、先日不幸にして他界しました。故人の遺志に従ってインドネシアの子どもたちのために使いたい」と外務省に相談に来た。早速この計画を説明したら、お孫さんを連れて三〇〇万円持ってきてくれた。

この「一万人計画」のほかにも、すでにインドネシア国内の学生を援助している企業があり（例えば帝人のＴＩＦＩＣＯ）、ジャカルタジャパンクラブはそのような情報も取りまとめて、インドネシア社会に紹介することになった。

このほかのことでも、日本企業は現地還元のためにいろいろ協力してくれた。例えば、大塚製薬はスラバヤ近郊に工場を持っていた。ここで製造する製品は低血糖用ブドウ糖で湾岸戦争のときなどかなり輸出したという。スラバヤ工場には日本人は一人しかおらず、インドネシア人の教育を熱心に進めてきて、本社がパキスタンに工場を建てることになったときには、インドネシア人の技術者が設計から全部引き受けて完成させたという。本社は利益の送金をまったく求めてこず、会社の保有する土地に社員が住宅を建てるのを援助しているという。もう一つ、ジャカルタのヤマハは社員の教育施設の空き部屋を利用して、高校卒業後のインドネシア人に無料で技術訓練をしていた。訓練終了後にヤマハに勤務する義務はないが、かなりの卒業生を採用し、特に優秀な者は日本に研修に送ったと聞いている。私はここにインドネシア政府の労働大臣を連れて視察に行った。トラジャのキーコーヒーの合弁農園も社会還元の手本だと思い、ハビビ科学技術大臣に視察を勧めたら、実際に見に行って大変ほめていた。

公式訪問ではインドネシアの各地方を訪れた。インドネシアは島嶼国で東西の幅はヨーロッパ大陸に匹敵するほど広い。訪ねたいと思いながら実現しなかった地もあるが、ジャワ島、バリ島、スマトラ島、カリマンタン島、スラウェシ島などインドネシアの東端から西端まで各地方を可能な限り旅して回った。楽しい思い出が多いが、特にスラウェシ島のトラジャは埋葬や墓地の文化が独特で興味深かった。

一〇　離任

一九九二年七月二八日に私が駐中国大使になるというニュースがリークされて以来、落ち着かない雰囲気になったが、八月一四日に帰国の辞令をもらって、離任の挨拶回りを始めた。例によって送別ランチとディナーが連日続いた。フェアウェル・レセプションは八月一七日に行なったが、日を追っていよいよこの国ともお別れだという感慨が深くなった。

送別会と結婚披露宴では無理をしてもほめてくれるものである。だから、私がインドネシアを去るにあたっていただいたほめ言葉は、割り引いて聞く必要があろう。しかし、ずいぶん温かい言葉をもらった。私の二年半の全力投球に対する勲章として記録に残しておきたい。

まず、九月一六日、スハルト大統領に離任の挨拶をした。大統領はイスタナで、にこやかに私を迎え、ジャバラ・ルームの天皇陛下が座った席をすすめてくれた。「貴使はインドネシアの必要とするところをインドネシアが要請する前に理解して日本の国内を説得してくれた」という評価の言葉が胸を打った。また、「皆と一緒にインドネシアの歌を歌っているのをよくテレビで見たよ」とも笑顔で言っていた。実のところ、私は儀礼的な機会以外で大統領と実のある話をしたことはほとんどなかった。しかし、私の言動はムルディオノ官房長官が詳しく報告していたとのことだった。

ムルディオノ長官に最後に会ったのは九月一二日で、彼も本当に名残を惜しんでくれた。私も、彼と腹を割った話ができたことがこの地で有効に仕事ができた秘訣だと思っていたので、その点、心からお礼を言った。彼も、「貴使から親身になって話をしてもらったことは、大統領も感謝している」と言っていた。彼は私から聞いたことはその日のうちに大統領に報告してきたとも言っていた。また、通常は三年以上勤務しないと「ビンタン・ジャサ・ウタマ章」（Bintang Jasa Utama：最高功績章）の叙勲はしないのだが、私には帰国前に授与できるよう手配したという。「これは閣僚以外に与えるうちで最高の勲章である」と言っていた（実のところ、同様の待遇は須之部量三大使も枝村大使も受けているが、ありがたいことではある）。

私が何かにつけ気安く話を持ち込んでいたのは、ラディウス、スドモ、スパルジョ・ルスタムの三人の調整大臣だった。全員が前回勤務のときからの友人である。特にラディウスとはずいぶん機微に富んだやりとりをたびたびしたが、離任の挨拶のとき、「日本政府の意見や財界の考え方をインドネシア側が対応できるような方法で知らせてくれたことを感謝する」と言われた。また、CGIでの私の発言が会議をリードしてくれたと感謝を述べてくれた。スドモは「貴使は最も成功した大使の一人だったから、離任前に叙勲の手続きをしている」と言い、特にディリ事件のときに助けてくれてありがたかったと言った。彼はインドネシア・ゴルフ協会の会長でもあるので、その資格でパターを三つ折にしてケースに入れたものをプレゼントしてくれた。

スパルジョ・ルスタム厚生調整大臣に表敬に行くと、「最後に一言だけ申しあげたい。アリガトウゴザイマシタ」と言われた。彼はその夜、ジャカルタ知事のウイヨゴ氏と一緒に送別会を開いてくれた

離任前の叙勲式．左からアリ・アラタス外務大臣夫妻，睦子，私．

ヤマハ・ミュージックセンターで開かれた送別会でラグラフ会の友人とインドネシアの歌を歌う私（左から２人目）と睦子（右隣）.

が、そこに来ていたＢＡＰＰＥＮＡＳ長官のサレー・アフィフ氏も別れ際に「アリガトウゴザイマシタ」と言ってくれた。ＢＡＰＰＥＮＡＳではめったに聞かなかった言葉である（ウイジョヨを含め彼らは東京に来ても「appreciate（評価する）」とは言っても「Thank you」とは滅多に言わなかった）。

大使としての直接の交渉相手だったアラタス外務大臣は、九月一六日に外務省で行なった叙勲式の挨拶のなかで、ＩＧＧＩやＣＧＩでの活動を含め両国関係についてずいぶん詳しく語った。インドネシアの外務省は伝統的に非同盟をベースとする全方位外交の性格を持っており、ＢＡＰＰＥＮＡＳや経済官庁が日本寄りの政策をとることには若干違和感を持っていたと思われる。しかし、日本が重要な国であることは否定できないので、外務省はわれわれに対して友好的ながらも、屈折した見方をしていた。そういう環境のなかで私が若いときからアラタスを知っていたということは大変ありがたいことだった（そのアラタスは二〇〇八年一二月、心臓病で他界した。彼は私と同年の申年で、すらりとした体格だったので彼に先立たれようとは思わなかった）。

インドネシア国軍とも親しくしていて、特にムルダニ国防大臣は公使として勤務したときからの友人だった。ストリスノ陸軍参謀長も、スデビオＢＡＫＩＮ（国家情報調整庁）長官も、私がインドネシア人社会に進んで入り込んで交流しているのは珍しいことだとほめてくれていた。前の陸軍参謀長スロノもヨガ・スゴモ前ＢＡＫＩＮ長官も親しくつきあってくれていたので、名残を惜しんでくれた。他方、ディリ事件の処罰をめぐる私の言動が知られるようになってから、軍に怨みを買っているおそれもあった。しかし、九月一一日にムルダニ国防大臣を訪ねたとき、儀杖兵の儀式をしてくれて、最後に「ディリ事件のときの協力に感謝する」という言葉を聞いたとき、ほっと安心した。私は「国軍がパンチャシラ・デモクラシーを守って自己調整をやってのけたのは大変良かった」と述べた。ちなみに、パンチャシラとは一九四五年の独立の際にスカルノによって定められた建国イデオロギーで、「唯一の神への信仰」「人道主義」「インドネシアの統一」「代議制による英知に導かれる民主主義」「社会的公正さ」の五原則からなっている（倉沢愛子『戦後日本＝インドネシア関係史』草思社、二〇一一年、二七五頁）。

インドネシアのプレスは『コンパス』と『プアラ・スンバルアン』の二大紙が好意的なお別れの論評を掲載してくれた。『コンパス』紙のヤコブ・ウタマ編集長がマスメデイアの友人を集めて送別会をしてくれて、『スワラプンバルワン』紙のほか『テンポ』紙、『ジャカルタ・ポスト』紙などの幹部をたくさん集めてくれた。『テンポ』紙のパルデデは私がインドネシア人のなかに最もよく溶け込んだ大使だと言ってくれた。

これらのことにもまして感激したのは、前述の通り、九月七日にＮＵの代表八人が大きなイスラムの額を持って、挨拶に来てくれたことである。日本・インドネシア関係について考える場合、文化や歴史に対する相互理解を通じてお互いを尊敬する気持ちがなければ、本当に良い関係にならないと常々考えてきたが、NUを通じてインドネシアの人々の心を多少なりとも理解することができたと思った。翌日NU本部に答礼に行ったが、彼らはまことに友好的で、確かに私はNUとは親しくつきあうことを心がけてきたが、こんなにも好意的に扱われるとは思わなかった。

ビジネス関係の人々もプリブミ（土着のインドネシア人）、ノンプリブミ（外来人、主として華僑）双方が送別会を催して名残を惜しんでくれた。

最後に、金在春《キムジェチュン》韓国大使夫妻が、外交団の内規を破って空港まで見送りに来てくれて、「インドネシア側の閣僚がみな本心からクニヒロが好きで、貴君が本当にインドネシアのために尽くしてくれていたのがよくわかったと言っている。お別れのレセプションも自分が今まで出席したどのレセプションと比べても一味違うものを感じた」と語ってくれた。お別れのほめ言葉にしても、第三者がそう言ってくれたのは本当にありがたかった。

一九九二年九月三〇日付で外務省に提出した「帰国報告」は、今読み返してみるとよくまとまっていると思う。しかしここでは、もう少し個人的な感想をまとめてみたい。

ジャカルタに赴任する前に斎藤鎮男元大使をお訪ねしたが、斎藤氏は、「インドネシアはいまだに国の統治機構ができていない」と言われた。そのとき、私はその意味をよく理解していなかったが、その後つぶさに観察するに、確かにパンチャシラというあいまいな政治原則に基づく開発独裁体制はスハルト個人の才覚に依存するところ大であり、スハルト後にこの統治機構で国を治められるか不安が残ることは否定しえない感じだった。しかしこれは外国の者がいくら心配してもどうにもならないことであって、インドネシア人自身が取り組まなければならない課題である。彼らは個人的には親しみを感じる人が多いが、いかにも憂国の士が少ない。ポスト・スハルトに国民の精神的支柱となる人が育っていることを願うのみである。

インドネシア経済は成長路線に乗ったと思われる。しかし、金儲け主義の民間の開発投資をマネージする政治的意思も管理制度も不足している。いずれ大幅なルピア切り下げが必要になるのではあるまいか。

日本・インドネシア関係はますます良好である。しかし、将来のことを考えれば今までのように両国関係が援助と石油ガス輸入に大きく依存しているのはよくない。民間投資がより大きな役割を演じるべきである。政府も援助よりも貿易をという方針で輸入アクセスの改善を図るべきである。さらに、経済以外の分野での関係を強化すべきである。私は文化交流に最大限の努力をしたつもりだが、「日本文化センター」の設立を実現しえなかったことは残念である。軍やイスラム関係者との交流もかなり進んだが、将来のことを考えるとさらに拡大すべきである。ただ、一つ心配なことがある。日本人の間に、これだけ援助しているのだから、インドネシアは日本にもっと感謝し、日本の言うことを聞くべきだという考えが、出てきていることである。インドネシア人にも自尊心があるし、自主独立外交を国是としている。そこを無視すると、せっかくのこれまでの好意も逆効果になる。

最後に、ジャカルタにおける日本大使の影響力は世界の主要国の首都のなかでも、最大ではなかろうか。ワシントン、ロンドン、パリ、北京の大使の地位はわが国外務省のなかではジャカルタより高いのだろうが、他の国々の大使と比べてその存在感が特に大きいということはないだろう。しかし、ジャカルタでは外交団のなかでも日本大使には米国大使と並んで特別の注意が払われている。また、インドネシア政府も日本大使の言うことには耳を傾けるし、往々にしてこちらの忠告を受け入れて実行する。自分の意見が採用されると、こちらもそれを助ける義務を感じてますます努力せざるをえなくなる。このような sense of participation（参加意識）は他の任地ではなかなか感じられないのではあるまいか。そういう意味で、私は大変はりあいのある二年半を過ごさせていただいたことに感謝している。

＊（本文三三二頁参照）

稲盛行革審「世界の中の日本」部会長一行に対するウィジョヨ共和国顧問の説明（一九九一年八月七日）より。

①自分は一九九六年以来、日本・インドネシア両国の経済協力に携わってきた。当時インドネシアはスカルノ政権直後で深刻な経済的困難に逢着していたが、その当時から日本がインドネシアの開発に多大な関心を持ってくれていたことがありがたかった。一九六六年には東京で債権国会合が開かれ、米、欧、豪等が参加し、インドネシアが抱える債務問題と対インドネシア経済協力が話し合われた。その後、対インドネシア債権の繰り延べがパリ会議で合意され、オランダでＩＧＧＩが開かれた。実はこれらの会議で最初にイニシアティブをとってくれたのは日本であり、債権繰り延べは日本が償還期限三〇年無利子で合意したことが一連の会議において決定的役割を果たした。当時、他の債権国は日本の態度に注目し、日本が同意すれば自国も同意するということになっていた。日本は種々困難な事情があるなかで的確な態度を表明し、結局欧米がこれにならった。インドネシアはソ連、東欧にも債務を負っていたが、これも同じ条件で合意せざるをえなかった経緯がある。

②インドネシアはＩＧＧＩから多くの利益を得ているが、当初は日本が三分の一、米国が三分の一、その他が三分の一の資金供与をするということになり、その分担は日本にとって大変厳しいものがあったと思うが、その後、米国のシェアは激減した。仮に今日本が米国に圧力をかけてもこれは変わらないだろう。というのは、今日米国の援助の大部分はエジプトとイスラエルに向いているからだ。その後ＩＧＧＩはＩＭＦ、世銀、アジア開銀の協力を得て順調に進んできているが、私は日本がこれらの国際機関に影響力を及ぼしてくれるのを大変ありがたく思っている。

③インドネシアは一九八四年に食糧自給を達成したが、日本の援助はこれに大きく貢献した。一九七二年、世界中が食糧難に陥り、インドネシアも旱魃で食糧不足になったとき、日本は備蓄米を供与してくれた。さらにインドネシアがタイ米を購入する資金を援助し、インドネシアの食糧危機の克服に大きく貢献してくれた。これはインドネシアのみならず、タイにも協力したということだ。しかし、もっと重要なことは、日本が食糧分野で多大な開発協力をしてくれたことだ。東部ジャワのブランタス地域の灌漑・洪水防御・電力供給を兼ねた多目的ダム・プロジェクト、育種、苗の品種改良等、日本のシステムを学んだことがコメの増産に貢献した。また、インドネシアの肥料生産は以前は一〇万トンにすぎなかったが、いまや五〇〇万トンに伸びた。肥料工場の建設に資金を供与してくれた、日本、米国、世銀、アジア開銀の協力が大きかった。また、日本はＦＡＯ（国連食糧農業機関）とともに、農業の多くの分野で専門家を派遣し、食糧の増産のみならず、農薬の使用方法についての知識を与えてくれ、その結果今や農薬の使用量も減少した。

④一九七〇～七五年の国有石油企業プルタミナの危機に際し日本のとった立場は他の援助国と違っていた。西欧諸国は対インドネシア援助を中止すべしという態度だったが、日本の高官は危機回避のためにインドネシアに多くの助言をし、現実に債務問題解決のために努力したのみならず、欧米等の援助国にインドネシアの経済状況を説明してくれた。多くの援助国のなかでいちばんインドネシアのことを理解してくれたのは日本であり、このことが大変重要なことだった。

⑤一九八六年の経済危機は原油価格が一バーレルあたり二五ドルから八ドルにまで急落したこと、および円／ドル・レートの大幅な変更のために対日ドル債務が急増したことが問題だった。私は大統領に指名されて訪日し、外務・大蔵・経企・通産各省と、ＯＥＣＦ、輸銀の関係者と会って、インドネシアの抱えている困難を説明するとともに、日本が特別援助を出せるか否かを打診した。特別援助とは、外貨不足と財政難に対して支援する援助だが、これを日本の省庁・機関は驚くほどよく理解してくれていた。そして尋常でない多額の援助をしてくれた。日本の高官によれば、日本の黒字還流をインドネシアも輸銀を通じて利用できるということだった。当時私はワシントンに飛んで米国政府とも話したが、米はブラジルやメキシコなど、ラテンアメリカのことで頭がいっ

ぱいだった。英仏にとってインドネシアは遠隔の地であり、特にフランスはアフリカ諸国の経済困難について話していた。日本のほかにインドネシアの心配をしてくれたのは世銀とアジア開銀だけだった。私は当時世銀にいた日本人理事とアジア開銀の総裁に感謝したい。この方々はインドネシア経済の困難をよく理解してくれたのみならず、他の国々にもインドネシアの事情を説明してくれた。それ以降、日本、世銀、アジア開銀はインドネシアの経済情勢を分析し、数年先の経済状況を予測し、必要な援助額と援助方式を決めるという一つのシステムを形成してきた。自分（ウィジョヨ）は日本大使館がインドネシアに対して払ってくれている多大なる関心に感謝している。そして、枝村大使、国広大使がいずれもインドネシア勤務が二度目でインドネシアの事情に精通していることがありがたい。おかげで関係する日本側省庁・機関とも密接な関係にある。

⑥インドネシアではBAPPENASが援助を扱っている。インドネシア国内の各省庁から出された援助要請はBAPPENASで整理して重要と考えられるプロジェクトを選定し、これを援助国に要請している。日本の場合はその後各省庁で編成されるチームがインドネシアを訪れてBAPPENASと協議し、さまざまな資料やデータを持ち帰り、国内でコンセンサスづくりに入る。自分は毎年訪日し、四省庁、OECF、JICA、輸銀等の担当者と会って日本側内部のコンセンサスが得やすいように説明して回る。そして、日本側コンセンサスを得た後、IGGIでプレッジする。自分はこれまで多くの国の援助機関と接触してきて、これら諸国にどうして日本のようなシステムを採用しないのかと質問している。日本との協議は難しい。なぜなら、コンセンサスを得なければ進まないからだ。しかし、日本の場合、一度決定されればその後はスムーズに事が運ぶ。他の援助国の場合は、いったん手続きを始めた後に各方面から人が来て独自の意見を言う。例えば、米国の場合は議会がある。米議会が力を持つのはわかるが、個々のプロジェクトにまで議会が影響力を持っているため、意思決定が遅いばかりか、誰が、あるいはどこが米国の政府かわからぬところがある。米国には政府がたくさんあるという感じだ。

第10章　駐中国大使——一九九二～九五年

一　北京の二年一カ月

中国大使の職を引き受けるにあたっては、一九九一年（平成三）秋に小和田恆外務次官から打診されて以来、相当考えさせられた。一つには私の外務省キャリアは米国、英国で始まったのだから、そのどちらかで最後を成し遂げたいという気持ちがあった。しかし、「日中関係はこれから大きく転換しなければならない。これまでの日中関係を見直してほしい」という小和田次官の話はそれなりに説得力があった。もう一つのこだわりとして、戦後の上級試験組のなかで中国語研修のトップは藤田公郎君（昭和三一年入省）であり、十分な能力と経験を持っている彼がもし中国大使にならなければ、小和田君は「君の次の後輩の士気に悪影響を及ぼすであろうという懸念があった。この点については、小和田君は「君の次を藤田君にすればよい」と約束した。考えてみれば今の日本にとって、米国に次いで、ある意味では米国と並んで重要な国は、中国である。将来どうなるかわからないという意味で、米国以上に扱いが難しい国でもある。その国との外交の最先端を引き受けるのは男冥利に尽きるともいえる。これを自分の外交官人生の最後の仕上げにしてよかろうと覚悟したのである。

そう割り切って、大いなる自負心を抱いて着任したのだが、着任後数カ月にしてネフローゼ症候群（腎不全の一歩手前のようなもので、血液中の蛋白が減少して体に水がたまる状態）に見舞われた。この原因不明の病気と闘いながら責任を果たすべく最大限の努力をしたが、無理が重なったためかついに克服できず、一九九五年初めの入院の際、心臓の動脈に血栓の疑いが生じ、中国の病院では治療できないから即刻日本に帰るように言われた。命の危険はしかたないが、こうも入退院を繰り返していたのでは館員の士気に差し障ると判断し、帰国する以上は辞職すると決めた。したがって、最後の勤務地と心に決めていた北京を予定より約一年早く、二年一カ月で去ることになった。

その間、天皇訪中のような大きなイベントはなかったし、中国でも歴史的な出来事はなかったので、日中関係の歴史のなかでは、一見平穏な時期として見過ごされるであろう。また、この短期間に総理大臣が宮澤喜一、細川護熙《もりひろ》、羽田孜《つとむ》、村山富市と四人も交替し、積極的な首脳外交をしにくい時期でもあった。しかし、中国が経済発展に向けて動き始めた時期であり、集団指導体制が定着し始めた時期でもあった。中国の指導者とはさまざまな話ができたと思っている。

私の任期は大別して二期に分かれる。前半は一九九二年一〇月の天皇訪中の後を受けて、「日中関係は史上最良」といわれた時期だったが、一九九四年の半ばごろからの後半は、閣僚の不規則発言や台湾問題などが再浮上して、日中関係の雲行きが怪しくなっていった。一九九五年は終戦（中国では「抗日戦争勝利」）五〇周年にあたる年だった。折しも中国は共産主義の夢が崩壊した後に国を牽引する力を経済発展と愛国主義に求めていた。中国政府は抗日戦争五〇周年を愛国主義教育の絶好の機会と捉えて、そのキャンペーンを行なう計画を立てた。日本にとって迷惑な話ではあるが、とめようはない。唐《とう》家璇《かせん》外交部副部長は「キャンペーンは日本をターゲットにするものではなく、九月には終了する」と言っていた（事実、キャンペーンそのものは九月に終わったが、その余波は大きかった。当時年間三〇〇本以上の反日映画が製作されていると言われた）。私は二年間の実績をバックにこの困難な時期を乗り越える責任があると覚悟していた。

したがって、一九九五年二月に辞任するのは敵前逃亡のようで、はなはだ不本意だった。後任の佐藤嘉恭君に、大変申し訳ないと謝りながら後事を託するほかなかった。帰国後に精密に検査してもらった結果、動脈の血栓は造影剤の見間違いということがわかったが、それは別にしても私の健康状態は私自身が感じていたより相当悪かったようである。辞任は正しい判断だったと思うが、予想通り日中関係は悪化し、佐藤君に大変大きな負担をかけてしまった。

私の任期中の成果としては派手なものはないが、具体的な例を挙げれば、東海・紅海での銃撃事件を当事者間の連絡関係をつけるようにして再発防止したこと、日中安全保障ダイアローグを発足させたこと、対中ＯＤＡの五年間計画を三年計画プラス二年計画に切り替え、後の各年コミット方式への道を開き、またプロジェクトの内容を環境と西部開発に大幅に切り替えたことなどがある。

国際問題としては、北朝鮮の核開発計画と核兵器不拡散条約（ＮＰＴ）脱退問題があった。なんとか中国の影響力を発揮させたいと努力した。中国側はコミットしなかったが、裏では努力したようだった。もう一つ、核実験禁止条約が実現しそうな段階になっても中国が核実験をやめないという問題もあった。中国側は日本の毎回の申し入れを国内対策上の儀式と解していたようで、その認識を改めさせるのに苦労したが、中国は自国の安全保障問題に口出しさせないという頑強な姿勢を崩さず、日本は私の帰任後に無償協力の停止を行なわざるをえなかった。

そのほか、私の任期中に苦労したのは「広島アジア大会」に対する台湾要人の参加問題と、個人的には『週刊文春』の、私を名指しした批判記事だった。私が中日友好病院に入院中に病室に極秘文書を持ち込んで読んでいたという中傷である。これには自民党筋の誰かの陰謀があったようなのだが突きとめようはない。一つの反省事項は、入院中に館内の全体会議に出席したとき何度か館員を叱りつけたことである。後で部屋に呼んで注意すればよかったものを皆の前で叱りつけたのは当人を傷つけたのみならず、館内の雰囲気を悪くしたと思う。体力的に余裕がなかった事情もあったが、自分の不徳を反省している。こういうことが『週刊文春』に対する「密告」につながったのかもしれない。

それでも前述したように私の在勤時代は、日中友好が基調だった。天皇訪中の余熱がいまだ相当あったため、両国の友好のために努力しようという意志を持つ中国側要人がかなりいて、そういう人たちと建設的な話ができたことは、今もってありがたく思っている。

以下では、主な事柄を中心にこの中国大使時代をふり返ってみたい。病気と闘いながらの勤務で入院も繰り返したが、それについての記述は極力避けたつもりである。ただ、病気が悪化した時期については、こなした公務を列記するだけにならざるをえないことを、ご寛恕願いたい。

二　着　任

一九九二年（平成四）一一月一〇日、大臣室で辞令交付式があった。渡辺美智雄大臣の新方式ということで、金屏風の前で辞令を拝受し、ソファに腰掛けてお茶をいただいて懇談をたまわった。彼とは以前から親しい仲だったので中国について特別の話はなく、米国が五月に対中ＭＦＮ（最恵国待遇）の延長をしなかったら大変なことになる、といったことを話していた。

中国関係者は数多いため、国内の挨拶回りにはかなり忙殺された。大阪と福岡にも挨拶に行った。福岡では、大学の同期だった福岡銀行の佃亮二頭取が世話をして知事や市長に会わせてくれた。奥田八二《はちじ》県知事から「日中交流は政府ではできぬ。政府は邪魔してくれなければよい」と言われて、カチンと来たが、桑原敬一福岡市長は大変好意的だった。大阪でも大学同期の秋山喜久社長のはからいで、関西電力がずいぶん世話をしてくれた。

一二月一五日に外務省次官室で訓達式があった。小和田次官から、「日中関係は今後複雑化していくだろうが、日本全体の戦略のなかで中国をどう持っていくかがポイントだ。米国との間では、人権問題もさることながら、戦略的判断で齟齬をきたさないことが重要である。これまでは日中関係のマネージメント（いわば苦情処理）に忙しかったが、これからは、日本からもっと協力関係を提案していくことが必要になる」という意見をいただいた。私も同様の考えだ。橋本恕前大使からは、「中国は片方の手で握手しながら、他方の手でひどく殴るようなことを平気でやる国だということを忘れるな。だが、大きな問題に遭遇したときには、中国はどんなにこちらを非難していても取引材料さえあれば必ず取り引きできる」という忠告をもらった。皆の議論のなかで、注目されたのは中国の公害のインパクトだった。

一二月一六日に、宮澤総理に赴任の挨拶にうかがうと、「まあ座りなさい」ということで一五分くらい懇談いただいた。中国の将来を予測するのは難しいと言いながら、軍備の増強は「迷惑な話」と顔をしかめていたのが印象的だった。「今すぐどうということはないかもしれないが、長期的に続けば脅威になる」というお考えだった。

一二月一七日、午後二時から天皇・皇后両陛下に拝謁した。「日中友好のために尽くすように。楊尚《ようしょう》昆《こん》国家主席に先般の訪中の際の歓迎に感謝を伝えてほしい」というお言葉をうけたまわった。続いて、約二〇分間、両陛下から親しくご懇談をたまわった。中国訪問のお話については個人的な印象談が多かった。

一二月二八日、年末の行楽客でいっぱいの成田空港から全日空で北京へ向かった。北京空港には盧《ろ》儀典長が出迎えてくれた。松本紘一公使夫妻、槙田邦彦公使夫妻のほか、在留邦人代表が一〇名以上で迎えてくれている前で、盧儀典長に通りいっぺんの挨拶をしたら、彼は「国広先生は老朋友であることと、天皇訪中後の新しい日中関係が始まる重要なときに着任されるという二重の意味で有意義だ」と応えてくれた。

公邸までの車窓から風景を見ていると、北京の市民生活はやはりいまだ貧しい。高層ビルが建ち並び、個人の街頭売りが多く見られることなど、一九七四年（昭和四九）の春に来たときと比べると隔世の観があるが、住宅ビルの様相はいかにも貧相で貧しい。しかし家内は冬の木立のくすんだ色がきれいだと感激していた。

公邸では館員の大部分と日本人学校の先生たちが集まって出迎えてくれた。夜は松本公使の自宅で中国人のコックの手になる日本食をご馳走になった。

一二月二九日一〇時半に魯培新《ろばいしん》儀典長代行を訪問して信任状の写しを手交した。三〇日の夜に銭其琛《せんきしん》外交部長の新年レセプションに招かれ、短時間立ち話をした。一月五日に予定されていた信任状捧呈式を待っていたのだが、前日になって楊尚昆国家主席が風邪を引いたために延期となり、当面実際の活動は自由にしてよいという連絡があった。

年末休みを利用して、民情視察をかねて買い物をして回った。免税店、友誼《ゆうぎ》商店（外国人向けデパート）、リドホテルのアーケードなどを見て回った。これだけ経済発展して、道路脇にも商品があふれているというのに、ちょっとした日常生活品がないのにはあきれた。電気スタンドが欲しくてあちこち探し回ったが、ようやく見つけたのが二五ワット用で役に立たない。爪切りも見つからない。ポット兼用の湯沸かし器を買おうとしたら、サンヨー製品がなんと九五〇元（二万六〇〇〇円）もする。だが国産のカシミヤ製品は良質安価。釘を買うのに瑠璃廠まで行ったのだが、きれいな紙が一元から一・五元で買えると、家内は大喜びしていた。

町のあちこちにダウンジャケットなどの衣類を山積みして売っている自由市場がある。質はさておき驚くべき安さで、ロシア人が多数買い出しに来ている。大使館の近くの道端に、自由市場のロット（区画）が多数設けられていて、農村から運んできた野菜などの食料を売っている。自転車一台に何十羽という鶏を逆さにつるして運んでいる。儲けになることは何でもやるという大変な熱気である。「自由経済」の活力を感じた。

この寒さのなか、バケツとぬれた雑巾を持った人たちが立っていて、車が近寄ると窓を拭かせろと押しかけてくる。一回五元。彼らはその五元で湯気の出る弁当が買える。物価体系がなかなかわからないが、要するに国産のものを使っていればずいぶん安く生活できるようだ。この国では衣食はほぼ満たされそうだが、問題は住宅のようだ。市内では一人あたりの住宅面積が六平米だという。家内の通訳をしていた王湘玲《おうしょうれい》さんによれば、普通の家庭の収入は夫婦それぞれ月に二五〇元（家賃は無料）とのことだった（当時われわれは外票といって外国人用の紙幣を使っていたが、それは一ドル五・七元、普通の人民元は一ドル八・五元だった）。

北京の街を車で走っていて何よりも驚くのは、自転車の数である。無数の自転車が道路いっぱいに走っていて、信号にもあまり従わない。寒風をものともしない。雨の日もビニールの雨合羽を着用してもくもくと走っている。私の車の運転手はその自転車の群れのなかをかいくぐるようにして走る。まるで蝿が飛ぶようにどこに行っても自転車だ。中国大衆の蠢《うごめ》きを象徴しているようだった。

中国大使としての抱負

大晦日には大使公邸従業員の正月休みもあるので長富宮大飯店（ホテル）で過ごし、餅つきにも参加した。一九九三年（平成五）の元日の日記に、新任に際しての抱負を、私は次のように書いている。

・ここはおそらく私の外交官生活最後のポストになるだろうから、悔いなく充実した任期を全うしたい。

・日中関係を一日も早く通常の国と国との関係に正常化したい。天皇訪中はその第一歩だった。しかし、「過去の呪縛」を抱えている日中関係はなかなか急には変わらない。まず日本側の対中コンプレックスを直していかなければならない。一部の人の贖罪感、他の一部の人の対中蔑視を改めなければならない。この点大使として成しうることには限界があろうが、いつも正論を吐く覚悟がなければならない。中国側は日本には戦争の負い目があるのだからという意識をやめてもらいたい。要するに、双方が仲良くして助け合うのがお互いの国益と考えてつきあうような関係に持っていきたい。

・日本も中国もそれぞれアジアと世界の平和と安定のために大きな影響力を持っている。「世界のなかの日中関係」ということを念頭において、中国を国際社会に取り込んでいくために（対外的表現としては、「日中が世界のために協力しうる分野を広げるために」）、役割を果たしたい。
・中国では日中関係は政府主導で動く。世論のウエイトはあまり大きくない。またわれわれが世論に働きかける手段も限られている。しかし、世論が政治に無関係であるはずがない。大使がどの程度中国の世論を動かしうるか、大きな挑戦である。
・中国経済が最近の調子で発展していくと、早晩日本経済にとって恐るべき競争相手となる。その間に生じる経済力を軍事力の強化へ向ければ、ロシアに代わる超大国になりうる。したがって、中国の民主化は日本にとって安全保障上の大きな問題でもある。第一に、中国は市場経済導入による発展を可能にする政治的安定を維持しうるか、第二に、増大する国民のエネルギーを自由に発揮せしめられるような民主化が進展するか、第三に、どこまで軍事力を強化しようとしているのか、こういう点を見極めていきたい。
・私の現役の締めくくりに、日本文化と密接不可分の中国文化を勉強しうるポストに就いたことはありがたい。中国の歴史と文化をできるだけ深く勉強して、自分の現役時代の終わりを外交的つきあいだけでなく中国の地に足の着いたものにしたい。

一月六日、初めての館内全体会議で私が話したことは自分自身の決意でもあったので記しておく。

①館内の規律を遵守すること。特に、秘密保全と公私の別を厳守せよ。②中国に関しては、自分の専門外のことを含めてよく勉強せよ。③大使館としてのインスティテューショナル・メモリーをしっかり残せ。④日中関係だけでなく、事はグローバルに考えよ。⑤情報は問題を意識して、目的に即して集めるようにすべし。ちなみに、私の最大の関心事は、中国の戦略上の意義、（国内政治の安定の見地からの）

中国経済の行方、中国の軍の動きである。⑥大使館は国民的交流の日中間の世話役であれ。

儀礼訪問と信任状捧呈

年が明けると中国外交部の了解を得て、まず外交団の挨拶回りを始めた。なかでもロシア大使館が昔の縁で中南海の北側の広大な敷地に堂々たるビルを建てているのが印象的だった。韓国の盧載源《ノジェオン》大使夫妻は中国飯店で洋食をご馳走してくれた。韓国は世界でいちばん大きい大使館を北京に建てると言っていた。豪州のミシェル・ライトウラー大使は東京で定期協議をした仲、シンガポールの鄭東発《チェントンファット》大使は東京で大使をしていた人で皆温かく迎えてくれた。米国のステープルトン・ロイ大使夫妻は私生活部門で私たち夫婦と四人だけの昼食に招いてくれた。

一月一八日に徐敦信《じょとんしん》外交副部長を礼訪した。東京で公使をしていたころと比べて貫禄ができたものだ。私が中国課長のころ、東京で若手の通訳をしていた武大偉《ぶだいい》も日本課長を終えてアジア局次長（後に駐日大使、朝鮮半島問題特別代表）をしており、久しぶりの再会を喜んだ。話題は主としてカンボジア問題だった。

以上のほか、私は中国の政治体制上の制約はあるが、何とかして外交部その他の政府機関だけを相手とする外交の枠を広げていきたいと考えた。外交部以外の礼訪先として最初のほうの例だけ挙げてみる。

李淑錚《りしゅくそう》（党中央対外連絡部長）、宋健《そうけん》（国家科学技術委員会主任）、王忠禹《おうちゅうう》（国家経済貿易委員会主任）、韓叙《かんじょ》（中日友好協会会長、田中訪中時の儀典長）、曲格平《きょくかくへい》（国家環境保護局長）、粛揚《しょうよう》（法務部長）、蔣民覚《しょうみんかん》（党中央戦線統一部副部長）、徐文伯《じょぶんはく》（文化部副部長）、呉基伝《ごきでん》（郵電部長）、劉江《りゅうこう》（農業部長）、徐恵滋《じょけいじ》（人民解放軍副総参謀長）、曹慶沢《そうけいたく》（監察部長）、栄毅仁《えいきじん》（国家副主席）、劉仲藜《りゅうちゅうれい》（財政部長）、李貴鮮《りきせん》（人民銀行長）、喬石《きょうせき》（全人代常務委員会委員長）、米国鈞《べいこくきん》（初代駐日公使）、邵華澤《しょうかたく》（人民日報社長）等々。

一月二六日に香港での在中国公館長会議に出席し、北京に戻ってから中国側閣僚等に対する挨拶訪問が再び始まったが、楊尚昆国家主席が風邪を引いていたとかで、信任状捧呈式が行なわれたのは三月一日だった。

午前九時半に楊鶴熊《ようかくゆう》礼賓司副司長がベンツのリムジンで公邸に迎えに来て、パトカー先導で人民大会堂に向かった。左横側の玄関で階段を上り詰めたところで、両側に立っていた一〇人くらいの儀杖兵が号令をかける。大きな声だったが何を言ったのかわからないままにホールに入ったら、オーバーを預けてすぐのところに楊尚昆国家主席が立っていて、その一メートル前まで進んでただちに信任状と解任状を手交された。次に楊主席が随員を紹介してほしいというので、松本公使以下を順次紹介すると、先方からはそれまで会ったことのない載秉国《たいへいこく》という外交部部長助理と武大偉アジア局副次長の紹介があった。次いで、奥に用意してあった金属製の台を使って記念撮影すると、それで式は終わり。そのまま個室に案内されて計八人での会見となった。

予定時間二〇分と言われていたのだが、最初の一五分間は楊主席が一気に歓迎の言葉、日中関係についての意見、国際情勢判断等について発言した。老衰が取りざたされていたが、血色もよく、メモも見ずに次々と発言し、高齢にしては元気に見えた。私は天皇陛下からの日中友好関係増進のご希望と訪中のときのお礼のお言葉をお伝えしたほかはあまり話す時間がなく、ジャカルタでの信任状捧呈式のときのような感激がないままに終わってしまった。

李鵬《りほう》総理に挨拶できたのは三月一三日の午後五時一五分から、それも五人の新任大使と一緒で二〇分だけという心の入らない初会見だった。彼は個々の大使から二、三分ずつ言上を受けた後、五人に対して言いたいことを言って、「再見《サイチェン》」と言って立ち去ったのだからあきれてしまった。それでも私は天皇陛下訪中のときのお礼と車のなかで思いついた王震《おうしん》国家副主席の逝去に対する弔意を述べたら、五人に対する発言のなかで、「王震は偉大な革命家であって、日中関係には特に貢献した。日本大使の弔意に感謝する」と述べた。

銭其琛外交部長には二月一〇日に儀礼訪問がすんでいた。彼は非常に温厚な人物で論旨明快だ。先方からミャンマー訪問の話を詳しくしてくれた。ミャンマーの今後についての考えを聞くと、「ミャンマーの軍事政権は民政移譲を考えていると思うが、これから行なう選挙の結果に基づいて行なおうとしているようだ」と答えた。中国がミャンマーとの間に五〇〇キロもの国境を抱えているとは、言われてみてなるほどと思った。私からは日本の総合安全保障の考え方を説明した。

三　日中関係「最良」のとき

第八期全人代第一回会議

一九九三年三月一四日、第八期全国人民代表大会（全人代）第一回会議（同月三一日まで開催）の開幕式に、恒例により外交団も招待された。その前年の一〇月に第一四回党大会が開かれ、朱鎔基《しゅようき》、劉華《りゅうか》清《せい》、胡錦濤《こきんとう》が政治局常務委員に昇格し、楊尚昆国家主席が政治局から引退していたが、この全人代で江《こう》沢民《たくみん》が国家主席に就任した。江沢民主席―李鵬総理体制の始まりである。

また、この党大会で「社会主義市場経済」の概念が提起されていたが、李鵬は政府活動報告で「わが国の経済体制改革の目標は社会主義市場経済の確立にある」と言っている。私は英語で李鵬の報告を聞いていたのだが、最後の外交活動の部分で、いきなり、中朝関係の前に、「中日両国の関係は、健全かつ着実に前向きの発展を遂げている」と言ったのには驚いた。この異例の発言は天皇訪中をはじめ、天安門事件の後の中国の国際社会復帰に対する貢献を評価したものだったろうが、まだ中国の人権問題が批判的に見られていたときに、日本だけが突出して取り上げられたことに、内心とまどいも感じた。

反腐敗闘争も強調された点であるが、その背景として、前年一〇月一四日に行なわれた党大会報告の「社会主義市場経済を確立する上での若干の問題点についての中国共産党中央委員会の決定」のなかに「廉潔政治建設を強化し、腐敗に反対することは……党と国家の運命にかかわる大きな事柄であり」と書いてあるのを読んだときの驚きを思い出した。

江沢民国家主席（右）への新任の挨拶.

四月三日に第八期全人代後の政府新指導者の謁見があった。江沢民国家主席、栄毅仁副主席、李鵬総理、銭其琛副総理の四人がプロトコール順に一人ずつ挨拶を受けたので、私の順番が来るのに一時間以上かかったが、江沢民は話の間私の手を握りっぱなしで大変な親愛感の示し方だった。私からは天皇陛下からの御礼を伝えた。

要人訪中

全人代後は、中国側要人に対する表敬訪問と日本からの要人来訪の世話とが連日続いて多忙を極めた。表敬訪問では、私の希望で曾慶紅《そうけいこう》党弁公室主任に会ったが、これは異例のことだった。日本臓器製薬社長の小西甚右衛門氏の紹介があったからだと思うが、私は彼に会った最初の日本大使だったはずである。

一九九三年四月五日に松浦晃一郎外務審議官が来て唐家璇副部長と次官級協議を行なった。私は昼食会に出席したのみだが、松浦外審が「ＯＤＡに五年間まとめてコミットすることは困難になりつつある」と言ったら、唐はそうなったら大問題なので、日本側だけで勝手に決められては困る、という反応だった。午後、松浦君の銭其琛外交部長への表敬訪問に同席した。北朝鮮の問題について、銭外交部長は「中国も朝鮮半島に核を見たくない」と言いながら、安保理に持っていって圧力をかけるのには反対、経済制裁には反対と断言し、これを渡辺外務大臣に伝えてほしいと言った。

小泉純一郎郵政大臣も来訪し、四月二九日から五月一日まで諸行事につきあうとともに、三〇日には公邸に昼食に招いた。概して無口で、勢いのよい字で記帳したほかは特に印象を受けることはなかった。同日午後、李嵐清《りらんせい》副総理を表敬訪問したが、郵政分野での発展に協力を約したという報告に先方は「結構なことだ」と言っただけだった。夜はシャングリラ・ホテルで大臣の答礼の宴があった。艾知生《がいちせい》電映電視部長と隣席になり親しくなったのが収穫だった。日本の郵政大臣の訪中は一九八七年の中山正暉大臣以来だという。

三〇日、大臣一行を公邸での昼食会に招いた。

日本からの来訪者のなかで最もしっかりした話をしたのは後藤田正晴法務大臣だった。後藤田大臣の訪中は、五月三日から六日だった。三日午後に空港に出迎えて、四日朝いちばんに朱鎔基副総理を、次いで江沢民主席を礼訪した。後藤田大臣が「経済が大きくなると軍事力を強化してきたのは歴史的事実だ」と指摘すると、「中国は他国に軍事的圧力を及ぼすことは絶対にない」と言い張り、「日本も過去の教訓から学ぶことを希望する」と言い返してきた。経済発展が進むと拝金主義がはびこるおそれがあると後藤田が問題提起したのに対し、拝金主義がいかに悪いかを江沢民は縷々説明したが、どうして防止するつもりかには触れなかった。江沢民は後藤田氏を「中国と中国人民の老朋友」と言ったが、唐家璇外交部副部長は「初めて聞く賛辞だ」と言っていた。

午後四時からは喬石《きょうせき》全人代常務委員会委員長との会談だった。話題は江沢民のときと同じだったが、こちらは相当内実のある話で、最後に喬石が「大いに啓発されるところがあった」と評価していた。ただ、後藤田大臣が「経済発展のためには地方に権限委譲をしなければならないが、それはうまくいくか。地方と民間の活力を利用していかなければならないが、それと国の統一の問題はいかに処理するのか」と質問したのに対しては、回答を避けてしまった。

四日夜は唐家璇副部長が陳楚、符浩、宋之光《そうしこう》元駐日大使三人とともに釣魚台《ちょうぎょだい》で歓迎の宴を開いた。五日午前中は、恭王府を参観した後、大臣の答礼昼食会があり、夜は公邸で内輪の夕食会を催した。すべての日程を終え、後藤田大臣は六日昼前に帰国した。今回後藤田・喬石を結びつけたのは成功だった。

この年のゴールデンウイークは日本からの要人の訪中ラッシュだった。列挙すると、小渕恵三議員（五月二日から四日まで、江沢民を礼訪し公邸で昼食）、櫻内義雄衆議院議長（五月二日から五日まで、中国側晩餐会。その後シアヌーク訪問）、田邊誠社会党委員長（五月四日から六日まで）がやってきた。小渕恵三自民党元幹事長が江沢民と会談していたとき、胡錦濤政治局常務委員が出席していたのは次の指導者同士を会わせるという意図があったからだろうか。

日中外相定期協議

日中外相定期協議が一九九三年五月下旬に東京で予定されていたので、私も一時帰国した。五月二九日午後三時半から、外務省飯倉公館で武藤嘉文外務大臣と銭外交部長が会談した。

北朝鮮の核問題について銭部長は「制裁を科すと北朝鮮は休戦協定を破棄するだろう」と言い、武藤大臣は「手負いの猪を追い詰めるのは避けるべきだ」と同調した。銭はこの問題を韓国で協議したのちに、日本を訪れていたそのほか、武藤大臣はODA大綱、環境問題、東シナ海の安全航行、軍縮・武器管理などでしつこいくらい注文をつけた。先方も、カンボジアのPKOを評価しながらも、自衛隊の海外派遣については疑いを抱く国もあるので、日本は平和活動を一層進めるべきだと注文をつけた。

夜七時半から銀座の料亭「花蝶」で外務大臣のディナーだった。武藤大臣は話し方がしつこくて、銭とはどうも波長が合わない感じだった。大臣は「日本の政治家に台湾を訪問するなというのなら、中国側が訪問した者に何かペナルティを科すべきだ」と屈辱的なことを言った。

三〇日の午前中に銭外交部長一行を一時間ほど横浜港のクルーズに案内した。上海の浦東《プードン》港のほうがずっと規模が大きいので、どういう印象を持ったかは疑問だった。

三一日の朝いちばんに銭部長が後藤田法務大臣を訪問した。後藤田大臣からは東シナ海の安全航行問題の緊急性を強調してもらった。続く海部俊樹前総理との会談では環境問題についての話が弾んだ。次は竹下登元総理と会談した。ここでは銭部長は第四次円借款に話を絞り込んできた。

六月一日の午前中、銭部長は宮澤総理を表敬訪問した。宮澤総理は、「中国が経済大国になるのは喜ばしいが、民主化路線と平和路線をぜひとも堅持してほしい。この願いを中国のほかの指導者にも伝えてほしい」と言った。また、「北朝鮮が核を持つと日本が最大の脅威を受ける。だからといって日本も核を持つということではないが、だからこそ中国の努力に期待するところ大である」と論じ、「NPTの大原則は少なくとも今以上に核保有国を増やさないということであり、中国も核保有国としてその責任がある」と述べた。なかなか内容のある会談だった。

出発前の昼食会は私が主催して小和田次官も参加した。銭部長は「今回の訪問は大変成功だった、多くの問題について率直な意見交換ができたことは有益だった」と満足げに語った。私から次のように感想を述べた。

第一に、率直な意見交換ができたことが有意義だったという点はまったく同感である。武藤大臣の日台関係についての話、宮澤総理の核についての話などは平素日本の政治家の胸中にあることを率直に語ったものである。このような率直な話し合いを可能にしたのは何よりも銭部長のお人柄であるが、基本的には両国関係が二〇年間の経験を経てここまで成熟してきたことを示すものだと思う。

第二に、日本国内では、中国は核問題について北朝鮮に働きかけることを嫌っているという印象が広まっていて、私自身それを是正するのに苦労していた。今回銭部長が中国の立場を率直に話されたことにより、この誤解が解けたことは有意義だった（銭部長から「私がこの時期に日本と韓国を訪問していること自体が中国の努力の一環である」とコメントがあった。「北朝鮮が見ているということか」と聞いたら「然り」と答えた）。

第三に、今回の訪日はタイミングがよかった。東京サミットの前、カンボジア選挙の直後、そして米朝会談の日にあたり、この最後の点ゆえに、北朝鮮の核問題についての中国の立場に過度の関心が集まることなくすんで、バランスのとれた報道がなされた。

第四に、自国の一〇倍の人口を持つ巨大な国が隣に存在するという事実から来る圧迫感は、日本人にとって大きい。そのこと自体地理的、歴史的な客観的事実でどうにもならないことであるが、その心理的影響は小さくない。今回の会談で、銭部長が肩の力を抜いた姿勢で「すべて話し合いで」という方針を示されたことは、有効だった。

その点、日中間での安保協議が発足することになったのは有益である。東シナ海における安全航行の問題も、日本国内の空気の異常さには私自身驚いたが、銭部長が今月中に協議を開催することに踏み切られたことは、それがわずか一、二週間の違いであっても心理的には大きな違いを持つものだった。

第五に、銭部長が環境問題を強調され、環境協定の締結を迫られたのはよかった。われわれもこれをテコに早期締結を目指し準備を進める。

最初の入院と一九九三年後半の職務

一九九三年五月下旬、一時帰国中に虎ノ門病院で検査を受けると、ネフローゼ症候群だという診断が下った。詳しいことは入院して腎臓の一部を摘出し検査してみないとわからないとのことだが、北京での用務を考えるとただちに入院はできないので、一度北京に戻って様子を見ることにした。病気を抱えたまま大使の職務を再開したが、夏休みシーズンというのに結構統忙しい毎日が続いた。主なものだけ記録しておく。

七月三〇日に石広生《せきこうせい》対外貿易部副部長と無償援助四プロジェクト約四六億円の交換書簡署名式を行なった。

八月四日、日本政府が韓国での従軍慰安婦の調査結果を発表した。中国側にも事前通報したが、反応は従来と同じで、「一視同仁」、すなわち韓国と同様に取り扱えということであった。共同通信の記者によれば、中国でこの問題で取材しようとすると公安が尾行してくるという。

五日、陳炳鶱《ちんへいけん》中国海洋石油総公司副総経理が訪ねてきたが、尖閣沖の石油資源の共同開発について打診するのが目的だったようだ。法律問題が難しいので慎重に答えておいた。その夜、劉毅《りゅうき》国家旅遊局長に崑崙《こんろん》飯店でご馳走になったが、中国の私的旅行者が日本で団体旅行できるようにしてほしいという希望だった。中国の公用旅券以外の海外旅行者が二四〇万人に増えており、私費の観光旅行者も四〇万人に達しているという。

八日に韓国の新任大使、黄秉泰《ファンビョンテ》夫妻を公邸での昼食に招いて懇談した。青瓦台《せいがだい》にいた政治家と聞いていたが、なかなかの学者ですでに中国語もかなりできる。御巫清尚さん、菊地清明さん（いずれも元経済協力局長）などをよく知っていた。人間的にも重厚で、夫人も育ちがよさそうだった（しかし、彼はその後政党の党首になって帰国したが、罪に問われて失脚したらしい）。夕方、『人民日報』の孫東民記者が来て、同紙の日中平和友好条約一五周年記念のインタビューを受ける。

八月一二日に黄鎮《こうちん》東《とう》交通部長を表敬訪問した。小柄なおとなしい人で、どうしてこんな人が大臣までになったのかと思わせる。道路と港湾が担当で、日中フェリーの開設を担当したと言っていた。その後、UPI通信社のシュバイツバーグ支局長（元東京駐在員）を昼食に招いて懇談した。「この一年くらい尾行がつかなくなって気分的にいくらか楽になった」と言っていた。夜は鄭東発シンガポール大使の外交官ディナーに招かれた。彼は東京時代からの知り合いだ。二年がかりで公邸を整備したご披露だったが、内装も家具もよく整備されていて、わが国は恥ずかしくなる。隣席がインドネシア大使のグナディルジャだったが、彼がベニー・ムルダニ国防大臣の悪口を露骨に言い出したのには驚いた。

同じ一二日、東京で王毅《おうき》公使が「羽田孜外務大臣が靖国神社に参拝するのは私的なものでも好ましからざる影響がある」と申し入れてきた。図々しい申し入れだが、戦時中の慰安婦や強制労働の問題について国内を抑え込んでいる外交部の立場からすれば、日本側にもっと配慮してほしいと言いたいのだろう。

一四日に北京でも武大偉から下荒地修二《しもこうじ》公使に「閣僚の靖国参拝は慎重に」と言ってきた。アリバイ作りなのだろう。羽田大臣は一五日の参拝には参加しなかったが、前日に一般の参拝者に交じって参拝したという報道である。本人は外務省事務方には「個人的なことだから」と言ってなんとも返事しないという。また、小沢一郎新生党代表幹事が、来日中の台湾の閣僚と会談し、李登輝《りとうき》総統の訪日を歓迎すると言ったという報道が出る。さっそく彼に私信を出し、河野洋平自民党総裁にも官房長官時代に閣僚の台湾訪問を阻止したことに感謝するという趣旨の手紙を書いた。

八月一七日に唐家璇外交部副部長を訪ねて懇談した。日本の政局について内々のブリーフィングをすることが目的だったが、東京に報告しなかった主な点は、これから経済協力についての与党の監視が厳しくなること、通産省の高官の台湾訪問などのことで私に厳しく苦情を言うのはよいが、通産省の次官が来るとニコニコされたのでは私はオオカミ少年になってしまうということ、台湾への閣僚訪問を阻止したのは河野洋平官房長官だったことなどである。羽田大臣の靖国参拝については、政治家の心の問題として一般参列者に交じって参拝することにしたのであろうと説明すると、先方は追及してこなかった。

八月一九日朝、民航総局の蔣祝平《しょうしゅくへい》総局長を表敬訪問した。もともとロケット技術の科学者で、恰幅のよいビジネスマンといった風貌だ。一九年前の航空協定交渉でも通訳を務めた浦照洲《ほしょうしゅう》が通訳をしていた。こちらからは、国内切符の予約を自由化すること、空港での出発時間の遅れを減らすことの二点を要望した。

八月二〇日の午前中、侯捷《こうしょう》建設部長を表敬訪問した。北京の水供給について質問すると、今三つのダムから毎秒一〇〇トンを導入しているが、これから長江の水を一八〇〇キロメートル引いてきて、毎秒二〇〇～四〇〇トンを運ぶ計画だという。相当多くのトンネルを掘るらしく、かなりのところで電気で揚水する必要があるという。住宅については、五五～六〇平米の中古住宅を五年ぶんの給料で購入できるように努力しているという。

党中央の李淑錚対外連絡部長に日本の政権が代わった（一九九三年八月九日から細川非自民連立政権発足）ので懇談したいと申し入れたところ、夕食を一緒にしようと言ってきた。彼女は大変なご機嫌で、喬石について質問すると、理論面に強いと答えたのは当然だが、部下の面倒見がよいと言ったのは興味深かった。「汚職、腐敗の報道が多いが」と言ったら、「共産党は権力をあずかる以上、自分に対しても厳しくなければならない」と強調していた。私は、「自浄能力が重要で自民党はそれが弱まったので政権を失った」と話し、「中国では拝金主義を排除するにあたって精神的よりどころを何に求めるのか。戦後の日本は宗教を否定したので、今そのことが問題になっている」と言ったら、即座に「愛国主義、集団主義、社会主義」と答えた。

八月二三日に野本佳夫中国課長が来たので王府井《ワンフウチン》で会食した。社会党の山花貞夫委員長や公明党の石田幸四郎委員長が閣僚でありながら、「李登輝総統に祝電を打ちたい」と言ったという。野本課長の苦労もわかるが、中国に対する日本の自動車ミッションのことも、日本紡績協会に中国産綿布をダンピング提訴する動きがあることも知らなかったのには、あきれた。

八月二四日、鈕茂生《ちゅうもせい》水利部長を表敬訪問した。先方が昼食をどうぞというので、水利部の公司が経営している東方明珠でご馳走になったら、水利部の役人の管理研修センターを設立してほしいと言われて当惑した。午後三時から唐家璇副部長と本年度円借款の交換書簡に署名した。陝西省の副省長から対外貿易経済協力部の副部長に転任になった鄭斯林《ていしりん》（天皇訪中の時の世話役）に会った。夜はソニーの合弁会社設立のレセプションがあって疲労困憊した。

二五日夜、胡平《こへい》経済特区主任を夕食に招く。商業部長のとき着任早々に釣魚台に招待してくれたのに対する答礼である。日本経済に興味を持ち、日本からの投資拡大を繰り返し訴えていた。彼は福建省長のとき日立を連れてきて、日中合弁第一号としたのが自慢のようだ。

八月二六日、遅ればせながら向かいのトルコ大使を表敬訪問した。なかなか品のよい英語のうまい大使だった。夜は日本に駐在したことのある中国人記者を公邸に招いての懇談会を催した。「細川護煕総理の侵略発言を聞いて胸がすっきりした感じがする。一九八五年の八月一五日に中曽根康弘総理が靖国神社に行ったときは本当に耐えられない気がした」という記者がいた。

この日、パキスタンに対する中国のミサイル輸出に関して米政府が制裁を発動した。外交部の劉華《りゅうか》秋《しゅう》副部長はロイ大使に対し、「露骨な覇権行為」だと非難し、MTTCに対するコミットメントを再考せざるをえず、その責任は米国にあると抗議したという。

八月二八日夜、慶応義塾大学塾長の石川忠雄夫妻を公邸に招いて懇談した。「今年は学徒動員五〇周年記念で『きけ　わだつみのこえ』が再び注目されているが、学徒の八〜九割の者は自分が戦わなければ家族が殺されると思って出陣したのだ。そこまで日本は外界と遮断されていたわけで、日本を二度とあのような国際社会から断絶した国にしないことがいちばん大切なことで、そのほうが『わだつみの声』よりよほど重要なことだ」と言う。さらに、「中国について最も注意を要することはナショナリズムの高揚だ。中国人は歴史から離れられない。歴史の先例を重んじるということは原則に縛られるということだ。しかし交渉する以上原則に反しない解決の知恵を出す必要があり、彼らはそれもうまい。こちらからあわてて知恵を出さず、中国人に考えさせるのがよい」とも言っていた。

九月一日に久世公堯《くぜきみたか》議員を団長とする参議院調査団と朱良《しゅりょう》全人代外務委員長との会談に出席した。ついでに私から「北朝鮮は日本に対して拒絶反応ばかり示すが、何か変化がありうるのだろうか」と質問したのに対しては、朱良は「北朝鮮との交渉には忍耐が必要」と答えたのみだった。米国が台湾にF16を一五〇機売るのは米中合意違反だと言い、最近米国のやることは強権的だと批判した。

九月三日、新生党の「長城計画」の一行が胡錦濤と会談した(「長城計画」とはもともと自民党経世会の日中交流事業であったものの、自民党分裂後は新生党が継承していた)。私も同席し、初めて彼に挨拶した。胡錦濤はこちらに一向に関心がないそぶりで親しみが持てない。一行を夜公邸に食事に招いたが、その後、安倍晋三氏が同じ一年生議員三人と別途訪ねてきた。

四日午前中、「北香会」(北京と香港に駐在している日本企業の代表者の定期交流会)に出席し、夜は張《ちょう》思郷《しきょう》最高検察院長を訪日前の歓迎ディナーに招待した。反腐敗闘争についてかなり詳しく話してくれた。彼は湖北省で警察を担当していたそうで麻薬問題の話も弾んだ。

五日、中国船「銀河号」がイラン向けに化学兵器物質を運んでいる容疑で米国が臨検を要求し、サウジで実施した結果、そのような物質は載積していなかったことが確認され、中国側は謝罪と補償を要求したが、米国は遺憾の意は表明したものの補償は拒否している。中国は米国に対してはずいぶん我慢をするようだ。

九月九日の夜、楊振亜《ようしんあ》（前駐日大使）以下全人代外務委員会の中日議員小組のメンバーを公邸に招待した。彼らの初会合を兼ねた懇談会になって有意義だった。

一〇日、イスラエルとＰＬＯがガザ占領地区における自治を認める合意に際して相互承認をするという歴史的な署名が行なわれたが、ちょうどその日にイスラエルの新任大使が挨拶に来た。

同じく一〇日、昼食に水野清議員一行を招いたが、そのなかに高市早苗という化粧品のセールスをやっていたという女性議員がいてその猛烈さに感心した。一四日に朱鎔基の代わりに喬石が一行と会うというので陪席し、その夜は一行を公邸での夕食会に招く。保田博、梅沢節男、内海孚など大蔵省のＯＢが主賓だった。

九月一三日、ジャーナリストの木場康治氏企画の「中日金融財政国際討論会」が人民大会堂で開かれ、細川総理のメッセージを代読した。夜は釣魚台で二〇〇人くらいの大宴会に参加した。

一六日夜、小西甚右衛門氏が衛生賞を授与される表彰式に出席した。一九九〇年に創設された国際的な賞であるということで、姫鵬飛《きほうひ》元副総理を招いて人民大会堂で二〇〇人くらいのパーティが催された。覚書貿易の中国側事務所を陰で支えてきた小西氏の功績に対する報償だったのだろう。夜、小渕恵三議員から病気見舞いの電話がかかってきて、その親切に感謝を述べた。

一八日朝、陳錦華《ちんきんか》国家計画委員会（国計委）主任を表敬訪問した。温厚そうな人物で好感が持てたが、発言の内容に特に鋭いところはなかった。最近の経済調整にふれ、日本は安心していただきたいと言ったので、私からＬ／Ｃ（信用状）が発行されているにもかかわらず支払いがなされないという事例が生じていることを指摘した。小西氏一行を公邸での昼食に招待した。彼は江沢民と一時間以上会談したという。夜は劉述卿《りゅうじゅつきょう》中国人民外交学会夫妻に東十条の「阿静」という店でご馳走になった。彼は日中間の問題は、領土、歴史、台湾だがとりあえずは台湾だという。「中国政府は日中関係をよくしようと努力しているが、国民大衆の感情は同じでないし、ちょっとしたことで悪化する恐れがある」と言っていた。

二一日午後、日中経済協会の代表団が江沢民主席を訪問したのに同席した。平岩外四協会最高顧問の発言が財界の意見というよりも政府の見解表明といった感じで、会談も二〇分で終わってしまった。江はオリンピックにふれて、スポーツ選手には「勝って驕らず、負けて卑屈にならず」と教えている、オリンピック開催地の選挙も同じだ、と言っていた。夕方の対外貿易経済協力部の人民大会堂での歓迎の宴も一時間半でお開きとなり、日本の財界のトップが来てこのような交流でいいのか、という気がした。

九月二二日の昼は日中経済協会代表団を公邸に招き、夜は代表団の答礼宴に出席した。斉懐遠《せいかいえん》国務院外事弁公室主任と隣り合わせになったが、彼は米国と英国に対する批判を相当厳しく繰り返していた。

二四日、オリンピックの開催地の選挙で北京がシドニーに二票差で敗れた。『人民日報』は一面トップに香港返還についての中国の立場を全段抜きで報道したが、国民感情を外にそらす意図であろう。

二五日夜、張思卿《ちょうしきょう》最高検察院長から訪日を終えて帰国したお礼にと、国際飯店でのディナーに招かれた。日本は法制度が整備されている、国民の道徳意識が高い、公務員の規律がよい、街が清潔で店員のサービスがよい、などなど賞賛の言葉に満ちあふれていた。また、東京の中国飯店と聘珍楼《へいちんろう》はともに味が日本風だったと言っていた。

九月二八日、貴州省の女性の副省長が来て、無償援助プロジェクトの完成祝賀会に招待したいという。一五億円の飲料水改善プロジェクトだが、五十数県のうち半分くらいに裨益し、一一〇万人の生活が改善されたという。またこの方式がモデルとなって、ほかの県でも自己資金で改善工事をしたとも言った。これだけ感謝されれば無償協力もやりがいがある。午後、労働人民文化宮で、柳田青嵐氏と学書院の書道展覧会の開会式に出席した。夜は永六輔氏と当地のＪＡＬの幹部を招いて慰労会を催した。彼は昔、作曲家の中村八大と世界各地の日本人学校を訪ねることにしたのだが、彼の死後一人になっても続けているとのことだった。

九月三〇日、昼食に中国海洋石油総公司の王彦《おうげん》総経理、陳炳騫《ちんへいけん》副総経理らを迎えて懇談した。東シナ海の海底開発の国際入札で（日本が領有権主張しているところと一部重複することに鑑み）、日本の入札地域に特別の配慮をすることに決めたと内報してきた。現在のラインの東側で共同開発することに同意してほしいと言いたかったのだろうが、「東シナ海での協力を重視している」と言うにとどめておいた。夜は人民大会堂で外交団ほか一〇〇〇人が参加する国慶節の前夜祭に出席した。李総理の声は力強く、一五分くらいの話に疲れはまったく感じられなかった。

一〇月八日、遅きに失したが向かいのポーランド大使デンボウスキーを表敬訪問した。「江沢民は電子工業部長のときから知っているし、上海市長時代も何度か訪ねたが、彼には国の指導者の資質はない」と言っていた。

一〇月一〇日午前、森喜朗自民党幹事長一行が到着したので、宿舎の釣魚台までついて行ってブリーフィングし、新世紀飯店の「雲水」で昼食をとった。共産党青年団と自民党青年部の交流を提案してはどうかと進言したところ、興味を示していた。午後は熊谷弘通産大臣が到着した。坂本吉弘通商政策局長から強引に頼まれていた李鵬との会談が唐家璇のはからいでようやく実現したのでご機嫌だった。午後五時からの鄭斯林貿易経済協力部副部長との会談で先方は岡松壯三郎通産審議官の台湾訪問についての発言があったが、深追いはしてこなかった。こちらからはＬ／Ｃ（信用状）問題、投資環境、ニットの輸出急増などを取り上げたが、先方の回答は誠意あるものだった。

一一日午前、熊谷大臣と銭其琛外交部長との会談に同席した。台湾問題についてはこちらから「日中共同声明を守る」と言ったのでそれですんだ。続いて李鵬に一五分間の表敬訪問。夜は一行とは別に邵華澤人民日報社長を夕食に招待した。

一〇月一四日、松永信雄日本国際問題研究所所長と銭琪琛外交部長との会談に同席した。香港について銭部長は「問題のないのが問題だ」と言っていた。北朝鮮問題については米朝交渉に押しつけようという意図が明白だった。中国は北朝鮮をもてあましているようだ。

一五日、松永所長に国際戦略学会の徐信《じょしん》会長（前副総参謀長）を訪問してもらうことにしたので私も同行した。武器生産を行なう企業は国務院に所属しているので、武器輸出しても軍の予算に入ってこないと言っていた。国際戦略学会は日本の防衛研究所と定期的に交流しているという。夜は楊成緒中国国際問題研究所所長にも公邸に来てもらって夕食会を開いた。

一〇月一九日、自民党の山崎拓議員が朱鎔基に会う場に同席した。朱鎔基は「今年の経済成長は一三％くらいで来年も一〇％くらいになるだろう」と言っていた。「農業の立ち遅れを是正するためにいろいろな措置をとる必要があり、農産物の価格を大幅に引き上げることになるだろう。来年から人民元を交換可能通貨にする。炭鉱労働者が三六〇万人いるが、今の生産は一二〇万人で可能だ。現在税金の三〇％くらいしか中央政府に入っていないが、これを六〇％ぐらいにしたい」などとも話していた。

二〇日、山崎議員一行を昼食に招待した。そこでの話によると、その前の朱良との会談では、日本の安保理常任理事国入りについて、すべての国が賛成することが必要と言ったが、朱良は支持するとは言わなかったという。夜は遅浩田《ちこうでん》国防部長の歓迎の宴に同席した。中国脅威論に対する反論に最大の力点を置き、日本の防衛予算が大きいことを問題視する口吻《こうふん》だった。北朝鮮については圧力をかけるのはよくないと言い、「北朝鮮の資金力と技術力から見てそう簡単に核兵器を開発できるはずがない。仮に核爆発に成功しても爆弾として使用するには多くの技術が必要だから時間がかかる」と言っていた。また、日中間の防衛当局の交流の復活を希望していた。「文革が中国にとっていかにむだで有害なものだったか計り知れない」とも言っていた。

一〇月二一日、羽田外務大臣夫人が川上景年氏の書道展に出席のため訪中した。空港まで出迎えて、貴賓楼のレストランで会食する。夜は劉徳有《りゅうとくゆう》文化部副部長の歓迎ディナーに出席した。川上氏は「我大拙なることを願う」という顔真卿《がんしんけい》の言葉を引用して、「字はうまいも下手もない。自分を表す字は自分しか書けないのだから、自信を持って書くべし」という勇気づけられる話をしてくれた。

一〇月二二日午後、日本経済新聞社の鶴田卓彦社長一行が李鵬総理を表敬訪問した。日経の招きで同席した。李鵬はすっかり元気になっていて、国有企業でも私企業に負けずに競争力を持ちうると鶴田社長と議論した。夜は日中平和友好条約締結一五周年記念を祝って、双方の大使が相手の外務大臣を招いて晩餐会を催すという企画の、わが国の番だった。銭部長のほかに中国側歴代駐日大使五人全部が顔をあわせたのは初めてだったという。銭部長は羽田大臣宛の色紙に、「隔海相望伝友情」と書いた。

一〇月二三日午後、海外技術者研修協会（AOTS）の北京事務所開設祝賀会に出席した。AOTSは中国から六五〇〇人もの研修生を受け入れているし、そのなかには黄菊《こうぎく》（上海市長）、蔣以任《しょういじん》（上海副市長）、張瑞鳳《ちょうずいほう》（山東省副省長）も含まれているという。

一〇月二六日朝、富士通の展示会のテープカットに出席し、胡啓立《こけいりつ》電子工業部部長と会った。大分銀行の中国投資調査団（国東高校同級生の萱島詮之助君も参加）が来てブリーフィングした後、彷膳飯荘で昼食に招かれた。

一〇月二七日午前、唐家璇を訪ねた。主たる目的はＡＳＥＡＮ事務局長が来る前に中国があまり軽々にＥＡＥＧに飛びつかないよう警告することにあった。下手をすると第二の黄禍論を招く。北朝鮮問題について中国が裏で米朝の仲立ちをしていることがわかった。昼食時は豪大使主催のＡＳＥＡＮランチ。米のロイ大使がＡＰＥＣ首脳会議について、私が中国の経済問題について解説した。午後、石川良並オール帝産グループ会長なる人物がアラビア馬六頭を中国に寄付するというので、王光英《おうこうえい》全人代副委員長が祝賀会を催し私も招待された。変わったことをする人がいるものだ。夜は野村総研社長の水口弘一夫妻を王府飯店に招待した。

一〇月二八日、『エコノミスト』の東京特派員だったというトマス・ペッパーが訪ねてきた。水口氏が来た機会に、魏富海ＣＩＴＩＣ（中国国際信託投資公司）副総経理を昼食に招いた。彼は「中国の今の指導者はこれまでの歴史の教訓を学んでいるし、教育程度も高いから考え方も円熟してきている」と話していた。夜は中国衛星発射測控系統部総裁の李元正《りげんせい》少将に二十一世紀飯店でご馳走になった。彼は国防科学工業委員会の参謀長もしている。日本のロケット技術関係者との技術交流を深めたいという希望を述べていた。政治的に難しい話だから、私からは「基礎科学部門の交流から進めるのがよいのではないか」と答えておいた。

一〇月二九日の朝、海部元総理と江沢民との会談に同席した。ロシアの使用済み核燃料の海水投棄の防止に協力してほしいと要望したのに対し、江沢民は中国の環境対策について長口説を振るい、最後に日本海における廃棄については日本の関心は理解できる、と一言言ったのみだった。その後、話が米中関係に及んだとき蘇東坡《そとうば》（蘇軾《そしょく》）の詩を引用して「どの国も異なった歴史文化を持っているのだから、強権的に押しつけるべきでない」と語った。ついで海部総理一行と「阿静」で昼食をとった。午後は高橋和雄山形県知事が飛び込みでやってきて仮眠できずに終わった。夜は張香山《ちょうこうざん》（中国国際交流協会副会長）以下をお返しのディナーに招く。喬石夫人の郁文《いくぶん》も来た。経済協力の五カ年分のコミットが難しい事情を説明した。その他、橋本前大使、岡松通産審議官、三菱自動車幹部の来訪もあり、くたくたに疲れた一日だった。

一〇月三〇日、海部元総理を空港まで見送った。解振華《かいしんか》環境保護局長が来ていて宋健科学委員会主任訪日の際に環境保護協定を署名したいと言う。

一〇月三一日、日商（日本商工会議所）訪中団の要請で長富宮ホテルに行って講演をした。その後主要メンバーとその夫人五〇人くらいを公邸に招いてビュッフェを催す。稲葉興作《こうさく》団長は江沢民に会えないのが不満で、何とかならないかと言うが、急に言われてもどうにもならない。

一一月一日夜、日商の交流相手のＣＩＴＩＣの歓迎会に出席する。

二日には栄毅仁国家副主席を表敬訪問した。団長が挨拶文を読み上げるだけで、これでは江沢民に会ってどうするのかと言いたくなった。その後、朱鎔基副総理を表敬訪問した。彼が社会主義市場経済について解説した後、「明年一月一日から為替レートを調整して一本化したい」と言ったのには驚いた。日本なら新聞でトップ記事になり、金融界は大騒ぎになるだろうと思ったが、結局問題にはならなかった。昼食は三越で根本二郎日本郵船社長夫妻にご馳走になった。「中国の国内輸送は米国式が最も適しているからこれから米国企業が活躍するだろう」と言っていた。

一一月四日、人民大会堂で李瑞環《りずいかん》全国政治協商会議主席を表敬訪問した。実に親しみやすい人物で中国の指導者には珍しく、静かにこちらの目を見ながら話す。「日本は経済力の強い隣国だから日本との関係を重視している」と言いつつ、「過去において不幸な出来事があったということも日本に大きな関心を持つ一つの理由だ」ときわめて率直な話をする。

一一月五日、野本中国課長と昼食をとる。野本課長は「閣僚の訪台は来年は防ぎえないだろう」と悲観的なことを言う。また、光華寮問題は台湾が妥協案を拒否してきたので目処が立たなくなったと話していた。夕方、大蔵省の斎藤次郎事務次官が朱鎔基を表敬訪問するのに同席する。彼は地方の財政需要を調整する日本の自治省のような官庁が中国にも必要ではないかという意見を述べていた。インフレを抑制することが結局経済成長につながるという意見については先方も同意していた。中国経済の伸び方から見て元安傾向はおかしくないかという質問に対しては、中国側はフロート制の導入を検討していると答えた。

一一月六日夕方、牛尾治朗氏が団長を務める社会経済国民会議の訪中団に講演をしに行った。

一一月七日夜、王光英の招待だということで、「第五回国際科学与和平周」というわけのわからない音楽会に行ったが王光英の姿は見えなかった。彼とは公邸で夕食を共にした仲だったのに残念だった。

一一月八日は元気な人でも疲れる多忙な一日だった。午前中は日中投資促進機構の第三回会合に出席した。昼食は池浦喜三郎会長ほかを公邸に招く。池浦氏は上海市長時代の朱鎔基、天津市長時代の李瑞環、天津副市長時代の李嵐清などを知っていて人脈が広い。午後、『ヘラルド・トリビューン』紙のブラル記者のインタビューを受ける。旧知の仲の世銀のゴーダム・カジ副総裁が来訪。次いで、日中投資機構代表団の李嵐清福総理訪問に同席した。夜は呉儀《ごぎ》商務部長の歓迎の宴が開かれた。彼女の隣席だったので種々意見交換した。「日本は技術移転を積極的にやるべきだ。自動車で日本が出遅れたのがよい例だ」と彼女が言うので、「富士通が最新の技術を持ってくるというのに中国側が拒否した例もある」

と返したら彼女は「初耳だ」と言っていた。第四次円借款を大幅に増やしてほしいというので、三年計画プラス二年計画の方式を検討中だと言ったら、その案は自分は個人的には反対だ、と言う。日本の国会の空気を説明すると、「そういうことであれば考え直さなければならないかもしれない」と言っていた。

　一一月九日午前、日中投資機構と日本人商工会の討論会に出席して、冒頭挨拶で私の意見を述べた。昼食は久米豊日産会長や田中正治トヨタ副社長など自動車ミッションを公邸に招待した。夕方、同ミッションの李嵐清訪問に同席した。「中国は一五〇社以上の自動車会社があってこれを整理していく必要があるから当分新たな組立工場は許可しない。外国投資は部品だけ認める」と言う。久米団長は、そういう考え方は理解する、と答えてしまった。その後釣魚台でＴＩＤＥ二〇〇〇クラブの出席者一五〇人を招待して夕食会を催した。ＴＩＤＥ二〇〇〇クラブとは、ＯＥＣＤと日本外務省が作った経済専門家の国際組織である。

　一一月一〇日朝、ＴＩＤＥ二〇〇〇クラブの一行と李嵐清との会談に同席した。夜は自動車ミッションの答礼宴に出席した。日本側業界は部品メーカーだけ進出するのではうまくいかない、と私の挨拶のなかで言ってくれという。昨日の久米団長の発言と異なる。隣席の国計委の担当局長に「世界市場で競争力のない欧州の車に頼っていたのでは中国の自動車産業は強くならない」としつこく話した。

　一一月一一日、午後着いた本省からのパウチに斎藤次官からの「八月一日からＪＩＣＡの総裁に就任してほしい」という通知があった。小和田前次官にはすでに辞退を伝えてあったのだが念のためということかもしれない。家内は、体のことを考えると北京は早めに切り上げたほうがいいと言うが、一応辞退して、「どうしてもということであれば来月帰国のときに相談させてください」という返事をすることにした。

いよいよ「三中全」（第一四期中央委員会第三回全体会議）が一一月一四日から始まったらしい。

一一月一六日、日中東北開発協会の三鬼彰新日鉄会長、谷泰宏東京丸一商事会長らを昼食に招待した。ザルビノの鉄道は中国の出資でロシア領も敷設作業が行なわれ六月には完成するという。ザルビノは極東ロシアの沿海州にある港湾都市で、吉林省の琿春からザルビノまで鉄道が建設されていた。夜は北京のゴルフ場の経営者たちを公邸に招いて慰労会を開いた。合弁企業では中国人従業員の給与の四九％を労組に支払わなければならなくなっていて、それがどう使われているかまったくわからないという。中国人のなかでは漢民族が優位に置かれ、そのなかでも、北京市民、北京地区の県の住民という順で階級差別が存在し、少数民族のほか他地域からの流民は最もひどい目にあっていて、農民は正規の職員になれないとも言っていた。

一一月一九日夜、田紀雲《でんきうん》全人大副委員長を公邸に招待し、農業問題と税制について話を聞かせてもらった。分税制は一九八三年以来の懸案だったという。中国に問題が生じるとすれば共産党内部の腐敗が昂じたときであろうと言っていた。

一一月二一日、日中領事会議のために唐家璇が新設の華風賓館で昼食会を開いた。その後、一時帰国に備えて三〇分ほど懇談した。午後、福原義春資生堂社長一行が挨拶に来た。北京の開発区第一号で進出した合弁企業の竣工式のためである。呉儀が北京副市長として担当していたとき以来のプロジェクトだという。夜は小熊旭《おぐまあきら》国際交流基金北京事務所長の帰国のディナーに出席した。

二三日午前、新日鉄の今井敬《たかし》社長が来訪。中国で鉄鋼の一貫製鉄所を造るとその一部は国に握られてしまい、価格をコントロールされると赤字になり、その結果増資に追い込まれ、結局乗っ取られるというブラジルでも経験したようなリスクがあるという。午後は李鵬総理が日本新党の訪中団の挨拶を受けるのに同席した。団長の発言のお粗末さに汗顔した。夜は資生堂北京工場の竣工祝賀パーティに出席した。

一一月二四日夜、宋健科技委主任の訪日壮行会として公邸での日本食の晩餐会に招待した。彼は環境協定が間に合わないことについて苦しい釈明をした。私が、「中国が西の砂漠で使用済み核燃料の処理をする計画を持っていると聞いているが、日本が技術と資金の面で協力することにより中国は日本の使用済み核燃料の処理に協力することはできないか」と質問すると、「歴代環境保護局長は外国の核燃料を持ち込むことに強硬に反対しているが、台湾との関係でその壁が壊れつつあり、まったく相談できない話ではあるまい」という反応だった。

二五日午後、櫻内義雄日本国際貿易促進協会（国貿促）会長と李鵬との会談に出席した。要領のよくない質問で、一時間たってまだ質問しようとしたら断られてしまった。夜は鄭斯林対外貿易経済協力部副部長主催の歓迎会だった。隣席の魏副司長は円借款返済の際に円高をどうにかしてほしいと要望した。

二六日朝、胡啓立電子工業部部長を表敬訪問した。翌週日本を訪問し、大手企業を歴訪して電気通信ネットワーク作りの研究をしたいと言っていた。昼は国貿促の一行を公邸に招く。午後、櫻内会長の胡啓立電子工業部部長訪問に同席した。事前に「三金政策」について説明してもらうように頼んであったので、このほうはうまくいった。

前夜になって知ったことだが、中国残留日本人一五名が今朝強行帰国するという話があり、領事部が厚生省の意向を受けて帰国延期の説得をしていた。彼らが成田に到着後手配していたボランティア団体が身元引受人になったので、領事部の説得に応じて帰国延期した人たちはばかな目にあったことになる。「厚生省が何と言おうと帰国したいという日本人をとめるのは筋違いだ」と、領事部に注意した。

二度目の入院とアジア太平洋地域公館長会議

一九九三年一一月二七日の午後に北京を出発して帰国した。体の調子が悪くなるばかりなので、公館長会議の前に二週間、虎の門病院に入院させてもらうことにしたのだ。検査結果は悪く、医師からは当分入院して治療を続けることを勧められたが、すでに六月から七月にかけて二カ月間同院に入院して任地を離れていたので、治療は中国でしたいと説明した。

一二月一四日、病院から出かけて、連立与党に対する説明会に出席した。その後、徐敦信大使を往訪すると、熊谷弘通産大臣訪台の噂を心配していた。日中間には戦争にかかわる嫌な話が多いのに、外交部は「日本は台湾について協力的だから」と言って中国国内で弁護しているが、その説得力がなくなる、と嘆いていた。

一五日、病院から外務省に向かい、アジア太平洋地域公館長会議へ出席する。斎藤次官に「EAEGに関するわれわれ内部の議論が遅れているのではないか。このままでは中国中心のものになっていくおそれがある」と言ったが、次官は同意しなかった。本省でAPECをどのような機構にするかの考えが固まっていないのには驚いた。昼食時に輸銀基金のレセプションがあったが時間の無駄遣いだった。

一六日、自民党朝食会、経団連、日商との懇談会、午後に公館長会議（過去の問題）、次官の夕食会に出席した。午後一〇時ごろ梶ヶ谷の病院に戻ったときはさすがに疲れていた。

一七日、細川護熙総理に対する公館長会議報告会に出席した。私は、「日中関係は史上最良と言われているが、これは中国側の政策的意図に基づくところ大で、先方が日本側の対中政策に疑いを抱くようになれば変わってくる。当面注意を要するのは日台関係だ」と発言した。総理から鉄鋼輸出の伸びに関連して、中国特需のようなものは考えられないかという質問があった。総理の頭は景気対策でいっぱいという様子だった。私は「来年も一〇%くらいの成長を期待しうるから対中輸出は伸びると思う」と回答した。夜は飯倉公館で羽田外務大臣の夕食会に出席し、病院に戻ったのは一〇時過ぎだった。夕方会議を抜けて、柳谷謙介JICA総裁と会い、「斎藤次官はほかの候補者を検討していると思うが、(私を次期総裁に) 支持していただいたことを感謝する」と話した。彼は「君を後任にという案は非常によいと答えたのだが、これは自分のえこひいきではない。みなそう言っていた」と言ってくれた。

このときの公館長会議の感想を日記に以下のように箇条書きにした。①本省の局長の質がよくなった。②斎藤次官の自信の持ち方は相当なものだ。③アジア駐在の大使の議論はなかなかよかった。④EAEGに関する議論はまず米国と静かに開始すべきであるのに、新聞に前向きと出てしまったのはまずい。⑤慰安婦問題の気持ちの表現は一体どこに落とすつもりなのだろうか。もっと多くのカネが必要ではないだろうか。⑥APECについていまだに外務省が方針をはっきりさせていないのはよくない。こんなことだから米国に振り回される。

一二月二六日、日台関係について武村正義官房長官に読んでもらうペーパーを書く。閣僚の訪問を食い止めてくれるのは結局官房長官だからである。北京では毛沢東生誕一〇〇周年記念を祝っている。

一二月三一日。今年は自民党が政権を失った変革の年になった。細川内閣の功績はコメの市場開放に結論を出したことだった。

一九九四年一月四日、虎の門病院を退院した。検査数値が悪化し、入院したときよりも体が弱っているという変な感じだが、羽田外務大臣の訪中が迫っているので帰任せざるをえない。六日に北京に到着した。

日中外相会談

一九九四年一月八日、日中外相会談のために訪中した羽田大臣を空港に出迎えた。会談では、こちらからODA大綱を説明したのに対し、先方は経済協力に政治的条件をつけるのには反対だが、日本国内の事情はわかるという回答だった。軍事面の透明性を要求したのに対しては、適当な方法で透明性を高めることには賛成という抽象的な答えを返された。ODAについては過去の協力に対して高い評価が示され、三年プラス二年計画方式についても感謝されたが、円高による債務返済負担増についてふれることも忘れなかった。中国側の主眼は台湾問題だった。午後五時半から李鵬を表敬訪問した。日本の商社が円高で競争力がなくなっているのだから、李鵬との会談では中国側の輸入業者に有利な借款を与えるのがよいという例の意見を述べた。夜は銭其琛外交部長による歓迎の宴が開かれた。

九日、羽田大臣の在留邦人との朝食会が開かれ、その後江沢民を表敬訪問した。あまり内容の濃い会談とはいえなかった。その後羽田大臣を見送って、とにかく今年の外相会談は終わった。

北京での入院と一九九四年一月から三月の職務

一九九四年一月一〇日、中日友好病院に入院し、三月八日まで病院から通勤した。

一二日、大使館で名刺交換会に出席した。冒頭挨拶の要旨は以下の通り。「去年の日中関係はきわめて友好的だった。過熱対策の結果、取引に若干の困難があったが、政治的・社会的には平穏な年だった。今年も同様な年であることを希望するが、決して当然視はできない。今年は変革の年になろう。取り残されないように、また場合によっては申し入れをしなければならないようなこともあろうから、大いに勉強していきたい。法律や制度の改革とは別に社会の実態の変化をよく把握していかなければならない。日本は目下不況一色である。旺盛な発展を遂げている中国で今年活躍できるのは幸運というべきであって、働きがいのある一年になることを祈る」。

一月二一日午前、唐家璇を訪ねて、三月一九日から二一日に細川総理が訪中することについて都合を聞いたら、そのころは国務院の都合が悪いといわれているという応答だった。こちらの都合を説明して頑張っていたら、先方はとにかく本国政府に報告してほしいと不快感を示す。また、円借款について中国側からいまだプロジェクトリストが出ていない状況で総理訪中までに金額を決めることができないと説明しておいた。次いで、先方から朱鎔基訪日が二月下旬になるとはっきり言ってきた。午後は記者懇談会だった。続いて、館内の新年懇親会に参加した。結構たくさんの若い夫人連がいる。

一月二六日、全体会議でいろいろ注意した。昼食は公邸で川島裕次期アジア局長を囲んで懇談した。二七日、日経に羽田大臣は駐独大使に有馬龍夫君を、駐中国大使に藤田公郎君を任命することに決めたという記事が出て、早くもレイムダックにされてしまった。夜になって斎藤次官がこの人事を否定したという連絡があった。

一月二八日、米国のロイ大使に昼食に来てもらって懇談した。彼は「李登輝のバリ訪問など問題ではない。台湾独立について影響を与えうるのは米国と日本なのだから、中国としてはこの二国には注意を要する」と言っていた。私が「米中の間では人権についてずいぶん踏み込んだ話し合いをしているようだね。繊維工場への立ち入り検査など日本が要求したら大変なことになる」と言ったら、「われわれは愛される国民だからね」と笑っていた。夜、武大偉から電話があって細川総理が三月一九日から二一日の訪中をどうしても希望するということであれば国務院は日程を空けるという連絡が入った。

一月二九日午後、病室に竹内行夫アジア局審議官が訪ねてきて、私のＥＡＥＧについての意見具申電報が大変ありがたかったと言っていた。夜公邸に戻って、李嵐清副総理夫妻を招宴した。彼の父親は明治時代に日本に留学していたそうで、そのときに持ち帰った書道の手本で習字の練習をしたと言っていた。いろいろな話を聞かせてくれたが、私が「中国やインドは経済規模が大きいからちょっと生産過剰になると世界は貿易調整を頼まざるをえなくなるのではないか」と言ったのに対し、「中国は内需が大きいから大きな輸出をする国にはならない」と答えていた。だがその後の展開を見ると、彼の見方は間違っていた。

一月三〇日、外交部から二四日に羽田大臣が徐敦信大使に北朝鮮の核問題について申し入れたことを武大偉が北朝鮮大使館に伝えたという連絡があった。中国と北朝鮮との話し合いを具体的に日本に知らせてきたのは初めてのことだ。

二月七日、李其炎《りきえん》北京市長を公邸で招宴した。たたき上げの党人らしく、気さくな話しやすい人物だった。先方からの要請は地下鉄に対する円借款だった。

二月九日、旧正月の大晦日。ロシアのロガチョフ大使を昼食に招いて懇談した。彼ですら、中国の将軍と実質的な話をしたことがないと言っていた。夜は大使館の医務官の送別会に出席した。

二月一〇日、『人民日報』に国家指導者が鄧小平以下の老幹部に春節の見舞いに行った写真が並んでいたが、そのなかに楊尚昆《ようしょうこん》と姚依林《よういりん》の写真がない。

二月一六日、朝のニュースで北朝鮮がＩＡＥＡの査察に合意したと報じられた。昼食時に日本人商工会の理事会に出席。夕方、唐家璇主催のわが大使館との新年懇親会で釣魚台へ行く。館員が一五人も招かれる盛大な宴会だった。彼の特別の好意だ。席上、細川総理の訪中を希望通りの日程で受け入れると発表した。

二月一七日、夜は朱鎔基副総理の訪日歓送ディナーを開いた。訪日の前にブリーフィングをしたいので公邸での夕食会に来てくれるか手紙を出したところ、公邸に来ることになったもの。日本での総理ブリーフィングのときのような資料をそろえて、食事の後三〇分くらい説明した。「大学の教授のような良い講義だった」と一応はほめられた。前田シェフの日本料理もなかなかよかった。朱鎔基の最後の質問は「財政収入のうち国の収入はどのくらいか」というもので、「交付税を勘案すれば半々くらいではないか」と一応答えておいた。中国政府は「分税制」検討の最中だった。

二月一八日、NTTの児島仁社長が訪ねてきて、人民銀行の衛星による決済網構築の世銀プロジェクトでIBMと競争していると説明していった。翌一九日には丸紅の春名和雄会長が見舞いに来たが、これもNTT関連の話だった。

二月二三日、朱鎔基訪日の見送りに行く。彼に同行できないのは絶好のチャンスを失することになるが、今の体調ではしかたない。昼食に韓国の黄大使夫妻を招いて懇談した。米国は対日制裁を行なうがこれは特別のケースだという説明を韓国にしているという。他方、ジェフリー・ガーテン米商務次官がASEANを訪問して「対日制裁は特別のケースだから心配しないでいい。米国の立場を支持してほしい」と宣伝して回っているという話も報道を通して伝わっている。午後『エコノミスト』のジム・ロアが訪ねてくる。

二月二八日、JPモルガンの国際評議員会でロイ大使と二人で講演した。カリフォルニア大学のロバート・スカラピーノから、あらゆる角度から検討したよいペーパーだったとほめられた。シンガポー

訪日に向けて，朱鎔基副総理（中央左）を大使公邸でのディナーに招きブリーフィングを行なった．

ル上級相のリー・クアンユーが近づいてきて、自分も中国は食糧自給の方針は変えないと思うと言っていた。

国防部との安保ダイアローグのために防衛庁の佐藤謙審議官がやってきた。夜はＪＰモルガンのディナーで主賓は財政部長だった。アメリカの元国務長官ジョージ・シュルツが挨拶のなかで中国の発展について、「われわれの予想以上だった。これだけ大規模の発展をしていれば問題が発生するのは当然だが、中国の指導者は十分問題を把握して取り組んでいる。また経済を開放するという大方針を大胆に貫いているという印象を持った」と語った。

三月二日、劉忠徳《りゅうちゅうとく》文化部副部長の催す浅尾新一郎国際交流基金理事長歓迎ランチに出席した。夜は徐恵滋《じょけいじ》副総参謀長の佐藤審議官の歓迎ディナーに出席した。これは破格の取り扱いだ。ロシアの極東配備軍について注意をもって見守る必要があるという点で意見が一致した。

三月一〇日、全人代の開会式だったが、退院後の点滴の一日目だったので、松本公使に代理で出席してもらう。総理の活動報告のなかに、「国の生死存亡にかかわる」反腐敗闘争という大げさな表現が使われているのが印象的だった。佐藤重和有償資金協力課長一行の経済協力調査団と昼食をともにしながら報告を聞く。夜は李淑錚、朱達成《しゅたつせい》など党中央委対外連絡部の幹部を日本食に招待した。

三月一六日午後、唐家璇を往訪し、総理訪中について非公式な打ち合わせをした。唐は「人権問題を取り上げるのはやめるべきだ。日本側随員の格を少し上げてもらえないか。第四次円借款の金額で喜ばせる発言をしてほしい」という。ジュネーブの人権委員会の決議で日本が共同提案国になったことを快く思っていないという。私が人権問題の本質論にふれる議論をしたところ、唐は「結局のところ日本側が決めることだが、それにより中国側も言うことがある」と開き直った。唐家璇の「国民感情」というのは国務院と外交部のことらしい。

三月一七日昼、孫平化《そんへいか》中国日本友好協会会長夫妻に国安飯店で北京郊外の田舎料理をご馳走になる。文革時代の思い出の食事と言っていた。ジュネーブの人権委の問題を彼は承知していなかった。

三月一八日、共同通信が中国人が大使館に文書を持ってこようとして逮捕されたという報道を流した。館員によれば、これは共同の河野という記者のやらせだという。

細川総理の訪中

一九九四年三月一九日、一二時三〇分に予定通り細川護熙総理夫妻が北京空港に到着した。陳錦華国家計画委員会主任夫妻が出迎えをした。釣魚台で到着早々ブリーフィングを行なった。総理は私の電報を見て若干及び腰になっていたが、人権問題を取り上げなければ国内が持たないという。総理は本省作成の発言要領に不満を示した。私は「中国も加入しているウィーン条約に人権は普遍的価値、国際的関心事項と書いてあるからそれを使ったらどうでしょうか」と提案した。円借款について「慎重検討中」では弱すぎると言ったら、「日中友好に資するように」と加えるよう総理自身が指示した。

地下鉄建設（日本のＯＤＡで建設）、故宮、自由市場の視察が終わって、歓迎式典の後、晩餐会前の懇談をしていたときに、李鵬から一部随員が中座して中国側と打ち合わせるようにという提案があった。そこで王毅アジア局次長が福田博外務審議官に「人権の話は食事の席ですませたい。日本側があくまで正式会談で取り上げるのなら中国側は過去の問題を公に取り上げる」と言ったというので、福田君が総理と打ち合わせた結果、食事の席で話すことにした。私の席からは聞こえなかったが、李鵬は米国の態度がいかに受け入れられないかを長々と話したらしい。細川総理はウィーン宣言を引用しつつ、「日本の考え方としては人権は普遍的な問題であり、各国は国内でそれぞれの努力をすべきものだから、中国も引き続き努力してほしい」と述べたという。そのとき、西欧的民主主義の価値観を強いるべきでないとも言ったらしく、翌日そのように中国側スポークスマンが新聞に発表してひと騒ぎになった。李鵬夫人も細川夫人に「中国はすべてうまくやっているのだから、外国は人権についてよけいな口出しをすべきでない」と力説していたが、細川夫人は話をずらしてうまくかわしていたと、家内が感心していた。

二〇日午前、天安門広場の英雄記念碑に総理夫妻が献花した。午前九時半から李鵬との会談だった。最初の一時間は少人数の会談で、話題は北朝鮮の核と日中関係の基本方針だった。北朝鮮に対しては中国からいろいろな働きかけをしようと、李鵬は言った。その後一時間の全体会議を持った。こちらからは円借款と軍縮、軍備管理、原爆実験にふれたが、透明性に重点を置いた話だったので、先方はできるだけ努力しようということで終わった。朱鎔基主催の昼食会のとき、総理が「紹興酒はどこがいちばんよいのか」とか「郷鎮企業では何を作っているのか」とあまりにも中国のことを知らない質問をするので汗が出た。

江沢民との会談で、細川総理は「人口一二億と広大な土地を有する中国を、二一世紀にわたって何を支柱にして統治していくお考えか」と質問した。それに対する江沢民の答えは、要するに、中国的特色を有する社会主義市場経済を支柱とするということだった。江沢民は、連邦制を提唱することは中国の分裂を図る考えだという受け取り方をしているのだなと、私は理解した。

二一日の朝八時半に北京を出発して上海へ向かった。黄菊《こうきく》上海市長が北京からとんぼ返りで戻ってきて送迎ともに自分でやるという歓迎ぶりだった。まず、浦東《ほとう》見学とその後市長主催の歓迎昼食会に出席した。三時半に無事上海を出発して、細川総理夫妻は帰国の途に着いた。

三月二五日付の『ニューヨーク・タイムズ』紙でローゼンタールが、「細川総理は西側の人権の概念をすべての国に適用するべきでないと言った」と書いた。総理特別機が発つ直前に私は野本中国課長に、「総理が意味したのは『西欧民主主義の方式がそのままアジアの国に妥当しないであろう』ということだとプレスに説明するように」とアドバイスしたのだが、うまくいかなかった。

対中ODAとプロジェクトの変化

三月二九日、日立の野々内隆君と経団連事務局の市川君を昼食に招いた。野々内君は「ODAをアンタイド・ローンにしたために経済界にODAを支持する空気がなくなっている」と言う。

三月三一日午後、輸銀の江澤雄一理事が訪ねてきたので、三峡ダムの関連でいずれドル建てバンクローンが必要になるだろうと警告しておいた。

四月二日、社会党の井上一成《いっせい》議員一行を公邸で昼食に招いた。朱鎔基に会う手配ができなかったので不機嫌だったが、同郷の下荒地公使が何とかとりなしてくれた。小規模無償予算を一〇億円から一五億円に増やしてやったと自慢していた。午後、彼らと銭其琛との会談が急に入ったので私も同席した。北朝鮮の核問題についていてさすがによく食い下がって質問していた。自民党議員でもここまではっきりものを言う人はいないのではないか。

四月三日、全人代の朱良外務委員長による井上議員歓迎ランチに同席した。二人は相当古い仲らしい。同行の深田肇議員は近日中に北朝鮮を訪問するという。

四月四日、三菱電機の北岡隆社長が訪ねてきた。「日本は技術の国際公開をしないと国際基準でシンガポールなどに負けてしまう」と言っていた。

四月一一日、夕方に経済同友会一行と王忠禹国家経済貿易委員会主任との会談に同席したが、三和銀行頭取の渡辺滉《ひろし》団長のピンボケな質問に閉口した。夜は熊谷直彦三井物産社長一行を夕食に招く。重役の一人から「ODAは日本のビジネスの役に立たなくなっている」という批判が出る。

四月一二日、同友会一行が栄毅仁、朱鎔基を訪問するのに同席した。朱鎔基が物価抑制にきわめて楽観的だったのが印象的だった。昼食は北海道経団連の答礼宴に出席した。夜は北京市長の鈴木俊一東京都知事歓迎ディナーに出席した。張健民全人代常務委員会主任と隣の席になり親しく話した。

四月一五日、服部則夫経済協力局審議官と「新阿静」で昼食をとる。王光英（中華全国工商業連合会執行委員会名誉主席）がセミナーで「日本の企業は二流の技術しか持ってこない。資生堂の工場を見にいって恥ずかしくなった」と批判していたという。

四月一九日、NECの次期社長の金子尚志氏が来訪し、中国の商売が香港を含めて三〇〇〇億円になったという（米国は三〇〇〇億円）。夜は徐信国際戦略学会会長を夕食に招いて懇談した。彼は、「北朝鮮は核を持っていないし、金日成が世界に対してウソをつくはずがない。日本に核を一発でも撃てば米国の核で完全に破壊されることを北朝鮮は知っている」という意見だった。

六月七日午後、郵電部の副部長が北京西郵便局の自動仕分け機の無償援助を要請に来た。郵便料金がバカに安いが革命以来上げたことがないという。そんなことで外国に援助を要請するのはまったくおかしいが、日本のハイテクの宣伝にもなるから一応検討することにした。

六月一四日、高速鉄道セミナーに出席して挨拶したが、国林という鉄道部副部長に会えたので、早くＪＩＣＡの調査の要請を出すように勧めた。一五日に松尾道彦運輸次官以下を公邸で昼食に招いたが、話し方に迫力がなくこれで新幹線の売り込みができるのか頼りなく思った。

六月一六日、共産党統一戦線部礼堂で、中日関係史学会主催の講演会が開かれ、私も講演を行なった。「中国に対する政府開発援助」という題で約一時間話し、三〇分間質問に答えた。趙撲初《ちょうぼくしょ》名誉会長以下三〇〇人くらいがそろった盛大な会合で、最後までよく聞いてくれた。日本の対中ＯＤＡの全貌をまとめて話したのは初めてだったので、広報上の価値があったと思う。

四　日中関係の不安定化

永野法務大臣の「南京大虐殺ねつ造」発言

一九九四年五月七日、永野茂門《しげと》法務大臣の「南京大虐殺はでっちあげ」との発言について、中国、韓国に対する説明に外務省が全力を尽くしたということを示すために大使が説明に行けという訓令があり、唐家璇に会いに行った。唐は「こういう発言は偶然ではない。根本原因をなくせ」とまくしたて、言いたい放題だった。

八月一四日に加藤紘一自民党政調会長が訪中し、李淑錚、朱良、銭其琛、江沢民との会談に同行した。李が昼食の席で、「これまで日本の友人から歴史認識を欠いているのはごく一部の者だと聞いていたが、靖国参拝などの最近の傾向を見ると、歴史を否定する考えが多くの日本人の心の一部にあって、それが時折表面化してくるのではないかと思うようになった」と言った。加藤政調会長は帰国の日の午前中に盧溝橋を訪問した。「何のために行ったのか」という記者の質問に対し、「國廣大使の勧めがあったから」と答えたということだった。

中国の核実験

時期はさかのぼるが、本省から中国に核実験を差し控えるように申し入れよという訓令が来たので、一九九三年八月三一日に、秦華孫《しんかそん》外交部部長助理を往訪していた。私は、「中国があえて核実験をすれば日中関係が悪化する」と言ったが、先方は「中国はモラトリアムを宣言しないのが政策であり、核実験禁止は核兵器全廃ないし先制不使用の一環として議論すべきだ」という反応だった。そこで私は「今日の国際環境のなかでもし中国が核実験をすれば、日本は中国を弁護できない」と言ってやった。

一〇月四日のドイツの統一記念日のレセプションの席で、中国の核実験が行なわれるかどうかが話題になったが、明日にもやるだろうというのが支配的な見方だった。米大使は「実験推進派には大きな経済的利益がかかっている」と言っていた。

実際、一〇月五日、中国は核実験を断行した。日本は外務報道官談話で遺憾の意を表明した。それでは弱すぎる気がしたが、あまり強く非難すると経済協力をとめなければならなくなるので難しいところだった。翌六日、核実験の抗議を大使から行なえという訓令が本省から来たので、中国側に面会を求めたが、相手の秦部長助理は「今日は私は会えないから司長に会ってほしい」という返事だった。本省は「それなら唐家璇副部長に申し入れよ」と言ってきたがそれもアポイントメントが取れない。七日午前、秦部長助理に会って原爆実験に対する遺憾の意を表明した。先方は盗人猛々しく、「日本は先制不使用についてもっと協力すべきだ」と言う。私は「中国政府の声明が先制不使用を核実験全面禁止の前提条件としていない（世界の核保有国が先制不使用を認めたとしても、中国が核実験を全面禁止にするとは限らない）ところに注目している」と言ったら、先方は否定しなかった。

その後、一二月二〇日に行なわれた日中安保協議に関する電報を読むと、日中間で比較的率直な話ができたようで、第一回としては成功といえる様子だった。そのなかで池田維《ただし》アジア局長が「もう一度核実験をすると国会でＯＤＡに悪影響が出る」と発言していた。

しかし中国は一九九四年六月七日に、再び核実験を行なった。しかもそれは広島アジア大会が開催されている最中だった。翌八日、前日の原爆実験に対し北京でも申し入れをせよという訓令が来たが、またも相手がつかまらない。東京では平林博経済協力局長が武大偉公使に「ＯＤＡ大綱に鑑み、このように核実験を繰り返されると経済協力が困難になる」と言ったら、武公使は「そもそも中国政府はＯＤＡ大綱を正しいと思っていない。経済協力に政治的条件をつけるのには反対だ」と開き直った。

東京からは次の週に予定している「技協・無償援助」の年次協議を延期すると決めたので、その旨中国側に伝えよという訓令が来た。私は「ＯＤＡに言及するのは中国側の反発を招くだけだから考え直すべきだ」という意見を具申した。結局次官級のアポが取れず、下荒地公使が申し入れを行なったが、このとき誰かが「大使が中国側に会いに行きたがらなくて困る」というようなことを電話で本省に話したと、鏢木《すずき》昌之氏（当時は駐中国日本大使館専門調査員として勤務）が、その後『諸君！』に書いている。だが、この問題を担当してくれていた石井哲也書記官はそれを否定しているし、私にもそのような記憶はない。

柿澤外務大臣の訪中

一九九四年六月一二日午前一〇時一五分、柿澤弘治外務大臣がソウルから大韓民航のチャーター機で北京空港に到着した。銭其琛外相とワーキングランチをして、午後三時一五分、全日空で帰国した。北朝鮮制裁問題で北京とも相談しているという既成事実を作ることが国内的に必要ということで、ソウル訪問の後に無理して来たものだった。

空港からの車のなかで私が進言したのは、第一に訪問先によって主張を変えないこと、日米機軸と言っている以上それに基づいて北京にも話すこと、第二に中国の核実験の結果、経済協力・無償の年次協議を延期すると決めたということであるが、これは今取るアクションとして強すぎるということだった。釣魚台迎賓館に到着後、川島アジア局長以下の随員に第二の点につき相談したところ、経済協力局の者が誰もいなかったからか、皆私の意見に賛成だった。その旨大臣に報告すると、「現地大使の意見に基づき、自分の責任でそう決めよう」と答えた。

北朝鮮の核問題については一九九四年三月三〇日に本省の訓令を受けて、中国側に安保理におけることの問題の扱いについて協力を求める申し入れをしていた。しかし唐家璇は予想通り、「安保理が今火遊びをしようとしているのは危険だ。現状では北朝鮮は中国が何を言っても聞かない」という意見だった。私は「ここ一両日に安保理における動きにいかに対処するかが問題だ。中国の役割は重要だから、北朝鮮にメッセージが正しく伝わるよう協力してほしい」と重ねて要請した。しかしそのときは、安保理は北朝鮮問題については内容をトーンダウンして議長声明の形にするという結論で終わった。

外相会談の最大の目的は、北朝鮮問題で中国になんとか安保理で拒否権を行使しないでほしいと頼むことにあったと思うが、大臣は「国連安保理の審議に中国が最後まで参加することが、北朝鮮に誤ったシグナルを与えないために重要」という間接的な言い方しかしなかったので、どれだけ通じたかわからない。しかし、中国も今や事態を相当深刻に考えている様子がかなりはっきりしてきたし、北朝鮮の言うことをすべて信用しているのではないと口にするようにもなった。拒否権を行使するかどうかは不明だが、ひところに比べると行使しない可能性もかなり出てきた気がした。五月七日に唐家璇と懇談したときも、彼は今や中国の「抗米援朝」はありえないと言っていた。

今回の会談で初めて中国に対し、大臣レベルで安保理常任理事国入りについて支持を要請した（厳密にいうと、先日の外交当局間協議で福田外審から唐家璇に要請していたのだが）。私からはすでに二年前に意見を具申していたのに無視され、「立候補表明」したときは通知すらなかった。

柿澤大臣帰国後、六月一四日の朝、北朝鮮がＩＡＥＡを脱退するというニュースが入ってきた。これから北朝鮮入りする山崎拓自民党副幹事長らの一行と昼食をとりながら話し合った。彼らも中国共産党中央対外連絡部の招待で訪中していたのだが、中国は山崎氏に米中会談を実現すべしと強調していたという。入れ替わりに社会党代表団が北朝鮮から出国すると、制裁反対の記者会見をした。他方、一五日にジミー・カーター元米大統領が北朝鮮に乗り込んでいき、金日成と会談をして、その結果危機が一応回避された。東京では朝鮮半島で戦争が起きた場合の準備が何もできていなくて外務省はずいぶん苦労したと後で聞いた。中国も北朝鮮には実際のところ手を焼いていて、米国が北朝鮮と直接話すよう説くことしかしなかった。当時中国側では北朝鮮が本当に核兵器製造能力を持っているのかに疑念を抱いている節もあった。

竹下元総理一行の敦煌訪問

一九九四年八月一八日午後、竹下元総理一行が到着した。八月一九日から二一日の日程で敦煌を訪問する予定である。夜は呉学謙《ごがくけん》国際交流協会会長（もと外交部部長）による歓迎会に出席し、翌一九日に敦煌に向けて出発し、私もお供した。

二一日の朝は、敦煌石窟保存研究センターの開所式で、午後は平山郁夫記念碑の除幕式が行なわれた。平山画伯が寄付したと彫り刻んであるのはいかにも中国的だ。その後、いよいよ莫高窟《ばっこうくつ》を見学した。バスで砂漠の谷あいの坂をのぼるうちに右側に莫高窟が現れる。左側の山脈が黒々としていて、右側の山脈が薄茶色に輝く間を水のない川が流れており、その上流にオアシスがあるという感じだ。莫高窟は砂漠がいきなり断崖になっている側面に穴を掘り、仏像を百以上も彫ってある。完全に砂漠のなかに埋まっていたために今日まで保存できたもので、われわれは一般公開していないところを含め何カ所か見せてもらった。やはり、実物はセンターに置いてあるコピーとは迫力が違う。正面の仏像よりも周囲の壁画のほうが当時の生活様式や世相がわかって興味深い。

夜は李鉄映《りてつえい》国務委員と会談の後、甘粛省長の歓迎の宴が開かれた。その後、「月日泉」に月見に行った。途中、バスの窓から見えるポプラの樹の上に現れた満月の美しさと星の鮮やかさに強い印象を受けた。「月日泉」では周囲が暗くて砂丘のうるわしさがわからなかったが、途中の砂丘の斜面の上のかすんだ月景色はきれいだった。

二二日に北京に戻って、午後四時半から、竹下一行と平山一行が合流して江沢民を表敬訪問した。夜は陳錦華国家計画委員長主催の高村正彦経済企画庁長官夫妻の歓迎の宴に出席した。中国の人口はいつになったら減り始めるのかという質問に対して、一五億人に達するころで二〇一五年ころかという回答だった。

二二日朝、人民大学で竹下元総理が名誉博士号を受ける儀式に出席した。その後、李鵬と会談し、続いて歓迎昼食会に出席した。李鵬は円借款に触れて、「金額もさることながら、早く合意をしてほしい。円高のために返済負担の問題も生じている。日本の対中借款はほかの国からの借款とは『異なる意味』がある。それは皆承知のことだ。円借款に条件をつけることは受け入れられない」と勝手なことを言った。午後、高村長官が鄒家華《すうかか》副総理を訪問するのに陪席してから、空港まで見送った。夜は田中秀征、前原誠司など「さきがけ」の訪中団を公邸で接宴した。

八月二四日、唐家璇と「王府銀座」で昼食をとった。「中国は北朝鮮からミサイル攻撃を受けるおそれはないが、日本はもろにその脅威にさらされている」と言ったら、「北朝鮮は万一そんなことをしたら米軍から大変な報復攻撃を受けることを知っている」と答えた。それは中国にもあてはまる話だと、日米安保の重要性を私は再認識した。午後、三塚博元外務大臣と銭其琛との会談に陪席し、夜の劉毅旅遊局長の歓迎の宴にもつきあった。三塚氏は旅遊局の手配で来たために、外交部が要人会見の手配に不熱心でうまくいかなかった。私も先約があり二六日に公邸で昼食会を催しただけに終わった。

一九九四年八月二五日午後、土井たか子衆議院議長が到着した。夜、人民大会堂で喬石全人代常務委員会委員長による歓迎の宴が開かれた。二七日の朝、銭其琛外交部長と会談したとき、土井議長は原爆実験をやめてほしいと執拗に食い下がった。銭其琛も最後に「土井先生のご意見は重視する」と言った。残念ながら自民党の議員でここまで食い込める人はいない。昼食は陳慕華《ちんぼか》全人代常務委員会副委員長が前門の「全聚徳」で北京ダックをふるまった。彼女は紹興のある浙江省の出身で、紹興酒は薬だと言う。サソリのフライなるものも出てきた。午後四時から江沢民の会見だった。土井議長の原爆実験に対する切り込みが気に入らなかったようで、三〇分くらいのところで「代表団の訪中の成功をお祈りします」と言った。普通ならここで立ち上がらざるをえないところを、土井議長はねばって一時間一五分もの会談になった。唐家璇が心配して、プレスブリーフィングのとき「社会党と論争になったと言わないでほしい」と言ってきた。夜は釣魚台の「養源斉」で土井議長の答礼の宴が行なわれた。この機会に喬石夫妻と仲良くなったのはありがたかった。三〇日夜、土井議長一行を公邸で接宴した。三一日、北海公園の「仿膳」で曹志《そうし》全人代秘書長が土井議長一行の歓送昼食会を催し、彼女は気を許して杯を重ね、ご機嫌で帰国していった。

その後も要人の訪中が続いた。横路孝弘北海道知事（八月三一日）、向坊隆《むかいぼう》日本原子力産業会議会長（元東大学長）（九月一日）、豊田達郎トヨタ社長（九月三日）、諸橋晋六三菱商事会長（九月五日）、高丘季昭《すえあき》セゾングループ会長、梶山静六自民党議員（九月五日）、木部佳昭《きべ》自民党総務会長（九月五日）、普勝清治《ふかつせいじ》全日空社長（九月六日）、豊田章一郎経団連会長以下「日中経済協会訪中団」（九月一四日）。

広島アジア大会

一九九四年九月六日、本省は台湾の徐立徳《じょりっとく》行政院副院長に対して広島アジア大会（第一二回アジア競技大会）に出席するための査証（ビザ）発給を決定し、野本中国課長から在京中国大使館に内報した。九月八日、下荒地公使が王毅アジア局次長に呼び出されて、査証発給の撤回を要求された。九月九日に、米国が台湾関係の格上げ措置（政府高官の非公式接触を可能とした）を発表したのに対し、中国側は「深刻な内政干渉」と非難したが、孫平化などはこれを日米の連携行動と受け取って憤った。私も一〇日に王英凡《おうえいぼん》部長助理に呼び出されて、アジア大会に李登輝が出席することに断固反対を表明され、徐氏ら台湾の要人入国についても再考を求められた。

問題の経緯を少しさかのぼって説明すると、六月二六日にアジアオリンピック評議会（ＯＣＡ）会長アーマド・アル＝ファハド・アル＝アーマド・アル＝サバーハから李登輝総統に招待状が届けられた。七月三〇日に台湾オリンピック委員会から広島アジア大会組織委員会（以下、広島組織委員会）に対して徐氏らが参加すると通知があり、ＨＡＧＯＣはそれを認めたいとして外務省に打診してきた。外務省は差し支えないが、中国にも知らせるのが適当とアドバイスした。八月一七日、江沢民が加藤自民党政調会長に対し、「日本がこの大会に台湾の最高指導者を受け入れることに賛成しない」と発言した。九月一日に在京中国大使館から中国課長に照会があった。九月七日、台湾総統府は李登輝総統は招待を受けて大会に参加する旨発表。一二日、日本政府として、中国側の申し入れはあるが、徐氏らの入国は既定方針通り認める旨改めて確認した。私からも王英凡アジア局次長にその旨伝え、李登輝については近いうちに解決が得られることを期待していると説明した。同日、ＯＣＡ会長は中国からの圧力もあってか「いかなる政治的人物も招待しない」と発表した。

この問題に関する日本政府の説明は、以下のようなものだった。広島アジア大会はＯＣＡの行事であり、ＯＣＡは日本オリンピック委員会に実施を委託し、広島組織委員会がその委任を受けて実施しているので、ＯＣＡのルールに従って運営している。日本政府は広島アジア大会が成功するように広島組織委員会に協力している。各国オリンピック委員会は自国から四名招待することができ、徐立徳は台湾の枠のなかの一人として来日するのであるから、広島組織委員会は当然これを受け入れる立場にあり、日本政府はそのための入国を認めるものである。徐立徳は台湾の次期アジア大会招聘の委員長であり、その肩書で訪日することになんら問題はない。

九月一四日、李鵬総理が日中経協代表団の訪問を受けたとき、いつになく丁寧な話をすると思っていたら、「最後に一つ言いたいことがある」として、この問題を取り上げた。「今日の日中関係は良好であるが、これは戦後長年かけて築き上げてきたものである。その基礎は日中共同声明であり、これには一つの中国が明記されている。それを壊してはならない。経済界は多大の努力をして今日の日中関係を築いてきたのであるからそれを壊さないように努力してほしい」。これに対して、河合良一団長（コマツ会長）が「日本政府は適切な措置を取ると信じる」と言ってしまった。私は「日中共同声明遵守に変わりないと聞いている」と答えるようにと、事前に説明しておいたのだが。

九月一六日、私は田曾佩《でんそはい》外交部副部長に呼び出されて、従来の申し入れとともに、銭其琛外交部長の河野外務大臣宛の書簡を手交された。そのなかには「いかなる名義でも李登輝の訪日に反対する。またただちに措置を取って徐立徳の入国を阻止することを希望する。これは日本の政治的、歴史的責任である」と書かれていた。私は、「わが国は日中共同声明を堅持することに変わりない。日台関係は非政府関係として維持しているものである。徐立徳が訪日しても政府間接触は行なわれない」と説明した。東京においても、同じ日に、徐敦信大使から斎藤次官に対しての申し入れがあった。他方、橋本通産大臣の訪中計画について、対外貿易経済協力部から部長の都合が悪いから延期してほしいという連絡があったが、本当は広島アジア大会の問題が背景にあるという解説があった。

九月二〇日、徐敦信が河野外務大臣に会って徐立徳の入国を認めないよう要請してきた。私は徐敦信が言上のなかで大会ボイコットにふれていないことに注目した。『工人日報』が日本の安保理常任理事国入りは今世紀中はだめだという論評を載せた。

東京では徐敦信がさまざまなところに顔を出して言いたいことを言っているのに、こちらは外交部だけに話しているのでよいのかと考えたが、どこに行っても江沢民や李鵬と異なることを言うはずがないし、こちらが顔を出せば相手に点数稼ぎの機会を与えるだけになるだろうという気がして当面動かないことにした。午後、田曾佩に会って河野大臣の返書を渡すと、ちょうど来てもらおうと思っていたところだと言って、もう一度中国の立場を読み上げた。後でわかったことだが、これは新聞発表をするために彼が仕組んだことだったようだ。一つだけ、「日本政府は情勢判断を間違えている」と言ったことが注目された。

ところが、九月二二日の夜、五十嵐広三官房長官が「決定は変えないにせよ、中国側を怒らせておくだけではよくないのではないか」と言ったのに対し、斎藤次官が「何もする必要はない」と答えたところ、官房長官が自分のパイプを使うと言い出したので、大使館でも動いてほしいと野本課長が頼んできたという。私はいまさらという気がしたが、中国がボイコットして外務省は努力不足だったということになってもまずいと思って、少し動くことにした。後で聞いたところでは、外務省は、官房長官が特使を出すと言うのを封じるために、現地大使に説明させるということにしたらしい。

九月二四日に、朱良全人代外務委員長に説明に行った。彼は「スポーツと政治を絡ませず」という点に関して、「そのためには徐立徳が入国できないようにすればよい」と平然と言う。私は、「アジア大会の慣行に従って処理することがスポーツに政治を導入しないことになる」と説明し、別れ際に英語で「Friends in need are friends indeed（危急の際の友こそ真の友）」と言って握手した。午後は李淑錚党中央対外連絡部長を訪問した。予想通り彼女は厳しかった。「日中共同声明違反だ。日中関係に重大な悪影響がある。中国は言ったことは必ず実行する」など、こちらはまさに飛んで火にいる虫のようなものだったが、しかたない。私は「日中共同声明は両国にとってきわめて大切なものであり、徐立徳ごときものに壊させてよいものではない」と言い返した。続いて張香山を訪問した。私のほうから「日本政府が日中共同声明違反をしたと公に非難すれば喜ぶのは誰か。日中関係を悪くしたい人々、台湾に同情を集めたい人々ではないか」と論じたが、反応はなかった。私が訪問する先々に、その前の訪問で議論したことが伝わっていて、先方の発言は増幅するばかりだった。車のなかで、私が「台湾問題については中国側は日清戦争以来の怨念を持っているのだ」とつぶやいたら、堀之内秀久書記官が「そこまではないでしょう」と言っていたが、後日それが明らかになった。

東京では日中友好協会に対し、李鉄映国務委員から「訪日できない」というファクスが届いたとのことだった。私は、それでも中国がボイコットすることはないだろうと判断した。『人民日報』はこれまでも対日非難の記事をいろいろと掲載したが、九月二四日付で「日本はどこへ行くのか」という論説を出した。言いたい放題で読んでいて不愉快になる代物だった。二六日にニューヨークで河野・銭其琛外相会談が行なわれた。中国側は日本側の説明は受け入れられない、としながらも、大会には参加するだろうという姿勢で、会談そのものは和やかなものだったと言う。二七日に外交部が声明を出して、河野外相が持参した江沢民宛て村山総理親書を引用して、李登輝の訪日については今後とも日中共同声明の原則に基づいて慎重に対処すると日本側は言ったとすっぱ抜いてしまった。

一〇月一日、広島アジア大会のレセプションが無事に行なわれたという連絡が届いた。三日は休日だったにもかかわらず、戴秉国《たいへいこく》外交部副部長に呼び出されて、徐立徳を東京に入れるなと要求された。九月三〇日に同じ要求を東京でして断られたにもかかわらず、再度の要求だ。一〇月六日の午後、三菱重工の飯田庸太郎会長がアジア交流強化代表団の団長として李鵬総理を訪問したとき、李総理は「最近見るに見かねる状況が発生している。日本政府が大局を踏まえて日中友好関係を促進するよう希望する」と言った。一〇月六日付の『文匯報《ぶんわいほう》』が日本は安保理常任理事国になる資格はないという論評を掲載した。七日には中国が広島アジア大会の最中にもかかわらず再び核実験を行なった。

一〇月一六日、広島アジア大会は中国選手の金メダル・ラッシュのうちに終了した。徐立徳は東京に回って帰国したが、特に注目を浴びる政治的な行動はなかった。

『週刊文春』の誹謗記事

一九九四年一〇月二八日、下荒地公使のところに『週刊文春』から電話がかかってきた。私が入院しながら勤務していることに関する問題を記事にすると言って、取材を申し込んできたという。下荒地君は「保秘上好ましくないから質問状を外務省に出してくれ」と言った。夜になって外務省経由で『週刊文春』が寄こした質問状が、ファクスで入ってきた。質問の書き方から見て、内部からタレコミがあったことがうかがわれた。いろいろ話を聞いてみると、疑わしい館員が二名ほど浮上したが、もともと私が病気になっていなければ起きないことなので、犯人捜しをしたところで空しい。その夜、池田維官房長に電話をして省内の空気を尋ねたが、「まったく心当たりがない。週刊誌は何でも書くから気にしないように」と言う。

取材には下荒地君を通じて回答してもらったのだが、一一月一日に記事のゲラが届いた。私が病気のために十分な勤務ができていないという問題だけでなく、病院での公電の扱いなど秘密保持の問題を持ち出し、まったく事実とは違うのだが、素人が聞いたらそんなこともあるのかと思いかねないような記事にしてある。下荒地君宛てに『週刊文春』から電話があって、誤解している部分もあったが、「自民党筋の意見もあって」記事にすることにしたと言ってきたという。自民党の誰かはいまだにわからないが、帰国後、佐々淳行から「どうして加藤紘一と仲が悪いのか」と言われた。

翌二日の全体会議では、館員に向けて次のように発言した。

「私の病気をカバーしようと皆に協力してもらったのに、こんな記事が出てしまい申し訳ない。記事の内容にはデタラメが多くて憤慨に堪えないが、私が病気になっていなければこんな記事を書かれなくてすんだのにと考えると残念だ。

秘密保全が問題点の一つになっているが、病院に持ってきてもらった書類は山本秘書官が自分で運んでくれて、細心の管理をしていたので、問題は絶対にない（暫時部屋を離れるときは、特別に持ち込んでもらったキャビネットに書類を入れて施錠しておいた）。ただ一つ、今回学んだことは、外部の素人が聞いてそんなこともあったのかと思うようなことは、本当は問題がなくても避けるべきだということだ。電話は直通のものを入れたが、それも盗聴されることはありうると常に用心していた。保秘には館員全体今後とも注意してほしい。

記事のなかに『大使館関係者』の発言があちこちに出てくる。いったい誰かと疑心暗鬼になりがちだが、自分は平素から館員の協力に感謝しているので、犯人捜しはしない。前に向かって仕事をしたい。こんなことで館内の調和が乱されないよう、一致協力して館務に励んでもらいたい」。

昼食時に後藤田議員（当時、日中友好会館会長）から「いったい何があったのか」という電話があったので、「専門調査員のなかに一人変なのがいるから、それが話したのかもしれない」と言ったら、「なるほど」と言っていた。「記事中の『自民党幹部』というのは加藤紘一か」と質問されたが、「彼は現役の政調会長で、記事で言う『三役経験者』ではないし、ここに来たときは特に不満な様子は感じられなかった」と答えた。後藤田氏は「書いてあることは問題になることではない」と励ましてくれた。

記事の内容もさることながら、表題が「国広道彦大使の常識はずれの執務」、「対中国外交のアキレス腱」となっているのはひどかった。しかも、新聞の宣伝広告には私の写真まで入っていたから手に負えない。これが電車の中吊《なかづ》り広告としてずらりと掲げられているのかと思うと誠に不愉快だった。

一九九四年の年末

一九九四年一一月七日の昼、朱開軒《しゅかいけん》教育委員会主任が訪日で世話になったお礼にと貴賓楼に招待してくれた。日本でずいぶん多くの人に会えたと満足していた。地方自治体がこういうときによくつきあってくれるのはありがたい。彼は共産党青年団の「希望計画」により私費で二人分の里親になっているという。

一一月七日の夜は唐家璇を「三越」のレストランに招いて懇談した。彼は李鵬の訪韓に随行したばかりで、明日は江沢民に随行してマレーシアのＡＰＥＣに出発するというのによくつきあってくれる。村山総理訪中の話を中国側から持ち出してくれるように根回しした。彼は日本が中国の核実験をＯＤＡと結びつけて責めるのはやめるべきだという。こちらは、中国側は核兵器についての日本の厳しい空気についての認識が足りないと反論した。

一一月八日、病院の後大使館に出て、鐸木専門調査員から北朝鮮情勢についてブリーフィングを受けた。金正日は年内に総書記に就任するだろうと言っていた。午後、前外務大臣の柿澤弘治氏が私の病気を心配して電話をくれた。

一一月八日の夜はロシア大使の公邸のディナーに招待された。クレープでキャビアを巻いたのが圧巻だったがサーブされたのは一つだけだった。ロシア大使館のコンパウンドには約一〇〇〇人が住んでおり、学校には三〇〇人の生徒がいるという。庭の池に島があり、毎年そこで中国要人のソ連留学組が集まって皆で歌を歌うと言っていた。北朝鮮の枠組み合意をどう思うかと質問したのに対し、「そのすべての点を好ましいと思っているわけではないが、合意を支持する」と言っていた。KEDO（朝鮮半島エネルギー開発機構）への参加については、これから話し合うことができると思うと言っていた。山東省で火山爆発のおそれがあるそうで、エコロジーに対する影響甚大ということで真剣に検討しているという話だった。

一一月九日の全体会議で、河合専門調査員から、最近外国企業を批判するナショナリスティックな中国の新聞記事が三件続いて出たという報告があった。ジェトロの守屋所長に来てもらって最近の状況報告をしてもらったが、消費が落ち込んで、税収が伸びていないのが注目されるとのことだった。彼はずいぶん経済広報をしている。

一一月一〇日午前中、対外貿易経済協力部の陳新華《ちんしんか》部長助理と無償協力の交換公文に署名した。中日青年交流センターのクラブ化（メンバーが施設を利用できるようにして金儲けをしようというもの）は共産党青年団の力でやめさせたが、すでに会費を払った者に対する補償の問題が残っていると言っていた。夜は斉懐遠対外友好協会会長を招宴した。彼は当分のあいだ外字弁公室主任を兼務するという（彼は四日に松永顧問に、広島アジア大会の問題は「過去のこととして過ぎ去ったことであり、今後の教訓とすればよい」と語ったという）。

一一月一一日、富士通の鳴戸道郎《なるとみちお》専務が来て、「AT&T（アメリカ最大手の電話会社）などの食い込み方に驚いたが、日本も政府レベルで話をつけてほしい」と言う。私は、「米国大使の話では、米国の場合には企業がまとめた交渉をブラウン商務長官訪中のときに発表したのであって、政府が商談をまとめて企業に与えたのではないと言っていた」と説明した。彼は「日本のIC産業はすでに一部韓国に先を越されている」と言っていた。パソコンは中国の競争力が強くなったので手を引くという。

この日の昼食に、川崎重工の林淳司副社長（元運輸次官）を公邸に招いた。青島の四方機関車と車両製造の合弁会社を作るので、鉄道部の合意が得られるよう政府も後押ししてほしいという。午後の記者懇談会では、『週刊文春』の私の誹謗記事については「ご災難でした」という程度の話だった。

夜は王光英（全人代副委員長）夫妻を招いて日本食の食事会を催した。夫人は劉少奇《りゅうしょうき》の妹である。彼が主宰していた光大集団は一〇億ドルぐらい合弁案件に投資をしているが、半分が日本との合弁だと言っていた。かつてフィルムの機械を輸入したら、中古品を送ってきたと批判していた。彼は日本の憲兵隊からも、国民党からも、共産党からも投獄されたという。

一一月一四日、雪景色のなかを出勤した。栄毅仁に随行して訪日した王英凡アジア局次長を昼食に招く。「中国内部では日本は過ちを犯したのだから訪日を中止すべきだという議論もあったが、あえて訪日した」と恩着せがましい発言をしていた。

一五日夜、陳敏正《ちんびんしょう》衛生部長を迎えてディナーを開いた。日本の援助で建てた中日友好病院のフォローアップが続いていないので、大使館と病院との間で合同委員会を発足させることにし、今月中にも準備会合をすることにした。

一六日、前夜胃が痛くて寝苦しかったが、朝になって猛烈な下痢に見舞われた。全体会議では座っているだけでも苦痛だったが、それでも日本商工会の理事会に出席して、「週刊誌に批判記事が出たが、大使館の秘密保全は万全だ」と説明した。午後、池田官房長から『週刊文春』の件は本省では誰も問題にしていないから気にしないようにという電話があった。

一七日夜、徐恵滋副総参謀長を公邸に迎えて懇談した。軍の最高指導者を招いて食事をしたのは天安門事件以来初めてではあるまいか。金門島の事件は台湾軍の誤射と判断して、台湾側の謝罪と補償をもって終わりということだと言っていた。彼は、北朝鮮はまだ核兵器を持っていないと思うと言っていた。

一一月二三日、久しぶりにASEAN・ランチを催したら、米のロイ大使がいきなり、「ジャカルタの日中首脳会談はずいぶん厳しかったそうではないか」と質問してきた。東京からはそういう情報は来ていない。スハルトが自由化宣言に熱心だったことに関連して、ASEANが自信を持ってきたからだということで、中国との競争を恐れている気配はなかった。

一二月二一日午後、円借款交渉で帰国中の肥塚隆参事官から電話があって、中国側は五八〇〇億円・四〇プロジェクトで日本側の提案を評価すると答えたという報告だった。夜は王維澄《おういとう》党中央政策研究室主任を訪日後の懇談に招待した。大変温厚な人物だが、どこが偉いのかわからずじまいだった。中国人は日本人以上に自己主張が強いと言ったら、それは文革の影響だと言っていた。

一二月二二日夜、対外友好協会と中日友好協会の共催で「大明火鍋」で忘年会が催された。斉懐遠会長はあわせて二五年も東西ドイツで勤務したという。精華大学工学部出身で朱鎔基と同期だという。それでも、ガット加入交渉につきイデオロギーが加入の障害になっているのではないかとか、中国の経済発展段階にあわない義務を課されるのでは困るというような意見を述べていた。最後にカラオケとなり、彼と「北国の春」を合唱して盛り上がった。

一二月二三日、午前一一時から、長富宮大飯店で天皇誕生日レセプションに出席した。中国側主賓は宋健国務委員に陳敏章衛生部長、軍からは李景副総参謀長だった。趙撲初《ちょうぼくしょ》と啓功《けいこう》という二人の書道の大物が顔をそろえたのは珍しいのではないか。全体で七〇〇人くらいの集まりで、パーティの手配も茶道を含めよかったと思う。

一二月二六日、第四次円借款について、中国側から何の謝意表明もないし、国内報道も『人民日報』の短信欄に数行出ただけだった。わが大使館も何の広報努力もしていないことがわかってがっくりした。

一二月二七日、午前中出勤して、午後は浅利慶太氏と公邸で昼食をとった。彼は伎芸院にミュージカルの指導に来て、中古の機材を寄付しようとしているのだが関税がかからないですむようにと頼まれる。

一二月二八日、午前中の全体会議に続いて御用納めを行なった。昼食はシンガポール大使に招かれて懇談した。ポスト鄧の安定性について、集団指導性がかなり定着してきたので当面不安はないという意見だった。

一二月二九日の夜、北京音楽庁で、長谷川和年君から紹介されたミエン江藤の息子エトー・キンボ指揮の演奏会に出席した。サンヨーがスポンサーを務めた立派な文化交流だった。

武村大蔵大臣の訪中

一九九五年一月九日午後、武村正義大蔵大臣を迎えに空港へ行った。午後四時から中南海で朱鎔基と会談を行なった。間のびした会談だったが、最後に朱鎔基から、WTOの途上国ステータスと円高返済負担について注文が出た。武村大臣は耳ざわりのよい返事をし、事前の相談もなく勝手に輸銀のアンタイド・ローン二〇億ドルの提案をした。しかし先方からは何の反応もなし。他方、朱鎔基は私の健康には気を遣っていた。

次いで歓迎の宴の前に、劉仲藜《りゅうちゅうれい》財政部長と一時間近く会談した。劉部長は日本の起債市場について意見を言うほどの図々しさだった。彼も円高による債務返済負担増の問題を取り上げたが、武村大臣からは、国際経済は変動相場制で動いているのだから、その枠組みは守ってほしいと回答した。第四次円借款について劉部長から感謝の意の表明があって何とか格好がついたが、なんとも歯車がかみあわない会談だった。一〇日、武村大臣が李鵬に会うのに同席した。総理親書のなかに第四次円借款についてわが国の援助はODA大綱に基づいて行なうと書いてあるのに李鵬が反発するおそれがあるので、事前に大臣と打ち合わせたが、李鵬にしては珍しく愛想よく、第四次円借款については、総理親書の日本語を見て文字通り円借款の部分が読めると言っただけで会談の話題にはしなかった。ただし、四〇分くらいたつと自分から立ち上がって終わりにしてしまった。夜は武村大臣の答礼の宴に劉財政部長と孫清尚発展センター所長が来て格好がついた

一一日に武村大臣一行を北京ダックのレストランに招待した後、空港まで送っていく。一役終わった。

一月一三日に西垣昭OECF（海外経済協力基金）総裁と李嵐清の会談に同席し、その後公邸で昼食をともにした。午後二時半から唐家璇と一九九四年度の円借款一四〇〇億円の交換書簡に署名した。続いて西垣総裁がL／A（貸付契約）に署名した。呉儀部長が出てきてその双方に立ち会ったが、第四次

円借款について一言の謝意の表明もなかった。

一月一七日、公邸で名刺交換会を行なった。二〇〇名くらいの参会者に、「今年は戦後五〇周年の年にあたり、愛国主義が強調されて日本人には居心地よくない年になるであろう。今年は猪の年だが、猪突猛勇でなく『動じず、しぶとく、たくましく』やるべき年だと思う」と挨拶した。

テレビで阪神・淡路大地震がリアルタイムで映し出された。中国人は日本人の沈着さを誉めていた（実際は腰を抜かして呆然としていたのかもしれないが）。衝撃的瞬間だった。

一月一八日、大使館に出たら、唐家璇から大地震の見舞いの電話があった。「隣人の苦しみを自分の苦しみと感じているので、中国として役に立つことがあれば何でも知らせてほしい」と泣かせる言葉だった。東京には李鵬から見舞い電が来ていてそれが報道されていたのに、誰からも報告がなかった。一月一日には贅沢品の関税が引き上げられていたのに、これも誰も報告してこなかった。全体会議で「先を見て仕事をしてほしい」と話す。

五　離任

この間の一九九五年一月二日、三日と連日、血液から水分を抜く治療をしていた。四日に中日友好病院の医師から「入院してくれないと病院としては危うくて見ていられない」と言われた。今度入院するときは辞任せざるをえない。家内に相談したが、彼女は私次第だと言う。その夜、辞任願いを起案して、まず池田官房長に電話した。五日に病院から戻ってきたところに斎藤次官から電話があり、「残念だが交代を考えることにする。時期はさらに考える。後任は佐藤嘉恭ＯＥＣＤ代表部大使にする」と言う。彼なら安心だ。午後、辞任願いの電報を出した。ほっとしたが、四〇年間の外交官生活の幕引きとしてはあまりにもあっけなかった。いかにも不完全燃焼である。夜、無理を押して魏鳴一ＣＩＴＩＣ会長のディナーに出席した。

一月六日午前中に友好病院に入院し、八日には体がぱんぱんに腫れたので、また血液から水分を抜く治療をした。多いときは三〇〇〇ＣＣも除水した。一月一九日、医師によると私の病状は中国では治療できないので、一刻も早く帰国したほうがいいと言われたが、大使である以上簡単に帰るわけにもいかない。

病院から大使館に行き、各部長と堀之内君に来てもらい辞任する決意をしたことを伝えた。「辞任の最大の理由は館員の士気を落とさないためなので、皆で頑張ってほしい。これまで半病人の大使をよく支えてくれたことを感謝する。当館からの報告電報の質を（駐米大使館に次ぐ）世界第二の大使館にふさわしいものに向上してほしい。その第一義的責任は外務省出身者にあるのだから大いに努力してほしい」と述べた。彼らは黙って聞いていただけだった。

一月二〇日午前一〇時に唐家璇副部長を訪ねて、辞任の事情を説明し、佐藤嘉恭君の宣伝を大いにして、アグレマン（大使派遣に対する相手国からの同意）を早くもらえるように頼んだ。彼は「それは驚きでしたし、残念に思います。しかし身体のことだからやむをえません。アグレマンなどについては特別の配慮をします」と答えた。私は、「日中関係が新しい段階に入っているときに、新たな方向づけに貢献したいと考えてきた。病気と闘いながらでは寿命を縮めかねないということを承知の上で、今年が最後の年になるからと頑張ってきたのだが、急によくなる方法がないと診断された以上は元気な大使と交代するのが日中関係のためだと思うに至った。これまで、貴殿が副部長をしてくださっていて本当に助かった。何度も率直に話ができたことを心から感謝している。辞めてからも東京で私で役立つことがあれば、遠慮なく連絡していただきたい。恩返しをさせていただきたい」とかなり本音を述べた。

一月二七日午後四時一五分から一〇分あまり、全人代の福建庁で李鵬総理に離任の挨拶をした。大使の離任の挨拶を単独で受けるのは例外だから公表しないと事前に儀典から説明があった。さすがに、お別れとあって、彼にしては愛想がよい会談だった。急な話なのに外交部はよく手配してくれた。

まず、先方から阪神・淡路大震災への見舞いの言葉があり、私から次の通り述べた。「阪神・淡路大震災に対する同情と支援に感謝する。昨年上海で細川総理の通訳をしてくれた衛紅《えいこう》女史をはじめ中国の方々にも犠牲が生じたことを誠に残念に思う。突然の帰国にもかかわらず、離任の挨拶の機会を与えてくれたことを感謝する。この大きな国に二年あまりの勤務では短すぎるが、ちょうど中国が大変なエネルギーで発展しているときに勤務できて働きがいがあった。その間に中国の各方面から受けた親切と協力に感謝する。四〇年の外交官生活の最後を過ごした国だけに、今後とも日中関係のために尽くしたい」。これに対し、李鵬総理は珍らしく愛想よく迎えて、次のように述べた。

「國廣大使は在任中、中日関係の推進に多大の貢献をしてこられた。日本の総理、要人が多数中国を訪問したが、大使はその職責を円満に果たされた。これに対して自分は感謝している。お体の理由でやむをえず離任されることになったが、これまで親しかったがゆえに非常に名残惜しい。帰国された後、一日も早く健康になられ、外交家としてあるいは民間の立場から引き続き中日友好のために努力されることを希望する。中日友好関係を発展させることは中国政府が一貫して堅持している長期的方針である。中国側のこの態度を村山総理にお伝え願いたい」。お別れのほめ言葉にしても、平素無愛想な彼に

李鵬総理（右）への離任の挨拶.

しては親切な発言だった。

続いて、五時から釣魚台の「芳菲苑」で李嵐清副総理に挨拶した。彼とは猿年仲間だが、きわめて親しい雰囲気で話ができた。

一八日、午前九時から釣魚台で銭其琛外交部長に挨拶した。前日アフリカから帰ってきたばかりなのに今朝会うというのだから、大変な好意だ。私は「特に中国の自主独立外交の展開と近隣諸国との平和友好関係推進の現場を印象深く観察させていただいた」と述べたが、実際に日本として学ぶところは多い。

夜六時半から、釣魚台で唐家璇副部長主催の送別会に出席した。陳楚、符浩、楊振亜元駐日大使、劉述卿外交学会会長、孫平化中日友好協会会長なども招いてくれたので、彼らに親しくお別れを言うことができて助かった。

唐家璇の送別の辞は、至れり尽くせりの言葉だった。私の意見はそのつど指導部に報告し、高く評価されていると言っていた。メニューも、彼が自分で厳選してくれたそうで、辛いものや肉類が少なく、しかも味がよかった。三日間で総理と副総理三人のアポを手配してくれたのだから、彼は本心から親切な男だ。

私のお礼の挨拶は四〇年間の外交官生活を締めくくるものだったので、ほぼ全文を記録にとどめておく。

「中国の外交のど真ん中の、今では懐かしい思い出の多い釣魚台で、中国側の先輩、同僚をかくも大勢招いて盛大な送別会を催していただいたことを深謝する。唐家璇副部長は日中航空協定交渉時代以来の旧友で、今回の在勤中本当にお世話になった。ずいぶん相談に乗っていただいたし、率直に意見を言わせてもいただいた。

今日で、中国に来てちょうど二年一カ月、日中関係が新たな段階に入るというときに着任し、その方向づけにいささかなりとも貢献したいと考えて、私なりの努力をしてきた。しかし、日中関係においてはあまりにもなすべきことが多く、二年の在勤はいかにも短すぎる。実は昨年の後半はだいぶ体の調子がよくなっていたこともあり、今年はおそらく最後の年になるだろうから、大いに働いて挽回しようと思っていた。ところが、年末に風邪を引いたらネフローゼを再発してしまい、再び入院しなければならないと言われた。またも入院しなければならないのであれば、日中関係が重要な時期にあることに鑑み、残念ながら元気な大使と交代すべきだと決意した次第である。

先ほどからの親切なお言葉に動かされて若干感傷的になって告白すると、実は日本で最初の入院をしたとき、とある重要な国内のポストをオファーされた。このまま続けたら寿命を縮めると忠告してくれる人もいた。しかし、私は一度重要な日中関係を担当する責任をあずかった以上、多少寿命を縮めることになっても責任を全うしたいと考えてそのオファーを断った。その後今日まで、健康が万全ではなかったにもかかわらず、何とか役目を果たせたのは外交部の同僚、本日ご列席の友人の助けがあってのことであって、深く感謝する。

前任の橋本大使は、田中訪中、日中国交正常化、天皇訪中という派手な仕事を成し遂げ、私はその後の実務的な仕事をするというめぐり合わせだったが、彼は『一つだけ君が大使をしている間にめざましいことが起きる。それは貿易と投資が飛躍的に伸びるということだ』と言っていた。まさにそうなりつつある。いよいよこれから貿易が五〇〇億ドルの大台に乗るというときに去るのは残念だが、後任の大使に対する餞別としたい。

中国はあまりにも広く、訪問したいと思いながら果たせなかったところが多々あるが、これも元気になって何度も中国に戻ってこいという天の采配であろう。私が外務省に入った年に、吉田茂元総理がテレビで『日本の将来は中国とうまくやれるかどうかにかかっている。中国をよく勉強せよ』と言っていた。以後私もそう信じている。二〇年前に中国課長を務め、外交官生活の最後の締めくくりを在中国大使として務めさせてもらったという個人的な縁だけでなく、日本の将来にとって重要な国という意味で、日中友好関係の推進は私にとって生涯の仕事と心得て、退官後も微力を尽くしたいと考えている。今後ともよろしくおつきあいをお願いしたい」。

二月四日、出立の日は、見送りの人たちがロビーにそろうぎりぎりまで荷造りをしていた。時間切れになって、後のことは山本秘書官に頼んだ。家内によれば、ジャカルタに大使として着任したのが同じく二月四日だったそうで、双方あわせて五年間で大使を終えるとはいかにも短かった。空港に向かう途中、車の国旗を見ながら、大使の権威をもって走るのもこれで終わりと感傷的になった。

空港には、中国側から楊鶴熊礼賓司長と肖同司副処長、程永華《ていえいか》日本処長が見送りに来てくれた。日経の岡崎守恭記者が公邸には来ずに空港に来ていたのはいかにも彼らしい。

成田空港には野本中国課長と課員の佐藤さんが迎えに来てくれていた。私の最後の花道に格好をつけてくれたことを感謝した。

帰国するとすぐ、二月六日に虎の門病院に入院した。とにかく療養に専念することにした。

一九九五年二月二八日付で、「帰国報告」を提出している。冒頭に、「中国のいわゆる第一四期体制の前半に駐中国大使として勤務し、改革開放の躍進を見たことになる。そして、鄧小平後の中国の内政がいかになるかが注目され、わが国との関係では、富強を実現した中国とどうつきあっていくべきかについて考えさせられる二年間だった」と書いてある。以下その要点をまとめる。

まず、中国は飛躍的な経済発展を遂げつつあり、江沢民体制は比較的安定している。しかし、インフレと農村の貧困の問題をどう処理するか、台湾が独立の方向へ動くのをいかにして抑制するか、腐敗の蔓延をいかにして防止するかなどの問題を抱えている。貧富の差の拡大に伴い中国でもインドネシアや日本のような相続税を導入すべきだと何人かの指導者に話したが実現しそうにない（そういうことをすれば企業家のインセンティヴがなくなるというのが彼らの説明ではあるが、本当は幹部の自己利益の保存のためだろう）。

しかし、中長期的に見れば、経済の向上に伴って中産階級が育ち、政治も民主的な方向に向かうであろうから、若干の屈折はあるにしても、「慎重な楽観論」をとる。

国際関係は中国の経済発展に有利になっている。問題は一二億という人口が他国に与える威圧感を、中国自身が十分認識していないのではないかということで、特に「軍事力の近代化」をどこまで進めるつもりなのかわからないことが、周囲にとって大きな不安要因となっている。

日中二国間関係については、着任当時は「天皇ご訪中の後、日中関係は新たな段階に入った」というのが決まり文句となっており、わが国としても、これと江沢民訪日の際の発言、「未来志向の日中関係を構築していくこと」を現下の任務と定義づけた。しかし、そこには「過去の教訓を忘れずに」という前提が当然つくのであるが、残念ながら何かにつけて、過去の問題が頭をもたげてきて、未来志向の努力が妨げられることが多かった。それは、永野茂門法相、桜井新《しん》環境庁長官発言のごとく、特別の案件に関係なく、しかも残念なことに日本側から突然発生することが多かった。中国側も人権問題など自分にとって難しい局面になると、「過去」（歴史）という武器を持ち出してくる。「過去の問題」で特筆すべきは台湾問題で、中国側は日清戦争までさかのぼって、日本に対しては米国などに対するより厳しい要求をしてくる。

日中関係を支える一つの大きな柱が巨額の円借款であることは間違いない。第四次円借款をとりあえず最初の三年分についてまとめたが、中国側は円高による支払い負担増もあって六〇〇〇億円の大台を期待していたのであり、残りの二年間についてはこれから慎重に話し合っていく必要がある。中国が将来重点産業とする分野に食い込むべく、個々のケースについてはいささか努力したが、民間の経済関係についても、未来志向の内容に転換していく必要がある。しかし、わが国経済界にも政府にも、そのための戦略がはっきりしていないのが問題である。

「未来志向」の努力のいま一つの重要な要素は日中二国間を超えた分野での協力を増進することであり、この分野では若干の成功例もあったが、これからなすべきことが多い。

日中関係で特筆すべきは、姉妹都市関係が一七〇もできているなど、地方レベルの協力関係が広範に進んでいることである。また、文化関係者が自分で活発に交流を進めている例が多々ある。米作や植林などボランティア活動をしてくれている人たちも多い。外務省はこういう人たちの協力を評価し奨励するようにして、大きな推進力にすべきである。

これからの日中関係のために、次の提言をする。第一は、わが国として総合的・長期的対中政策を策定すること。そして、それを繰り返し中国側に伝えること。第二に、いずれ来るべき日中経済摩擦に対する準備をすること。第三に、中国の人権問題の取り扱いについての日米間の調整をすること。第四に、対中広報を強化すること（いろいろ制約があるが、例えば中国の要人に配布されている『参考消息』に載るような広報をすること）。第五に、海底資源問題の解決のための準備をすること。

その後、さらに考えたことを書き添えて、この章を結びたい。中国のなかにいると実はよくわからなかったのは、中国の本質的変化だった。二〇一〇年になって黄業生ＭＩＴ教授の『中国的特色を持つ資本主義』を読んだがそれによれば、趙紫陽《ちょうしよう》時代には農村の経営力を生かした経済成長だったので農民の所得も増えたが、天安門事件前後、江沢民時代は権力と資金を中央に集中して、地方は過酷な差別を受けて疲弊したという。中国で分税制が施行されて中央の資金徴収が大きくなったのは、一九九五年からである。私が北京を去った一九九四年ごろは朱鎔基が国有企業改革に大ナタを振るっていたが、その結果「抓大放小」（大企業に力を入れ、小企業は自由にさせる）が行なわれて、今日の「国富民退」の中国の仕組みができたということになる。

おわりに——退官後の世界情勢と今後の展望

外務省を退官して二〇年以上経った。その間、内外情勢は大きな変転を遂げた。

一九八九年一二月、マルタで開催されたブッシュ大統領とゴルバチョフ書記長との米ソ首脳会談において冷戦の終結が宣言された。その結果、平和の到来を期待する向きもあったが、私は、冷戦終結により米ソ両大国のグリップが弱まったことに伴い、地域紛争と民族対立が表面化することを懸念した。

その意味で最大の事件は、二〇〇一年九月一一日のニューヨークの世界貿易センタービルをはじめとする連続爆破事件だった。私はテレビで旅客を乗せた第二番目のボーイング機がビルに突入、無惨にも巨大ビルが崩壊して粉塵と化すのをリアル・タイムで見た。まさに地獄絵だった。もう一機がペンタゴンに突入して噴煙が上がる映像も見た。米国は激怒して復讐を誓った。

犯行声明を出したアルカイダの首謀オサマ・ビン・ラーディンはアフガニスタンに逃亡した。アメリカはアフガンニスタンにビン・ラーディンの引渡しを求めたが、タリバン政権のオマール大統領はこれを拒否した。そこで、アメリカを中心とした連合軍が一〇月七日にアフガニスタン対する攻撃を開始した。首都カブールは簡単に陥落したが、ビン・ラーディンを捕獲することはできなかった。

翌年一月二九日の一般教書演説でブッシュ大統領は北朝鮮、イラン、およびイラクを「悪の枢軸」と名指しして、イラクの核兵器所有に強い疑惑を示した。イラクはＩＡＥＡの査察に応じるなど軋轢回避の態度を示したが、アメリカは査察が不十分だとして二〇〇三年三月一九日米英が空爆を開始、「イラクの自由作戦」が始まった。四月一〇日、首都カブールでサダム・フセイン大統領の銅像が引き倒され、五月一日にはブッシュ大統領が「大規模戦闘終結」を宣言したが、アメリカが期待していたイラク民衆の民主化熱も盛り上がらず、かえって反米感情が強くなった。それでも七月一三日にはイラク統治評議会の発足にこぎつけ、一二月一三日に逃亡中のフセイン大統領を拘束した（イラクでの裁判の結果フセインは二〇〇六年一二月二〇日に死刑執行された）。二〇〇五年一月三〇日国民議会の選挙が行なわれ、その結果に基づいて移行政府が発足した。国民議会は新憲法を採決し、一〇月一五日の国民投票で承認された。ジャワド・マリキを首相とする正式政府が発足したのは、二〇〇六年五月二〇日であった。

しかしイラクの統治機構は機能しないまま、米軍は二〇一一年一二月一四日イラクから撤退した（ビン・ラーディンは二〇一一年五月二日米特殊部隊によりパキスタンで殺害された。さすが米国は地の果てまでも彼を探して復讐するという誓いを果たして面目を保った）。

二〇一五年一一月一三日にパリの繁華街で発生した同時多発テロは、ヨーロッパを震撼させた。この事件は「イスラム国」が関与し、犯人がヨーロッパ内生（?）という点で厄介な問題を提起するものであったが、いまだに解決策が見出されていない。テロの問題は将来にわたってヨーロッパを悩ませ続けるだろう。

テロに加えてヨーロッパでは、二〇一六年にかけてアフリカやシリアからの難民の流入が大きな問題になった。当初、難民の受け入れに積極的であったドイツも移民割り当てに対する東欧諸国の反発にも配慮せざるをえなくなっているが、この問題についてもＥＵが全体としての方針をまとめなければならない。英国の離脱決定によりＥＵはまとまりやすくなったであろうが、ＥＵの将来は安泰ではない。

また、米国は軸足をアジア・太平洋にシフトすると表明したが、中東で消耗した米国の国際的地位の低下は否定できない。

アジアで米国に対抗して台頭してきたのは中国である。私が北京に在勤した頃（一九九〇年代前半）は中国のGDPは日本の六分の一だった。それが二〇一〇年に日本を追い越し、今や日本の三倍に近づいている。二〇二七年頃には米国を追い越して世界一の経済大国になるのではないかという見方も出ている。それでも中国の一人当たりGDPは低く、いまだに貧困層が多いのだから、隣の中国が発展するのは本来祝福すべきことである。日本経済も中国に依存するところが大きくなっている。最近の中国からの訪日客の急増と「爆買い」に日本はやや当惑しながらも、経済成長の一環として歓迎している。しかし、困るのは中国がGDPの伸びに並行して軍事予算を着々と増加していることである。中国の対艦ミサイル・対地域ミサイルは急速に整備されており、空母三隻時代も遠くないという見方もある。中国は鄧小平の「韜光養晦《とうこうようかい》」に「有所作為《ゆうしょさくい》」を加えて、実力を蓄えてやるときは一気にという構えを明らかにしている。

最近では、中国が南シナ海の島礁を埋め立て基地化しており、米中の間に緊張関係が生まれている。日本は航行の自由、国際法遵守の観点から中国の一方的な力による「領土拡張」に反対している。中国は四〇年前の「米中上海コミュニケ」、日中国交正常化のころに覇権反対を唱え、二〇一五年九月三日の対日戦争勝利七〇周年記念の演説でも、習近平総書記が「永遠に覇を唱えない」と言っている。しかし、南シナ海での中国の行動は覇権行為そのものではないか。日本はそのような米中のパワーバランスの変化のなかで、自己の存立を保たなければならない。日米安保の重要性はますます高まっているし、先般の安保法制の整備は時宜を得たものであった。

このような巨大中国を相手に、日本は隣国としていかに対処していくべきか。

日米安保体制の堅持は言うまでもない。しかし最も重要なことは、日本が中国人からうらやまれるような国づくりをすることだ。日本を訪れた中国人は一様に日本が清潔なことに深い印象を受けているようだ。大気汚染で悩む中国によい手本を示している。少子高齢化は中国でも速いスピードで進んでいる。日本はこの問題を乗り越えて中国によき先例を示すべきだ。しかし私が現在最も懸念しているのは日本社会の劣化である。日本は安全な国といわれながらも毎日の新聞には殺人事件や自殺が多く報道されており、一時日本が自画自賛した「安全・安心な社会」が変質しているのではないか。また日本の経済成長を支えてきた名門企業に不祥事が続出している。これまでの不祥事は経理上の隠蔽が大部分だった。最近は三井不動産・旭化成グループの問題に象徴されるような日本の技術に対する問題が表面化している。日本の技術に対する信頼が揺らぐことは日本経済にとって致命的な問題になりかねない。

第二の問題は「歴史を鑑として未来に向かう」という我々の基本姿勢をいかに貫くかということである。安倍総理は先の七〇周年談話で、「あの戦争には何ら関わりのない、私たちの子や孫、そしてその先の世代の子どもたちに、謝罪を続ける宿命を背負わせてはなりません」と言った。私もそう希望する。しかし、中国や韓国がそう簡単に歴史カードを放棄するとは思えない。また日本側の一部からの心無き発言が火を搔《か》き起こす可能性もある。我々としては常に言動に注意しつつ、中国や韓国が歴史問題を持ち出しても、歴史に学ぶ態度を堅持して未来への向けての協力を推進するよう話し合わなければならない。

TPP（環太平洋経済連携協定）が合意されたことは、日本の構造改革の梃子《てこ》になりうる。日本は積極的に構造改革を進めていかなければ、国際競争に太刀打ちできなくなる。人口の減少が不可避な日本としては技術開発に活路を求めるほかない。それに必要な教育水準の向上が図られているか、私は不安に思う。幸い、目下安倍政権は未来に向けての政策を考える時間的余裕を持っている。「一億総活躍社会」

はその一つであろう。第一、第二の三本の矢も考え方としては賛成する。政治的スローガンに終わらせずにそのための具体策を打ち出していくこと切望する。

最後に、これからの日本外交について一言申し上げておきたい。私の現役時代の外交の反省点は、受け身の外交が多かったことである。例外的な成功として、日韓国交正常化交渉や沖縄返還交渉などがあったが、多くの場合、米国などから要求を受けて何とか当面する問題を解決して時間を稼ぐという手法であった。

その典型例は農業問題、とくにコメの自由化問題である。TPP交渉でも例外品目の筆頭にあげられ、国民はいまだに高価なコメを買わせられている。当時の日本は自分で解決策を打ち出して積極的に提案する努力をあまりしなかったし、その余裕もなかったのが実情であったかもしれない。

しかし、今日のように国力がついた日本がいまだに同様の姿勢で国際問題の解決に臨んでいたのでは、諸外国から相手にされなくなるだろう。日本は問題解決に貢献しないで、「いいとこ取り」するだけという批判を受ける。現実には自分から提案し関係国を説得するのは大きな負担である。これからの日本は、あえてその負担を引き受けなければ国際社会でリーダーシップを維持することはできまい。とはいえ、このように外交姿勢を変えることは容易なことではない。現在の国際社会の最大の課題は気候変動とテロ、難民の問題であろう。地域的には北朝鮮の挑発的行動、中国の領土・領海問題が存在する。わが国としても国際公共財の構築に向け積極的貢献をすることが求められる。

二〇一六年八月

國廣道彦

解　題

服部龍二・白鳥潤一郎

國廣道彦大使は、外務省アジア局中国課長、駐米公使、経済局長、内閣外政審議室長、外務審議官、駐インドネシア大使、駐中国大使などを歴任した外務官僚である。幼少時に銃後の生活と敗戦を経験し、戦後の復興とともに青年時代を歩み、高度経済成長が始まる一九五五年に外交官生活に入る。そして一九九五年に駐中国大使を最後に退官するまで、経済大国となった日本の外交の最前線に立ち続けた。そのキャリアを振り返ったのが本書である。読者は戦後日本の歩みを追体験することになるだろう。

日記を含む各種の記録に拠って執筆された私家版の回顧録をもとにした本書の記述は充実している。二一世紀に入ってから元外務官僚のオーラルヒストリーや聞き書きが多数公刊されるようになったが、これだけ詳細かつ濃密な内容の自身の手による回顧録は限られている。

國廣氏の外交官人生には、大別して三つの柱がある。

第一に、対米関係を中心とした経済外交である。國廣氏は経済局での勤務が長く、経済協力局での勤務や通産省繊維局繊維輸出課への出向経験もある。貿易摩擦が最も激しかった一九八〇年代には、駐米公使（経済担当）、経済局長を歴任、さらに経済担当の外務審議官としてサミット（主要国首脳会議）のシェルパ（首脳の個人代表）を務めるなど経済外交を牽引した。一九八〇年代の日米関係にとって経済問題は最も重要な課題であり、國廣氏は常にその第一線に立っていた。

第二に、中国とインドネシアを軸にしたアジア外交である。中国については、一九七三年から中国課長として航空協定などの実務協定を交渉しており、キャリアを終えたのも天皇訪中後の駐中国大使であった。インドネシアに関しては、一九七六年から一九七八年に公使を務め、一九九〇年から一九九二年に大使となっている。一九五〇年代末に駐フィリピン大使館で書記官となったこともあった。アジア諸国が発展し、その重要性がさらに高まるなかで、本書は貴重な過去の経験を伝えている。

第三に、外交機能の強化である。大臣官房時代には外務省機構改革の一環として、経済局から二国間の経済関係を地域局に移管する「政経合体」が課題となっていたほか、国際交流基金の設立にも携わった。その後も大臣官房の総務課長と総括審議官を歴任し、さらに中曽根康弘内閣期の一九八六年には、首相官邸機能の強化として内閣外政審議室が設置された際に初代室長に就任している。

一九八〇年代の日米経済摩擦、日中国交正常化以降のアジア外交、そして外交機能の強化は、いずれも重要な問題ながら、一次史料に基づいた研究はまだ緒に就いたばかりであり、本書に記されたさまざまな回顧は政府内部の動向を知る手掛かりとなる。時代が変わった今も、世界第三位の経済大国である日本にとって経済外交、中国を中心としたアジア諸国との関係、そして外交力の強化はますます重要となっていることは改めて指摘するまでもないだろう。

以下、本書の記述に沿って時系列順に國廣氏の外交官生活をたどってみたい。

外交の世界へ——若手事務官時代

國廣氏は一九三三年に現在の大分県国東市に生まれ、戦争を挟み、高校卒業までを同地で過ごした。郷里の先輩には戦中・戦後に外相を務めた重光葵がいる。東京大学法学部を卒業後、一九五五年四月に外務省入省、米国での在外研修を経て在ロサンゼルス総領事館、在フィリピン大使館と在外勤務が続いた。ロサンゼルス総領事館時代には岸信介首相訪米にも立ち会い、フィリピンでは後に駐英国大使や式部官長を務める湯川盛夫大使の薫陶を受けた。

フィリピンからの帰国後は通産省繊維局繊維輸出課に出向し、日米貿易摩擦の原点の一つである繊維問題に取り組んだ。そして一九六二年六月に経済局総務参事官室に配属された。通称「経総参」は事実上の経済局総務課であり、初の外務本省勤務から外交機能強化の一端を担うことになった。途中、米国カナダ課の応援を命じられ、綿製品輸出規制に関連してアメリカに約三カ月の出張をするなど、ここでも初期の貿易摩擦に立ち会った。一九六四年七月には経済局スターリング地域課の首席事務官に就任、さらに約二年間の在英大使館勤務後に経済協力局経済協力第一課首席事務官を務めるなど、若手事務官時代はその大半を経済外交に費やした（なお在英大使館時代には後にたびたび仕えることになる柳谷謙介一等書記官〈後年の外務事務次官〉に出会っている）。

一九七〇年八月、國廣氏は官房書記官に就任し、官房総務参事官の下で外交機能の強化に取り組んだ。当時、外務省では三カ年計画の大規模な機構改革が進行中であった。「政経合体」を主軸とするこの改革は戦後の外務省における最大級の機構改革であり、その最終調整に当たった（この機構改革については、白鳥潤一郎「「戦後処理」からの脱却を目指して――高度経済成長期の外務省機構改革」『北大法学論集』第六五巻第五号、二〇一五年、も参照されたい）。そのほか、毎週の首席事務官会議の主宰、国際交流基金や国際交流サービス協会の設立、在外公館の新設や「高地手当」創設なども担当した。

このように、國廣氏は後の外交官人生の柱となる経済外交、アジア外交、外交機能の強化に若手事務官時代から携わり続けていた。

日中航空協定——中国課長

アジア局中国課長に就任した一九七三年は、日中国交正常化の翌年にあたる。約五年にわたって中国課長を務めた橋本恕氏から課長職を引き継いだ國廣氏の最初の仕事は、台湾の大使館明け渡しであった（その後、大臣官房総括審議官、駐中国大使も橋本から引き継ぐことになる）。対中関係では実務協定が懸案となっており、台湾とも関係する日中航空協定が最大の難関であった。國廣氏は本省のほか、小川平四郎駐中国大使や橋本恕参事官、伊藤博教交流協会事務局長と連携し、大平正芳外相の訪中にも同行している。國廣氏が「お別れのあいさつ文」を用意すると、大平が予定より早く読み上げてしまうシーンもあった。

中国側の態度は硬かったが、航空会社の名称や空港の乗り入れについて、次第に折れてくる。帰国後には運輸省と対処方針をまとめて自民党に提示するものの、大阪空港をめぐって記録上のミスが生じてしまい、一時は辞表をしたためたという。それでも國廣氏は再び訪中し、交渉を成立させている。他方で台湾派の議員は反発しており、台湾に対する説得が難航した末に、台湾は日台路線を断航してしまう。日台航路の復航は、後任の藤田公郎中国課長に託される。

日中航空協定の経緯については、國廣「日中航空協定交渉の回想」（『霞関会会報』第八一五号、二〇一四年）もあり、要点が簡潔にまとめられている。史料としては、國廣「中国実務関係の処理状況」一九七三年五月七日、同「中国をめぐる日米関係」七月二六日などがある（「日中国交正常化（重要資料）」二〇一一―七二〇、外務省外交史料館所蔵、服部龍二「二〇一一年一二月二二日公開ファイル『日中国交正常化』ほか」『外交史料館報』第二六号、二〇一二年）。

東南アジアの大国と向き合う――駐インドネシア公使

中国課長の激務を終えた後、ロンドンの国際戦略研究所（IISS）におけるサバティカル（研究休暇）を経て、一九七五年一〇月、駐インドネシア公使に着任した。後年、大使となるインドネシアとのかかわりが始まった。

在任中の最も大きな仕事は、一九七七年八月の福田赳夫首相のインドネシア訪問である。この訪問は「福田ドクトリン」が表明された東南アジア歴訪の一環だが、一九七四年一月の田中角栄首相訪問時の「反日暴動」もあり、インドネシア訪問は東南アジア歴訪の成否を握っていた。成功裏に終わったこの訪問では、機中でのブリーフィングを担当した。

そのほかに、石油利権改定交渉、合成繊維綿の関税引き上げ、インドネシア歌謡を学ぶ在留邦人によるラグラグ会や文化交流を担う日本文化センター開設、インドネシア債権国会議などにも携わった。文化交流や広報は目立たないながらライフワークの一つとなった。石油利権改定交渉では本省からの訓令がないままに独自の判断で動き、日本に有利な改定を導いた。第一次石油危機後、「資源小国」の悲哀を味わっていた日本にとって小さくない成果である。また合成繊維綿の関税引き上げは、インドネシアに進出している日本企業の現地事業赤字解消に貢献した。エコノミック・マインドを持つ外交官の存在がいかに重要か、身をもって示したインドネシア公使時代といえよう。

サミットとエネルギー外交――経済局総務参事官

一九七八年一月、國廣氏は経済局総務参事官となる。若手の事務官時代に室員として務めた職場に、トップとして戻ってきたことになる。かつては事実上の経済局総務課という役回りであったが、一九七五年に開始されたサミットを主管する重要な役目を負うようになっていた（一九七七年には官房総務課が再度設置されている）。

國廣氏は、対米貿易黒字解消のために通産省が企画した「対米輸入促進ミッション」随行を皮切りに、ボン（一九七八年七月）・東京（一九七九年六月）の二つのサミットに深く関与した。この過程で大蔵省や通産省をはじめとする関係省庁との折衝を経験する。ボンではマクロ経済政策の協調、東京では第二次石油危機後の輸入量抑制が問題となった。

東京サミットに関する回顧は本書の白眉の一つである。議長国として臨んだこのサミットは石油輸入量の抑制に合意するといった成果があったが、他方で日本を外した米英仏独四カ国の対応に翻弄された。交渉の成果とプロセス、そして最終的な帰結をどのように評価すべきかは難しいが、知られざる外務省内外のコミュニケーション・ギャップやマスコミ対応の問題など、國廣氏の率直な回顧は貴重な記録となっている。詳細は是非とも本文をお読みいただきたい。またベネチア・サミット（一九八〇年六月）はエネルギー担当として分野を限定した形での関与ではあったが、この経験も後に経済局長、外務審議官としてサミットにかかわる際に活かされることになった。

東京・ベネチアの両サミットだけでなく、この時期に深く関与することになったのがエネルギー外交である。イラン革命に端を発する第二次石油危機への対応に伴い、二度にわたって中東を訪問している。

外交機能の総合的強化——官房総務課長、官房総括審議官

一九八〇年九月には官房総務課長に就任し、かねてより携わってきた外交機能の強化に取り組んだ。重点は以下の五つである。①局の壁を越えた協議、実施の体制を強めること、②在外公館の情報収集と

政策実施能力の強化のために本省の問題意識を十分に在外公館に伝えること、③問題処理の始動時点を公電（在外公館からの電報）ベースでなく外電（報道機関の第一報）ベースに早めること、④国内的にも国際的にも広報機能を強化すること、⑤長期的観点から外務省員の研修を強化すること。だが同時期は大規模な機構改革実施時期から外れており、またこの間に鈴木善幸首相訪米時の共同声明をめぐるトラブルもあったことから、広範な改革ではなく部分的な各種の改善にとどまったようである。

一九八一年一一月には官房総括審議官となる。国会担当と官房長代理を兼ねるこのポジションで、國廣氏は政治家との関係という課題に正面から向き合うことになった。外相の外交日程と国会出席の調整、答弁をめぐって紛糾した際の収拾などに尽力した。外からはなかなか見えない大臣官房の仕事が折々に紹介されているのは本書の読みどころの一つである。

日米経済摩擦の最前線――駐米公使、経済局長

自他ともに認める経済大国となった日本は、一九八〇年代を通して日米間を中心とする貿易摩擦に悩まされた。貿易摩擦は経済摩擦、さらには文化摩擦にまで飛び火し、同盟関係の深化の一方で日米関係は難しさを増していった。一九八二年九月に駐米公使として赴任してから一〇年近くにわたって國廣氏は、この日米経済摩擦の最前線に立ち続けることになった。公使赴任は中曽根康弘内閣成立の直前であり、「ロン・ヤス」関係下の日米関係を実務面で支えた形となる。なお、日米首脳がファーストネームで呼び合うことは國廣氏の演出であり、そのエピソードも紹介されている。

広範な経済摩擦が問題になるなかで、重要なのは地道な情報収集と広報活動であった。そのほか、経済交渉のための根回しや議会対策など、大使館の活動の実態も細部にわたって説明されている。公使在

任中は一九八三年一一月の中曽根訪米、自動車輸出規制、半導体交渉、牛肉・オレンジ交渉など大きな懸案が続いたが、それに加えてワシントンに広がる「日本アンフェア論」とも闘うことになった。

一九八四年一一月には日本に戻り、外務省経済局長に就任する。当時経済局にとって最大の課題は日米経済摩擦への対応だったが、同時にECとの経済問題も厄介になりつつあり、そのほかにもガットの新ラウンド立ち上げなど懸案は山積していた。日米経済摩擦への対応で最も大きなものはエレクトロニクス、電気通信、医薬品・医療機器、林産物の四分野を取り上げたMOSS協議であった。この協議は一九八五年一月の中曽根首相訪米時、首脳会談に先立つ外相会談におけるシュルツ国務長官から安倍晋太郎外相への提案に基づいて開始された。日米間に加えて通産省や農水省など国内の他官庁との関係も難しいものであったが、交渉中の苦悩や国内での調整についても率直に回顧している。経済局長在任中には各種の首脳会談や外相会談に同席・同行したほか、ボン(一九八五年五月)、東京(一九八六年五月)の二回のサミットもあった。

首脳外交の補佐役——内閣外政審議室長、外務審議官

経済問題への対応を目的としてきたサミットは、一九八三年のウィリアムズバーグ・サミットを機に政治面でも役割を果たすようになった。首脳外交の重要性が高まるなか、中曽根政権下では首相官邸機能の強化が進められ、その一環として内閣外政審議室が設置された。國廣氏はその初代室長に就任した。後の「橋本行革」の結果として、現在このポストは次官級の内閣官房副長官補(外政担当)に改組されているが、國廣氏は官邸の外交機能強化の始まりにその方向性を決める役割を担い、中曽根康弘、竹下登の二人の首相に仕えた。

外政審議室長の役割は、第一に対外関係政策の各省間の調整、第二に首相に対する毎週のブリーフィング、第三に各省に共通する事項やどの省庁の所掌に属さない事項に関する総理府外政審議室長としての仕事、である。そのなかでも國廣氏が細心の注意を払ったのが首相に対するブリーフィングである。毎週首相と会うことは官僚にとって特別なことだ。信頼関係を築けば首相と本当の内輪の話を毎週できるからである。これは首相秘書官を除けばそれまで外務事務次官のみが認められていた。國廣氏はブリーフィングの際のやり取りを外政審議室の審議官を含めて「誰にも話さなかった」という。そのことが「隠然たる力になる」からである。

毎週のブリーフィングをこなしつつ、ますます激しさを増す日米経済摩擦、ベネチア（一九八七年六月）・トロント（一九八八年六月）の二回のサミット、台湾人元日本兵の補償問題、東芝機械ココム違反事件、沖ノ鳥島の補強工事などに取り組んだ。

一九八八年七月、國廣氏は経済担当の外務審議官に就任する。このポストの最も大切な役割は、何と言ってもサミットのシェルパである。サミットに関連した韓国などアジア諸国への対応やシェルパ間の予備会合、そして本番に至る過程を本書は余すところなく描いている。また経済問題では、日米構造協議の開始や後のＷＴＯ（世界貿易機関）設立につながるガット・ウルグアイラウンドなどもあった。だがそれだけでなく、この時期は冷戦の終焉、天安門事件もあり国際秩序が激動にさらされた時期であり、経済問題を超えて首脳外交全般を補佐することになった。そのほかにも、日米高級事務レベル協議や日ソ貿易協議が触れられる。実に多忙な外務審議官の職務と、多忙であるがゆえの失敗（例えばガット・ウルグアイラウンドにおけるコメ輸入問題への対応）の指摘、そして自らの外務審議官としての任期が想定よりも短い一年三カ月に終わったことへの忸怩たる思いの表明は、外交機能の強化を常に考え続けてきた國廣氏ならではの視点であろう。

交流と協力——駐インドネシア大使

國廣氏は一九九〇年二月、ジャカルタに着任した。一二年ぶり、二度目のインドネシア勤務であり、今度は大使としての赴任だった。海部俊樹総理らの訪問もあったが、最大の仕事として挙げられているのは、一九九一年一〇月の天皇、皇后両陛下訪問である。インドネシアは天皇の訪問に総じて歓迎ムードであり、晩餐会にはＡＳＥＡＮ各国大使も招かれたものの、お言葉での過去の歴史に対する論及の仕方には苦慮した。

この頃、日本の経済力はピークに達しており、多くの紙幅はＮＴＴやそごうなど、日本企業と現地のかかわりに割かれている。電話交換機の入札では、アメリカの介入もあった。國廣氏は、日本の企業関係者に利益の一部をインドネシア社会に還元すべく説いており、その一端として奨学金の計画に協力を得ている。他方、経済面での協力については、インドネシアが日本のＯＤＡで第一位になっていたものの、アンタイド化を進めたことによって、日本企業が得る契約は減っていった。

そのほか個別の問題としては、コタパンジャン・ダム建設、東ティモール、元日本人残留兵の名誉回復などがあり、グローバルな課題としては、マレーシアが提唱したＥＡＥＧという地域構想も扱われている。とりわけ東ティモール問題については深く関与しており、渡辺美智雄外相からスハルト大統領宛てにパーソナルレターを執筆している。

天皇訪中後の日中関係——駐中国大使

外務省で最後のキャリアとなるのが、一九九二年一一月から一九九五年二月の駐中国大使であった。赴任直前には天皇訪中があり、着任当初の日中関係は良好な雰囲気となっていた。主な成果としては、日中安全保障ダイアローグを発足させたこと、対中ODA五年計画を三年プラス二年計画として、後年の各年コミット方式に移行するようにしたことが挙げられている。しかし、閣僚の不規則発言、中国の核実験、広島アジア大会での台湾要人参加問題などによって、日中関係は悪化していく。

この時期の日本は、宮澤喜一、細川護熙、羽田孜、村山富市と総理が目まぐるしく代わり、積極的な首脳外交が難しい時期だったという。また、自民党の分裂によって対中関係が混乱した面もあり、例えば、自民党経世会の日中交流事業であった「長城計画」は新生党に引き継がれている。要人の訪中は、政界のほか経済界を含めて多岐に及ぶ。なかでも細川総理については、人権問題や円借款をめぐるやりとりが記されている。北朝鮮への制裁については、柿澤弘治外相が訪中して中国側と協議した。

当時の日記に基づいているため、駐中国大使時代の叙述は詳細なものとなっている。帰国後には「最近の中国と日中関係」と題して講演し、中国経済の問題点やポスト鄧小平体制、日中関係を分析している（『文化と社会』第二集、一九九八年）。

國廣氏のキャリアを振り返ると、日米関係を中心とした経済外交、中国とインドネシアを軸としたアジア外交、そして外交機能の強化という三本の柱を持ち、常に重要な課題と向き合っていたことがわかるだろう。さまざまなめぐりあわせから、日米安全保障条約に直接かかわることはなかった。だが、そのキャリアは日米間の同盟関係を前提としたうえで、いかに外交を進めるかが問われる重要なポストを歴任するものであった。日米安保条約を変更しないという了解のうえで行なわれた日中国交正常化後の善後処理に課長として取り組み、日米同盟の根幹を揺るがしかけた経済摩擦の最前線に立ち、さらに冷戦終結後には大使として日中関係を担った。國廣氏は外交官生活で取り組んださまざまな案件について実に率直に回顧している。自身はもちろんのこと先輩・同輩・後輩のその時々の政策判断に関して時に厳しく時に温かく振り返っていることは、國廣氏の人柄と外交官としての矜持なのだろう。

ともすると日本外交論は、憲法第九条や日米安保条約、「日米防衛協力のための指針（ガイドライン）」などの関連文書の解釈に傾きがちである。しかし、外交の実際は日米同盟を前提としたうえで日々さまざまな課題に取り組んでいる。なかでも國廣氏が向き合い続けた経済外交やアジア外交は、喫緊の課題であり続けた。また首脳外交の重要性がますます高まり、外交政策においても「官邸主導」が強まるなかで、初代内閣外政審議室長と外務審議官としてサミットのシェルパを務めた國廣氏の回顧はその成果と課題を内側から明らかにしている。そのほかにも第二次石油危機前後のエネルギー外交や駐インドネシア大使時代の東ティモール問題への関与などは、いま改めてその重要性が浮上しているように思う。

なお、國廣氏の著作としては、『体験的経済摩擦論』（世界の動き社、一九八七年）があり、「日本叩き」、MOSS、「国際国家日本」などを論じている。オーラルヒストリーとしては、近代日本史料研究会『國廣道彦オーラルヒストリー』上下巻（近代日本史料研究会、二〇〇八年）がある。

國廣道彦略年譜

一九三二年（昭和七）	大分県国東町鶴川に生まれる（六月一二日）
一九三七年（昭和一二）	山下幼稚園入園
一九三九年（昭和一四）	国東小学校入学
一九四五年（昭和二〇）	国東中学校入学
一九四八年（昭和二三）	国東高等学校入学
一九五一年（昭和二六）	東京大学入学
一九五五年（昭和三〇）	東京大学法学部卒業、外務省入省
	アンティーオク・カレッジに留学（九月）
一九五六年（昭和三一）	クライスラーで実務研修、コロラド大学でサマー・スクール、在ロサンゼルス総領事館領事官補
一九五八年（昭和三三）	在フィリッピン大使館官補
一九六〇年（昭和三五）	通産省繊維局繊維輸出課
一九六二年（昭和三七）	外務省経済局総務参事官室
一九六五年（昭和四〇）	経済局スターリング地域課
	芦刈睦子と結婚（九月三〇日）
一九六六年（昭和四一）	在英大使館

一九六九年（昭和四四）　経済協力局経済協力第一課
一九七〇年（昭和四五）　大臣官房書記官
一九七三年（昭和四八）　アジア局中国課長
一九七四年（昭和四九）　在英大使館参事官（英国ＩＩＳＳに出向）
一九七五年（昭和五〇）　在インドネシア大使館公使
一九七八年（昭和五三）　経済局総務参事官
一九七九年（昭和五四）　経済局参事官
一九八〇年（昭和五五）　大臣官房総務課長
一九八一年（昭和五六）　大臣官房総括審議官
一九八二年（昭和五七）　在米大使館経済担当公使
一九八四年（昭和五九）　経済局長
一九八六年（昭和六一）　内閣外政審議室長
一九八八年（昭和六三）　外務審議官（経済担当）
一九九〇年（平成二）　駐インドネシア大使
一九九二年（平成四）　駐中国大使
一九九五年（平成七）　外務省退官

リー・クアンユー　301
李其炎　415
李貴鮮　386
陸維釗　99
李景　440
李元正　405
李淑錚　433, 386, 397, 418, 423
李瑞環　406, 407
李鉄映　427, 433
李登輝　396, 397, 414, 430, 434
李鵬　304, 387-389, 402-404, 410, 413, 419, 428, 431, 432, 434, 436, 441, 442, 444, 445
劉遠雄　112
劉華秋　398
劉華清　388
劉毅　395, 428
劉江　386
劉述卿　303, 445, 400
劉少奇　438
劉忠徳　417
劉仲藜　386, 441
廖承志　89, 91
李嵐清　390, 407, 408, 415, 441, 445
林金茎　107
ルッジェーロ，レナート　248
レーガン，ロナルド　185-187, 193, 200-202, 209, 211, 220-223, 225, 227, 231-233, 247, 249, 250, 252, 253, 264
ロイ，ステープルトン　386, 398, 414, 416, 439
ローソン，ナイジェル　214
ロカール，ミシェル　282
ロガチョフ，イーゴリ　277, 415
魯培新　382

【わ行】

若杉和夫　191, 205, 209, 225
脇村義太郎　13
和田謙三　66
和田敏信　44
渡邊幸治　46-48, 248, 250, 309
渡辺助義　365
渡辺泰造　321, 327
渡辺滉　421
渡邊允　179
渡辺美智雄　209, 348, 353, 381, 390
綿貫民輔　365
渡里杉一郎　254
和智一夫　71
ワヒド，アブドゥルラフマン　363
ペルティーニ，アレッサンドロ　177

宮本雄二　77
宮脇磊介　235
向坊隆　429
武藤嘉文　392, 393
武藤利昭　48
村岡邦男　285
村上秀徳　179
村田敬次郎　212
村田良平　199, 259, 264, 309
村山富市　378, 436
ムルダニ，ベニー　338, 349, 352, 353, 355, 371, 396
ムルディオノ　315, 320-322, 328, 330, 335, 344, 353-356, 368
メイネル，ベネディクト　152
毛沢東　81, 96, 97, 103, 412
モーイ・アンドレアス　328, 329
モズバッカー，ロバート　283
持原重憲　23, 30
茂木良三　45, 152
元田肇　2
本野盛幸　45, 54
モフタル・クスマアトマジャ　317
森治樹　64
森喜朗　151, 402
諸橋晋六　429
モンジョー，ジョン　334, 354, 355
モンデール，ウォルター　200

【ヤ行】

ヤイター，クレイトン・キース　209, 225, 228, 260, 279
竹山健一　317
安井芳郎　23
安川壮　72, 73
保田博　400
安福数夫　118
柳井俊二　125
梁井新一　154, 160
矢内原忠雄　9
柳川覚治　71
柳田青嵐　402
柳谷謙介　54, 59, 66, 70, 71, 172, 174, 234, 250, 412
柳瀬友彦　77
藪中三十二　179
山崎拓　222, 426, 403
山崎裕人　317
山下勝男　125
山下新太郎　291, 299, 300
山下徳夫　239
山田勇　72, 73
山中貞則　244
山中毅　25
山花貞夫　397
山村新治郎　193-195
山本益次　317
湯川剛一郎　317
湯川盛夫　31-36, 38
姚依林　415
楊鶴熊　387, 447
楊尚昆　347, 382, 383, 387, 388, 415
楊振亜　400, 445
ヨガ・スゴモ　371
横路孝弘　429
横山総三　71
吉川重蔵　78
吉田健三　77, 78, 79, 86, 310
吉野文六　151
吉村仁　205, 210

【ラ行】

ライトウラー，ミシェル　386
ラウレル・ジュニア　34
ラウレル，ホセ　33
ラディウス・プラウィロ　323, 326, 330, 354, 368
ラミー，パスカル　276, 280
ラムスドルフ，オットー・グラーフ　156, 160

プレストウィッツ，クライド　190
プレストウィッツ，クライド　191
ブロック，ビル　186, 189, 194, 195, 214
ペイエ，ジャン・クロード　280
米国鈞　86, 387
ベーカー，ジェームズ　233, 247, 249, 284, 285, 323, 346
別所浩郎　317
ベリティ，C・ウィリアム　262, 265, 266
ペレス，カルロス・アンドレス　285
法眼健作　179
法眼晋作　52, 88, 94, 106, 107, 109
彭真　56
ボーカス，マックス　196
ボールドリッジ，マルコム　227
ボスキン，マイケル　283
細川護煕　378, 398, 411, 414, 418-420
堀田庄三　48, 51, 52
ホメイニ師　164
堀越禎三　88
保利茂　30
堀之内秀久　433, 443
ホワイト，エリック・ウィンダム　44
洪淳瑛　274
洪性澈　274

【ま行】

前川春雄　223
前原誠司　428
槇田邦彦　77, 382
牧野徹　263
真木秀郎　193, 259
マクドナルド，デイヴィッド　179
マクミン，ダグラス・W　221, 225, 247
マコーマック，リチャード　281, 292, 299, 303, 307
馬樹礼　90, 107
増岡博之　110
増田実　146
松浦聿永　317
松浦晃一郎　390
松尾道彦　422
マッカーサー　33
マックファーカー，エミリー　57
マックレー，ノーマン　57
松下康雄　148
松田昌士　310
松田慶文　172
マツナガ，スパーク　247
松永信雄　70, 75, 77, 95, 97, 99, 106, 226, 262, 276, 403
松村敬一　40, 43, 44, 382, 387, 417
的場順三　235
真野温　155, 160
マハティール　288, 346-348
マリク，アダム　317
マルフォード，デイヴィッド　291
マルルーニー，ライアン　228, 229
マンスフィールド，マイケル　192, 230
三浦朱門　25, 344
御巫清尚　70, 395
三鬼彰　409
三木武夫　76
水口弘一　405
水野清　400
水野哲　125
溝口道郎　145, 148, 179
三塚博　301, 302, 307, 428
ミッテラン，フランソワ　217, 268, 293, 297
三野定　32
箕輪登　183
宮川勝利　317
三宅和助　40, 48, 49
宮崎弘道　147, 148, 154-158, 160
宮澤喜一　117, 150, 173, 242, 244, 378, 381, 392, 393
宮本一三　81, 82, 112
宮本四郎　155

野々内隆　44, 420
野村昇　317
野本佳夫　397, 407, 420, 430, 432, 447

【は行】

バート，リック　121
バーネス，ジャン　138
ハウ，ジェフリー　302
萩原徹　49
橋広治　125
橋本恕　17, 75-77, 87, 88, 92, 97, 98, 109, 110-114, 118, 172, 176, 381, 406, 446
橋本龍太郎　238, 432
馬仁輝　87
長谷川和年　186-188, 245, 252, 440
畠薫　317
畠薫　362
羽田孜　193, 194, 260, 378, 396, 404, 412-415
畠中篤　96
廿日岩信次　317
服部則夫　421
鳩山威一郎　127
羽生謙三　357
羽生次郎　125
ハビビ，ユスフ　321, 323, 324
林淳司　263
林淳司　438
林田重美　58
林田悠紀夫　357
林祐一　98
原敬　32
春名和雄　416
バンゲマン，マルティン　214
半田博　72
番徹夫　66
ハント，ケン　122-124
ヒース，エドワード　60, 94
ピーズ，ビル　225
樋口修　357
一松定吉　52
兵藤長雄　70
平岩外四　401
平林勉　46
平林博　252, 424
平原毅　45
平山郁夫　427, 428
ヒルズ，カーラ　283, 284, 323
広川幸夫　40, 43
広長敬太郎　39
ピンクレー，ヴァージル　26
ファーレン，マイケル　262, 265
黄秉泰　395, 416
フィールディング，レスリー　224
深田肇　421
深田宏　31, 32, 46
普勝清治　429
福岡芳郎　28
福田赳夫　70, 71, 126-129, 141, 143, 147, 149-151, 153, 192, 322
福田篤泰　106, 107
福田博　152, 179, 348, 419, 426
福永一臣　106
福原義春　409
符浩　445
藤井勝志　106
藤井宏昭　94, 46, 172
藤尾正行　107, 242, 245
藤崎一郎　126
藤田公郎　51, 117, 241, 243, 273, 379, 414
藤森昭一　153, 271, 240, 255
フセイン，サダム　168
武大偉　386, 387, 396, 414, 415, 424
ブッシュ，ジョージ・H・W　216, 249, 252, 277, 281, 285, 293, 297, 303, 305, 306
ブルーメンソール，マイケル　248
古橋廣之進　25
ブルントラント，グロ・ハーレム　283

陳楚　92, 111, 445
陳敏正　439
陳炳騫　395, 402
陳慕華　429
佃亮二　381
津田正夫　52
土屋直敏　37
堤功一　112, 167
鶴田卓彦　404
デ・ミータ，チリアコ　296
ティートマイヤー，ハンス　276
程永華　447
鄭斯林　398, 402, 410
ディンゲル，ジョン　184, 228
手島冷志　145, 160, 199, 205, 229, 231
出淵勝次　32
寺井久美　105, 112
寺村信行　268
田紀雲　409
田曾佩　431, 432
土井たか子　429
唐家璇　95, 379, 390, 391, 396, 398, 402, 405, 409, 414, 415, 418, 423-426, 428, 429, 436, 441, 443, 445, 446
董華民　119
東郷文彦　85, 87, 88, 109, 164
東條英機　4, 8
鄧小平　91, 415, 448
堂本暁子　337
ドーア，ロナルド　57
富樫正雄　73
徳永正利　103
ドクレルク，ヴィリー　224
豊田章一郎　429
豊田達郎　429
トルドー，ピエール　149
トレザイス，フィリップ　47
ドロール，ジャック　280

【な行】

中江要介　77, 86
中川一郎　192
中川融　31
永沢滋　94, 99
中島敏次郎　17, 303
中須忠雄　16
永末英一　44
中曽根康弘　72, 185, 186, 187, 188, 193, 200-203, 205, 208, 212, 213, 216, 217, 219, 221-224, 228, 230-234, 237-239, 245-247, 250-252, 257, 258, 264, 398
中山太郎　345
永積昭　134
永野茂門　422, 449
中平立　147, 151, 192
中村茂　16, 23, 30, 50
中村徹　105, 110, 112
中村八大　52, 402
中山正暉　390
奈須洋　49
灘尾弘吉　78
鳴戸道郎　438
南原繁　9
ニーマー，スタンレー　47
二階堂進　193
ニクソン，リチャード　67, 75, 76
西垣昭　441
西田達雄　365
西廣整輝　255
西山昭　47
西山敬次郎　146
西山太吉　72
西山健彦　13, 16, 17, 72
ニティサストロ，ウィジョヨ　138
沼田貞昭　125
根本二郎　406
野草茂基　54
盧載源　386

スフド，アブドゥール・R　328
スプリンケル，ベリル　201
スマート，ブルース　265
スミス，マイケル　179, 195, 204, 209, 230, 247, 262, 265, 266, 276
スロノ　371
斉懐遠　401, 438, 439
清野剛　365
関栄次　17
関守三郎　45, 46, 17
瀬島龍三　237
銭其琛　303, 382, 388-390, 392-394, 403, 404, 413, 421, 423, 425, 428, 429, 431, 433, 445
曾慶紅　390
曹慶沢　386
宋健　386, 406, 410, 440
曹志　429
宋之光　391
曽野綾子　25
園田直　127, 130, 151, 156, 160, 167-170, 174, 175
ゾルザ，ヴィクター　55
孫平化　418, 445

【た行】

載秉国　387, 434
田岡俊次　73
田岡良一　23, 73
高市早苗　400
高丘季昭　429
高碕達之助　15
高島節男　65
高島益郎　81, 82, 94, 105, 110, 172-174
高須幸雄　317
高橋和雄　406
滝本佳一　365
竹入義勝　76
竹内行夫　415
竹下登　136, 187, 220, 231, 233, 239, 258, 261-265, 267, 269, 270, 273, 280, 287, 288, 290, 319, 392, 427, 428
武村正義　412, 441
田島高志　39
橘正忠　49, 70
舘野泉　361
伊達宗起　175, 176
田中角栄　76, 79, 91, 93, 107, 118, 120, 127
田中秀征　428
田中誠二　125
田中恒寿　205, 227
田中伸男　179
田中均　179, 199, 229, 263, 264
田中正治　408
田邉誠　391
谷口守正　235
谷野作太郎　128, 130
谷泰宏　409
玉置和郎　107, 116
田村元　254, 255
ダラーラ，チャールズ・H　307
樽井澄夫　317
垂水公正　179
チェイニー，ディック　182
崔侊洙　274
鄭東発　386, 395
遅浩田　403
チトー，ヨシップ・ブロズ　161
千葉一夫　48
鈕茂生　398
張香山　406, 433
張思郷　399, 401
趙紫陽　450
張瑞鳳　404
張研田　108
趙撲初　440, 422
陳錦華　400, 418, 428
陳抗　86, 91, 95, 96, 119
陳新華　437

サリナス，カルロス・デ・ゴルタリ　284, 285
サレー，イスマイル　342
沢木正男　63, 65
沢田仁　44, 179, 179, 187
サントス，アレヨ　37
シアゾン，ドミンゴ　35
椎名悦三郎　78, 79
椎名素夫　254-256
シェワルナゼ，エドゥアルド　277
ジェンキンス，ロイ　149
塩谷和　317
志方俊之　179
菅野明　251
志賀学　166
シグール，ガストン　188, 208, 225, 247
重光葵　2, 8, 12, 16
ジスカール・デスタン　149, 155, 157, 158
篠沢恭助　244
島重信　34, 54
島田豊　72
下荒地修二　396, 421, 424, 430, 434, 435
シャーマン，ビル　225
周恩来　15, 76, 88, 91, 95, 97-99, 102, 103
朱開軒　436, 418
シュミット，ヘルムート　149, 150, 248
朱鎔基　388, 391, 400, 403, 406, 407, 414, 416, 417, 419-421, 440, 441, 450
シュライバー，マーク（マーレスフォード男爵）　56, 57
朱良　399, 403, 421, 423, 433
シュルツ，ジョージ　200-202, 205-207, 209, 213-215, 217-221, 223, 225, 227, 228, 230, 233, 247, 249, 276, 284, 417
シュレジンジャー，ジェームズ・R　156
シュワブ，スーザン　180
蔣以任　404
蔣介石　80
邵華澤　387, 403
蔣祝平　396
正田英三郎　48, 52
蔣民覚　386
粛揚　386
昭和天皇　279, 280
徐恵滋　386, 417, 439
徐信　403, 421
徐敦信　243, 386, 411, 415, 432
徐文伯　386
徐立徳　430-434
シレガー，アリフィン　346, 347
ジロー，アンドレ　156, 157, 160
城田実　125, 317
秦華孫　423, 424
新谷寅三郎　91, 92
沈図　112
鄒家華　428
末永節雄　32
菅良　40
スカルノ　63
杉野明　54
スコウクロフト，ブレント　302, 303
鈴木勝也　236
鈴木俊一　421
鈴木善幸　171, 173, 174, 185
鈴木千夫　48
鈴木直道　206, 305-307
鐸木昌之　425, 437
スダルモノ　128, 130
ステビオ　371
スドモ　356, 368
ストラウス，ボブ　147, 192, 248
ストリスノ，トリ　352, 354, 371
須之部量三　124, 125, 130, 137, 175, 368
スパルジョ・ルスタム　368
スハルト　124, 127, 138, 140-143, 287, 288, 318-321, 326-328, 339, 340, 353, 354, 356, 363, 367, 372

黒田眞　44, 191, 209, 212
桑原敬一　381
奚業勝　81, 82
啓功　440
ケネディ，ジョン・F　42, 47, 51
ゲンシャー，ハンス＝ディートリッヒ　302
小池欣一　244
黄菊　404, 420
侯捷　397
江青　103
江沢民　303, 388, 389, 391, 400-402, 405, 406, 413, 420, 423, 428-430, 436, 448, 450
郷田忠夫　40
黄鎮東　395
河野謙三　89
河野七郎　36, 38
河野洋平　396, 432, 433
高村正彦　428
コール，ヘルムート　295, 296
呉学謙　427
呉儀　407, 409, 441
呉基伝　386
胡錦濤　146, 388, 391, 399
胡啓立　404, 410
小島太作　15
小嶋敏宏　125, 137
児島仁　416
辜振甫　88
児玉幸治　44
後藤田正晴　390-392, 236, 238, 240, 245, 250, 254, 255, 436
後藤康夫　205, 227
小西甚右衛門　390, 400
近衛忠煇　244
小林功典　205
胡平　398
小松勇五郎　66
小村康一　63, 65
小山森也　205
胡耀邦　287, 290
ゴルバチョフ，ミハイル　277, 278, 282, 293, 320, 321
ゴンザレス，カルロス　285
近藤豊　70
今野秀洋　179

【さ行】

斎藤邦彦　175, 264, 408, 411, 412, 414, 432, 442
斎藤鎮男　70, 372
斎藤十朗　177
斎藤次郎　407
斎藤正樹　77
坂本重太郎　45, 175
坂本吉弘　402
桜井新　449
櫻内義雄　391, 410, 175, 176
佐々江賢一郎　179
佐々木更三　94
佐々木義武　165
サックス，ジェフリー　248
佐々淳行　235, 237, 435
サッチャー，マーガレット　218, 232, 233, 234, 294, 295, 297, 304
佐藤栄作　67, 76, 257
佐藤謙　417
佐藤重和　418
佐藤正二　70, 73, 175
佐藤孝行　106, 116
左藤恵　208
佐藤行雄　167
佐藤嘉恭　161, 195, 261, 262, 265, 379, 443
サドリ，モハマド　131, 132
佐野利男　317, 336
佐野宏哉　193
佐波正一　254
サミュエルズ，マイケル・A　261

小野田寛郎　36
小渕恵三　259, 260, 271, 391, 400
オルマー，ライオネル　190, 204, 208
小和田恆　158, 209, 271, 278, 309, 379, 381, 393, 408
恩田宗　199

【か行】

カーター，ジミー　149, 155, 157, 158, 185, 426
解振華　406
海部俊樹　310, 320-322, 345, 392, 405, 406
加賀美秀夫　345
柿澤弘治　425, 426, 437
カジ，ゴーダム　407
梶山静六　307, 308, 429
柏木雄介　126
加藤吉弥　48
加藤紘一　161, 162, 423, 430, 435, 436
加藤匡夫　122
加藤良三　73
角谷正彦　256
鹿取泰衛　167, 173, 175
金子一平　213
金子尚志　421
亀井義次　40
唐沢俊二郎　239
ガルシア，カルロス　36
河合正男　125
河合良一　431
川上景年　404
川崎弘　146
川島裕　63, 414, 425
川部美智雄　26
川村泰久　236
韓叙　386
神田淳　125
韓念龍　89, 91, 92, 99
菊地清明　161, 395
菊池輝武　358
岸田静夫　32
岸信介　25
北岡隆　421
北通文　9
北村汎　55, 70, 71, 251, 267, 269, 273, 274
キッシンジャー，ヘンリー　67, 75
ギナンジャール・カルタサスミタ　337
木下博生　44
木部佳昭　429
姫鵬飛　83, 85, 87, 91, 95-99, 109, 400
金日成　422, 426
金在春　372
金正日　437
木村崇之　199
キャラハン，ジェームズ　149
喬石　387, 391, 397, 400, 429
行天豊雄　47
曲格平　386
吉良秀通　15, 124, 127
今上天皇　336, 338-344, 382, 389
クエール，ダン　323
熊谷弘　402, 403
久世公堯　399
國廣（芦苅）睦子　52, 55, 59, 62, 129, 369, 370
久野忠治　88
久保田豊　327
熊谷直彦　421
熊谷弘　411
久米豊　408
クラーク，ウィリアム・パトリック　189
クラーク，ジョー　228, 302
倉成正　254
グリーンスパン，アラン　248
栗原祐幸　172
栗山尚一　323
黒瀬義孝　125

ヴァンス，サイラス　165
ウィジョヨ・ニティサストロ　64, 330, 355, 370
ウィリアムズ，シドニー・リン　307, 308
ウィルソン，デイヴィッド　56, 316
ウィルソン，ハロルド　60
植木光教　177
上田敏　317
上田常光　63
ウォリス，W・アレン　204, 205, 276
ウォリス，アレン　247, 250
ウォルフォウィッツ，ポール　215, 221, 222, 334, 363
牛尾治朗　407
牛場信彦　31, 147, 151, 192
内田禎夫　81
内波謙一　317
内海孚　179, 305, 306, 308, 400
宇野宗佑　189, 267, 287, 289, 290, 292, 294, 296, 297, 300, 301, 303, 304
梅沢邦臣　71
梅沢節男　400
梅田邦夫　317
宇山厚　53
卜部敏男　38, 50
海野恒男　305
栄毅仁　386, 389, 406, 421, 438
永六輔　402
江口朴郎　10
江崎真澄　156, 166
江澤雄一　134, 420
エストラーダ，ジョセフ　35
江田五月　352
枝村純郎　309, 315, 319, 320, 328, 368
江藤淳　134
江藤隆美　193
遠藤又男　78
遠藤実　11, 75, 161
王英凡　430, 438
王毅　396, 419, 430
王暁雲　92, 97, 110, 112
王光英　405, 407
王彦　402
王光英　421
石広生　394
王震　388
王忠禹　386, 421
大川美雄　49
大河原良雄　179, 183, 189, 195, 196, 211, 254
大来佐武郎　161, 162, 165, 176, 212
大木浩　151
大島恵一　56
太田博　179
大野勝巳　49
大野義章　21
大場智満　201
大平正芳　47, 48, 76, 81, 83, 84, 89, 91-100, 102, 103, 105-111, 114, 115, 118, 153, 157, 158, 161, 162, 171-173
大村哲臣　317
大村昌弘　125, 131
大森誠一　77, 81
岡崎久彦　32, 344
岡松壮三郎　402, 406
岡義武　13
小川平四郎　89, 91, 92, 96, 97, 99, 100, 111
小熊旭　409
小串敏郎　15, 280
奥田八二　381
奥山融　360
小倉和夫　77, 119, 199, 269, 300
小此木彦三郎　177
小沢一郎　239, 240, 260, 262, 263, 265, 266, 310, 396
オストリ、シルヴィア　276
小高正直　54, 169
尾高朝雄　11

主要人名索引

【あ行】

アイゼンハワー，ドワイト・D　25
愛知揆一　82
青木正久　282
赤尾信敏　252
赤澤璋一　65
赤谷源一　46
アギナルド，エミリオ　35
秋山喜久　381
浅尾新一郎　119, 174, 417
浅野健一　336, 344
浅野文昭　317
浅利慶太　440
アジズ，ラフィダ　346
アスペ，ペドロ　285
東久雄　179, 195, 196
アタリ，ジャック　248, 280, 291, 292, 298-302
阿南惟茂　77
アフィフ，サレー　138, 370
アプス，ヘルマン・ヨーゼフ　63
安倍晋三　399
安倍晋太郎　151, 187, 194, 200-202, 205-207, 209, 211, 213-220, 224-228, 230-233, 248, 249
阿部知之　317
アムスタッツ，タン　204, 225, 226
綾部健太郎　52
荒川英夫　40
アラタス，アリ　317, 345, 347, 348, 351, 353, 355, 356, 369, 370
アラファト，ヤセル　167
有田圭輔　159
有馬龍夫　57, 58, 175, 269, 414
有馬元治　241-244
アル=アサド，ハーフィズ　169
アロント，アフマド・ドモカオ　37
アンダーソン，デュセイ　215, 265
アンドレオッティ，ジュリオ　149, 158
岩間龍夫　17
飯島三郎　40
飯田庸太郎　434
五百木篤　317
五十嵐広三　432
郁文　406
池浦喜三郎　407
池田維　424, 434, 439, 442
池田右二　179
池田芳蔵　145, 146
石井哲也　425
石川忠雄　398
石川弘　194, 259
石川良並　405
石田幸四郎　397
石原信雄　240
磯野太郎　46
板垣修　90, 107, 108
伊藤博教　88
伊東正義　161, 172-174
伊藤義文　54
稲葉興作　406
稲盛和夫　365
井上一成　420, 421
今井善衛　40
今井敬　409
今井裕　32
岩佐凱実　48
岩田弐夫　254
岩田宙造　52

著者紹介

國廣 道彦（くにひろ・みちひこ）

1932年大分県生まれ。東京大学法学部卒業。
1955年外務省入省。経済局長、内閣外政審議室長、外務審議官、駐インドネシア大使、駐中国大使などを歴任。1995年外務省退官。

解題執筆者

服部 龍二（はっとり・りゅうじ）

1968年生まれ。神戸大学大学院法学研究科博士後期課程単位取得退学、博士（政治学）、中央大学総合政策学部教授
〔主要業績〕『中曽根康弘――「大統領的首相」の軌跡』（中公新書、2015年）、『田中角栄――昭和の光と闇』（講談社現代新書、2016年）

白鳥 潤一郎（しらとり・じゅんいちろう）

1983年生まれ。慶應義塾大学大学院法学研究科政治学専攻後期博士課程修了、博士（法学）、北海道大学大学院法学研究科附属高等法政教育研究センター協力研究員
〔主要業績〕『「経済大国」日本の外交――エネルギー資源外交の形成、1967-1974年』（千倉書房、2015年）、「「戦後処理」からの脱却を目指して――高度経済成長期の外務省機構改革」（『北大法学論集』第65巻第5号、2015年）

本書は、『わが生涯の記』（私家版）を底本として、大幅に加筆修正を行なったものである。公刊にあたっては、服部龍二氏、白鳥潤一郎氏による「解題」を加えた。また、両氏からはそれぞれの専門の立場から誤記の指摘をいただき、全体構成等についても提案を受けた。ここに記して感謝の意を表します。（吉田書店編集部）

回想　「経済大国」時代の日本外交
アメリカ・中国・インドネシア

2016年11月10日　初版第1刷発行

著　者　國廣道彦
発行者　吉田真也
発行所　合同会社 吉田書店
102-0072　東京都千代田区飯田橋2-9-6 東西館ビル本館32
TEL：03-6272-9172　FAX：03-6272-9173
http://www.yoshidapublishing.com/

装丁　奥定泰之
DTP　閏月社
印刷・製本　シナノ書籍印刷
定価はカバーに表示してあります。

ISBN978-4-905497-45-5